Reinhard Haller • Die Seele des Verbrechers

Reinhard Haller

Die Seele des Verbrechers

Motive • Impulse • Lebensbilder

Residenz Verlag

Bibliografische Information der Deutschen Bibliothek
Die Deutsche Bibliothek verzeichnet diese Publikation in der Deutschen Nationalbibliografie; detaillierte bibliografische Daten sind im Internet über http://dnb.ddb.de abrufbar.

www.residenzverlag.at

Grafische Gestaltung/Satz: verlagsbüro wien
Gesamtherstellung: CPI Moravia Books

ISBN-10 3-7017- 3037-7
ISBN-13 978-3-7017-3037-7

Inhaltsverzeichnis

Prolog

Mein Beruf ist der des Gerichtspsychiaters. Diese Vorstellung mag gemischte Gefühle aufkommen lassen, da die Tätigkeit des forensischen Psychiaters sich mit dem Zusammentreffen von zwei gleichermaßen bedrückenden Bereichen beschäftigt, nämlich jenem des psychisch gestörten oder kranken und jenem des kriminell gewordenen Menschen. Unzweifelhaft ruft die Aura des Gerichtspsychiaters bei den meisten Menschen ein gewisses Unbehagen hervor: Bei den Beschuldigten, weil sie Angst vor psychiatrischer Stigmatisierung haben oder sich nicht genügend verstanden fühlen; in der Öffentlichkeit, weil Psychiater durch ihre analysierende und psychologisch verstehende Haltung scheinbar alles entschuldigen; bei den Prozessparteien und dem Gericht, weil Sachverständige oft die Fragen nach Normalität und Gestörtheit, nach Gesundem und Krankem nicht mit wissenschaftlicher Exaktheit und eindeutiger Zuordnung beantworten können. Niemand anderer hat das berufliche Dilemma des forensischen Psychiaters, zwischen den Machtblöcken Justiz und Medizin agierend, so trefflich beschrieben und die handwerklich-methodologischen Probleme der psychiatrischen Begutachtung so schonungslos aufgezeigt wie Robert Musil in seinem *Mann ohne Eigenschaften.*

Gerichtspsychiater zu sein ist aber gleichzeitig ein ungeheures Privileg. Wer kann denn sonst an großen Kriminalfällen derart direkt teilnehmen? Wer hat die Chance, die tiefsten Hintergründe eines Verbrechens, weit über den rein kriminalistischen Bereich hinaus, zu analysieren? Wer hat die Möglichkeit, mit dem Verbrecher eine Reise in das weite Land der Psyche und in innere Welten, die diesem oft selbst unbekannt sind, zu machen? Wenn mich Bekannte oder Freunde wegen meines Berufes und der schwierigen Aufgaben bedauern, weise ich sie darauf hin, dass ich, das Hobby gleichsam zum Beruf erkoren, nichts anderes mache als sie: den Thriller im Fernsehen, der sich meist mit fatalen Kombinationen von spektakulärer Straftat und psychisch abnormem Täter beschäftigt, erlebe ich in den Stunden der Exploration live.

Meine Vorstellungen von Verbrechern waren früher recht einfach: Menschen, die aus Charakter- oder Willensschwäche, aus Unbesonnenheit oder Nachlässigkeit, oft sogar aus bösem Willen die Gesetze übertreten hatten und deswegen bestraft gehören. Aus der Distanz einer weitgehend intakten Welt ließen sich Bilder vom arbeitsscheuen Betrüger, vom hinterhältigen Feuerteufel, vom skrupellosen Perversling oder vom kalten Mörder unschwer aufrechterhalten. Verbrecher waren so, wie sie in den Medien beschrieben und in Romanen gezeichnet werden, allfällige psychologische Betrachtensweisen beschränkten sich auf das Gestörte, Krankhafte und Abnorme. Dennoch gab es schon früh Zweifel, ob das alles wirklich so einfach ist. Ich erinnere mich, wie über die Idylle meiner Kindheit die Meldung von einem Raubmord in unserer Gegend hereinbrach. Auf den festgenommenen Täter wurden alle Formen von Angst, Aggression und Abwehr projiziert, das Bedürfnis nach Rache artete in einen von infantilem Eifer getriebenen Wettbewerb auf der Suche nach immer grausameren Bestrafungen aus. Meine Mutter, eine durch und durch wohlwollende und gütige Frau, holte uns damals unvermittelt auf den Boden einer anderen Sichtweise, indem sie sagte: „Der Täter ist ein armer Mensch, mir tut der Mann unheimlich Leid ..."

In meinem Beruf als Psychiater wich die frühere Voreingenommenheit in der Begegnung mit psychisch kranken und gestörten Menschen einer analysierenden, verstehen wollenden, auf Hilfe und Heilung ausgerichteten Haltung. Auf der Suche nach immer neuen psychischen Phänomenen und getrieben vom Verlangen, für alle möglichen abweichenden Verhaltensweisen Erklärungen zu finden, bin ich dann – wohl nicht ganz zufällig – beim Spezialgebiet der Gerichtspsychiatrie gelandet. Hier öffnete sich für mich das Tor zu einer neuen Welt, zu jener des Verbrechens. Schon bald gelangte ich damals zur Erkenntnis, dass Verbrecher ganz normale Menschen sind, Menschen wie du und ich, Menschen mit oft gar nicht besonderen Lebenswegen, aber einem ganz besonderen Schicksal. Bei den Fragen nach den Motiven des Verbrechens und in der Analyse der Persönlichkeiten der Straftäter wurde mir immer mehr bewusst, dass unter bestimmten Bedingungen wahrscheinlich die meisten Menschen zum Verbrecher werden können, dass Verbrechen nicht immer etwas mit psychosozialer Störung oder psychopathischem Charakter zu tun haben muss und dass jeder Verbrecher auch sehr viele gesunde Anteile hat. Es gibt nicht *den* Verbrecher oder *das* Motiv, vielmehr stellen sich die meisten Straftaten als unselige Endstrecke eines längerfristigen psychischen Prozesses, einer ungünstigen Lebensgeschichte oder einer Reihe von belastenden Umgebungsfaktoren dar. Verbrecher sind oft ganz durchschnittliche Menschen, obwohl jeder sein eigenes äußeres und inneres Profil hat. Verbrecher sind jedenfalls sehr oft gute Psychologen. Je größer und spektakulärer die Straftat, desto umfassendere psychologische Kenntnisse stecken dahinter. Jeder Verbrecher war mir somit ein Stück weit auch Lehrmeister.

Verbrechen zu analysieren erfordert immer, Geschichten zu erzählen. Jedes Verbrechen hat seine Geschichte, und jede psychiatrische Expertise ist eine Geschichte. Manche werden Sie erschauern lassen, einige finden Sie banal, andere übersteigen Ihre Fantasie und Ihre Vorstellung vom Bösen, wieder andere werden Mitleid hervorrufen. Nur über die Geschichte ist die Psyche des Verbrechers zu erfassen, nicht über reine Statistik und nicht allein über wissenschaftliche Erklärungsmodelle. Ein psychiatrisches Gutachten ist eine Biografie, ein Kriminalroman, ein Thriller, ein Zeitdokument. Wenn es gelingt, ist es ein kleines Kunstwerk, ein in sich geschlossenes Ganzes, eine stimmige Erklärung. In einem Werk über die Psyche des Verbrechers muss vieles weggelassen werden, jedes der angeführten Beispiele würde die Grenzen eines Buches sprengen. Zusammenfassende Verkürzungen und erklärende Vereinfachungen sind unabdingbar.

Manche Verbrecher sind scheinbar zufällig in das Böse verstrickt worden oder durch widrige Umstände auf den verhängnisvollen Weg geraten. Andere haben ihre böse Tat kalt berechnend geplant und nichts dem Zufall überlassen. Manche wurden durch ihre schwere psychische Abnormität zum Spielball des Bösen, andere ließ ihre Krankheit zum Kriminellen werden. Viele haben aus einer hoch aufgeheizten affektiven Situation die Grenze zum Kriminellen überschritten, andere haben dies bewusst und mit voller Absicht getan. Das Verbrechen spielt alle Möglichkeiten menschlichen Verhaltens, die Ursache der Kriminalität lässt keine eindimensionalen Erklärungen zu.

Sind Verbrechen für uns so bedrückend und faszinierend zugleich, weil der Mensch als „universell kriminelles Wesen" wie dies Sigmund Freud ausdrückt, auch in sich verbrecherische Anteile hat, die ihm vielleicht gar nicht bewusst sind, oder weil das auf den Verbrecher projizierte

Strafbedürfnis eigene Schuldgefühle erleichtert? Hat der Serienmörder Ted Bundy tatsächlich Recht, wenn er meint: „Wenn irgendwelche Leute in mir ein Monster sehen, dann ist das etwas, dem sie sich in sich selber stellen müssen", und ist es richtig, wenn Tiefenpsychologen die Lust am Entsetzen als etwas Urmenschliches bezeichnen? Legt der Verbrecher in uns tatsächlich auf abwendige Weise eine verschattete Dimension, einen schlummernden Abgrund unserer Seele frei? Oder werden wir einfach vom Interesse des Ermittlers, von der Neugier des Kriminologen oder vom Wunsch, das Böse auszurotten, getrieben?

Die Psychologie des Verbrechens ist ebenso komplex und letztlich unerforschlich wie die Psychologie des menschlichen Verhaltens schlechthin. Auch wenn alle Möglichkeiten beachtet, die Einflussfaktoren gewichtet und der Einmaligkeit jeder Straftat Rechnung getragen wird, kommen wir zur Erkenntnis: Die Psyche des Verbrechers ist nichts anderes als ein oft unbewusstes, zugespitztes Abbild der Psyche des Menschen schlechthin.

Der Gerichtspsychiater soll das Wissen seines Faches und die Ergebnisse seiner Untersuchungen dem Gericht in einer allgemein verständlichen Sprache darlegen. Er soll es verstehen, komplexe Zusammenhänge einfach darzulegen, Fachausdrücke zu vermeiden oder zu erklären und wissenschaftliche Theoretisierungen pragmatisch zu vereinfachen. Der forensische Psychiater muss sich aber vor allem bewusst sein – und dies auch eingestehen –, dass er vieles über die Psyche des Menschen nicht weiß. Der Organismus der Seele kann von keinem Menschen, auch nicht vom besten Psychologen oder Psychiater, erfasst und erklärt werden. Der in der Beurteilung des psychischen Hintergrunds von Verbrechen tätige Psychiater soll sagen, was er klar feststellen und beurteilen kann, er soll aber gleichermaßen jene Bereiche offen lassen, in denen es keine gesicherte Erkenntnis gibt. Diesen Ansprüchen soll auch dieses Buch gerecht werden: Jede Straftat ist einzigartig und in vielen Bereichen nicht mit anderen zu vergleichen, kein Motivbündel ist gleich wie das andere, kein Täter lässt sich einer allgemein gültigen Typologisierung unterordnen. Immer bleiben verschiedene Möglichkeiten offen und zahlreiche Fragen unbeantwortet. Den Leserinnen und Lesern dieses Buches bleibt daher eine wichtige Arbeit nicht erspart: Sie sollen sich aus den kriminologischen Fakten und den strafrechtlichen Beurteilungen, den psychologischen Analysen und den wissenschaftlichen Erklärungen, aus dem Vergleich mit anderen Fällen und dem eigenen Nachfühlen ein Bild machen. Ein Bild, das erschreckend und faszinierend sein kann, ein Bild, das Mitleid oder Abscheu erzeugt, das eigenes Vertrautsein oder völliges Befremden, oft auch Angst und Grauen auslöst, ein Bild, das immer unvollkommen sein wird. Der Gesetzgeber trägt diesen Unzulänglichkeiten dadurch Rechnung, dass er auch die psychische Letztbeurteilung dem Gericht überträgt. Laien- und Berufsrichter haben darüber zu entscheiden, ob ein Mensch schuld- bzw. zurechnungsunfähig war, ob er anders handeln hätte können oder ob er trotz krankhafter psychischer Einflüsse in seinen Entscheidungen tatsächlich frei war.

Genau diese Situation will auch das vorliegende Buch herstellen: Ein psychiatrischer Fachmann erzählt Ihnen anhand von mehr oder minder spektakulären Verbrechen die Geschichte der daran beteiligten Personen, insbesondere der Täter, manchmal auch jene der Opfer. Er erörtert seine psychologischen Analysen und bietet einen Hintergrund zu wissenschaftlichen Theorien über Verbrechensentstehung, psychiatrischer Krankheitslehre und Persönlichkeitstheorien. Er versucht, die Sprache des Verbrechens zu übersetzen, die Motivation des Täters verstehbar zu machen, neben den bewussten Motiven auch verschattete Verbrechensursachen zu erhellen und überindividuelle Zusammenhänge aufzuzeigen. Die Beurteilung nimmt aber der kriminalpsychiatrische Gehilfe – nichts anderes ist der Sachverständige – nicht vor. Das ist Ihre Aufgabe, verehrte Leserin, verehrter Leser – das Hohe Gericht sind Sie!

Die Fallbeispiele in diesem Buch wurden, soweit sie nicht von allgemeinem öffentlichem Interesse und durch die mediale Berichterstattung bekannt sind, überarbeitet und in Bezug auf Personalien, zeitliche Daten und Orte anonymisiert.

Die prinzipiellen Sachverhalte und die psychiatrischen Beurteilungen entsprechen jedoch den realen Gegebenheiten des jeweiligen Einzelfalles. Bei den großen Fällen (Jack Unterweger, Franz Fuchs) wurden keine Fakten, die nicht bereits durch den Strafprozess öffentlich geworden sind, verwendet.

Kapitel 1

Der plötzliche Vernichtungsrausch – „Overkill"

Die Flucht nach vorne

Am 22.8.1997 hatte Marcel A. ein Gefühl wie an jedem Freitagabend. Froh, die Wochenarbeit hinter sich zu haben, verließ er sein Elternhaus, konkret das Haus seines Vaters, mit welchem er seit dem Tod der Mutter allein lebte. Marcel A. konnte sich an seine Mutter nur noch wenig erinnern: eine große, blonde Frau mit frohem Gesichtsausdruck und warmer Stimme. Seine früheste Erinnerung bezog sich auf eine Situation, als die Mutter eine große alte Stubenuhr öffnete, um sie aufzuziehen. Marcel begann panisch zu schreien, das nackte Ziffernblatt vermittelte Kälte und signalisierte furchtbares Unheil. Er wusste damals nicht, was Tod bedeutet, doch als er sich später immer und immer wieder in seinen Zustand vor der geöffneten Uhr versetzte, die damalige Situation neuerlich miterleben musste und sein Empfinden zu rekonstruieren versuchte, wusste er, dies war damals die Botschaft des Todes gewesen. Die Mutter hat ihn damals aufgenommen, ihm die Tränen abgewischt und ihn mit warmen Worten entängstigt. Spätere Erinnerungen an die Mutter hat er nicht. Sie sei krank geworden und bald gestorben.

Das Bild der Mutter verblasste mit dieser einen Ausnahme hinter jenem der Oma, der Mutter des Vaters. Diese nahm ihren Sohn und den kleinen Halbwaisen zu sich und versuchte, selbst bereits längst verwitwet, dem Buben wirklich Mutter zu sein. Sie erzog ihn mit Herzensgüte und Fürsorge. Der Bub war der Inhalt ihres Lebens, er sagte zu ihr „Mama" und empfand ihre Liebe als die der Mutter. Als er einmal von anderen Kindern wegen seiner alten Oma, die gar nicht die richtige Mutter sei, gehänselt wurde, verließ er das Haus über Tage nicht mehr und wich keine Minute von Omas Seite. In der dritten Volksschulklasse vermerkten die Erzieher bei dem ansonsten ernst und introvertiert wirkenden Heranwachsenden einen Wutanfall, in welchem er blindlings auf einen Mitschüler einschlug und nur mit Mühe von dem bereits am Boden liegenden Opfer weggezogen werden konnte. Dieser habe ihn gefragt, ob dieser „Grufty", den er „Mama" nenne, seine Uroma oder seine Ururgroßmutter sei.

Marcel A. wollte also am Freitagabend die nahe gelegene Stadt aufsuchen. Dort wollte er sich mit Kollegen treffen, das eine oder andere Bier trinken, vielleicht einen Joint rauchen, vielleicht die Disco besuchen. Der Freitagabend war Lohn für die überstandene Woche. Seinem Vater, der sich nie sonderlich um ihn gekümmert hatte, hinterließ er keine Nachricht. Der Vater meinte, sein Sohn sei erwachsen und brauche keine Vorschriften. Marcel fragte sich, ob er dies als besonderes Vertrauen oder als mangelndes Interesse werten sollte. Die beiden sprachen nicht viel miteinander.

Marcel A. ging, ohne im Geringsten zu ahnen, dass sein Leben in drei Stunden ein grundsätzlich anderes sein werde, zur Posthaltestelle und wartete auf den Bus. Ein Kollege, Robert M., den er aus der Discoszene eher oberflächlich kannte, fuhr mit seinem Pkw vorbei und lud ihn ein mitzufahren. Robert erzählte ihm im Laufe des Abends von finanziellen Problemen und von seinem früheren Chef, einem Gastwirt, der ihm immer noch drei Monatsgehälter schulde und ihm den Lohn vorenthalte. All seine Vorsprachen, Schreiben und Interventionen hätten nichts gefruchtet. Er sei nun fest entschlossen, die Sache selbst in die Hand zu nehmen und sich den gerechten Lohn zu holen. Ob ihm Marcel dabei nicht helfen würde? Er müsse nichts tun, nur ein wenig aufpassen, es sei eine todsichere und zudem gerechte Sache. Er könne sich leicht ein Zubrot verdienen.

Marcel A. war die Sache unangenehm, er wollte damit nichts zu tun haben, wollte als bisher völlig unbescholtene Person in keine Straftat verwickelt werden, fühlte sich gegenüber Robert aber irgendwie verpflichtet. Dieser hatte ihn nicht zum ersten Mal mitfahren lassen. Zudem wusste Robert einiges von ihm. Gemeinsam hatten sie schon Cannabis geraucht und Ecstasy-Tabletten ausgetauscht, auch an diesem Abend wurde schon ein Joint gezogen. Marcel hörte aus Roberts Worten einen bedrohlichen Unterton hervor. Er hatte den Eindruck, Robert setze ihn unter Druck und behalte sich vor, das gemeinsame Geheimnis auszuplaudern. Außerdem, die Sache war ja sicher und nicht ein wirkliches Verbrechen, Robert wollte sich nur den vorenthaltenen Lohn holen.

So fuhren die beiden zu einer Telefonzelle und riefen beim ehemaligen Chef von Robert an. Sie wussten, dass dieser an diesem Tag das Gasthaus geschlossen hatte und mit seiner Frau allein zu Hause war. Marcel musste mit verstellter Stimme sagen, im Wochenendhaus des Chefs – ihm gehöre doch jenes in einer 30 Kilometer entfernten Siedlung? – sei eingebrochen worden, er habe dies beim Vorbeispazieren gesehen. Robert und Marcel warteten im Auto, bis sie den Gastwirt mit seiner Gattin im Pkw in Richtung Wochenendhaus vorbeifahren sahen. Dann handelten sie rasch, fuhren zum Gasthaus „Krone", brachen durch eine Hintertür ein, durchwühlten das Büro, nahmen eine Handkasse an sich. In diesem Moment hörten sie, dass noch jemand im Haus war. Vom oberen Stock kam eine alte Frau – es war die Schwiegermutter des Chefs, die einige Tage auf Besuch weilte – mit einem Nachtmantel bekleidet über die Stiege, erblickte die beiden und fragte: „Was ist hier los, was wollt ihr hier?" Robert stürzte sich auf die Frau, packte sie am Hals, warf sie nach hinten und rief: „Schnell weg ...!" Marcel zögerte, sah die am Boden liegende, wimmernde Frau, sah ihr angstvolles Gesicht, ihre großen Augen, sah, wie sie aufstehen wollte und nicht konnte, wie sie immer wieder zusammensackte. Später stellte sich heraus, dass sie beim Sturz einen Schenkelhalsbruch erlitten hatte. Marcel A. zauderte, er schien nicht weglaufen zu können, er näherte sich der Frau, unklar, ob helfen wollend oder in feindseliger Absicht. Die alte Frau sagte, während er sich zu ihr niederbeugte: „Ihr Verbrecher ...!" Dann lief alles sehr schnell ab. Im Polizeiprotokoll heißt es wörtlich: „Marcel A. stürzte sich auf die am Boden liegende, hilflose Frau, legte seine Hände um ihren Hals, würgte und schüttelte sie, schlug ihren Hinterkopf mehrmals mit großer Wucht gegen den Boden, sodass sie, wie die Obduktion ergab, mehrere Brüche des Schädelknochens erlitt. Der Tod trat durch kräftiges Würgen ein, welches so heftig war, dass beim Opfer massivste Stauungsblutungen nicht nur in den Augen, sondern im ganzen Kopfbereich festgestellt werden konnten ..."

Robert M., der ob des ungemein brutalen Vorgehens seines Kollegen entsetzt war, schrie diesen an: „Was machst du da?!" Dann verließen beide unter Mitnahme der Beute fluchtartig das Haus, fuhren mit ihrem Auto überhastet weg, verursachten einen Verkehrsunfall und konnten bald gestellt werden.

Analyse

Wie ist dieses Verhalten, durch welches ein junger Mann scheinbar ohne jeden Grund und ohne Notwendigkeit zum Raubmörder geworden ist, zu erklären? War es das kopflose Reagieren eines zufällig in eine Kriminaltat verwickelten Anfängers, war es der Wunsch, dem Kollegen zu helfen, ja zu beweisen, dass er noch entschlossener und kaltblütiger vorgehen könne, war es die Angst, entdeckt zu werden?

Marcel A. war bei der Einvernahme erschüttert, fassungslos ob seines eigenen Tuns, konnte zum Teil nicht sprechen, brach in heftiges Weinen aus, war sofort geständig. Er habe die Nerven verloren und völlig durchgedreht, es habe in ihm abgeschaltet, er sei gar nicht er selbst gewesen. Er könne sich nur an den Gesichtsausdruck, den flehenden Blick der Frau, an ihre Angst und Hilflosigkeit erinnern, dann setze sein Gedächtnis aus. Diesen Blick, die Todesangst der Frau und ihre „unwürdige Lage“ habe er nicht verkraftet. Er habe das nicht mehr sehen können, er habe sich gewünscht, nicht hier zu sein, habe sich wegen des Mitmachens verflucht, habe sich weit weg gewünscht und habe alles ungeschehen machen wollen. Es seien ihm so viele Gedanken durch den Kopf gegangen. Was wohl seine Mutter dazu sagen würde, Gedanken, dass er jetzt ins Gefängnis müsse, dass sich der Vater schäme, dass die Zukunft verpfuscht sei. Es sei dann, so ergab die weitere Exploration, ein Gedanke ganz in den Vordergrund getreten: jener an seine Oma. Jetzt habe er gewusst, an wen ihn die alte Frau erinnerte, er habe die Oma in ihrer Güte und Fürsorge, die Oma, die er immer schützen wollte, auf die er stolz war, die ihm Mutter gewesen sei, gesehen, in einer verzweifelten Lage, für die er verantwortlich war. Der Blick der Oma habe Bände gesprochen, habe ihm Vorwürfe gemacht, ihn angeklagt, ihn verzweifelt angefleht, der Blick sei für ihn unerträglich gewesen. Er habe nur noch einen Gedanken gehabt: das nicht mehr sehen zu müssen, weit weg zu sein, das alles zu beenden. Marcel begann bei diesen Ausführungen heftig zu weinen. Das Bild des brutalen, gewissenlos agierenden Mörders wandelte sich für die vernehmenden Beamten in das eines hilflosen, weichen und verzweifelten, trostlosen Kindes.

In der Kriminalpsychologie wird ein derartiges Verhalten, diese unvermutet und unvermittelt durchbrechende Aggressivität, dieser Vernichtungsrausch als „Overkill“ bezeichnet. Besonders bei emotional unreifen, in ihrer Gesamtpersönlichkeit wenig ausgeformten Tätern wurde dieser unerklärliche Aggressionsrausch, der bei manchen Tötungsdelikten gesehen wird, mit dem Zwang zur „Flucht nach vorne“ erklärt. Wissenschaftlich wird dann von einem Overkill-Syndrom gesprochen, wenn es bei einem nicht von vornherein beabsichtigten Tötungsdelikt nach der ersten Auseinandersetzung mit dem Opfer zu einer kurzen Handlungszäsur kommt, in welcher der Täter plötzlich mit der eigenen Tat, mit der eigenen, eigentlich nicht gewollten Kriminalität konfrontiert wird, die er mit seiner Wertvorstellung nicht in Einklang bringen kann und die er bei sich selbst abwehren möchte. Genau diese Ausgangsstimmung haben wir bei Marcel A. Er ist kein typischer Verbrecher, er ist weder gemütskalt noch dissozial, er ist zufällig und eigentlich widerwillig in etwas hineingeraten, was seiner Persönlichkeit widersprochen hat.

Er hat eine Grenze überschritten und dabei innerlich etwas angesprochen, was in seinem Leben unbewusst eine große Rolle gespielt hat, nämlich sein Verhältnis zur Großmutter, die für ihn die wirkliche Muttergestalt war. Schon früher hat er es nicht ertragen, wenn das Bild der gütigen Oma von jemandem befleckt wurde, wenn man die für sein emotionales Leben so wichtige Person in Frage gestellt hat oder wenn man ihm die Großmutter und damit all das, was für ein Kind Mutterliebe bedeutet, entreißen wollte. Die plötzliche Erkenntnis, dass er mit der unbekannten alten Frau jemanden wie seine Großmutter getroffen hat und nun hilflos hier liegen sieht, gab dann offenbar erst den Anlass zur Fortsetzung der aggressiven Handlungen, welche dann überschießend im Sinne eines „Overkill" vorgenommen wurde.

Overkill-Täter können es kaum verkraften, nach den ersten Aggressionen mit ihren Auswirkungen in Gestalt des von ihnen angegriffenen oder entführten Opfers konfrontiert zu werden. Wenn nicht äußere Faktoren eingreifen, die mächtiger sind als das Ausweichen vor der eigenen, nicht akzeptierten Tat, kommt es in manchen Fällen offenbar mit einer Zwangsläufigkeit zu einer überschießenden „Flucht nach vorne". Nach verschiedenen wissenschaftlichen Untersuchungen wird dabei in den meisten Fällen das Opfer erwürgt. Dies ist jedoch nicht – wie das in der Regel geschieht – eine Handlung, die die eigene Straftat vor allem vor der Umwelt verbergen und eine Entdeckung durch die Polizei verhindern soll, sondern das Schreien des Opfers stellt eben eine solche für den/die Täter/in unerträgliche Konfrontation dar, die es mit allen Mitteln zu unterdrücken gilt.

Das tödliche Entsetzen

Ein ähnlicher Fall, der die Öffentlichkeit als äußerst grausame Form der Kindestötung erschüttert hat, ist jener des Konrad T. Dieser war arbeitslos, die Ehe befand sich in einer konflikthaften Situation, die aus einer so genannten „besseren Familie" stammende Frau war unzufrieden, suchte sich eine eigene Arbeit, wandte sich von ihrem Mann zunehmend ab, drohte aber noch nicht mit Scheidung. Während der sich häufenden Streitigkeiten hielt sie ihrem Mann, welcher zunehmend depressiv wurde und auch etwas dem Alkohol zusprach, seine Schwächen vor. So kränkte sie ihn am Morgen des Tattages mit der Feststellung, dass er ein völliger Versager sei, der nicht einmal seine Kinder ernähren könne. Konrad T., welcher insbesondere zu seinem jüngeren Sohn eine sehr gute, gefühlsenge Beziehung hatte, war schwer gekränkt, trank während des ganzen Vormittags und entschloss sich, nach dem Weggehen der Gattin, nun viel Geld zu beschaffen. Er rief mit verstellter Stimme bei der Familie eines Kindergartenkollegen seines Sohnes, des 5-jährigen Tobias, an und bestellte diese für den Nachmittag zur Vorbesprechung eines Kinderfestes zum Jugendheim. Der Bub wurde dort, zehn Minuten zu früh, von seiner Mutter ahnungslos abgestellt und daraufhin von Konrad T. in sein Auto gelockt und entführt. Er fuhr mit ihm zu einem kleinen Wochenendhaus, rief von dort aus die Eltern des kleinen Tobias an und forderte diese mit ausländischem Akzent auf, 100.000 DM herzurichten, wenn sie das Kind nochmals sehen wollten. Es folgten weitere Anrufe des rasch in Panik verfallenden Entführers, welche schließlich zu seiner Verhaftung führten. Als die Polizei ihn zwanzig Stunden nach der Entführung festnahm, war Tobias bereits tot. Nach Mitteilung des Täters habe der Junge am Abend geweint, habe nach seiner Mutter verlangt und nach Hause gedrängt, habe weglaufen wollen und immer verzweifelter zu schreien begonnen. Konrad T. habe ihn festgehalten, im Freien auf den Rücken geworfen, habe das sich wehrende Kind ins Haus getragen, habe dem schreienden Jungen einen Polster auf das Gesicht gepresst und ihn, als dieser mit Händen und Füßen um sich schlug, mit der anderen Hand unter dem Polster erwürgt. Das leblose Kind habe er auf eine Pritsche in den Keller gelegt und zugedeckt. Konrad T. war während des Tatzeitraumes, wie sich berechnen ließ, mittelstark alkoholisiert. Unmittelbar vor der Festnahme habe er versucht, sich mit einer Rasierklinge die Halsgefäße aufzuschneiden.

Analyse

Die psychiatrische Untersuchung brachte dann Folgendes zu Tage: Konrad T. stammt aus einer Familie, in welcher nach seinen Aussagen alle getrunken hätten, so der Vater, mehrere Onkel, ein älterer Bruder und auch die Mutter. Er kam als eheliches Kind zur Welt und wuchs unter sieben Geschwistern in der Risikoposition des Zweitjüngsten auf. Von Risikoposition ist deshalb zu sprechen, weil viele Untersuchungen ergeben haben, dass nicht die so genannten Eck- und Sandwichpositionen innerhalb der Geschwisterreihe in einer gewissen Weise die Anlage zu abweichendem Verhalten in sich bergen, sondern vor allem die Stellung des Zweitjüngsten. Dies kann man vereinfacht ausgedrückt damit in Verbindung bringen, dass jedes Kind durch die Geburt eines jüngeren Geschwisterteils seine

„Starposition“ verliert, was eine schwere Kränkungsreaktion hervorruft. Diese narzisstische Krise wird erst dadurch wieder gutgemacht, dass auch der neue Star in der Familie durch die Geburt eines weiteren Kindes entthront wird. Beim Zweitjüngsten ist dieser innere Wiedergutmachungsprozess naturgemäß nicht möglich. Eine Rolle kann auch spielen, dass die Zweitjüngsten emotional vielleicht vernachlässigt werden. Sie werden scheinbar von den älteren Geschwistern genügend versorgt oder finden ihre Befriedigung im Mithelfen bei der Erziehung der Jüngeren. Diese Haltungen beruhen aber oft auf Fehlmeinungen der Eltern und täuschen über die unerfüllten emotionalen Bedürfnisse der Kinder hinweg.

Konrad T. litt in der Kindheit an Asthma, für das keine körperliche Ursache gefunden werden konnte. Nach psychosomatischem Verständnis wird Asthma oft als Ausdruck mangelnder emotionaler Versorgung, als verkörperlichter Dauerschrei nach Liebe, die für ein Kind von so großer Wichtigkeit ist, verstanden. Konrad T. hat sich in Kindheit und Jugend äußerlich normal entwickelt, hat während dieser Lebensphasen sonst keine schwerwiegenderen Verhaltensstörungen gezeigt und blieb zeit seines bisherigen Lebens von schwereren Krankheiten verschont. Nennenswerte Unfälle, insbesondere Schädel-Hirn-Traumen, hat er ebenso wenig mitgemacht wie sonstige das Gehirn in Mitleidenschaft ziehende körperliche Erkrankungen. Erwähnenswert ist allerdings ein Selbstmordversuch, den er vor zwei Jahren im Zusammenhang mit den aufkommenden ehelichen Spannungszuständen und der schon damals gegebenen Überschuldungssituation verübt hat. Zudem führte er aus, dass er in der Kindheit nicht nur unter den Alkoholproblemen der Eltern und der aggressiv-unberechenbaren Wesensart seines Vaters gelitten habe, sondern dass er vom 7. bis zum 12. Lebensjahr auch Opfer sexuellen Missbrauchs durch einen Saufkumpanen seines Vaters geworden sei.

Konrad T. war also in der Entwicklungsphase erheblichen emotionalen Belastungen und Vernachlässigungen ausgesetzt, wodurch sich seine Selbstunsicherheit, seine Verstimmungszustände, aber insbesondere auch die während der Tat zum Vorschein kommende Gefühlsabstumpfung und Gefühllosigkeit erklären lassen. Es ist bekannt, dass Kinder, die unter vernachlässigenden und grausamen Milieufaktoren aufwachsen, oft nur dadurch überleben können, dass sie eigene Gefühlsempfindungen unterdrücken und abtöten. Diese wurden im alltäglichen Leben jedoch wenig manifest, sodass Konrad T. sich bislang noch nie in nervenärztlicher bzw. psychotherapeutischer Behandlung befunden oder die Hilfe einer psychosozialen Beratungsstelle in Anspruch genommen hatte. Er versuchte, mit seinen Problemen allein fertig zu werden, etwas, das er nicht geschafft hat und was so oft zu einer wesentlichen Ursache von Verbrechen wird.

In der Pflichtschule erbrachte Konrad T. mäßige Leistungen, begann danach eine Elektrikerlehre, gab diese nach zwei Jahren wegen Problemen mit seinem Vorgesetzten auf und arbeitete in der Folge als Hilfsarbeiter in verschiedenen Firmen. Durch die Eheschließung mit einer aus einer gehobenen sozialen Schicht stammenden Frau, welche nach Eintritt einer damals nicht geplanten Schwangerschaft erfolgte, geriet Konrad T. in eine emotional schwierige Situation. Einerseits hatte er zu seiner Gattin eine recht gute Beziehung, fand bei ihr das Gefühl von Geborgenheit, Sicherheit und auch sozialer Anerkennung, andererseits sah er sich wegen seiner Herkunft aus einer in der sozialen Schichtung niedriger angesiedelten Familie vermehrter kritischer Betrachtung und erhöhtem Erwartungsdruck sowie anfangs auch einer gewissen Ablehnung, insbesondere von Seiten seines Schwiegervaters, ausgesetzt. Aus der Angst, seine Rolle als Vater und Familienernährer nicht befriedigend zu erfüllen, und seinem permanenten Streben, jegliche Probleme und Konflikte aus dem Ehe- und Familienleben fernzuhalten, ist wohl zu erklären, weshalb er mit seiner Frau nie über äußere und innere Belastungssituationen gesprochen hat und mit den aufkommenden finanziellen Schwierigkeiten ebenso allein fertig werden wollte wie mit einer gewissen emotionalen Isolierung.

Die von Konrad T. nach außen gespielte Rolle und das von ihm lange Zeit vermittelte Ehe- und Familienbild standen in Widerspruch zu den verdeckten, großteils nicht angesprochenen inneren Konflikten, zu den Minderwertigkeitsgefühlen und Selbstwertzweifeln und zu den wachsenden innerfamiliären Spannungszuständen. Er traute sich nicht, mit seiner Frau, deren Familie und auch den Kindern über seine beruflichen Probleme, über den neuerlichen Verlust des Arbeitsplatzes und seine finanziellen Nöte zu sprechen. Er vermittelte stets den Eindruck, die Probleme im Griff zu haben und seinen finanziellen Verpflichtungen als Familienoberhaupt nachkommen zu können. Er nahm mehrere Kredite auf, täuschte zu Hause auch in den Phasen der Arbeitslosigkeit vor, zur Arbeit zu gehen, trieb sich dann oft stundenlang in Parks oder in Kneipen herum. Er suchte Trost im Alkohol und entwickelte immer mehr ein ausgesprochenes Problemtrinken, das zu zunehmenden Zerwürfnissen mit seiner Frau und zu deren Verselbstständigungsstrebungen beitrug. Er lebte jahrelang in quälendem Zwiespalt zwischen der nach außen dargetanen Rolle, welche den Erwartungen seiner Umgebung entsprechen sollte, und den unerträglich werdenden inneren Gegebenheiten, zu denen Versagensängste, Verstimmungszustände und Isolationsgefühle gehörten.

Einen tiefen Einblick in seine Persönlichkeit gaben die durchgeführten testpsychologischen Untersuchungen. Es fanden sich bei ihm Hinweise auf grobe Störungen der Emotionalität und Affektivität, auf massive Gefühlsverdrängungen und fehlendes Einfühlungsvermögen, auf überhöhte Ängste und Unfähigkeit, mit Aggressionen umzugehen, auf Minderwertigkeitsgefühle, Selbstwertzweifel, Verschlossenheit, Kontaktangst und Selbstunsicherheit, aber auch auf Geltungssüchtigkeit und einen überempfindlich-reizbaren Charakter sowie vor allem auf mangelnde Impulskontrolle. Konrad T. war laut Tests ein verschlossen-misstrauischer, wenig erlebnisfähiger, im sozialen Kontakt nicht sehr gewandter Mann mit negativer Grundbefindlichkeit, der Konflikten auszuweichen versuchte und Enttäuschungserlebnisse eher schwer verarbeitete. In Problemsituationen reagiert er – laut Tests – eher spontan, affektiv und unbeholfen, handelt nicht überlegt und vorausschauend und neigt unter Belastungsdruck zu ungewöhnlichen Reaktionen. Bei auftretenden Problemen hat er das Gefühl, eigenverantwortlich zu sein, und sucht auf einzelgängerische Weise nach möglichen Auswegen, wobei er spontanen Einfällen folgt. Jahrelange Frustrationen, wenn auch nur geringerer Intensität, haben ebenso zu einem gewissen Aggressionsstau beigetragen wie seine Unfähigkeit, Konflikte anzusprechen, eigenes Versagen zuzugeben und auch negative Emotionen nach außen zuzulassen. Seine Verschlossenheit führte zusammen mit einer intellektuell eher einfachen Strukturierung zu einem unreflektierten, insgesamt doch naiven Tatverhalten. Eigene emotionale Belastungen in der Kindheit und wahrscheinliche sexuelle Traumatisierungen erklären seine Gemütskälte, wie sie im letzten Akt der Tat zum Ausdruck kam. Wie sich auch in der testpsychologischen Untersuchung eindrucksvoll zeigte, neigt Konrad T. unter Belastungsdruck zu emotionalen und ungewöhnlichen Reaktionen, wobei er vom eigenen Problem affektiv sehr eingenommen ist und unbeholfen, unüberlegt und nicht vorausschauend handelt.

Die bei Konrad T. vorliegenden, durch testpsychologische Verfahren abgesicherten Persönlichkeitsstörungen waren neben anlagemäßigen Faktoren auf schädigende bzw. traumatisierende Einflüsse während seiner Entwicklung zurückzuführen. Aus unzähligen wissenschaftlichen Untersuchungen ist bekannt, dass die Familie in den ersten Lebensjahren des

Kindes neben der Norm-, Transfer-, Vorbild- und Platzierungsfunktion auch jene einer Sozialinstanz hat, in der soziale Fähigkeiten wie Frustrationstoleranz oder Bedürfnisaufschub eingeübt werden, wodurch ihr Einfluss sowohl auf die Entstehung als auch den Verlauf von Persönlichkeitsstörung und verbrecherischem Verhalten von großer Wichtigkeit ist. Besonders prägend ist dabei die affektive Einstellung der Eltern, wobei die Bedeutung des Vaters als Identifikationsobjekt mit zunehmendem Alter wächst.

Zweifelsohne waren die familiären Verhältnisse des Konrad T., insbesondere seine Beziehung zum Vater, nicht ideal. Neben anlagemäßigen nachteiligen Faktoren kam den Auswirkungen unberechenbar-aggressiver Verhaltensweisen auf seine kindliche Entwicklung ein hoher Schädigungsgrad zu. Durch den sexuellen Missbrauch in einer wichtigen Phase des Heranreifens lag ein schwer traumatisierender Belastungsfaktor über mehrere Jahre seiner Kindheit vor, welcher gleichsam eine Vervielfachung der übrigen Milieuschäden bedeutete. Die schädlichen Auswirkungen sexuellen Missbrauchs, welche bei etwa 20% aller Verbrecher zu erheben sind, auf emotionale Entwicklung, Persönlichkeitsbildung, sexuelle Identität und psychische Gesundheit sind jedenfalls nicht zu unterschätzen. Auch ist zu bedenken, dass äußerlich extrem grausam und gefühlsarm anmutende Verbrechen an Kindern oft eine Wiederinszenierung der kindlichen Situation mit verteilten Täter-Opfer-Rollen darstellen. Der Täter macht gleichsam einen Teil seiner eigenen Traumatisierungen dadurch gut, dass er jetzt plötzlich in der Rolle des Mächtigen lebt und jemand anderer die unerträgliche Angst des hilflosen Opfers erdulden muss.

Die beschriebenen Entwicklungsdefizite und Verzögerungen in der Persönlichkeitsausformung machen zwar die Motivation der Entführung, welche insgesamt wie das Verbrechen eines unreif-jugendlichen Täters anmutet, transparenter, nicht aber jene des Tötungsvorganges. Dieser ist wiederum durch das „Overkill“-Phänomen, welches in diesem Fall durch die Parallelität zwischen Opfer und eigenem Kind ausgelöst worden ist, erklärbar. Der bis dahin nicht vorbestrafte, eigentlich anständig lebende, durch die sozialen Umstände und das drohende Zerbrechen der Familie verzweifelte Mann hat sich auf etwas eingelassen, das ihm eigentlich zutiefst wesensfremd war. Er hat den rechten Weg, aus dem er viel Identität schöpfte, verlassen und ein wenig durchdachtes, eher stümperhaft geplantes, vordergründig motiviertes Verbrechen verübt. Dieses mutet bei genauer Analyse wie ein so genannter „sozialer Selbstmord“ an, d.h. der Betroffene setzt wie beim Russischen Roulett alles auf eine Karte: Entweder er gewinnt und beendet dadurch seine soziale Misere, oder er hat sich als Verbrecher und Häftling endgültig ins soziale Aus katapultiert.

Die Tötungshandlung hat aber eine ganz andere psychische Wurzel als die Entführung. In Konrad T. wurde durch das Schreien des Kindes eine wichtige Gefühlsschicht angesprochen, nämlich die emotionale Erinnerung an seinen eigenen Sohn. Es war ihm unerträglich, dass er diesen gleichsam verraten und sein Liebstes und Wichtigstes, nämlich ein Kind, in sein Verbrechen einbezogen hatte. Das Schreien des Kindes ernüchterte ihn, er wollte jetzt alles rückgängig und ungeschehen machen, er wollte wenigstens wieder in sein jämmerliches Leben zurückkehren, er wollte nicht auch noch Verbrecher sein. Er hat das Schreien zum Verstummen gebracht ...

In der Zusammenschau all dieser Befunde und Analysen wird die Tat des Konrad T. trotz ihrer forensisch-psychiatrischen und kriminologischen Einmaligkeit und Unbegreifbarkeit aus psychodynamischer Sicht ein Stück weit verstehbarer, sodass sich die einzelnen Aspekte hinsichtlich des Motivations- und Tatgefüges zu einem Ganzen zusammenfassen lassen: Der Täter wies erhebliche Persönlichkeitsstörungen auf, die nicht nur anlagebedingt, sondern Folge belastend-traumatisierender Schädigungen in der kindlichen Entwicklung sind. Er hat in einer für die Persönlichkeitsentwicklung entscheidenden Phase emotionale Kälte, Aggressivität und psychische Traumatisierung kennen gelernt. In seiner späteren Rolle als Ehemann und Vater hat er gleichsam eine doppelte Rolle gespielt und zwei Anteile gelebt: Hinter oder neben jenem des fürsorglichen, fleißigen und bemühten Familienoberhauptes stand auch jener mit überspitztem Wunsch nach Zuwendung, Anerkennung und akzeptierter Rollenerfüllung, der Schwächen, Versagen und Verschulden nicht zuließ. Frustrationen und Kränkungserlebnisse haben bei dem emotional eher unreifen, manchmal impulsiv, unüberlegt und augenblicksverhaftend handelnden Mann, der zudem durch chronischen Alkoholmissbrauch enthemmt war, innerlich zu einem bemerkenswerten Aggressionsstau geführt. Aus dem Zusammenspiel all dieser Faktoren rekrutieren sich die wesentlichen äußeren und inneren Tatvektoren: gefühlsmäßige Kälte in bestimmten Lebenssituationen, eigene Erfahrungen mit Hilflosigkeit und Aggression, die auf ein ebenso hilfloses Opfer projiziert werden, Störungen der Impulskontrolle, Aggressionsstau und Flucht nach vorne in einer ausweglos erscheinenden Situation.

Die vernichtende Selbsterkenntnis

Überreaktionen im Sinne eines „Overkill“ werden nicht selten bei Jugendlichen, die mehr oder weniger zufällig Partner eines erwachsenen Homosexuellen werden, gesehen. Die plötzliche Konfrontation mit einer bisher verdrängten, nicht eingestandenen latenten Homosexualität kann zu überschießenden Aggressionshandlungen, ja sogar zu völlig unerwarteten Tötungsdelikten führen.

Nicht zu verwechseln sind solche Aggressions- und Tötungshandlungen mit den Taten jener homosexuellen Strichjungen, welche in der Regel an keinen uneingestandenen homosexuellen Tendenzen leiden, sondern die Situation des sich als homosexuell erklärenden Opfers ausnützen und dieses berauben. Oft ist es in der Begutachtung nicht einfach, diese beiden Formen auseinander zu halten, wie das folgende Beispiel zeigt.

Helmut M. war ein 18-jähriger Absolvent einer höheren Schule. Er hatte bei einem Discobesuch einen 50-jährigen Geschäftsmann kennen gelernt, war mit diesem ins Gespräch gekommen und ließ sich überreden, mit ihm nach Hause zu gehen. Beim Gespräch auf dem Balkon des Wohnhauses des allein stehenden Mannes habe sich dieser ihm homosexuell genähert, es sei zu gegenseitigen Berührungen gekommen. Als sich der Mann an Helmut M. oral befriedigen wollte, habe er einen in der Nähe liegenden Holzprügel erfasst und mit großer Wucht auf den Geschäftsmann eingeschlagen. Dieser erlitt mehrere Schädelbrüche, an deren Folgen er innerhalb von Minuten verstarb. Helmut M. verstaute die Leiche im Auto des Opfers, fuhr damit zu einem Fluss und warf sie dort in die Fluten. Das Verbrechen konnte erst Wochen später nach Zeugenaussagen und anhand von DNA-Analysen geklärt werden. Helmut M., der die Tat erst nach längerem Leugnen zugab, führte aus, dass ihn bei den homosexuellen Annäherungen ein furchtbarer Ekel erfasst und er dann die Nerven verloren habe. Er habe sich gegen die Übergriffe zur Wehr setzen wollen und sei dabei in einen aggressiven Ausnahmezustand geraten; er könne sein Verhalten selbst nicht begreifen. Da er dem Opfer die Geldtasche wegnahm, gingen die Ermittler vorerst von einem Gelegenheits-Raubmord aus. Erst durch die psychiatrische Untersuchung kamen zusätzliche Fakten zu Tage, die schließlich zur Annahme eines „Overkill“ bei latenter Homosexualität des Täters führten.

Analyse

Helmut M. stammte aus einer mit psychischen Behinderungen, Geisteskrankheiten, Sucht und Selbstmord erblich nicht vorbelasteten Familie. Laut Mitteilung der Mutter sei die Schwangerschaft normal verlaufen, die Geburt habe sich hingezogen, sodass eine „Zangenentbindung" erforderlich wurde. Das Kind habe jedoch keine Geburtsschäden aufgewiesen und sich völlig normal entwickelt. Möglicherweise hat Helmut M. aber eine so genannte minimale cerebrale Dysfunktion erlitten. Dabei handelt es sich um eine Schädigung des Gehirns durch geringfügige Verletzungen oder Blutungen, die zwar zu keinen Lähmungen, Anfällen oder sonstigen schwereren Störungen führen, wohl aber das Hemmungsvermögen beeinträchtigen und so das Kontrollvermögen in belastenden Situationen herabsetzen. Dies wird bei später straffällig gewordenen Menschen häufig festgestellt. Nicht selten besteht dann in der Kindheit ein hyperkinetisches Syndrom, auf das frühe Delinquenz folgt.

In der sozialen Entwicklung des Helmut M. war das Fehlen einer Vatergestalt ein erhebliches Defizit. Obwohl der Großvater, eine im Ort sehr angesehene, offensichtlich starke Persönlichkeit, dessen Rolle übernommen und für ihn eine väterliche Figur dargestellt habe, litt Helmut M. unter diesem Defizit und verkraftete den Mangel einer das Realitätsprinzip verkörpernden Gestalt nicht wirklich. Die Beziehung zur Mutter kann wohl als ambivalent bezeichnet werden. Diese hat Helmut M. als fürsorglich, zum Teil verwöhnend, jedoch auch als streng und unnachgiebig erlebt. Dass sie ihn wegen Lernproblemen und oppositionell-aufsässigem Verhalten in ein Internat steckte, hat er ihr wohl nicht so recht verziehen. Auf dieses Kränkungserlebnis reagierte er mit Rückzug, oppositionellem Verhalten, aber auch mit einer gewissen emotionalen Abschottung. Die Überstellung ins Internat, in welchem er erstmals auffallendes Interesse für männliche Mitschüler erfuhr und auch homosexuell getönte Beziehungen knüpfte, bedeutete für ihn eine Entwurzelung, die dortige Zeit hat er in keiner so guten Erinnerung. Als besonders kränkend erlebte er die konsequente Haltung der Mutter und die Tatsache, dass er seinen Willen auch durch heftiges Agieren nicht durchsetzen konnte. Die schulischen Leistungen des Helmut M. waren durchschnittlich, er musste während der Pflichtschulzeit nie wiederholen, hat dann die Mittelschule gemacht und den Abschluss mit Mühe geschafft. Im Verlauf der Exploration wies er darauf hin, dass er in der Schule nur das gelernt habe, was ihn interessierte, während er sich in den von ihm abgelehnten Fächern verweigert habe.

Über seine sexuellen Erfahrungen wollte er nicht so recht sprechen, er ließ offen, ob er schon homo- oder heterosexuelle Kontakte gehabt hat. Eine Freundschaft mit einem etwa gleichaltrigen Mädchen deutete er an. Von seiner Mutter wurden diesbezüglich allerdings gegenteilige Angaben gemacht, d.h. sie habe ihren Sohn als gehemmt erlebt und glaube nicht, dass er tatsächlich Mädchenfreundschaften aufgenommen und gepflogen habe. Als sie ihn einmal gefragt habe, ob er sich mehr zum eigenen Geschlecht hingezogen fühle, habe er entrüstet abgewehrt. Im Übrigen aber sei das Sexualthema während der Erziehung fast nie zur Sprache gekommen. Die testpsychologische Untersuchung brachte u.a. allerdings klare Hinweise auf eine vorliegende, offensichtlich nach außen nie gelebte und auch nicht eingestandene Homosexualität. Unter Berücksichtigung der testpsychologischen Ergebnisse, die Hinweise für eine ausgeprägte sexuelle Orientierungsstörung lieferten, und seiner mangelhaften, unklaren Angaben konnte geschlossen werden, dass Helmut M. in Fragen der Sexualität wenig offen war und seine Schwierigkeiten zu überspielen versuchte. Die von ihm verübte brutale Tötungshandlung kam für die gesamte Umgebung völlig unerwartet. Angehörige und Bekannte betonten, dass sie ihm dies nie zugetraut hätten und dass wohl „tiefer liegende“ psychische Probleme vorliegen müssten.

Bei der Betrachtung der Persönlichkeitsstruktur und des sexuellen Bereichs bei Helmut M. ergab sich zunächst das Problem, dass es sich um einen Jugendlichen handelte, dessen persönlichkeitsspezifischer Reifungsprozess noch nicht abgeschlossen war und der noch keine endgültige Identität erlangt hatte. Eine weitere Schwierigkeit lag darin, dass der Täter rein äußerlich auch im psychischen Bereich keinen auffallenden Eindruck machte. Im Laufe der Exploration zeigte sich, dass er im affektiven Bereich deutlich blockierte, Emotionen abspaltete, wenig Mitschwingungsfähigkeit im Gefühlsbereich aufwies, sich analysierenden Betrachtungsweisen entzog und ausgesprochen glatt und wenig fassbar wirkte.

Neben auffallenden Rationalisierungen und Bagatellisierungen, die Helmut M. bei den Befragungen durchgehend zeigte, imponierten bei ihm ausgeprägte Intellektualisierungstendenzen. Die Intellektualisierung ist ein von Anna Freud (1936) beschriebener Abwehrmechanismus, der zusammen mit einer asketischen Einstellung der Abwehr verstärkter aggressiver und sexueller Impulse dient. Triebkonflikte waren bei Helmut M. infolge der nicht eingestandenen und nicht gelebten Homosexualität ganz eindeutig vorhanden, wie dies auch in der testpsychologischen Untersuchung zum Ausdruck kam. Die Intellektualisierung hatte bei ihm die Funktion, eine Distanz zu abgewehrten homosexuellen Tendenzen in der Interaktion mit anderen Menschen aufrechtzuerhalten. Sie diente seiner gefühlsmäßigen Abwehr und verhinderte echte Empathie und tatsächliche Betroffenheit.

Aus der Anamnese ergaben sich Hinweise auf die Entstehung dieser Persönlichkeitsabweichungen. Zu nennen sind neben dispositionellen Faktoren das Fehlen einer Vaterfigur, der Verlust des „Ersatzvaters“ durch den Tod des Großvaters, die von ihm als „Abschiebung“ erlebte Überstellung in ein Internat vom 11. bis zum 14. Lebensjahr und wohl auch sexuelle Frustrationserlebnisse, die sich aus seiner nicht eingestandenen Homosexualität, seiner eingeschränkten Möglichkeit zur Kontaktaufnahme und seinen tief verwurzelten Minderwertigkeitsgefühlen ergaben.

Auffallenderweise zeigten die psychologischen Tests bei Helmut M. massive Angstzeichen. Er litt unter so genannten Phobien, d.h. krankhaften Angstzuständen, und Versagensgefühlen, unter einer angstneurotischen Entwicklung, ja sogar unter massiver „Angst vor der Angst“. Tiefenpsychologisch betrachtet, resultierte diese Angst einerseits aus neurotischen Minderwertigkeitsgefühlen, andererseits aus sexuellen Konfliktsituationen, die sich aus der latenten Homosexualität und den weitgehend fehlenden sexuellen Erfahrungen ergaben. Helmut M. wehrte auch nach den Ergebnissen der testpsychologischen Untersuchungen alle sexuellen Impulse ab. Die verdrängten sexuellen Probleme hatten Angst zur Folge, sodass man also von Sexualängsten sprechen kann. Dazu passen die selbstunsichere Persönlichkeit und die mangelnde Beziehungsfähigkeit, die in den Tests ebenfalls zum Ausdruck kamen.

Durch die direkte sexuelle Annäherung wurde Helmut M. hochgradig irritiert. Er war zwischen Wollen und Nichtdürfen, zwischen Neugierde und Hemmung, zwischen Verlangen und Abwehr hin- und hergerissen, es war ihm, nachdem er den anfänglichen Annäherungen ein Stück weit nachgegeben hatte, nun plötzlich und unausweichlich klar: Ich bin homosexuell. Diese Erkenntnis löste bei ihm Panik, Fluchttendenzen und den Wunsch, alles rückgängig zu machen und die frühere Ordnung wiederherzustellen, aus. Wir haben somit wieder jene Haltung und jene innere Ausgangslage, die die Art und die Heftigkeit eines der wichtigsten Phänomene bei Aggressionshandlungen, des „Overkill“, erklärt.

Kapitel 2

Zu Tode beleidigt – Überreaktionen auf Kränkungen

Lob oder Leben

Herr Friedrich E. war unzweifelhaft eine starke Persönlichkeit. Seine schnelle Auffassungsgabe, der scharf analysierende Verstand und das ungemein rasche Denken standen im Kontrast zu seiner bedachtsamen, geradezu künstlich verlangsamt wirkenden Sprechweise. Er konnte Menschen und Situationen blitzschnell einschätzen, er erfasste sofort das Wesentliche, er brachte die Dinge unerbittlich auf den Punkt. Es war nicht leicht, mit ihm zu tun zu haben. Obwohl schmächtig von Gestalt, flößte er allen Gesprächspartnern, auch den wortgewandtesten, Unbehagen ein. Jeder, auch der Selbstbewussteste, hatte das Gefühl, als Kandidat vor einem überlegenen, unerbittlichen Prüfer zu sitzen, auch überzeugendste Argumente wirkten ihm gegenüber irgendwie schwach. Friedrich E. war weder unberechenbar noch ungerecht, keinesfalls launisch oder parteiisch, es war das Fehlen von Gefühlsäußerung, das bewusst unterbleibende emotionale Mitschwingen, das den Umgang mit ihm so schwierig machte. Manchmal war Friedrich E. leicht ironisch, nicht humorvoll, manchmal reagierte er – was ihm aber nur selten passierte – zynisch. Er wusste, dass Zynismus die Aggression des Intellektuellen ist. Er gab sich nicht preis, er wollte sich nicht entblößen, er zeigte nie eine Schwäche. Man erzählte sich, dass ihn Stubenfliegen ärgerten. Er gehörte, wiewohl kontrolliert und sanft, nicht zu denen, die keiner Fliege etwas zu Leide taten, im Gegenteil, wenn sich eine Fliege in seinem Zimmer fand, dann war er irritiert und fand erst wieder Ruhe, wenn er sie erschlagen hatte. Dies nahm ihm niemand übel, man tat es als Macke ab.

Herr Friedrich E., ein leitender Beamter, zeigte sich gegenüber seinen Mitarbeitern verantwortungsbewusst. Er forderte hohen Leistungseinsatz und schien alle, die diesen Anspruch, besonders den intellektuellen, nicht erfüllten, zu missachten. Das Mitarbeiterklima in seinem Bereich galt als kühl, Skandale gab es aber nie. Herr Friedrich E. hatte den Laden, so sagte man, sicher im Griff. Er hatte einen einzigen Fehler, der ihm nicht einmal bewusst war, den viele auch nicht als solchen betrachten, der für ihn aber tödlich sein sollte: Er konnte nicht loben. Nie erhielt ein Mitarbeiter positive Rückmeldungen, nie gab es Belobigungen oder Förderungen, nie ein aufmunterndes Wort oder eine freundliche Geste, es war alles korrekt. Nicht zu tadeln, habe Herr Friedrich E. angeblich gesagt, sei schon Lobes genug.

Ob er dies wohl auch gedacht hat, als er an einem heißen Mittag das Bürohaus verließ um, so wie seit Jahren, im gegenüberliegenden Café eine Kleinigkeit zu essen, einen Kaffee zu trinken und die Zeitung zu lesen? Wir wissen es nicht, wir konnten ihn nicht fragen, er hat dieses Geheimnis mit in den unverhofften Tod genommen. Vor dem Haus wartete ein ehemaliger Mitarbeiter, der 19-jährige Thomas K., welcher die Abteilung vor einem halben Jahr unter nicht harmonisch wirkenden Bedingungen verlassen hatte. Er trat mit einem Revolver in der ausgestreckten Hand auf Herrn Friedrich E. zu, hielt ihm diesen wenige Sekunden vor das Gesicht und drückte mit den Worten: „Jetzt hast du's!" ab. Der Schuss durchschlug die Brille, durchdrang Auge, Schädelknochen und Gehirn und blieb im Hinterhaupt stecken. Herr Friedrich E. war auf der Stelle tot. Sein Mörder flüchtete, fuhr mit dem Auto über die Grenze und wurde Tage später im Ausland verhaftet.

Thomas K. nannte als Mordmotiv ständige Benachteiligungen und Schikanen von Seiten seines ehemaligen Vorgesetzten. Dieser habe an seiner Arbeit immer herumgenörgelt, habe ihn nicht gemocht, habe ihn wiederholt bloßgestellt, habe seine Leistungen nicht geschätzt, habe ihm oft Arbeiten, die weit unter seinen Fähigkeiten und seiner Qualifikation gelegen seien, zugewiesen – und habe ihn nie, in drei Jahren kein einziges Mal, gelobt. Dies habe ihn psychisch fertig gemacht, er habe stets an die vielen kleinen Kränkungen, die wie schmerzhafte Stiche in sein Gemüt gewesen seien, denken müssen, sei selbst in der Freizeit, beim Sport oder beim Discobesuch immer wieder auf diese Thematik zurückgefallen. Er habe gegrübelt und gegrübelt, sei in der Nacht stundenlang wach gelegen, habe nur über diese eine Sache nachgedacht, sei nervös und uninteressiert geworden, habe viel mehr als sonst geraucht. Er habe festgestellt, dass seine Hände zitterten, sein Magen rebellierte und er einen ständigen Druck in der Brust spürte. Er habe sich überlegt, wie er eine Lösung finden könne. Seinen Eltern, die ohnehin viel zu besorgt seien, habe er nichts von seinen Schwierigkeiten erzählen wollen, es sei für ihn wichtig gewesen, sie nicht mit seinen Problemen zu belasten, er wollte ihnen keine Sorgen machen. Seine Freunde hätten sich nicht für das Thema interessiert, die Arbeitskollegen hätten gesagt, es sei nicht so schlimm, der Chef sei halt so. Tatsächlich konnten die Kripo-Beamten keine schweren Konfliktsituationen ermitteln, es habe von Seiten des Ermordeten nie grobe Ungerechtigkeiten oder besondere Benachteiligungen gegeben. Vielleicht habe er Thomas weniger gemocht, gelobt habe er andere Mitarbeiter aber auch nie. Thomas habe sich mit der Art des Chefs wohl schwer getan und deswegen die Konsequenzen gezogen.

Thomas K. wechselte die Stelle, fand aber seinen inneren Frieden nicht. Er kam von dem Gedanken an die Benachteiligungen, an die Kränkungen und an das ihm vorenthaltene Lob nicht los. Er versuchte verzweifelt, einen Schlussstrich unter die Vergangenheit zu setzen und den Blick nach vorne zu richten, es gelang ihm nicht. Dies stürzte ihn in noch tiefere Verzweiflung. Er sagte sich, der Chef habe seine Karriere und sein Leben zerstört. Dessen Ungerechtigkeiten und Schikanen müssten viel schwerer gewesen sein, als er sich ursprünglich vorgestellt habe, sonst würden sie ihn ja nicht in die Zukunft, wahrscheinlich sein ganzes Leben lang verfolgen. So habe er beschlossen, lieber gar nicht als unter diesen Bedingungen weiterzuleben. Er habe an Suizid gedacht, habe Möglichkeiten überlegt, wie er es dem Chef heimzahlen könnte, habe mit dem Gedanken gespielt, ihm maskiert aufzulauern und ihn zusammenzuschlagen, sein Haus in Brand zu setzen oder ihn mit nächtlichen Anrufen zu terrorisieren. Oft habe er Briefe an den Chef geschrieben, in welchen er alle Ungerechtigkeiten schilderte, habe die Schreiben aber nie abgeschickt. Da er kein Feigling sei, sei er zum Entschluss gekommen, die Angelegenheit „von Angesicht zu Angesicht" zu regeln. Er habe dem Chef noch einmal in die harten Augen blicken, ihm das ganze angetane Unrecht widerspiegeln und ihn dann zur Verantwortung ziehen wollen. Er habe gewusst, dass dies ein Verbrechen sei, sich dann aber gesagt, der Chef habe an ihm ein viel schlimmeres verübt. Wenn jemand sich in ihn hineinfühlen und erfassen könnte, was er mitgemacht habe, müsste man ihm zugestehen, dass er gerecht gehandelt habe. Er habe geplant, nach der Tat weit weg zu fahren und sich an einem einsamen Platz das Leben zu nehmen, sodass sein Leichnam am besten nie gefunden würde.

Thomas K. wirkte bei den Untersuchungsgesprächen verzweifelt, schien aber weniger wegen der Tat und der Haft als wegen noch nicht bewältigter Ungerechtigkeiten von Seiten seines ehemaligen Vorgesetzten zu leiden. Immer wieder kam er auf dieses Thema zurück, der Vorgesetzte wuchs in seinen Ausführungen zu einem kaltherzigen, bedrohlichen Monster, zu einem herrischen und gefühllosen Übermenschen, zu einer gefühlsmäßig nicht erreichbaren, kalten und strafenden Vatergestalt.

Analyse
Die Exploration ergab, dass Thomas K. zu seinem leiblichen Vater, welcher vor Jahren verstorben war, ein sehr enges Verhältnis gehabt hatte. Dieser war sein Vorbild, sein Kamerad und Freund gewesen, die beiden hatten sehr viel Zeit miteinander verbracht. Der Vater hatte ihm vieles gezeigt, unter anderem den Umgang mit Waffen. Thomas K. hatte als Kind das ständige Bestreben, die Erwartungen des Vater zu erfüllen, diesem keine Sorgen zu bereiten und ihn zufrieden und glücklich zu sehen. Der Vater sei für ihn der Maßstab aller Dinge gewesen, er habe es nicht ausgehalten, wenn dieser nicht mit ihm gesprochen, ihn nicht beachtet oder ihm kein Lob gegeben habe. Nach dem Krebstod des Vaters sei er depressiv und orientierungslos geworden.

Die Untersuchungen von Thomas K. erbrachten keine krankhaften Befunde. Die Intelligenz war überdurchschnittlich, mit Alkohol oder Drogen hatte er nie Probleme gehabt, Zeichen einer psychischen Erkrankung wurden bei ihm nie manifest. In der testpsychologischen Untersuchung fanden sich Hinweise auf innere Verunsicherung, mangelndes Selbstwertgefühl, abgeblockte Gefühle, verdeckte Minderwertigkeitskomplexe, auf eine pedantisch-genaue Charakterstruktur und auf psychosomatische Erlebnisverarbeitung. Lediglich im Hirnstrombild zeigten sich geringe Abnormitäten, die auf eine minimale Hirnverletzung hindeuten könnten. Solche Befunde findet man häufig bei Personen, die bei der Selbstkontrolle und der Beherrschung von aggressiven Impulsen Probleme haben.

Der Fall zeigt, welch prägenden Einfluss das emotionale Verhältnis der Kinder zu den Eltern hat, wie mangelnde Zuwendung und Liebesentzug Ängste auslösen können, die auch im Erwachsenenalter noch wirksam sind, und wie sehr die Mutter- oder Vater-Beziehung später auf andere Personen übertragen wird. Die Rolle des Chefs entspricht jener des Vaters, des Oberhauptes, der dominierenden Bezugsperson. Die Erwartungen und Gefühle, die ihm entgegengebracht werden, sind jenen des Kindes gegenüber seinem gleichgeschlechtlichen Elternteil sehr ähnlich. Zu geringe Anerkennung und Zuwendung von Seiten des Chefs ließen bei Thomas K. alte Befürchtungen und Ängste vor Liebesentzug wieder aufleben, in neurotischer Weise wehrte er sich dagegen und steigerte sich in einen depressiven, verzweifelten Zustand. Der Verlust seines Vaters, welchen er nie richtig aufgearbeitet hat, mag seine verzweifelte, suizidale Haltung erklären. Die Verdrängung des Traumas und die fehlende Trauerarbeit sind für die Heftigkeit des protrahierten, das heißt verzögerten Affekts verantwortlich. Thomas K. konnte in seiner inneren Not nicht mehr weiterleben, er übte durch die Tötung seines Chefs nicht nur Rache, sondern bestrafte sich auch selbst. Die Tat war letztlich ein sozialer Selbstmord.

Der Fall des Thomas K. lehrt aber auch, dass Aggressionstaten wie die meisten Kriminalhandlungen immer viele Ursachen und Wurzeln haben. Eine große Rolle spielen Prägungen und Traumen in der frühen Kindheit, ferner die Gefühlsbeziehung zu Vater und Mutter, aber auch bestimmte Persönlichkeitszüge – in diesem Fall jene des Selbstwertzweifels, der Minderwertigkeitsgefühle, der überhöhten Liebesbedürftigkeit und des Schwernehmerischen – sind von großer Wichtigkeit. Leichte Schädigungen des Gehirnorgans oder Drogeneinfluss mindern die Fähigkeit zur Selbstkontrolle, vor allem in sehr belastenden Situationen. Gerade bei aggressiven Impulsdaten geht oft ein innerer Konflikt, welcher zu einer allmählichen Zermürbung der Widerstandskräfte führt, voraus. So fügt sich ein Baustein auf den anderen, bis das komplette Gebilde eines schweren Verbrechens entsteht. Entscheidende Auslöser sind sehr oft Beleidigungen und Kränkungserlebnisse.

Der bedrohliche Dritte

Wie es durch das Zusammenspiel zweier problematischer, unreifer Charaktere – deren gestörtes Beziehungsmuster wie der Schlüssel zum Schloss passt –, das Fortwirken früherer Traumatisierungen und Prägungen sowie eine Beleidigung von außen zu einem geradezu schicksalhaft ablaufenden, an eine griechische Tragödie erinnernden Verbrechen kommen kann, erzählt uns die Geschichte von Tina, Gerald und Oliver.

Die 17-jährige Tina, Friseurlehrling, hatte sich in den 22-jährigen Gerald, einen Werkzeugmacher, verliebt. Während Gerald schon mehrere Beziehungen hinter sich hatte, war es für Tina die erste große Liebe. Oliver, 22-jährig und von Beruf EDV-Fachmann, war ein gemeinsamer Bekannter, der oft mit den beiden zusammen war und wohl ein Auge auf Tina geworfen hatte. Als er von deren neuer Bindung erfuhr, ließ er im Bekanntenkreis die Bemerkung fallen: „Die Schlampe kann wohl jeder haben." Dies kam Tina und Gerald zu Ohren. Sie beschlossen, Oliver in die im 12. Stock eines Hochhauses gelegene Wohnung von Gerald zu locken und ihm – wie sie später sagten – einen Denkzettel zu verpassen. Nach Olivers Eintreffen schloss Tina die Wohnungstür ab, Gerald stellte ihn zur Rede. Gemeinsam mit seiner Freundin, die Oliver festzuhalten versuchte, griff er Oliver an, schlug auf ihn ein und würgte ihn bis zur Leblosigkeit. Den Leichnam wickelten die beiden in einen Teppich, schafften ihn aus der Wohnung, verstauten ihn im Kofferraum von Geralds Pkw und warfen das Bündel in einen Fluss.

Analyse

Das Vorgehen von Gerald und Tina wirkt berechnend, kaltherzig und völlig uneinfühlbar. Für jeden war es unbegreiflich, wie eine verhältnismäßig geringfügige Beleidigung Motiv für so ein grauenhaftes Verbrechen gewesen sein konnte. Um das Verhalten von Gerald und Tina zu verstehen, ist es erforderlich, einerseits das Zusammenspiel ihrer Charaktere, also ihre Zweierbeziehung, und andererseits ihr Verhältnis zum Opfer, also die Dreierbeziehung, zu analysieren und die psychodynamische Entwicklung zur Tat hin näher zu beschreiben.

Vorerst erscheint von Wichtigkeit, dass Gerald innerhalb der Partnerschaft mit Tina eindeutig der dominierende, der starke, der bestimmende und der Sicherheit verleihende Teil war. Der kontaktfreudige, extravertierte, sozial angepasste, unkompliziert und unbeschwert wirkende junge Mann gab seiner Freundin nicht nur das Gefühl von Sicherheit, Geborgenheit und auch Attraktivität, sondern war für sie nach den ihren Lebenslauf prägenden negativen Erfahrungen und emotionalen Vernachlässigungen eine Person, der sie allmähliche Offenheit und zunehmend Vertrauen entgegenbringen konnte. Gerald erfuhr als Erster und Einziger von ihrem intimsten Geheimnis, einem sexuellen Missbrauch in der Kindheit, und ging mit diesem Wissen verantwortungsvoll um. Der sich ansonsten leicht in oberflächliche Beziehungen und sexuelle Abenteuer verstrickende Bursch verhielt sich Tina gegenüber zurückhaltend, verständnisvoll abwartend und behutsam verhalten. Er trat nie mit sexuellen Forderungen an sie heran und war sehr bemüht, keine Grenzüberschreitungen vorzunehmen, die bei Tina traumatisierend wirken bzw. möglicherweise ihren wunden Punkt treffen könnten.

In dieser Rolle war Gerald aber wohl etwas überfordert, zumal sich hinter seinem äußeren Bild erhebliche Persönlichkeitsprobleme finden ließen, wie dies durch die testpsychologische Untersuchung belegt wurde: In seinem Inneren litt er unter Minderwertigkeitsgefühlen, persönlicher Unsicherheit, mangelndem Lebens- und Realitätsbezug sowie erheblicher Affektstauung. Der seine Freundin beeindruckenden Sicherheit und geordneten Außenorientierung stand im Prinzip ein unsicheres, unklares, richtungsarmes und affektiv gestautes Innenleben gegenüber. Aus dieser Konstellation wird nicht nur der nach außen hin schwer erkennbare Affektstau begreiflich, sondern es zeigen sich auch Geralds Probleme in der Selbstkontrolle, im Steuerungsvermögen und im Umgang mit Frustrationen bzw. Aggressionen im weitesten Sinne. Es ist somit bezüglich Geralds Rolle im psychologischen Gefüge des Tatgeschehens festzuhalten, dass es sich um einen nach außen hin stark, lebenstüchtig und nicht irritierbar wirkenden, kommunikationsfreudigen, innerlich aber um einen verschlossenen, unsicheren, affektgestauten Menschen handelte, der die ihm in der Entwicklung und auch in der intellektuellen Ausstattung unterlegene, deutlich jüngere Tina sehr beeindruckt und auch positiv beeinflusst hat.

Tina hingegen hat eine wesentlich problematischere Lebensgeschichte hinter sich. Sie war unter „broken-home"-Verhältnissen, d.h. in einem zerrütteten Milieu, aufgewachsen und hatte nicht nur eine schwere emotionale Vernachlässigung erlitten, sondern auch gravierende Traumatisierungen durch sexuellen Missbrauch davongetragen. Es ist auf jeden Fall davon auszugehen, dass sie schon sehr früh emotionale Not, hilfloses Ausgeliefertsein, Kälte und Isolierung kennen gelernt hat. Dabei handelt es sich durchwegs um Gefühle, die ihre emotionale Entwicklung und ihre ganze Persönlichkeitsstruktur anhaltend geprägt haben. Aus diesen Belastungsfaktoren lässt sich nicht nur ihre von labiler und flacher Emotionalität, geringer Frustrationstoleranz, Minderwertigkeitsgefühlen und narzisstischen Kränkungserlebnissen geprägte Persönlichkeit erklären, sondern auch ihr nach außen hin kalt, berechnend und gefühllos wirkendes Agieren in der Tatanlaufzeit. Man könnte sagen, dass sie hier jene Gefühlskälte zeigt, mit der ihr während einer wichtigen Phase ihrer Entwicklung selbst begegnet worden war, und dass sie diese abgestumpfte bzw. abgetötete emotionale Beteiligung als Selbstschutz, als Abwehrmechanismus gegenüber dem selbst erlebten Grauen einsetzt. Auch der Mechanismus der Täter-Opfer-Umkehr, den man häufig bei Personen mit frühen Traumatisierungen beobachten kann, ist nicht von der Hand zu weisen: Die grauenvolle Situation wird zumindest auf der Gefühlsebene in ähnlicher Weise reinszeniert, allerdings mit umgekehrten Rollenverteilungen – das ehemalige Opfer wird nun zum Täter.

Die Persönlichkeiten Gerald und Tina weisen also einige Gemeinsamkeiten, insbesondere im Gefühlsbereich, aber auch Gegensätzlichkeiten auf, die eine ergänzende Begegnung zulassen. Dies heißt, dass der eine Partner beim anderen jene Selbstverwirklichungsanteile sucht, die er bei sich selbst vermisst, und beim anderen manches an Gefühlen und Empfindungen ausleben kann, was ihm selbst als schmerzhaftes Defizit bewusst ist. Auch eine unbewusste Kollusion, also das Zusammenspiel der charakterlichen Gegensätzlichkeiten, spielt eine ganz entscheidende Rolle.

Konkret heißt dies, dass Gerald entsprechend seiner äußeren Person die Rolle des dominierenden, tonangebenden, beschützenden, verständnisvollen Partners übernommen hat und für Tina dadurch gleichsam zur Vaterfigur geworden ist. In dieser Rolle hatte er nicht nur gegenüber Tina eine ganz wichtige Position inne, sondern half sich auch selbst, indem er dadurch die beschriebenen inneren Minderwertigkeitsprobleme und wohl auch seine bis dahin nur oberflächliche Beziehungsfähigkeit überwinden konnte. Es wurden in ihm Beschützerinstinkte geweckt, welche bei dem bis dahin nur äußerlich kommunikationsfähigen, auf rasche Sexualität bedachten jungen Mann ein bemerkenswertes Verantwortungsgefühl aufkommen ließen. Die Beziehung zu Tina war für ihn etwas ganz Besonderes, etwas anderes als die bis dahin stattgefundenen rasch wechselnden Frauenkontakte. Tinas kindhaftes Wesen, ihre Hilfsbedürftigkeit, ihre äußere Sanftheit und wohl auch ihre Verletzlichkeit verstärkten dieses Gefühl der Beschützerrolle, das Aufeinandertreffen von ähnlichen emotionalen Grundstrukturen verfestigte die Bindung. Als es ihm dann auch noch gelang, sie von ihren selbstschädigenden Verhaltensweisen, nämlich Alkohol- und Drogenmissbrauch, zu befreien, erlebte er dies – was seinen Selbstwert steigerte und ihn in seiner Rolle verfestigte – wohl auch als eine Art „therapeutischen Erfolg", womit die Besonderheit seiner Beziehung zu Tina fundamentiert war. Man könnte sagen, dass diese Freundschaft für ihn etwas besonders Schützenswertes darstellte, etwas, das von ihm viel Mühe und Selbstkontrolle erforderte, etwas, das ihn in der Position des früh Erfahrenen und Gereiften jeweils stärkte, etwas, das er sich unter keinen Umständen durch äußere Einflüsse zerstören lassen wollte.

Umgekehrt fand Tina in Gerald einen Sicherheit und Orientierung gebenden, verständnisvollen und behutsamen Partner, dem gegenüber sie sich öffnen und anvertrauen konnte und dem zuliebe sie auch ihre schädlichen Kompensations- bzw. Ersatzbefriedigungsversuche in Form von Alkohol- und Drogenmissbrauch aufgab. Gerald beeindruckte sie nicht nur durch die Sicherheit seines Auftretens, seine Kontaktfreudigkeit und seine Rolle als Meinungsbildner, sondern er ließ in ihr auch allmählich ein positiveres, nicht Angst einflößendes Vaterbild zu. Sie identifizierte sich gleichsam mit der Rolle des hilfs- und therapiebedürftigen Partners, der auf emotionaler Ebene aber erheblichen Einfluss hat.

Oliver war in diesem Beziehungsgebilde von Anfang an präsent, spielte aber lange Zeit die Rolle eines nicht agierenden, auf den Gefühlsbereich keinen Einfluss habenden Beiläufers. Er hat dann einen entscheidenden Fehler gemacht, nämlich eine kränkende Äußerung von sich gegeben. Diese weist nicht nur auf eine gewisse Eifersucht von Olivers Seite hin, sondern riss bei Tina eine alte, vom kindlichen Missbrauch herstammende Wunde auf und entwertete ihre neue, mühsam aufgebaute Beziehung. Eine verhängnisvolle Entwicklung nahm ihren Lauf: Narzisstische Kränkungen wurden initiiert, alte Trennungsängste reaktiviert, eigene Versagensgefühle in einen „Südenbock" hineinprojiziert. Sowohl Gerald als auch Tina sahen sich in ihren ursprünglichen Rollen bestätigt und verfestigten sich zunehmend darin. Gerald sah sich in der Rolle des mächtigen Beschützers, der seine Freundin vor allem und jedem und mit allen Mitteln retten will und dabei – ganz im Sinne einer kompensativen Allmachtsfantasie – selbst zum letzten Mittel greift, der furchtbare Rache übt, wenn jemand in die Besonderheit und Einmaligkeit dieser schützenswerten Beziehung eindringen will. Dabei hat Gerald selbstverständlich seine eigenen Schuldgefühle verdrängt, sich seinem partnerschaftlichen Fehlverhalten nicht gestellt und all seine negativen Gefühle in Oliver hineinprojiziert. Das spätere Opfer drängte sich durch die Position, die er innerhalb der Dreierbeziehung einnahm, aber auch durch ungeschicktes eigenes Agieren geradezu als „Sündenbock" auf.

Tina hingegen sah sich in ihrer tief verwurzelten Angst und in ihrem negativen Männerbild bestätigt. Die seit der Kindheit bestehenden Ängste wurden geradezu pulverisiert, die Rolle der enttäuschten, von allen verlassenen, tief verletzten Frau war wiederhergestellt. In dieser hochexplosiven, von großen emotionalen Kräften beherrschten Situation kamen, was auf die emotionale Unreife von Gerald und Tina hinweist, anfangs ebenso heftige, affektiv drastisch belegte, vorerst nur auf gedanklicher und verbaler Ebene vorgebrachte Lösungsvorschläge auf, wie: Man müsste den Sündenbock bestrafen, ihm eins auswischen, ihn sogar umbringen. Diese anfangs wohl auch demonstrativ und hysterisch untermauerten Gedanken schaukelten sich, getragen von den beschriebenen Rollen, allmählich auf und erreichten eine zunehmende Selbstständigkeit. Gerald musste daran festhalten, um in der Rolle des mächtigen Beschützers nicht als schwach zu erscheinen. Tina ließ keine beruhigenden und relativierenden Einwände zu, um nicht über die Größe ihrer Enttäuschung hinwegzutäuschen. Je mehr sie ihre Vorstellungen in Worte kleideten, desto mehr bestärkten sie sich in ihren gegenwärtigen Rollen, also auch in der Identität und im Selbstwert, desto fantastischer wurde die Sündenbockrolle des Oliver ausgestaltet und desto weniger war ein Rückzug möglich. Da die beiden die Tage vor der Tat gemeinsam und mit wenig Außenkontakten verbracht hatten, befanden sie sich in einer Situation, die man mit einem fest verschlossenen siedenden Kessel vergleichen kann.

Man kann wohl bedauernd feststellen, dass diese emotionale Überhitzung durch eine außenstehende Person jederzeit hätte beendet werden können. Wären die beiden von einer Drittperson aus ihren überstiegenen, emotionalisierten und immer unlogischer werdenden Vorstellungen auf den Boden der Realität geholt und diese dadurch relativiert worden, wäre der ganzen Tatvorbereitung die psychodynamisch schädliche Basis entzogen worden, was zu einem Zusammenbruch des gesamten negativen Affektstaus und damit der Tatmotivation geführt hätte. So aber hat sich diese psychische Ausnahmesituation, in der sich beide Partner durch das Festhalten an und die Versteifung auf ihre Rolle befunden haben, intensiviert und schließlich selbstständig gemacht. Die Situation war einem Trichter vergleichbar, an dessen Ende die Tötung des als Sündenbock identifizierten Oliver stand. Es kam nahezu zu einer Abspaltung der jeweiligen psychischen Situation und der gemeinsamen psychodynamischen Atmosphäre, was auch dadurch erklärlich wird, dass Tina und Gerald im Nachhinein über die Tat ähnlich urteilten wie jeder außenstehende Mensch: Sie waren fassungslos, sie jammerten über die Sinnlosigkeit der Tat, sie weinten über ihr Vorgehen und entwickelten tiefes Mitleid mit dem Opfer.

Auf der Suche nach Motiven von Beziehungstaten stößt man immer wieder auf Beleidigungen. Genauer ausgedrückt, müsste man von Kränkungsreaktionen sprechen, die durch Äußerungen und Verhaltensweisen von beleidigender Art ausgelöst werden. Beleidigte und beleidigende Menschen sind Hauptdarsteller von vielen Kriminaltaten, insbesondere von Beziehungsdramen. Die oft unbegreiflichen Überreaktionen des Täters zeigen, dass der Mensch ein durch und durch kränkbares Wesen ist. Die Beleidigung allein ruft nie eine kriminelle Katastrophe hervor, sie ist immer nur der Funken, der die so gefährliche Mischung aus alten Ängsten, reaktivierten Verletzungen, empfindlichem Charakter, mangelnder Frustrationsabfuhr und Affektstau letztlich zur Explosion bringt.

Kapitel 3

Die Mutter aller Gewalttaten – der Affekt

Der Gerichtsmediziner erörterte vor den Geschworenen sein Gutachten über die Todesursache der 30-jährigen Elfriede L., die von ihrem Mann im Rahmen eines Eifersuchtsdramas niedergestochen worden war:

„... Die Untersuchungen ergaben zahlreiche Stich- und einzelne Schnittverletzungen am Körper der Frau, wobei diese Verletzungen im linken oberen Brustkorbquadranten konzentriert waren. An der Hinterseite der Leiche bestand eine tiefe Stichverletzung an der rechten Rückenhälfte, die von der Gruppierung her unabhängig von den anderen Stichverletzungen zu sehen ist. Dies gilt auch für eine Weichteildurchstichverletzung durch den rechten Oberschenkel, die ebenfalls von hinten her erfolgte. An der Außenseite des linken Oberschenkels entstand eine relativ oberflächliche Schnittverletzung in den Weichteilen. Die Verletzungen am linken Unterarm und Ellenbogengelenk sowie an der linken Hand sind als typische passive Abwehrverletzungen zu werten. Dies bedeutet, dass die Frau noch einige Zeit nach Zufügung der ersten Verletzungen handlungsfähig gewesen war. Diese Feststellung deckt sich auch mit den Feststellungen beim Lokalaugenschein im Bereich des eigentlichen Tatortes. Hier zeigten sich weit verstreute Blutspuren, die auf einen gewissen Kampf bzw. ein längeres und räumlich ausgedehnteres Tatgeschehen hindeuten.

Die Frau erlitt bei den Vorfällen tiefe Lungenstichverletzungen und Weichteilverletzungen. Eine Stichverletzung mit Einstich an der linken Halsseite hatte die Halsweichteile quer durchsetzt, ohne die größeren Blutgefäße, Luft- oder Speiseröhre relevant zu verletzen. Primär tödliche Verletzungen entstanden durch die Stiche nicht.

Als eigentliche Todesursache kann ein Blutverlust nach innen und außen angenommen werden. Die Frau hat die Zufügung der Verletzungen noch einige Zeit lang überlebt. In dieser Zeit hatte sie auch Blut aus den Lungenverletzungen eingeatmet. Diese Bluteinatmung hatte stellenweise einen mittleren Grad erreicht. Auch war es zu Zeichen des Blutverlustes und streifigen Einblutungen unter die Herzinnenhaut gekommen. Derartige Veränderungen werden typischerweise erst nach frühestens 15–20 Minuten eines Blutverlustes beobachtet. Diese Zeitspanne ist auch durch reaktive, vor allem feingeweblich erkennbare Veränderungen der inneren

Organe belegt. In den ersten Minuten war die Frau dabei durchaus auch noch handlungsfähig.

Die Art und Form der Verletzungen zeigt, dass es sich um ein einschneidendes Werkzeug mit einer Klingenbreite von zirka 22 mm gehandelt hatte. Die Klingenlänge kann aufgrund der Stichtiefen mit mindestens 12–13 cm angegeben werden. Eine von den Stichverletzungen zu trennende weitere Verletzung lag an der Halsvorderseite vor. Hierbei handelte es sich um eine relativ oberflächliche Schnittverletzung, die zustande kommt, wenn einer Person ein Messer ‚an die Kehle' angesetzt wird. Eine tiefere Schnittverletzung entstand hier allerdings nicht.

Eine weitere von den Stichverletzungen zu trennende Gewalteinwirkung betraf die Halsweichteile. Die Veränderungen an der rechten Halsseite und vor allem die Weichteilveränderungen in der Tiefe sind als typische Würgemale anzusehen. Die Frau musste längere Zeit einer Gewalteinwirkung gegen den Hals ausgesetzt gewesen sein. In dieser Zeit kam es auch zur Entstehung von punktförmigen Blutaustritten in die Augenbindehäute. Es ist daher von einem relevanten Würgevorgang, vermutlich auch mit Bewusstlosigkeit, des Opfers auszugehen. Diese Feststellungen decken sich mit den Angaben des Tatverdächtigen anlässlich der Tatrekonstruktion, wonach er die Frau bis zur Handlungsunfähigkeit gewürgt habe. Aus dem Verletzungsbild ergibt sich ganz eindeutig", so schloss der Gerichtsmediziner, „dass bei der Tat heftige Affekte im Spiel gewesen sein mussten."

Gefühle und Gefühlsstau

Die Wichtigkeit der Affekte ist bei allen Gewalttaten tatsächlich enorm. Man kann sagen, dass diese neben Frustrationserlebnissen, Kränkungsreaktionen und Alkoholeinfluss zu den wichtigsten Ursachen von aggressiven Handlungen gehören. Affekte sind das beherrschende Element bei Aggressionstaten reizbarer Menschen, bei Schlägereien in aufgeheizter Gasthausatmosphäre, bei Panik- und Fluchtreaktionen, wie sie etwa nach Straßenverkehrsunfällen vorkommen, bei Partnerschaftskonflikten und Eifersuchtssituationen, bei sexuellen Spontanentgleisungen und bei suizidalen Handlungen.

Affekte sind nach klassischer Definition „reaktive seelische Gefühle von akutem Charakter, starkem Grad und mit körperlichen Begleiterscheinungen", etwa Regungen des Zornes, der Wut, der Angst und des Ärgers. Sie entspringen in kriminologischem Zusammenhang meist länger bestehenden emotional-affektiv getragenen Gefühlseinstellungen, etwa der Eifersucht, Enttäuschung, Gekränktheit oder Rachsucht, die emotional hoch besetzt sind und bei akuter Aktualisierung durch provozierende Handlungen oder Situationen zu stark aufschießender Gemütserregung führen. Wichtig erscheint bei den aggressiv getönten Affekten der Aspekt des „Pathischen". Dies beinhaltet, dass dem affektiv Erregten zunächst mehr etwas zu geschehen scheint, als dass er aktiv etwas unternimmt. Die Vorstellung eines eher passiven „Ergriffenwerdens" durch den Zorn stellt vermutlich die Wurzel der von jeher populären Vermutung dar, für eine im höchsten Zorn begangene Handlung sei der Täter nicht voll verantwortlich. Affektive Erregung kann zu Explosivreaktionen und Kurzschlusshandlungen führen, bei denen sich massive Affekte direkt in aggressiver Motilität entladen sollen, ohne zügelnde Überlegung und ohne „das Filter der Gesamtpersönlichkeit" zu passieren.

In der Allgemeinsprache wird der Gewalt der Affekte durch anschauliche Beispiele Rechnung getragen, wenn man etwa von einem „Affektsturm", von einer „eruptiven Affektentladung" und einer „Lawine, die ins Rollen kommt" spricht, wenn man Begriffe wie „Affekttunnel" oder „Zerstörung des Motivationsgefüges" durch den Affekt verwendet.

Charakteristische Merkmale von Affektverbrechen sind die spezifische Vorgeschichte der Tat mit einer speziellen Täter-Opfer-Beziehung und die am Ende dieser Entwicklung stehende emotionale Ausgangssituation vor der Tat. Den meisten Affekthandlungen geht in der Regel eine Wochen bis Jahre dauernde Periode schwerer innerer und äußerer Konflikte voraus. Durch Anhäufung traumatisierender Ereignisse können chronische Affektspannungen bzw. ein so genannter Affektstau entstehen. Das Erleben des zukünftigen Täters wird immer stärker durch Hoffen und Bangen, durch die Konflikte und das gleichzeitige Bemühen bestimmt, die ansteigende Spannung zu beherrschen. Dabei bringt gerade der Versuch der Beherrschung keine Lösung der Situation, sondern wird zur Hauptursache für die zunehmende Störung des Motivationsgefüges. In dieser Zeit vor der Tat geschieht eine fortschreitende Zermürbung und Labilisierung der psychischen Kräfte durch nicht zu überwindende Versagens- und Kränkungserlebnisse. Bei weiterer Zuspitzung entwickeln sich aus den lange dauernden Konfliktsituationen eine zunehmende Erlebniseinengung, Isolierung, soziale Ausgliederung, Selbstentfremdung und

Hemmungen des Antriebs. Am Ende dieser Situation steht eine charakteristische affektive Ausgangssituation, die mit dem Bild des randvoll gefüllten Eimers, den ein letzter Tropfen schließlich zum Überlaufen bringt, beschrieben werden kann.

Als disponierende Persönlichkeitsmerkmale für affektive Primitivreaktionen gelten Explosibilität, Stimmungslabilität, Neigung zu dysphorischer Gereiztheit und heftigen Reaktionen, aber auch Selbstunsicherheit, Labilität und Neigung zu Flucht- und Versagensreaktionen. Es sind also oft die schüchtern und zurückhaltend wirkenden, stillen und introvertierten Menschen, die sich im Affektsturm zu einer schweren Aggressionshandlung hinreißen lassen, die ganz im Gegensatz zu ihrem Charakter und ihrer bisherigen Lebensführung steht. Eine wichtige Rolle spielen bei Affekttaten begünstigende Faktoren wie Alkohol- und Drogeneinfluss, Erschöpfung, Übermüdung, vegetative Regulationsstörungen usw.

Affektdelikte weisen einen ganz speziellen Affektauf- und -abbau auf. Es kommt zu einer explosiven Entladung aus dauernd erhöhter, ausbruchsbereiter Affektbereitschaft. Affektverbrechen sind gekennzeichnet durch einen unvermittelten, quasi rechtwinkligen Affektverlauf am Beginn und Ende der Tat, d.h. ein abruptes Einsetzen des Affekts wie aus dem Stand und ein ebenso rasches Sistieren am Ende der Entladung sind typisch. Der Vergleich mit einem Vulkanausbruch ist recht treffend.

Bei Affektdelikten ist das Folgeverhalten nach der Tat mit schwerer Erschütterung, fassungslosem Erstaunen, Weinen, seelischem Zusammenbruch und manchmal Suizidhandlungen typisch. Es kommt gleichsam zu einem Rückstoß, zu einem Innehalten und zu einer schweren depressiven Reaktion, durch welche sich die Persönlichkeit nach der Tat von derselben distanziert.

Ein wichtiges Phänomen stellt bei Affekttätern die Einengung der seelischen Abläufe und des Wahrnehmungsfeldes oder die so genannte Bewusstseinseinengung dar. Es handelt sich dabei um den normalpsychologischen Vorgang einer Konzentration der Aufmerksamkeit auf wenige Bewusstseinsinhalte und situative Elemente, der Täter blendet alles andere aus und konzentriert seine ganze Energie auf den einen Gedanken. Gegenüber dem Zornaffekt verblassen die übrigen Wahrnehmungen, die rationale Übersicht und auch die moralisch-ethische Grundausrichtung der Person. Bei typischen Affektverbrechen besteht ein Missverhältnis zwischen Tatanstoß und Reaktion.

Wenn die „Sicherung durchbrennt“

So war es auch bei jener Auseinandersetzung, die zum Tod der Elfriede L. führte. Diese hatte sich von ihrem Mann, Leo L., nach fünfjähriger Ehe getrennt und war seither einem ständigen Terror von dessen Seite ausgesetzt. Sie hatte bei der örtlichen Gendarmerie wiederholt Anzeige gegen ihn erstattet, weil sie sich durch ihn bedroht und durch sein Verhalten – wie es im Gesetz heißt – in Furcht und Unruhe versetzt fühlte. Leo L. habe sie Tag und Nacht angeläutet, habe sie angefleht und ihr gedroht, um eine letzte Aussprache gebettelt und seinen Selbstmord angekündigt. Bis zu 40 Mal habe er in ihrer Wohnung, auf ihrem Handy und am Arbeitsplatz angerufen, sie sei keine Stunde mehr vor seinen Nachstellungen sicher gewesen. Am Morgen habe er sie schon beim Verlassen des Hauses abfangen wollen, am Abend stand er bereits vor dem Ausgang ihres Betriebs. Er sei ihr mit dem Auto nachgefahren, habe einmal versucht, sie während des Überholens von der Fahrbahn abzudrängen, habe unmittelbar vor ihrem Fahrzeug seinen Pkw zum Stillstand gebracht und quer gestellt und sie wieder zu einem Gespräch aufgefordert. Er habe gesagt: „Wenn du mein Leben zerstörst, so zerstöre ich auch deines ..., ich werde in den Tod gehen, aber nicht allein!“ Je mehr sie sich zurückgezogen, sich abgegrenzt und ihn abgewiesen habe, desto aufdringlicher, unerbittlicher und erpresserischer sei sein Verhalten geworden. Nach den Anzeigen hatte Elfriede L. immer nur einige Tage Ruhe.

Bei Elfriede und Leo war eine Entwicklung eingetreten, die in der Vorphase von Partnerschafts- und Ehedramen nahezu regelmäßig gesehen wird. Gewalttaten zwischen Intimpartner resultieren nämlich fast immer aus der Dynamik einer in bestimmter Weise konstituierten Täter-Opfer-Beziehung. Konflikte, aus denen Tötungssituationen resultieren, stellen sich ein, wenn die eine Seite die mit dem Partner stillschweigend oder ausdrücklich übernommenen Verpflichtungen nicht honoriert oder wenn von der anderen Seite die Forderungen zu hoch geschraubt werden. Die Geliebtentötung durch den verlassenen Partner ist regelmäßig durch ein Gefälle in der Täter-Opfer-Beziehung ausgezeichnet. Der spätere Täter befindet sich in der Position des Unterlegenen und Abhängigen. Eine typische Konstellation ergibt sich zum Beispiel, wenn ein junger Mann einer Frau, die reifer und vital stärker ist als er, begegnet. In der Entfaltung des weiteren Konfliktes zeigt sich, dass der eine Partner, der spätere Täter, die Verbindung mit sehr viel emotionalem Gehalt besetzt und sich ihr verhaftet, während der andere Unabhängigkeit und Distanz bewahrt, kühl bleibt, mitunter bis zum Ausmaß höhnischer Ablehnung oder bewusster Ausnützung der Abhängigkeit des anderen. Der Konflikt wird Ausdruck des Zusammentreffens zweier unvereinbarer Charaktere. Auf der einen Seite finden sich Vitalschwäche, Kontaktenge und Gehemmtheit, auf der anderen Aktivität, Durchsetzungsfähigkeit und Souveränität. Es treten dann schnell Spannungen und Auseinandersetzungen auf, welche in dem sich wiederholenden Wechselspiel von Zerwürfnis und Versöhnung die Tat vorbereiten. In dieser Phase der Unentschiedenheit entsteht beim späteren Täter eine spezifische psychische Verfassung, welche Leo treffend beschreibt.

Die tragischen Vorkommnisse am Tatabend werden im Polizeibericht, der im Wesentlichen auf den Angaben des Täters und den Ergebnissen der Spurenermittlung beruht, wie folgt beschrieben: Elfriede L. hielt sich am Abend des 12.5.1999 in ihrer Wohnung auf. Gegen 22.00 Uhr klingelte ihr geschiedener Mann an der Wohnungstür und bat sie um eine Aussprache. Elfriede L., welche ihren Exgatten schon wiederholt wegen gefährlicher Drohungen und Ruhestörungen angezeigt hatte, hat ihn offensichtlich eingelassen, um ihm die Unwiderruflichkeit ihres Trennungsentschlusses noch einmal klarzumachen. Leo L. habe sie gefragt, ob die Beziehung zwischen ihnen endgültig vorbei sei. Als Elfriede L. dies ohne zu zögern mit „Ja“ beantwortet habe, stürzte sich Leo L. auf sie, schlug auf sie ein, riss sie an den Haaren zu Boden, würgte sie und fügte ihr mit einem angeblich zufällig mitgeführten Messer zahlreiche Stichwunden zu. Elfriede L. erlitt durch die Angriffe ihres ehemaligen Gatten tödliche Verletzungen und starb noch am Tatort.

Leo L. flüchtete in seine nahe gelegene Wohnung, warf auf der Flucht das Tatmesser weg, fügte sich zu Hause mit einem Küchenmesser mehrere Schnittverletzungen im Bereich der Handgelenke und der Brustregion zu, nahm zehn Stück eines Beruhigungsmittels und trank ein Schnapsfläschchen leer. Beim Eintreffen der Beamten lag er auf dem blutverschmierten Teppich in seinem Wohnzimmer. Auf dem Tisch wurden leere Tablettenverpackungen und die Schnapsflasche gefunden. Leo L., der nicht einvernommen werden konnte, wurde in bewusstlosem Zustand auf die Intensivstation des Krankenhauses gebracht, wo eine Magenspülung durchgeführt und eine intensiv-medizinische Behandlung vorgenommen wurde. Bei späteren Befragungen führte er aus, sich an die tödliche Auseinandersetzung nicht mehr erinnern zu können. Später erzählte er über den Beziehungskonflikt mit seiner Gattin Folgendes:

Elfriede sei seine große Liebe gewesen, deshalb habe er sie geheiratet. Er habe in seiner Jugend verschiedene Freundschaften mit intimen Beziehungen gehabt, habe auch schon einmal eine Enttäuschung erlitten. Er sei von einem Mädchen, mit dem er etwa ein Jahr gegangen sei, verlassen worden. Er habe zwar damals auch unter Liebeskummer gelitten, dieser sei aber bei weitem nicht so stark gewesen wie bei der Trennung von Elfriede. Vielleicht sei die Liebe damals noch nicht so groß gewesen, vielleicht sei sein noch jüngeres Alter von Vorteil gewesen, er habe damals jedenfalls das Leben noch vor sich gesehen.

Die Ehe sei anfangs ganz ausgezeichnet gewesen. Elfriede habe sich dann allerdings in ihrer Stimmung als wechselhaft und launisch erwiesen. Manchmal konnte sie gesprächig sein, habe dann „so richtig gequatscht, bis es ihm zu viel geworden sei“, dann habe sie wieder ohne Grund längere Zeit nichts gesprochen. Manchmal sei sie sehr stur, ein richtiger Dickkopf gewesen. Reibereien habe es gegeben, weil er sich in seinen Freiheiten nicht habe einschränken lassen wollen. Dabei sei es vor allem um sein Zusammensein mit seinen Kollegen und um seinen überhöhten Alkoholkonsum gegangen. Sie seien – wenn er etwas getrunken habe – immer wieder in Streit geraten. Er glaube nicht, dass er Elfriede dabei geschlagen habe, vielleicht das eine oder andere Mal „geschupft“. Er sei wohl etwas eifersüchtig gewesen, besonders in alkoholisiertem Zustand; er glaube aber nicht, dass ihm Elfriede jemals fremdgegangen sei. Sie habe sich ihm gegenüber auch sehr eifersüchtig verhalten. Einmal habe es sogar eine Situation gegeben, in welcher er die Beziehung beenden wollte. Seine Mutter habe dann vermittelt, sodass er sich zum Weitermachen überreden ließ. Während ihrer Streitereien habe er sicher viel Unsinn geredet, dies sei aber immer nur im Rausch erfolgt und nie ernst gemeint gewesen. So könne es schon sein, dass er einmal leichtfertig gesagt habe, dass er ihr etwas antun wolle. Er habe aber nie vorgehabt, sie tatsächlich zu verletzen oder gar zu töten.

Elfriede habe ihm dann unvermittelt mitgeteilt, dass sie ausziehen werde. Als sie diese Ankündigung auch in die Tat umsetzte, sei er nervlich zusammengebrochen. Er habe es nicht glauben können, habe sich völlig verzweifelt gefühlt, habe Tag und Nacht daran denken müssen, habe sich ein Leben ohne sie nicht vorstellen können. Die Trennung sei für ihn trotz aller Ankündigungen überraschend gekommen. Er habe auch bei der Arbeit keine Ablenkung gefunden, habe deswegen Urlaub nehmen müssen, habe in der Nacht kaum geschlafen und unter ständigen Todeswünschen gelitten. Er habe deswegen zwei Nächte bei seiner Mutter, die sich sehr große Sorge machte, verbracht. Er habe nur an Elfriede denken können, sei nicht in der Lage gewesen, sich zu etwas aufzuraffen, habe sich bei der Arbeit völlig unkonzentriert gefühlt. Elfriede sei das Liebste, was er gehabt habe, es habe ihm so weh getan.

Am Tattag sei er in der Früh zur Arbeit gefahren, habe nicht gefrühstückt. Er habe bis zirka 12.30 Uhr gearbeitet, habe zur Jause und am Mittag je zwei Semmeln bzw. Brötchen gegessen, habe zuvor die ganze Woche fast nichts hinuntergebracht. Er sei dann bei seinen Eltern gewesen, habe am Abend einige Bier getrunken. Er habe vorgehabt, nicht zu Elfriede zu gehen, sei dann aber doch zu ihrer Wohnung gegangen. Er habe geklingelt und Elfriede gebeten, ihn zu einer letzten Aussprache einzulassen. Er habe sie gefragt, ob sie nicht zu ihm zurückkehren wollen, wisse heute nicht mehr, wie oft er dies wiederholt habe. Sie habe ihn gefragt, ob sie am nächsten Tag sein Auto für den Transport von noch in der Wohnung verbliebenen Sachen haben könne. Dass sie in dieser Situation, in der es bei ihm um Sein oder Nichtsein gegangen sei, an nichts anderes gedacht habe, habe ihn in Wut versetzt. Er habe nie vorgehabt, sie zu verletzen oder gar zu töten, sie sei ja das Liebste, was er auf der Welt habe. Er erinnere sich noch, wie er plötzlich in seiner Tasche ein Messer, das er zufällig dabei gehabt habe, gespürt habe, dann setze seine Erinnerung nahezu gänzlich aus. Er wisse nur noch, wie Elfriede geschrien habe und er dann in Panik weggelaufen sei. Er sei wohl zu seiner Wohnung gerannt, habe sich dort selbst umbringen wollen, habe dies aber aus Rücksicht auf seine Mutter nicht getan. In der Wohnung habe er anscheinend – er wisse dies aus Erzählungen – versucht, sich die Pulsadern aufzuschneiden und habe Tabletten genommen. Anscheinend habe er auch Bier getrunken, jedenfalls habe man leere Flaschen vorgefunden. Er erinnere sich lückenhaft an die Einlieferung ins Krankenhaus, habe dort Beruhigungsmittel erhalten und sei wohl eingeschlafen. Am nächsten Morgen habe er sich benommen gefühlt, habe zwar gewusst, dass etwas Furchtbares passiert sei, habe sich aber nicht ausgekannt. Er habe seine Mutter angerufen und gefragt, was denn mit Elfriede los sei. Dann erst sei ihm die schreckliche Wahrheit richtig bewusst geworden ...

Analyse

Leos Persönlichkeit ist, wie die testpsychologische Untersuchung ergab, gekennzeichnet durch ein ruhig-kontrolliertes Verhalten nach außen bzw. in nüchternem Zustand, hinter welchem sich aber ein gut verdecktes und großteils kompensiertes, labiles Gemütsleben und Probleme im Umgang mit Impulsen verbergen. Er leidet unter regressiven Harmonie- und Zuwendungsbedürfnissen, unter mangelnder Konfliktfähigkeit und genereller Unsicherheit. Er versucht, Unsicherheiten und Ängste zu verstecken, was ihm im Allgemeinen auch gut gelingt. Konfliktmaterial ergibt sich aus seinen Ausweichtendenzen, aus seinen oral-regressiven Strebungen, aus der Gefühlsabwehr und den verdrängten Aggressionsneigungen. Er ist durchaus sensibel, einfühlsam und leistungsbezogen, zum Teil auch etwas phobisch und zwanghaft. Da er in nüchternem Zustand Konflikte schwer ansprechen kann, werden diese verdrängt und kommen dann gehäuft in alkoholenthemmtem Zustand zum Ausbruch. Daraus erklären sich u.a. seine (scheinbar) abnormen Verhaltensweisen in berauschtem Zustand.

Nachdem seine Gattin ihn verlassen hatte, wurden bei ihm nicht nur alte (orale) Ängste aktiviert, sondern auch seine Zuwendungs- und Harmoniebedürfnisse schwer irritiert. Versteckte Selbstwertzweifel, Unsicherheiten und Verlassenheitsängste führten bei ruhig-kontrolliertem Verhalten nach außen zu einem erheblichen Frustrations- und Aggressionsstau, welcher durch die wiederholten, zum Teil aggressiven Auseinandersetzungen mit seiner Frau zum Ausbruch kam und in der tödlichen Auseinandersetzung ihren Höhepunkt fanden. Neben diesem die Kräfte von Leo allmählich zermürbenden Konflikt kamen sekundäre depressive Reaktionen hinzu: Er wurde in den Tagen und Wochen vor dem Tattag freudlos, grüblerisch und melancholisch gestimmt. Er konnte sich nicht mehr ablenken und sich nicht mehr auf die Arbeit konzentrieren, musste Tag und Nacht an seine Lebensgefährtin denken, konnte nicht mehr schlafen, hatte keinen Appetit mehr und fand an nichts mehr Freude. Er versuchte, diese Symptome durch Alkoholkonsum zu mildern, wodurch er erst recht in einen Teufelskreis geriet. Unter dem Eindruck des sein ganzes Dasein beeinflussenden „Losigkeitssyndroms" schien das Leben für ihn nicht mehr lebenswert, er litt zum Teil unter ohnmächtiger Wut, zum Teil sah er in der Möglichkeit zur Aggressionsentäußerung – sei es gegen die eigene Person oder nach außen hin – eine Erleichterung. Er machte somit eine schwere depressive Entwicklung mit und geriet in einen von Angst, Hoffnungslosigkeit und vorerst gehemmter Aggression gekennzeichneten Erschöpfungszustand, welcher ihm auch ein konzentriertes Arbeiten nicht mehr ermöglichte.

Man kann somit sagen, dass sich Leo in der Zeit unmittelbar vor der Tat in einem psychisch labilisierten, schwer verunsicherten, von Verlassenheitsängsten und Selbstwertzweifeln geplagten, ohnmächtigen Zustand befunden hat. In dieser schweren Lebenskrise sprach er nicht nur vermehrt dem Alkohol zu, sondern sah im Gedanken an den Tod eine Lösung. Das Leben unter diesen Bedingungen schien ihm unerträglich, weshalb er mit allen Mitteln eine Änderung anstrebte. Wie so häufig in solchen Situationen richteten sich die aggressiven Gedanken zum Teil gegen die eigene Person, zum Teil gegen die scheinbar schuldige Partnerin, von welcher er verlassen worden war. Auf diese entlud sich schließlich die ganze negative Energie.

Der von Leo L. angeführte Erinnerungsverlust hat übrigens bezüglich der Beurteilung seiner Zurechnungsfähigkeit wenig Aussagewert. Erinnerungsausfälle für Verbrechen unter Alkoholeinfluss werden von den Tätern häufig vorgebracht und bilden immer wieder den Hauptinhalt der an den Gutachter gestellten Fragen. Obwohl die Amnesie, die Gedächtnislücke, als Begleitzeichen des Rausches weitgehend unbestritten ist und in zahlreichen experimentellen Studien bestätigt wurde, gilt ihr diagnostischer Stellenwert als zweifelhaft, zumal „Black-outs“ oft als Schutzbehauptung angeführt werden, als so genannte retardierte, d.h. verzögerte Amnesien im Nachhinein auftreten können und in manchen Fällen möglicherweise auf Grund schwerer, lang dauernder Affektstörungen verdrängt werden. Im Übrigen zeigt der Fall aber die typischen Merkmale einer Affekttat mit Umkehr der Machtverhältnisse in einer Partnerschaft, mit schwerer Kränkungsreaktion und innerem Zermürbungsprozess auf Seiten des Täters, mit fremd- und selbstaggressiven Gedanken in der Tatvorlaufzeit und einem letzten Anlass, der zur Katastrophe führt. Der Schweregrad eines Affektes und dessen Auswirkung auf die Schuldfähigkeit kann nie von einem Sachverständigen allein geklärt werden, sondern muss, da bei der Beurteilung in die Beweiswürdigung eingegriffen wird, stets Sache des letztlich entscheidenden Gerichtes sein.

Der unfassbare Affekt

Wie schwierig die psychologische Beurteilung eines Affektes ist und wie sehr deren Beurteilung von den Angaben des Täters und der Zeugen abhängig ist, zeigt der Fall von Gerhard und Anne. Diese waren seit zwei Jahren verheiratet. Dass ihre Ehe nicht glücklich war, erfuhr man erst aus der Zeitung. Die Schlagzeile lautete: „Föhn in die Badewanne – Mordversuch missglückt". Ein gehörnter Ehemann – Gerhard – habe nach jahrelangen Streitereien mit seiner Frau durchgedreht und während einer heftigen Auseinandersetzung voll Wut einen eingesteckten Föhn in die Wanne geworfen, in der seine Gattin gerade ein Bad nahm. Glücklicherweise habe der Sicherheitsstecker funktioniert, sodass die Frau keinen tödlichen Stromschlag erlitt. Gerhard wurde in Untersuchungshaft genommen. Er erzählte mir seine Geschichte und die seiner Beziehung zu Anne.

Sie hätten sich beim Sport kennen gelernt. Anne habe ihn, den erfolgreichen Wettkämpfer, bewundert, sie hätten sich ineinander verliebt und dann geheiratet. Die Ehe sei aber nicht harmonisch verlaufen. Anne habe ihn am Anfang „angehimmelt", später habe sie sich nicht mehr richtig für ihn interessiert, habe sich ihm immer weniger zugewandt, habe ihn vernachlässigt und sich nicht mehr für seine Probleme interessiert. Er habe, wenn er unterwegs gewesen sei, vergeblich auf Anrufe oder SMS-Nachrichten gewartet, sie habe ihn nicht mehr nach seinem Befinden, seinen Problemen und Wünschen gefragt, sei ihm gegenüber gleichgültig, abweisend und kalt geworden. Sie habe ihm keine Zärtlichkeiten mehr entgegengebracht und sich sexuell verweigert. Er habe sie öfters zur Rede gestellt. Sie habe aber jedes Gespräch abgeblockt und ihm ihr Desinteresse zu verstehen gegeben. Sie wolle ihr eigenes Leben führen, sei nicht bereit, nur für ihn da zu sein. Mit seinen Problemen müsse er allein fertig werden. Anne sei immer öfter am Abend nicht zu Hause gewesen und erst spät in der Nacht zurückgekommen. Deswegen zur Rede gestellt, habe sie geantwortet, dies sei ihre Sache, sie gebe nicht über jede Minute Rechenschaft und lasse sich ihre Freizeitgestaltung nicht vorschreiben. Von zunehmender Eifersucht geplagt, habe er begonnen, ihr nachzuspionieren, sich bei gemeinsamen Bekannten über ihren Umgang zu erkundigen und über ihre Freundin mehr über sie zu erfahren. Er habe an Anne appelliert, ihr Verhalten zu ändern, wieder eine richtige Ehefrau zu werden und sich als die Person zu zeigen, die er geheiratet hatte. In den Gesprächen habe er manchmal die Nerven verloren und sei laut geworden. Seinen Vorschlag, gemeinsam zur Partnerschaftsberatung zu gehen, habe Anne abgelehnt.

Am Abend, an dem sich der schreckliche Vorfall ereignete, sei er erschöpft von einer Dienstreise nach Hause gekommen, sei enttäuscht gewesen, Anne nicht anzutreffen und kein Abendessen vorzufinden. Frustriert, weil seine Hoffnung auf einen schönen Abend nicht erfüllt worden sei, habe er sich vor den Fernseher gesetzt, habe Bier getrunken und gewartet, bis Anne komme.

Diese sei zwei Stunden später erschienen, habe ihn nur kurz gegrüßt und sei dann ins Bad gegangen. Er habe gehört, wie sie Wasser in die Wanne einlaufen ließ. Er sei ihr gefolgt, habe sich die Haare gewaschen und währenddessen versucht, mit Anne ins Gespräch zu kommen. Dies sei ihm nicht gelungen, Anne sei „aufreizend“ im Schaumbad gelegen und habe ihn eiskalt abgewiesen. Seine Appelle an die Vernunft, sein Flehen und Drohen hätten nichts genutzt, Anne habe ihm, als er gerade die Haare föhnen wollte und das Gerät schon eingesteckt hatte, erklärt, sie habe die Schnauze nun endgültig voll und werde sich von ihm trennen. Auf seine Frage nach dem Warum habe sie erklärt, dass sie nicht zusammenpassten, dass er ein unglaublicher Egoist sei und dass er sie abstoße. Sie hätten sich gegenseitig angeschrien, er habe sie an den glitschigen Schultern erfasst, sie habe ihm einen Schlag mit der flachen Hand mitten ins Gesicht versetzt und dabei geschrien: „Du grausiger Wichser!“ In diesem Moment setze seine Erinnerung aus, er wisse nicht, was passiert sei, er habe wohl einen Schock, einen Nervenzusammenbruch erlitten, habe durchgedreht und müsse dann – er könne es nicht glauben – den Föhn in die Wanne geworfen haben. Plötzlich sei das Licht ausgegangen, dies habe ihn zur Besinnung gebracht, Anne habe panisch die Badewanne verlassen und sei aus dem Zimmer geflüchtet, er selbst sei wie gelähmt gewesen. Anne habe geschrien: „Du wolltest mich umbringen!“ Alle seine Beruhigungsversuche hätten nichts genützt, sie sei im Bademantel aus dem Haus geflüchtet, bald darauf sei die Polizei gekommen. Er sei nervlich völlig fertig gewesen, habe auf die Fragen nur mit „Ja“ geantwortet. Von Weinkrämpfen geschüttelt, habe er das ihm vorgelegte Protokoll einfach unterzeichnet. Er wisse nicht, wie der Föhn in die Badewanne gekommen sei, er habe seit dem Vorfall ständig darüber nachgegrübelt, könne sich nur vorstellen, dass er die Nerven verloren und kurzfristig durchgedreht habe. Keinesfalls habe er Anne verletzen oder gar töten wollen.

Anne ihrerseits beschrieb ihren Mann als kleinlich, engstirnig, rechthaberisch, zwanghaft und eifersüchtig. Sie habe ihm bald nach der Ehe nichts mehr recht machen können, er habe ständig an ihr herumgenörgelt, habe ihr keinen Freiraum gelassen, habe über jeden ihrer Schritte Auskunft verlangt und sie mit Geld kurz gehalten. Seinen belehrenden Ton und seine kleinlichen Argumente habe sie kaum mehr ausgehalten. In seinen Gesprächen habe sich alles nur um die eigene Person gedreht, er habe wohl erwartet, dass sie ihr Leben ganz auf seine Bedürfnisse abstelle. Dazu habe ihr die Bereitschaft gefehlt, sie habe sich die Ehe ganz anders vorgestellt, nach den ersten Ehemonaten sei bei ihr die große Ernüchterung eingetreten. Gegen ihre Versuche, sich einen eigenen Bereich zu schaffen, habe sich ihr Mann gewehrt. Er habe verlangt, dass sie zu Hause bleiben und sich ganz auf die Partnerschaft konzentrieren solle. Eifersüchtig habe er sie mit Kontrollanrufen überprüft, nach Ausgängen habe er genaue Rechenschaft verlangt, zuletzt habe er ihr ständig nachspioniert. Ihr sei klar geworden, dass sie unter diesen Bedingungen die Partnerschaft nicht mehr weiterführen wolle, und habe ihm dies gesagt. Dies habe er wohl nicht verkraftet, er habe „völlig durchgedreht“ und einen „Psychoterror“ gegen sie begonnen. Seine Drohungen seien immer drastischer geworden, er habe ihr vorgeworfen, sie zerstöre sein Leben, habe seinen Selbstmord angekündigt und einmal auch gesagt, er werde sie „mitnehmen“.

An dem Abend, an dem sich die Tat ereignete, habe es einen ganz hässlichen Streit gegeben. Dabei seien von beiden Seiten verletzende Worte gefallen. Gerhard sei dann bei der Auseinandersetzung im Bad seltsam ruhig geworden, habe rasch den Föhn eingesteckt, habe diesen über ihr bzw. dem Bad an der Schnur pendeln lassen und gesagt: „So, jetzt kriegst du alles zurück, das hast du verdient!“ Nach wenigen Sekunden, in denen sie vor Schreck erstarrt sei und gar nicht glauben habe können, was sie erlebte, habe er den Föhn fallen lassen ...

Folgt man nun der Version von Gerhard, spricht tatsächlich einiges für einen extrem heftigen Affekt. Er hat die Position des Dominierenden in der Beziehung verloren, hat unter Eifersucht gelitten, wurde durch die Partnerschaftsenttäuschung depressiv, sah sich in einer verlorenen, aussichtslosen Position, war einem inneren Zermürbungsprozess ausgesetzt, welcher zu einer Unterminierung seiner Widerstandsfähigkeit führte. Er war gekränkt, geknickt und beschämt, die Erfolglosigkeit seiner Argumente, seiner Drohungen und Versprechungen verstärkten das Gefühl des Versagens und der Ausweglosigkeit. Sein an Frustrationen übervolles Fass wurde durch einen letzten Tropfen, den neuerlichen Streit, zum Überlaufen gebracht. Das Tatverhalten war Folge eines sich in der Hitze der Streitigkeiten und der Beleidigungen aufschaukelnden Affekts, er wurde vom Sturm der Gefühle, des Zorns und der Wut geradezu mitgerissen. Die eigentliche Tathandlung bestand in einem Reflex, nicht in einem genau geplanten und durchdachten Handlungsablauf. Die Waffe hat sich wahrscheinlich gerade zufällig in seiner Nähe befunden. Das ganze Verhalten war der Höhepunkt einer schon seit langem bestehenden Auseinandersetzungen, die mit Demütigungen, Zweifeln und Aggressionen verbunden war, im Wechselbad der Gefühle zwischen Hoffen und Bangen verlor er schließlich die Nerven.

Ganz anders sind Selbstkontrolle und Einsichtsvermögen des Gerhard S. zu werten, wenn man den Angaben des Opfers folgt. Anne bestreitet zwar auch nicht die Zerwürfnisse und die sich zuspitzende Krise, nach ihren Schilderungen hat Gerhard aber doch mit einer gewissen Überlegung gehandelt. Er hat im Streit innegehalten, hat den Föhn nicht im Reflex in die Badewanne geworfen, hat somit eine Zäsur eingeleitet, die ihm die Möglichkeit von Reflexion, Besinnung und Innehalten gegeben hätte. Der Sturm der Erregung wäre nach Annes Version von einer Pause der Besinnung unterbrochen gewesen und hätte somit seine Heftigkeit verloren.

Das Leben bewahrt Gutachter und Geschworene manchmal vor heiklen Entscheidungen, so auch bei Anne und Gerhard. Während die Sachverständigen noch komplizierte Überlegungen über die Stärke des Affekts und dessen Auswirken auf die Selbstkontrolle des Täters anstellten und die Juristen sich über die rechtliche Qualifikation des Vorfalls nicht einig waren, während die Ermittler weitere Indizien zu finden versuchten und die Fachleute für das Elektrizitätswesen noch am Experimentieren waren, erschienen Anne und Gerhard versöhnt und neu verliebt beim Untersuchungsrichter: Jetzt, nach dem Abklingen der Aufregungen, wo sie endlich einen klaren Gedanken fassen und sich den wirklichen Ablauf der Geschehnisse vergegenwärtigen könnten, habe es sich so zugetragen, dass es am Tatabend im Bad tatsächlich einen heftigen Streit gegeben habe. Gerhard, der gerade die Haare geföhnt habe, habe erregt gestikuliert und gefuchtelt, dabei sei ihm versehentlich der Föhn aus der nassen Hand entglitten und zu allem Unglück in die Badewanne gefallen. Vier Wochen später wurde das Verfahren gegen Gerhard eingestellt ...

Kapitel 4

Was sind Verbrechen und wer sind die Verbrecher?

Der junge Mann war auf einer Baustelle mitten in der Stadt auf einen Kran geklettert. Es war Freitagabend, niemand hatte dies vorerst beachtet, erst später, als er schon auf dem Tragarm stand, sich dem Abgrund zuwandte, sich nur mehr mit einer Hand festhielt, sich vorbeugte und in die Tiefe starrte, fiel den Passanten auf, dass hier kein Bauarbeiter im Einsatz war, dass der Mann keinen Blaumann, sondern Freizeitkleidung trug, dass er sich nicht mit dem Gerät, sondern mit dem Blick in die Tiefe beschäftigte, dass er sich umbringen wollte. Unten bildete sich eine kleine Menschengruppe. Sie diskutierte, ob der da oben betrunken sei, ob er unter Drogen stehe, eine Mutprobe absolviere, ob er einen Scherz mache und – mit aufkommender Erregung – ob er wohl springen werde. Der junge Mann dachte an nichts von alledem, sondern war ausschließlich verzweifelt. Er war, wie man erfuhr, sehr sensibel, wenig lebenstüchtig, hatte trotz guter Intelligenz mehrere Ausbildungen abgebrochen, musste wegen Angstzuständen schon wiederholt behandelt werden, hatte jetzt neuerlich eine Stelle verloren. Er wohnte allein, nachdem Eltern und Psychologen eine Abnabelung vom Elternhaus wünschten. Sein sehnlicher Wunsch nach einer Partnerin war nie in Erfüllung gegangen. Eine neuerliche Enttäuschung seiner aufkeimenden Hoffnungen auf eine Beziehung dürfte wohl der letzte Grund für seinen Entschluss zum Selbstmord gewesen sein.

Unten kam eine Gruppe von lärmenden Jugendlichen vorbei. Polizei, Rettung und Feuerwehr waren inzwischen gerufen, jedoch noch nicht eingetroffen. Einer der Jugendlichen, die sofort am Spektakel teilgenommen hatten, rief laut: „Los, spring!" Die anderen griffen seinen Ruf auf, einer schlug mit der Hand den Takt, und sie skandierten: „Eins, zwei, drei, vier, fünf, hopp." Beim vierten „Hopp" löste sich der Selbstmörder und sprang ...

Tagtäglich kommt es zu Vorfällen höchsten Unrechts und moralischer Verwerflichkeit, welche nie angezeigt und nie vor einem Gericht verhandelt werden. Jeder wird das, was die jungen Männer getan haben, verurteilen, wird ihnen die Hauptschuld am Tod des jungen Mannes geben und ob ihrer Leichtsinnigkeit oder Bösartigkeit empört sein. Sind sie aber auch, wie die Mutter des Toten weinend hinausschrie, tatsächlich Verbrecher? Kommt jedem Einzelnen von ihnen individuelle Schuld zu, obwohl eine Gruppe gehandelt hat? Hätten sie sich dem Gruppendruck und der aufkommenden Dynamik entziehen können? Haben sie aus bösem Willen, aus Sensationsgier, Dummheit oder gruppenbedingter Gedankenlosigkeit gehandelt? Ist die Gruppe als Ganzes oder jeder Einzelne schuld? Trifft die Schuld den, der als Erster gerufen hat, oder auch jene, die erst durch den jede Eigenständigkeit aufhebenden Sog der Gruppe zum Mitläufer geworden sind?

Jedenfalls wurde nie einer der jungen Männer angeklagt. Was hätte man ihnen auch vorwerfen sollen? Etwa einzelne oder kollektive Schuld, ein Vergehen, ein Delikt, ein Verbrechen? Obwohl wir den Ausdruck „Verbrechen“ täglich verwenden und jeder weiß, was damit gemeint ist, ist der Begriff gar nicht so einfach zu klären.

Die schwierige Grenze zwischen Recht und Unrecht

Was sind nun Verbrechen? Fragt man den Mann von der Straße, was er unter einem Verbrechen verstehe, wird er antworten: „Eine Handlung, die verboten ist“ oder „eine Tat, die bestraft wird“. Meist ist mit dem Begriff Verbrechen eine schwerere Form strafbarer Handlungen gemeint, während man für leichtere Straftaten den Ausdruck „Delikt“ verwendet. Dabei wird die eigentliche Bedeutung des lateinischen Worts „delictum“, welche auch nicht strafbare Verhaltensstörungen, wie Ausreißen, Schuleschwänzen, Ungehorsam usw., umfasst, außer Acht gelassen.

In der Kriminologie wird zwischen einem natürlichen, einem soziologischen und einem strafrechtlichen Verbrechensbegriff unterschieden. Der natürliche Verbrechensbegriff bezieht sich auf Handlungen, die praktisch in allen Kulturen und zu allen Zeiten als verwerflich und strafbar eingestuft werden, etwa Diebstahl, Vergewaltigung, Brandlegung oder Mord. Diese so genannten „delicta mala per se“ stehen im Gegensatz zu Handlungen, die nur deshalb als kriminell gelten, weil sie verboten sind, z.B. Handel mit Cannabis.

Modernere Kriminologen und Soziologen lehnen die strafrechtliche Definierung des Verbrechensbegriffes ab und bevorzugen stattdessen einen so genannten „materiellen“ Verbrechensbegriff, mit welchem sozial abweichendes und sozial schädliches Verhalten gemeint ist. Nach dem strafrechtlichen Verbrechensbegriff sind alle Handlungen, die durch ein Gesetz von Strafe bedroht sind, Vergehen, Delikte oder Verbrechen. Da sich das Strafrecht ständig ändert und in jedem Land gewisse Unterschiede aufweist, ist dieser Verbrechensbegriff sehr variabel, wie z.B. der Vergleich zwischen muslimischen und westlichen Staaten zeigt. Der Verbrechensbegriff sollte von Zeit und Raum unabhängig sein, um, wie dies verschiedene Rechtswissenschafter fordern, der willkürlichen Verfügungsgewalt des Gesetzgebers nicht ausgeliefert zu sein.

Typische und typologisierte Verbrecher

Es ist nahe liegend, anhand des Verbrechensbegriffes auch Gruppierungen bei den Verbrechern zu bilden, also die kriminell gewordenen Menschen nach Art der Straftat und ihrer Person zu typisieren.

In einer herkömmlichen Einteilung werden vier Typen von Kriminellen unterschieden: Für den *neurotischen Kriminellen* stellt sein gesellschaftsfeindliches Verhalten einen Ausweg aus einem innerpsychischen Konflikt seiner Persönlichkeit dar, denken wir z.B. an die Kleptomanie. Der *Verbrecher aus Schuldgefühl* führt die Tat aus, um ein vorbestehendes Schuldgefühl an ein reales, relativ harmloses Vergehen anzuknüpfen. Manch unmotiviert scheinende Straftat kann vielleicht damit erklärt werden. Ein 47-jähriger leitender Justizbeamter fiel durch eine sinnlose Sachzerstörung in einer Fußgängerpassage auf. Er war nicht alkoholisiert, stand nicht unter Medikamenteneinfluss, litt an keiner körperlichen und psychischen Krankheit und machte bei der Untersuchung einen ganz normalen Eindruck. Der Drang, eine Beleuchtungsanlage zu zerschlagen, sei ganz plötzlich über ihn gekommen. Er habe keine Rachegedanken gegen die Geschäftsinhaber und auch sonst kein Motiv. Der Impuls sei unwiderstehlich gewesen und wie etwas Fremdes über ihn gekommen. Die nähere Analyse brachte tatsächlich zu Tage, dass dieser bis dahin völlig unauffällig lebende, mit dem Gesetz nie in Konflikt gekommene Mann infolge tiefer Ablehnung durch seine Mutter und Hassgefühle, die er auf sie entwickelt hatte, an einer unbewussten Schuldproblematik litt und die Aggressionshandlung auch aus Bestrafungsbedürfnis verübt hat.

Während sich die normalen Kriminellen mit kriminellen Vorbildern identifizieren, ist der *genuine Verbrecher* sozial überhaupt nicht angepasst und setzt seine Urtriebe unmittelbar in die Tat um. Zu dieser Gruppe gehören Menschen mit dissozialen Zügen, mit Verhaltensauffälligkeiten seit der Kindheit, mit gescheiterter sozialer Etablierung und mit einer langen kriminellen Karriere. Sie entsprechen am ehesten dem, was man (fälschlich) als „geborenen Verbrecher" bezeichnet. Dieser „Mensch ohne Über-Ich" wird lediglich durch den Widerstand der äußeren Realität gehemmt. Bei der *vierten Gruppe der Kriminellen* können die Funktionen der eigenständigen Willensbildung durch Alkohol- oder Drogeneinfluss und andere Schädigungen des Hirnorgans beeinträchtigt und ausgeschaltet sein.

Eine modernere Einteilung der Verbrecher, die auf den berühmten Berliner Gerichtspsychiater Wolfgang Rasch zurückgeht, unterscheidet zwischen: Überzeugungstätern, bewusst Kriminellen, Situationstätern, Subkulturellen, Persönlichkeitsgestörten, Neurotikern, Behinderten und psychisch Kranken.

Bei den *Überzeugungstätern* geschieht die Übertretung der geltenden Norm im Bewusstsein, im Besitz der besseren Normen zu sein. Sie handeln ohne schlechtes Gewissen, obwohl sie wissen, dass sie die bestehenden Gesetze übertreten. Zu dieser Gruppe gehören politische und religiöse Aktivisten, aber auch Menschen mit fanatischen Ideen.

Unter *bewusst Kriminellen* werden Persönlichkeiten verstanden, die die geltenden Normen grundsätzlich anerkennen, sich aber bewusst über sie hinwegsetzen, d.h. sich für das außergesetzliche Verhalten entscheiden. Dies geschieht nach kritischem Abwägen aller Chancen und Risiken, so wie dies etwa bei Konsumenten illegaler Drogen der Fall ist.

Bei den *Situationstätern* entsteht der kriminelle Konflikt aus einer einmaligen lebensgeschichtlichen Konstellation heraus, meist wenn durch die Krise die Persönlichkeit des Täters berührt wird oder emotional heftig besetzt ist. In einem Altersheim rutscht ein gebrechlicher Greis aus, stürzt zu Boden und bleibt mit einem gebrochenen Schenkelhals liegen. Ein unwesentlich jüngerer Mitbewohner, mit dem es nie irgendwelche Probleme gegeben hat, stürzt sich auf den Hilflosen und schlägt mit einer Flasche, die er vom daneben stehenden Tisch genommen hat, wiederholt auf den Kopf des Mannes ein und verletzt ihn schwer. Der Täter führt aus, dass er sich über das „gescheite Reden" des Opfers schon lange geärgert habe und jetzt endlich die Gelegenheit gekommen sei, diesem das Ganze einmal heimzuzahlen.

Subkulturelle Kriminelle orientieren sich an einem Normen- und Wertesystem, das von jenem der Gesamtgesellschaft dadurch abweicht, dass es kriminelles Verhalten gestattet. Es besteht allerdings eine Doppelorientierung, d.h. der Täter ist sich bewusst, gegen die geltenden strafrechtlichen Normen zu verstoßen. Diese Art der Delinquenz ist typisch für Jugendliche, die lebensphasisch die Werte einer spezifischen Subkultur übernehmen.

Menschen mit *Persönlichkeitsstörungen, Neurosen,* einer *Behinderung* oder einer *psychischen Erkrankung* sind eine eigene Tätergruppe, bei welcher therapeutische Maßnahmen oft wichtiger sind als Bestrafung.

Die verborgenen Verbrechen

Die bekannt gewordenen, verfolgten und zur Verurteilung gelangenden Straftaten bilden aber nur einen kleinen Teil der tatsächlich verübten Kriminalität, von welcher der größte Teil im Dunkelfeld verborgen bleibt. Das Dunkelfeld umfasst die Summe jener Delikte, die der Polizei und Justiz nicht bekannt werden und deshalb in der Kriminalstatistik auch gar nicht aufscheinen. Es ist somit eine spekulative Größe, die über das wahre Ausmaß der Straftaten nur bedingt Auskunft geben kann.

Dass kriminelles Verhalten viel häufiger vorkommt, als dies den offiziellen Statistiken zu entnehmen ist, weiß man aus den Ergebnissen der Dunkelfeldforschung, die sich der Methoden der Täter-, Opfer- und Informantenbefragung sowie der teilnehmenden Beobachtungen und auch des kriminologischen Experiments bedient. Schon in der ersten Hälfte des letzten Jahrhunderts wurde in England versucht, durch Befragung einer größeren Zahl von Einzelpersonen die Häufigkeit tatsächlich verübter, aber nicht bekannt gewordener Delikte zu erfassen und dadurch das Ausmaß der unbekannt gebliebenen Straftaten zu qualifizieren. Nach den Ergebnissen von Fragebogenuntersuchungen an mehreren hundert College studenten lag die Kriminalitätsbelastung bei den männlichen Personen bei einer mittleren Häufigkeit von 17,4%, bei den weiblichen von 4,7%, wobei es sich aber meist um eher leichtere Straftaten handelte. Die Methode der Täterbefragung ist nicht nur wegen absichtlicher Verfälschungen, sondern auch wegen Erinnerungsfehlern, etwa irrtümlicher Platzierung von früheren Delikten in den Befragungszeitraum hinein – dem so genannten Teleskopeffekt –, ungenau.

Verlässlichere Ergebnisse als die „self-reported-crime"-Methode liefert die Opferbefragung. Ein Opfer ist verständlicherweise eher bereit, Auskunft über ein erlittenes Delikt zu geben, als ein Täter, welcher sich hüten wird, sich zu bislang unentdeckt gebliebenen Taten – insbesondere, wenn diese schwerwiegender Natur sind – zu bekennen. Allerdings hat auch diese Methode ihre Grenzen, und zwar dort, wo es sich um Delikte handelt, die kein oder kein personales Opfer haben, die vom Opfer nur selten wahrgenommen werden, die ihm nicht als solche bewusst sind, die unsichtbar oder folgenlos bleiben, an denen das Opfer durch eigene Anstöße, Beiträge, Interessen oder Milieuverquickungen beteiligt ist. Dies ist z.B. besonders bei der Suchtgiftdelinquenz der Fall. Recht verlässliche Ergebnisse bringt die Kombination von Täter- und Opferbefragungen. In einer deutschen Gemeinde, in welcher alle Jugendlichen und jungen Erwachsenen männlichen Geschlechts untersucht wurden, zeigte sich Folgendes: Von den 920 Probanden waren 39,2% in den zwölf Monaten vor der Untersuchung weder Täter noch Opfer geworden, 26,6% hatten sowohl Täter- als auch Opfererfahrungen gemacht, 22,9% bezeichneten sich nur als Opfer, 11,5% nur als Täter. Sowohl für die Täter- als auch für die Opferrolle gab es bei Diebstahl, Sachbeschädigungen und Unterschlagungen die häufigsten Nennungen, die wenigsten bei Freiheitsberaubung und Sittlichkeitsdelikten.

Die in der Dunkelfeldforschung ebenfalls zur Anwendung kommende Methode der Informantenbefragung ist mit sehr vielen Fehlerquellen, z.B. möglichen Mehrfachmeldungen, behaftet und hat auch darüber hinaus nur geringen Aussagewert. Dieses Vorgehen, bei dem ausgewählte Personen über ihnen bekannt gewordenes delinquentes Verhalten anderer befragt werden, eignet sich am ehesten noch für die Erfassung der Delinquenz in übersichtlichen Gruppen oder „totalen Institutionen", z.B. in Haftanstalten oder Erziehungsheimen.

Bei der teilnehmenden Beobachtung wird versucht, das Verhalten von Personen oder Gruppen in ihrer natürlichen Umgebung durch einen eingeschleusten Beobachter zu erfassen, der in die Gruppe voll integriert wird. Bekannt geworden sind die Untersuchungen, bei welchen durch einen vermeintlichen homosexuellen Aufpasser sexuelle Begegnungen in öffentlichen Toiletten beobachtet wurden.

Im kriminologischen Experiment wird schließlich die Entdeckungschance bei der Durchführung von Taten unter kontrollierten Bedingungen erfasst. Man ließ in einem Experiment in einem Selbstbedienungsgeschäft von zwei „Dieben" innerhalb von drei Stunden 40 Ladendiebstähle durchführen und ermittelte daraus für den Ladendiebstahl eine Dunkelzifferrelation von mehr als 1 : 9.

Alle bisherigen Forschungen zum Dunkelfeld konnten die Annahme, wonach es ein so genanntes „konstantes Verhältnis" zwischen bekannt gewordener und tatsächlicher Kriminalität gebe, nur teilweise widerlegen. Das Dunkelfeld kann jedenfalls mit wissenschaftlichen Methoden nur annäherungsweise aufgehellt werden. Es muss allerdings bedacht werden, dass ein gewisses Dunkelfeld aus kriminalpolitischer Sicht systemnotwendig ist, da bei völliger Aufhellung ein Zusammenbruch der Strafrechtspflege eintreten würde. Wir wären dann ein Volk von Kriminalbeamten, Richtern, Gefängniswärtern – und Verbrechern.

Kapitel 5

Lust am Feuer und Lust durch das Feuer – Pyromanie

Die verbrecherische Macht des Feuers

Alles, was ich über pathologisches Brandlegen, über Pyromanie und die mythische Bedeutung des Feuers zu wissen glaubte, wurde eines Tages durch eine lapidare Erklärung eines berüchtigten und seit Kindheitstagen aktiven Feuerlegers zerstört. Das Leben dieses Johann S. war vom Feuer bestimmt. Gerüchteweise sei er als Kleinkind aus einem brennenden Haus gerettet worden, was von ihm selbst als Haupterklärung für seine pyromanen Triebe herangezogen wurde und den unzähligen Therapeuten, die sich mit seiner Person und seinen gestörten Impulsen befassten, eine willkommene Hypothese bot. Tiefgründige Erklärungen, erstaunliche Krankheitsmodelle, endlose Analysen und dutzende Therapieverfahren konnten aber nicht verhindern, dass Johann S. immer wieder Abfallcontainer, Schuppen und abgelegene Stallgebäude in Brand setzte. Personen kamen dabei im Übrigen nie zu Schaden.

Johann S., der also möglicherweise schon früh durch Feuer traumatisiert worden war, wuchs in einem „broken-home", d.h. in einem zerrütteten Milieu auf, kam ab sechs Jahren in diverse Erziehungsheime, hatte nie konstante Bezugspersonen und durfte nie das Gefühl der Geborgenheit und Nestwärme – manche Psychoanalytiker interpretierten die Brandlegungen als Versuch, sich diese im Übermaß zu verschaffen – erfahren und erleben. Er galt im Kindesalter als verschlossen, lernfaul und außenseiterisch. Schon mit sieben Jahren machte es ihm Spaß, zu zündeln und kleinere Brände zu legen. Seine schulischen Leistungen waren schwach, er verbrachte sechs Jahre in der Sonderschule und lief aus dem Lehrlingsheim schon nach wenigen Wochen davon. Als 14-Jähriger verursachte er einen größeren Waldbrand, ab dem 16. Lebensjahr begann seine „Psychiatriekarriere". Immer wieder wurde er wegen Verhaltensstörungen, Landstreicherei, sexuellen Drangzuständen und Brandlegungen eingeliefert, oft bat er von sich aus wegen unbezwingbarer Brandlust um Aufnahme in eine geschlossene Station. Die medizinischen Durchuntersuchungen erbrachten lediglich einen auffallenden Befund, nämlich ein mäßig abnormes Hirnstrombild, welches als Hinweis auf minimale organische Schädigungen des Gehirns gewertet wurde. Die psychiatrische Diagnostik stellte neben einer Grenzbegabung bei mangelnder intellektueller Förderung Verhaltens- und Persönlichkeitsstörungen und eine Pyromanie fest. Symptome einer Geisteskrankheit wurden jedoch stets ausgeschlossen.

Nachdem er mit 18 Jahren einen nicht bewohnten Altbau in Brand gesetzt hatte, wurde er in eine Anstalt für psychisch abnorme Rechtsbrecher eingewiesen und jahrelang unter geschlossenen Bedingungen behandelt. Die Unterbringungszeit, die von den meisten Eingewiesenen als sehr bedrückend erlebt wird, war für ihn nach eigenen Worten die schönste seines Lebens. Er habe die klare Tagesordnung, den stets gleich bleibenden Tagesablauf, die Regelmäßigkeit der Mahlzeiten und die Sicherheit der Unterkunft außerordentlich geschätzt und habe wegen mangelnder Gelegenheit nicht ständig mit seinem Feuertrieb kämpfen müssen. Es ist im Übrigen oft zu beobachten, dass Menschen mit Persönlichkeitsstörungen, welche sich in Freiheit an keine Regel und Ordnung halten können und ständig Grenzen überschreiten, klar vorgegebene, nicht verrückbare Strukturen anerkennen und das reizarme Leben mit starren Grenzen und klaren Regeln als nicht unangenehm empfinden.

Johann S. lebte in- und außerhalb der Anstalten stets als extremer Einzelgänger, er erhielt nie von jemandem Besuch und hatte in seinem Leben nie Sexualkontakte. In Gesprächen wirkte er distanziert, durch keine Frage irritierbar, eher souverän als gleichgültig, gegenüber jedem Befrager jedenfalls überlegen. Er machte keinen betroffenen und keinen leidenden Eindruck, seine Brandlegungen schilderte er sehr präzis, nicht im Geringsten beschönigend, völlig emotionslos, als wäre er ein unbetroffener Beobachter.

Dieser Johann S. also sagte zu mir, nachdem ich in den Medien ein Interview zum möglichen Einfluss des Vollmondes auf den „Brandlegungstrieb" gegeben hatte, bei einer zufälligen Begegnung im Vorbeigehen: „... Ihre Erklärungen mögen schön und wissenschaftlich sein, die Wahrheit über die Kraft des Vollmondes ist aber eine ganz andere: Auch mich fasziniert der Vollmond, und ich habe die meisten Brände in Vollmondnächten gelegt ... Weil ich im vollen Mond immer das Bild des nackten Hinterteils einer schönen, makellosen Frau sehe. Ich bin dann ganz allein, die verfügbare, vollkommene Frau, die dunkle Nacht ..., ich lege das Feuer, es flackert auf, ich komme zum Orgasmus ... Das ist überirdisch ..., alles andere können Sie vergessen."

Es ist undenkbar, dass das Urelement des Feuers mit seinem Mythos, seiner zerstörerischen Kraft, seiner Symbolik und seiner Gegensätzlichkeit in der Kriminalität nicht eine große Rolle spielt. Feuer bedeutet wohltuende Wärme und zerstörerische Hitze, Feuer ist das Symbol für Leidenschaftlichkeit schlechthin, das Feuer dient dem Menschen seit Urzeiten und ist ihm doch nie wirklich untertan, menschliche Kultur wäre ohne Feuer nicht denkbar. In der griechischen Mythologie galt die Übergabe des Feuers an die Menschen als Geburt der menschlichen Kultur, die Beherrschung des Feuers bedeutete Macht, die Bewachung des Feuers war eine der verantwortungsvollsten Aufgaben. Feuer ist Hauptbestandteil vieler kultischer Handlungen, Feuer ist Symbol für Kraft und Leben, aber auch für Reinigung und Tod.

Feuer spricht somit zahlreiche Emotionen und Impulse an, die bei kriminellem Verhalten eine Rolle spielen, es berührt tiefe, archaische Schichten der Persönlichkeit und bewegt nicht nur konstruktive, sondern ebenso auch destruktive Seiten des Menschen. Wenn Gefühlsarmut, Gekränktsein, Ausüben von Macht und Aggression zu den wichtigsten Kriminalmotiven gehören, ist deren Bezug zum kriminellen Einsatz von Feuer unverkennbar. Durch das Auflodern des Feuers werden gleichsam die eigenen, nicht vorhandenen Emotionen angeregt, die Mächtigkeit und Bedrohlichkeit eines großen Brandes kompensiert alle Minderwertigkeitsgefühle und erhebt das selbstunsichere, von Zweifeln geplagte Individuum zum allmächtigen, für alle bedrohlichen Herrscher. Die Angst der anderen vor dem Feuer unterstreicht die Wichtigkeit der eigenen Person, viele Demütigungen und Kränkungen sind vergessen, die gemeinsame Furcht behebt alle sozialen Unterschiede. Der aus dem Hintergrund agierende Pyromane hat gegenüber allen anderen einen Wissensvorsprung, er wirkt stets präsent und überlegen, niemand ist vor seinem strafenden und rächenden Strahl sicher. Krankhafte Brandlegungen resultieren somit fast immer aus Selbstwertzweifeln und nicht verarbeiteten Kränkungen, sie beinhalten regelhaft narzisstische, selbsterhöhende Momente und münden oft in einem Spiel, einem Spiel des nicht sichtbaren und nicht fassbaren Brandlegers mit hilflos wirkenden Ermittlern und einer von spekulativer Angst beunruhigten Öffentlichkeit. Auch diese Haltung hat etwas sehr Narzisstisches an sich.

In der überwiegenden Zahl der Fälle sind Brandlegungen jedoch durch normale kriminelle Ursachen und nicht durch psychische Probleme bedingt. Hauptmotive sind Versicherungsbetrug, Rache, Vandalismus oder

Verdeckung eines anderen Verbrechens. Bei jugendlichen Brandlegern spielen Aufregung und Abenteuerlust eine ebenso große Rolle wie der Wunsch, den Helden und den von allen gefürchteten „Feuerteufel" zu spielen. Je mehr Brandlegungen serienhaften und somit zwanghaften Charakter annehmen und je mehr sie dazu dienen, innere Spannungen zu unterdrücken oder negative Gefühlszustände zu beheben, desto krankhafter ist die Motivation.

Gibt es einen „Feuertrieb"?

Im 19. Jahrhundert wurde von kriminalpsychologischer Seite die These aufgestellt, dass manche Brandleger an einer „Feuerlust" oder „Feuersucht", somit einer isolierten Geisteskrankheit, leiden. Ähnliche Überlegungen wurden damals auch bezüglich der „Mordlust" oder der „Stehlsucht" angestellt. Das vom berühmten französischen Psychiater Jean Etienne Esquirol entwickelte Konzept der „Pyromanie" als Ausdruck eines krankhaften Brandstiftungstriebes kann nur vor dem Hintergrund eines Persönlichkeitsmodells verstanden werden, in dem den Leidenschaften eine übergeordnete Rolle zukommt. Pyromanie wurde damals, in der ersten Hälfte des 19. Jahrhunderts, im Sinne einer unwiderstehlichen Brandstiftungslust gesehen, die das einzige Symptom einer vorzugsweise bei Jugendlichen während der Pubertät auftretenden Geisteskrankheit sei. Als Ursache wurde eine Betroffenheit des Gehirns angenommen, die eine unregelmäßige körperliche Entwicklung zur Folge habe. Schon Mitte des 19. Jahrhunderts wurden dagegen überwiegend „normale" Motive, wie Rache, Geltungssucht und Eifersucht, für die Mehrzahl von Brandstiftungen verantwortlich gemacht.

Obwohl also schon damals die Monomanielehre und das Konzept der Pyromanie einer umfassenden Kritik unterzogen wurde, ist der Begriff bis heute weder aus der feuilletonistischen Literatur noch aus den psychiatrischen Diagnosesystemen verbannt. Auch in der Internationalen Klassifikation psychischer Störungen der Weltgesundheitsorganisation WHO (ICD-10) und im Diagnostischen und Statistischen Manual psychischer Störungen (DSM-IV) sind die Begriffe „pathologische (d.h. krankhafte) Brandstiftung" und „Pyromanie" enthalten. Die frühere Interpretation von Kriminalität beinhaltete stets den Wunsch, bei Verbrechern einen psychischen Defekt, am besten eine hirnorganische Störung zu finden. Dadurch konnte ein komplexes Phänomen einfach erklärt werden, Selbstreflexionen des sich als nicht kriminell erlebenden Menschen blieben erspart. Die heutige Kriminalpsychologie ist vom Konzept der Monomanien, des so genannten „impulsiven Irreseins“, völlig abgekommen und führt auch die krankhafte Spiel-, Stehl- oder Kaufsucht auf neurotische Störungen und persönlichkeitsgebundene oder soziale Probleme zurück.

Nach heute gültiger Definition ist krankhafte Brandstiftung zum einen durch häufige, anscheinend unmotiviert vollendete oder versuchte Brandstiftungen an Häusern oder anderen Objekten charakterisiert, zum anderen durch eine Beschäftigung mit allem, was mit Feuer und Brand in Zusammenhang steht. Die betreffenden Personen interessieren sich übermäßig für Löschfahrzeuge und Gegenstände zur Brandbekämpfung sowie für andere mit Feuer in Verbindung stehende Themen und alarmieren oft die Feuerwehr. Als diagnostische Hauptmerkmale werden wiederholte Brandstiftungen ohne erkennbare Motive, wie materieller Gewinn, Rache oder politischer Extremismus, ferner starkes Interesse an der Beobachtung von Bränden und schließlich das Gefühl wachsender Spannung vor der Handlung und starke Erregung unmittelbar nach der Brandlegung bei den betroffenen Personen genannt. In der amerikanischen Psychiatrie werden als Hauptmerkmale der Pyromanie das Auftreten mehrerer Episoden des gewollten und absichtsvollen Legens von Feuer, das Erleben von Spannung oder affektiver Erregung der Feuer legenden Personen angeführt. Feuer und damit verbundene Begleitumstände bewirken bei den Pyromanen Faszination, Interesse, Neugier und Anziehung.

Personen mit dieser Störung sind regelmäßige Zuschauer bei Bränden in ihrer Nachbarschaft, können falschen Alarm geben und haben Freude an Institutionen, Ausrüstung und Personal, die mit Feuer zusammenhängen. Sie können ihre Zeit bei der örtlichen Feuerwehr verbringen, Feuer legen, um mit der Feuerwehr in Verbindung zu sein, oder sogar selbst der Feuerwehr beitreten. Die Betroffenen erleben Vergnügen, Befriedigung oder Entspannung, während sie den Brand legen, seine Wirkung beobachten oder an der Bekämpfung seiner Folgen beteiligt sind. Das Feuer wird nicht für einen finanziellen Gewinn als Ausdruck einer soziopolitischen Ideologie, zum Verdecken einer Straftat, um Wut oder Rache auszudrücken, um die Lebensumstände zu verbessern oder als Reaktion auf Wahnphänomene oder Halluzinationen gelegt.

In der neueren wissenschaftlichen Literatur wird jedoch zunehmend in Frage gestellt, ob der Brandstiftung eine bestimmte Psychopathologie oder überhaupt psychopathologische Beeinträchtigungen zugrunde liegen. Moderne Untersuchungsergebnisse legen nahe, dass Brandstifter zwar im Vergleich zur Normalbevölkerung vermehrt psychologische Auffälligkeiten aufweisen, dass sie sich als Gruppe jedoch nicht von der Gesamtheit der Straftäter unterscheiden. Brandstifter zeichnen sich wie die meisten Verbrecher durch geringe Impulskontrolle und vermehrtes Ausagieren aus. Die Brandlegung entspringt dabei häufig unspezifischen aggressiven Impulsen, die sich auch in ganz anderer Form zeigen können.

Was sagen nun die kriminalwissenschaftlichen Untersuchungen zur Typologie der Brandleger? 25% der Täter haben außer den Brandstiftungen schon weitere kriminelle Vergehen wie Einbruchsdiebstähle, Sachbeschädigungen, Widerstand gegen die Staatsgewalt usw. begangen. Etwa 28% der Fälle weisen Störungen in Form von leichterem Schwachsinn auf, bei 11% wurde eine Epilepsie, bei 8% ein chronischer Alkoholismus und bei 7% eine schwere psychische Erkrankung diagnostiziert. Etwa 50% der Täter sind entweder unehelich geboren, haben ihren Vater nicht gekannt oder diesen innerhalb der ersten sechs Lebensjahre durch Scheidung oder Tod verloren. Etwa zwei Drittel der Täter handeln unter Alkoholeinfluss. Auffallend viele Brandleger haben schon Selbsttötungsversuche verübt, weshalb pyromanes Handeln auch als „Suizidäquivalent" verstanden wird. Brandlegungen sind tatsächlich häufig vom Suizid des Täters gefolgt. Immer wieder werden Fälle beschrieben, in denen verzweifelte Personen sich, meist aus Protest, selbst anzünden und dabei bewusst in Kauf nehmen, dass ein Haus oder ein Wohnblock mitverbrennt.

Akuter und chronischer Alkoholeinfluss gehören zu den Hauptrisikofaktoren für Brandlegungen. Alkoholbedingte Rauschzustände und das Lustempfinden des Brandlegers haben sehr viele Gemeinsamkeiten, so die Selbstwertsteigerung, die Verrückung aus der Wirklichkeit, das Sinnliche des Exzesses und das Überschreiten von Grenzen. Sowohl süchtiges Trinken als auch krankhaftes Brandlegen haben viel mit „self mutilations" („Selbstverstümmelungen") zu tun. Alkoholbedingte Enthemmungen lässt das Durchbrechen von aggressiven und zerstörerischen Impulsen zu, manchmal legt der Rausch unbewusste Schichten der Persönlichkeit und verschattete Anteile der psychischen Strebungen frei. Alkohol führt, ähnlich wie die Feuerlust, zu einer Verdichtung bestehender Gefühlszustände. Sowohl das Trinken als auch das Brandlegen resultieren oft aus momentanen Verstimmungszuständen, sie dienen dem Abbau von Spannung und Ärger und vernebeln den Blick auf die Folgen. Ein von mir untersuchter

Brandleger mit Alkoholproblemen war verärgert, weil man ihm wegen seiner Trunkenheit und seines ausfallenden Verhaltens im Gasthaus kein Bier mehr geben wollte. Er torkelte zu seiner Wohnung, nahm im Stiegenhaus einen zerschlissenen, verschmutzten Teppich wahr, über welchen er sich schon öfter geärgert hatte. Seiner Wut verlieh er dadurch Ausdruck, dass er aus dem Abfallcontainer Zeitungspapier holte und dieses im Treppenhaus in Brand setzte. Nachdem er die aufkommende Feuersbrunst beobachtet hatte, ging er ins nächste Gasthaus und trank dort ungerührt weiter.

Feuer legen und löschen

Krankhafte Brandlegungen haben, wie die meisten Verbrechen, immer eine Reihe von Ursachen, unter welchen emotionale Probleme, Selbstwertzweifel und Alkoholeinfluss herausragen:

Der 18-jähriger Harry M. steckte innerhalb von wenigen Wochen mehrere Bauernhöfe in Brand und verursachte dadurch einen Schaden in Millionenhöhe. Er war Mitglied der Freiwilligen Feuerwehr seines Dorfes, hastete nach den Brandlegungen jeweils nach Hause, wartete dort den Feueralarm ab und rückte dann unverzüglich zur Brandlöschung aus, an der er sich eifrig beteiligte. Durch dieses überengagierte Verhalten geriet er rasch ins Visier der Ermittler und konnte überführt werden. Es stellte sich heraus, dass er schon seit Monaten immer wieder Fehlalarme ausgelöst hatte, um sich durch schnelles Erscheinen beim Feuerwehrhaus besonders hervorzutun. Als Motiv nannte er verschiedene Hänseleien, die ihm in der Vergangenheit angetan worden seien. So habe man einmal aus seinem Fahrrad die Luft ausgelassen, ein anderes Mal habe ihm ein Mädchen bei der Aufforderung zum Tanz einen Korb gegeben. Hinter diesen scheinbaren Kleinigkeiten entfaltete sich das Bild eines intellektuell leicht behinderten, in zunehmende Isolation geratenen, wenig Gefühlsanschluss findenden jungen Mannes.

Er war in einer geordneten Familie aufgewachsen, musste in der Volksschule eine Klasse wiederholen, kam dann in die Sonderschule, schaffte danach keine Berufsausbildung und wurde langfristig über beschützende Einrichtungen betreut. Mit beginnender Pubertät kam es zu exzessiver Nutzung von Sexhotlines, die Telefonkosten stürzten ihn in schwere finanzielle Verschuldung. Das Verhältnis zu den Eltern wurde krisenhaft, der Kontakt zu den Geschwistern distanzierter, freundschaftliche Bindungen konnte er nie aufbauen. Von Kindheitstagen an war es ihm nie möglich, über Probleme zu sprechen. Verschiedene Versuche, ihn in Vereine zu integrieren, scheiterten rasch an seinem schwierigen, eigenbrötlerischen Wesen. Lediglich bei der Feuerwehr fühlte er sich wohl, er galt dort als tüchtig und äußerst verlässlich.

Zu den Brandlegungen entschloss er sich nach eigenen Angaben jeweils rasch, aus einer augenblicklichen Verstimmung heraus. Er hatte davor immer Alkohol getrunken, fühlte sich in mäßig berauschtem Zustand noch einsamer, noch verlassener, noch weniger verstanden. Alkohol führte bei ihm fast immer zum Gefühl des Verlorenseins und des heulenden Elends, vorbestehende Misslichkeiten verdichteten sich zu einem aussichtslos erscheinenden Zustand. In dieser Situation wollte er sich nach eigenen Worten erleichtern, er wollte sein Unglück hinausschreien in die Welt, er wollte beweisen, dass er jemand sei, man sollte ihm endlich zuhören und die Größe seines Elends glauben. Nach der Festnahme wirkte er erleichtert. Es gelang ihm allmählich, zu den Therapeuten Vertrauen zu finden und den Blick auf sein gekränktes Inneres, auf Ängste und Befürchtungen, auf sein fehlendes Selbstwertgefühl und auch auf die schon lange vorhandenen, breit ausgestalteten Fantasien von Feuer und Feuerlegen preiszugeben.

Der Fall des Harry M. ist nicht sehr spektakulär, aber für die Situation eines Menschen mit pyromanen Impulsen recht typisch. Es handelt sich oft um Personen, die in irgendeiner Form behindert sind, sei es intellektuell oder im kommunikativen Bereich, die jedenfalls viel zu wenig emotionale Zuwendung erfahren, dies nach außen hin scheinbar ungerührt wegstecken, innerlich aber vor Sehnsucht nach dem „Feuer der Liebe" gleichsam zerbrechen. Einmal in ihrem Leben wollen sie ihren Gefühlen freien Lauf lassen, einmal wollen sie sich Interesse verschaffen, einmal möchten sie wichtig sein. Ein Leben voll von kleinen Kränkungen führt zu einem ungeheuren Affektstau, den dann ein meist kleiner Anlass zur Entladung bringt. Alkohol bewirkt nicht nur eine Bündelung aller negativen Gefühlsempfindungen, sondern setzt auch die in nüchternem Zustand wirksamen Hemmungen aus. Die Brandlegung beendet den als unerträglich erlebten Zustand und führt zu einem raschen Abfall der Spannungen. Den nun aufkommenden Schuldgefühlen und Selbstvorwürfen wird durch geschäftige Aktivität, durch eifriges Mithelfen bei der Brandbekämpfung – welches auch der Wiedergutmachung dient – ausgewichen.

Die fantastische Erleuchtung

Wesentlich komplexer ist der Fall des 14-jährigen Peter S., welcher eine Kleinstadt über Wochen in Atem hielt. Unter immer stärkerer medialer Beteiligung legte er insgesamt acht größere Brände, wobei er auch sein Elternhaus nicht verschonte. Die Brandserie wurde mehr und mehr zu einem ausgeklügelten Spiel zwischen einem kaum Spuren hinterlassenden, scheinbar nicht fassbaren Täter, der durch und durch verängstigten Bevölkerung und den mit immer größerem Aufwand agierenden Sicherheitskräften. Peter S. war nach der Festnahme sofort geständig und bot für die Ermittler ein nahezu unfassbar normales Bild. Aufgewachsen in bestem Elternhaus, konnten äußerlich keine nennenswerten Probleme und keine Verhaltensauffälligkeiten festgestellt werden. Die Gerichtspsychologen diagnostizierten eine verspätete Pubertätskrise und eine Persönlichkeitsstörung mit infantilen, emotional instabilen und narzisstischen Anteilen. Die nähere Analyse erbrachte Folgendes:

Peter S. war sexuell unerfahren und in der Kontaktaufnahme zu Mädchen äußerst gehemmt. Über seine diesbezüglichen Ängste und Minderwertigkeitsgefühle traute er sich mit niemandem zu sprechen. Gegenüber seinen auf Leistung großen Wert legenden Eltern wollte er diese „Schwäche" nicht zugeben. Der besondere emotionelle Reiz des Feuers und seine allgemeine Faszination wird in seiner Bedeutung und seiner dynamischen Wirksamkeit tiefenpsychologisch mit der Annahme: „Feuer ist gleich Sexualität" bzw. „Feuerlegen ist gleich Ersatzbefriedigung" nicht genügend erklärt, wenngleich bei Peter S. ungelöste Sexualprobleme mit eine ursächliche Rolle spielen dürften. Die Motivation war auch in der Tatsache zu suchen, dass Feuer ein anregendes Phänomen für „Sensationssuchende" ist, welches durch den Kitzel der Tat, durch das Aufkommen und Aufflackern des Feuers, durch den Einsatz der Feuerwehr, den Menschenauflauf und alle damit verbundenen Aktionen noch verstärkt wird. Weitere Motive ergeben sich bei Peter S. aus Störungen im Zusammenhang mit seinen Persönlichkeitsabweichungen bzw. der Adoleszentenkrise. Genannt sei in erster Linie die Störung der Impulskontrolle, welche sich im unbestimmten Drang, etwas Verbotenes tun zu müssen („... der Stadel muss brennen"), äußert. Bei der ersten Brandlegung wollte er im „Hier und Jetzt" etwas verändern, dieser Wunsch nahm dranghaften, ja nahezu zwanghaften Charakter an und konnte, durch Alkoholeinfluss möglicherweise begünstigt, als Impuls durchbrechen. Ferner lag ein bedeutsames Motiv in der mangelnden Gefühlsansprache bzw. Gefühlsabwehr, die bei Peter S. in ganz ausgeprägter Form vorhanden war. Es fehlte ihm an emotionalem Tiefgang, an Einfühlungsvermögen und an affektivem Mitschwingen. Das Feuer als Symbol für Gefühl und Leidenschaft sollte gleichsam diese Erstarrung lösen und – bildlich ausgedrückt – seine emotionale Kälte erhitzen. Menschen, die Probleme mit Gefühlsempfindung und Gefühlsausdruck haben, neigen zu impulsiv-monomanen Handlungen, wobei der Feuerlegung eine besondere Rolle zukommt.

Unvorhersehbar war bei den Motiven des Peter S. sein Geltungsstreben. Dies wird bei jungen Feuerwehrmännern, die sich durch besonders engagiertes Löschen hervortun, fast regelhaft angetroffen. Der Hintergrund für dieses Geltungsstreben lag bei Peter S. nicht in einer Isolation im sozialen Umfeld, sondern in einer erheblichen Selbstwertproblematik, die in den psychologischen Tests klar zum Ausdruck kam. Verschiedene Kränkungserlebnisse, insbesondere die Überstellung ins Internat, hatten bei ihm nicht nur zu einer aufgestauten Aggression geführt, sondern die Umkehr einer „Ohnmachtsituation in eine Allmachtsituation" ermöglicht. Dies kam seinen eindeutig zu beobachtenden narzisstischen Persönlichkeitszügen sehr entgegen. Ferner spielten Elemente des Protests, des Wunsches nach Grenzüberschreitungen und Überlegenheitsgefühl ebenso eine Rolle wie Abenteuerlust und das Streben, etwas (negativ) Großartiges zu tun. Peter S. wollte wohl im Denken und Fühlen der Mitbürger allgegenwärtig sein.

Im Zuge der Brandlegungen kam dann das kriminologische Spiel mit den Ermittlern hinzu, Peter S. wurde mehr und mehr Opfer seiner narzisstischen Meinung, schlauer und besser als die geschulten Kriminalbeamten zu sein. Er versuchte durch immer gewagtere Aktionen, seine Überlegenheit, seine Allgegenwärtigkeit und seine Nichtfassbarkeit zu demonstrieren. Ob schließlich die Brandlegung im eigenen Elternhaus, welche auch mit kriminologischen Motiven gedeutet werden könnte, als symbolisierter Wunsch nach „Entfachung von emotionaler Wärme" oder als „Rache für den Verweis aus dem Elternhaus" (bei der Überstellung ins Internat) gedeutet werden kann, ist wohl ein Stück weit spekulativ.

Als besonders gefährlich erweist sich die Kombination von Minderwertigkeitsgefühlen und neurotischen Hemmungen mit mangelnder Gefühlsansprache und Einfluss von Alkohol oder anderen Rauschsubstanzen. Menschen, die sich aus irgendwelchen Gründen minderwertig oder benachteiligt erleben, sind ständigen Kränkungen und Frustrationen ausgesetzt. Da sie meist nicht fähig sind, ihre Verärgerung und Enttäuschung anzusprechen, ihrem Herzen also Luft zu machen, staut sich ein hohes Maß von narzisstischen Kränkungen zusammen.

Die Frage, ob oder weshalb Brandleger oft Mitglieder der Freiwilligen Feuerwehr sind oder einem Beruf nachgehen, der mit Feuer und Feuerbekämpfung zu tun hat, wird sehr emotional diskutiert. Erbittert wehren sich die Feuerwehrleute gegen die Vermutung, dass in ihren Reihen viele Brandleger zu finden seien oder durch ihre Tätigkeit gleichsam eine „Ansteckung" erfolge. Tatsächlich ist diese nicht selten anzutreffende Konstellation aber mit dem tiefenpsychologisch bekannten Phänomen der Sublimation zu erklären. Man versteht darunter den Versuch, ein verbotenes Triebbedürfnis dadurch abzuwehren, dass die negative Triebenergie in sozial anerkannte Formen der Aktivität umgewandelt wird. So könnte beispielsweise einem Menschen, welcher unter starken Aggressionstendenzen leidet oder mit blutigen Fantasien kämpft, dadurch ein sozial angepasstes Leben gelingen, dass er einen Beruf ergreift, in welchem blutige Aggressionen zugelassen sind, z.B. den des Schlächters oder Metzgers. Mögen diese Überlegungen auch gewagt sein, so lassen sie doch die Erklärung zu, weshalb ein unter Brandlegungsimpulsen leidender, durch das Feuer emotional angesprochener Mensch eine feuernahe Tätigkeit sucht. Um die ehrenwerten und so verdienstvoll tätigen, unter Einsatz ihrer Gesundheit kämpfenden Feuerwehrleute nicht zu kränken, sei nochmals klargestellt: Die Pyromanie liegt schon viel früher vor, als die Tätigkeit bei der Feuerwehr beginnt. Die Feuerwehr wird missbraucht, um einen gestörten Impuls zu kompensieren oder, wenn unglückliche Umstände zusammentreffen, diesen auszuleben.

Pyromane Störungen sind nicht einfach zu behandeln. Hilfreich sind psychoanalytische Verfahren, bei denen versucht wird, die unbewussten Motive des Brandlegens bewusst zu machen, die Symbolik des Feuers für die psychische Situation des Einzelnen richtig zu deuten und die Ersatzbefriedigung der Feuerlust durch echtes Erleben überflüssig zu machen. Auch verhaltenstherapeutische Techniken, mit welchen der Pyromane lernt, aufkommende Feuerfantasien positiv umzugestalten und mit der dem Impuls vorangehenden Unruhe, der berühmten Angst-Lust-Spannung, fertig zu werden, haben sich bewährt. Manchmal sind medikamentöse Hilfen, etwa durch antidepressive Medikamente oder durch Substanzen, die die Gehirnstromaktivität regulieren, unumgänglich. Fast immer ist es erforderlich, dass der Patient mit Neigung zu krankhaftem Feuerlegen ein Leben mit vollkommener Alkoholabstinenz anstrebt. Ob die Therapie erfolgreich sein wird, ist oft fraglich.

Dies wurde mir besonders bewusst, als ich einmal einen wegen Serienbrandlegungen verurteilten und in eine Anstalt für psychisch abnorme Straftäter eingewiesenen jungen Mann hinsichtlich seiner Zukunftsprognose begutachten sollte. Zunächst wurde ich mit einer Reihe von positiven Therapieberichten konfrontiert. Der Untergebrachte hatte sich auf der Station sehr angepasst verhalten, es hatte mit ihm nie disziplinäre Schwierigkeiten gegeben, er wirkte stets selbstkontrolliert und therapiemotiviert, Fernsehsendungen über Brandkatastrophen schienen ihn ebenso wenig zu interessieren wie Bilder einer Feuersbrunst, die psychologischen Tests zeigten einen günstigen Verlauf, in den sozialen Kontakten verhielt er sich offen und rücksichtsvoll, Arbeit und geschützte Unterkunft standen in Aussicht. Als ich ihn im Krankenhaus untersuchen wollte, war er gerade nicht auf der Station. Er hatte an diesem Tag in der Anstalt einen Maskenball besucht – in der Uniform des Feuerwehrmannes.

Kapitel 6

Stehlen als Krankheit – Kleptomanie

Vom Drang zum Zwang

Karin N. war eine attraktive Frau. Jeder, der ihr begegnete, war von ihrer Erscheinung, ihrem gepflegten Äußeren, ihren kultivierten Umgangsformen und ihrer sicheren Sprache beeindruckt. Karin N. wirkte klug, weltgewandt und überzeugend, trotzdem umgänglich und nicht abgehoben. Sie war in ihrem Beruf tüchtig, wurde von ihren Kindern als fürsorgliche Mutter verehrt und war bei allen, die sie näher kannten, beliebt. Sie schien das Leben sehr gut im Griff zu haben und machte eigentlich einen glücklichen Eindruck. Karin N. hatte aber sehr viele Vorstrafen. Ihr Strafregisterauszug wies 28 Eintragungen, durchwegs wegen Ladendiebstahls, auf. Sie hatte schon ein Vermögen an Strafen bezahlt und war schon dreimal in Haft gewesen. Dies war aber ihrer Umgebung nicht aufgefallen, da es hieß, sie befände sich auf einem länger dauernden Kuraufenthalt in Abano Terme.

Karin N. schildert ihr Problem folgendermaßen: „Ich befinde mich bei der Arbeit. Plötzlich, wie aus heiterem Himmel, ist es da, dieses Gefühl, das so schwer zu beschreiben ist. Ich werde unruhig, kann mich nicht mehr so recht konzentrieren, ich spüre eine Spannung in mir, einen Drang, es wird enger, unausweichlich, es muss etwas geschehen ... Ich kann mich nicht ablenken, das Gefühl steigert sich, es wird quälend, es tut nahezu weh, es macht mir aber auch Lust ... Ich kämpfe dagegen an, ich arbeite rascher und intensiver, ich will mich ganz auf die Arbeit konzentrieren, es gelingt nicht ... Ich meide den Kontakt zu anderen, ich suche kein Gespräch mehr, vielleicht würde das helfen ...“

Karin N. verlässt unter irgendeinem Vorwand den Arbeitsplatz. Sie geht immer schnelleren Schrittes zu einem Geschäft in der Stadt. Wenn es die Zeit zulässt und sie ihren Drang einigermaßen zurückhalten kann, fährt sie ein Stück weiter weg, oft zu einem Geschäft in einem anderen Dorf oder einer anderen Stadt. Sie fühlt sich getrieben und gehetzt, möchte anders, kann aber nicht. Sie geht in das Selbstbedienungskaufhaus, legt rasch und routiniert einige Alltagsgegenstände in den Einkaufskorb. Mit sicherem Instinkt und dem Blick einer Kennerin hat sie erfasst, wo Kameras montiert sein und hinter welchen Personen sich Kaufhausagenten verstecken könnten. Die Unruhe steigert sich und wird unerträglich, Angst und Lust sind gleich stark, nein, die Lust wird stärker, sie steigert sich ihrem ersten Höhepunkt entgegen. Dann nimmt Karin N. in der Abteilung für Gebrauchsgegenstände einen Steckschlüssel vom Regal, bewegt ihre Hand mit dem Gegenstand zum Warenkorb und lässt ihn im letzten Moment mit einer blitzartigen, nicht ausfahrenden, die Harmonie ihres zögerlichen Dahingehens nicht störenden Bewegung unter ihrem Mantel verschwinden. Das Ganze wiederholt sich drei-, vier-, zwölfmal, je nach Kamera, Agent und anderen Kunden. Sie hat sich etwas beruhigt, erholt sich, bedient sich wie jeder normale Kunde. Das Ganze ist aber nicht vorbei. Je näher sie der Kassa kommt, umso mehr steigt die Erregung wieder an, wird noch intensiver, es ist ein präorgastisches Gefühl. Den Höhepunkt der Angst-Lust-Spannung erreicht sie in dem Moment, in welchem sie die Kassa passiert. Sie bebt innerlich, fühlt sich wie ein Vulkan, wie eine Bombe vor der Explosion, sie kann ihre Erregung auch äußerlich kaum verbergen. Ihre Hände zittern, sie zahlt überhastet, schiebt den Wagen weg, es ist vorbei.

Karin N. ist wieder die Karin N., die alle kennen. Nur enttäuschter, enttäuscht von sich, sie hat das Gefühl einer Niederlage, sie schämt sich, sie resigniert. Sie möchte die Gegenstände am liebsten zurücktragen, sie vor den Überwachungskameras demonstrativ wieder ins Fach legen, die Kaufhausagenten ob ihrer Unachtsamkeit und Unfähigkeit laut anschreien, sie hat eine Wut auf Kaufhäuser, ihren Mann und ihren Job, auf die schöne heile Welt, eine Wut auf sich selbst. In solchen Situationen kam ihr schon oft der Gedanke, diesen unerträglichen Zustand nicht länger mehr zu ertragen. Ein Leben unter diesen Bedingungen schien ihr nicht mehr lebenswert, sie dachte an Selbstmord. Sie wollte mit jemandem sprechen, jemandem von diesem unseligen Trieb, von der Stehlkrankheit erzählen, jemandem alles hinausschreien, was nicht in Worte zu fassen und nicht zu erklären war. Sie hat es noch niemandem mitgeteilt, nicht einmal oder gerade nicht ihrem Mann, nicht ihren Töchtern, nicht einem Therapeuten. Der einzige Vertraute war der Richter, der sie immer wieder angehört, ermahnt und schuldig gesprochen hat. Der Richter schien ihr wie ein lieber Freund, selbst den Staatsanwalt hatte sie gern. Nur diese Personen kannten ihr anderes Ich, eine Seite, die sie sonst niemandem zeigen durfte. Sie empfand es als komisch, dass sie das Verlesen der Anklageschrift irgendwie beruhigte und ihr der Urteilsspruch Erleichterung verschaffte. All diese Gedanken verdichteten sich bei Karin N., sie wollte den Wagen einfach stehen lassen und davonlaufen.

Sie brachte die Ware dann aber doch nach Hause, warf die entwendeten Lebensmittel gleich weg, legte die anderen gestohlenen Gegenstände in eine Schachtel auf den Dachboden und verschloss die Türe fest hinter sich. Es wäre für Karin N. völlig unmöglich, geradezu etwas Unanständiges und Kriminelles gewesen, das Gestohlene tatsächlich zu verwenden, ein entwendetes Jogurt zu essen, den Angehörigen gestohlenes Brot vorzusetzen oder dem Hund eine geklaute Wurst zum Fraß vorzuwerfen. Sie wollte damit einfach nichts mehr zu tun haben. Nur die Steckschlüssel bewahrte sie immer auf. In einem der vielen psychologischen Bücher, die sie zum Verständnis ihres Problems gelesen hatte, war einmal angemerkt, dass solche Gegenstände Penissymbole sein könnten, Symbole für unbefriedigende Sexualität, dies hatte sie aber nicht geglaubt. In dunklen Nächten, wenn ihr Mann auf Dienstreise war und die Kinder schon schliefen, lud sie die Kartons mit dem Diebsgut in ihr Auto, fuhr an den Fluss und warf alles hinein. Dann fühlte sie sich für einige Tage frei, das schlechte Gewissen quälte sie nicht mehr, sie fand Ausgeglichenheit und auch eine gewisse Zufriedenheit. Karin N. lebte als geschätzte, attraktive, von vielen beneidete Frau. Die Stehlkrankheit war wie ein zwanghafter Traum, nicht Wirklichkeit, weit weg, kein Teil ihres Lebens und ihrer Person. Eine Therapie schien ihr nicht mehr nötig, sie hatte ja keine Probleme.

Analyse

Karin N. leidet an Kleptomanie. Sie ist keine normale Kaufhausdiebin, sondern ein Mensch, der einem übermäßigen Drang, einem Zwang zum Stehlen ausgesetzt ist. Es geht ihr nicht um Bereicherung, es geht ihr um das Gefühl beim Stehlen. Über dieses Phänomen wurde in der Wissenschaft viel gerätselt. Nach heutiger Kenntnis gehört die Kleptomanie zu den krankhaften Impulsen, früher hat man auch vom „impulsiven Irresein" gesprochen. Damit wurde zum Ausdruck gebracht, dass eine ansonsten völlig gesunde und normale Person in irgendeinem Bereich ein nicht kontrollierbares Störverhalten aufweisen kann. Derartige Triebe, Impulse und Gelüste sind in ihrer Art wie ihrer Unwiderstehbarkeit nach als krankhaft zu kennzeichnen. Sie sind so mächtig, dass die Kranken ihnen häufig nachgeben, selbst wenn sie sich damit schädigen, selbst wenn sie ihr Gewissen damit belasten und selbst wenn sie strafrechtliche Folgen zu gewärtigen haben. Die Versuchung, diesen Trieben nachzugeben, wird ähnlich empfunden wie die Sucht nach einem Suchtmittel. Manchmal geht dem Antrieb zu einem bestimmten Tun ein dumpfer, unerträglicher Spannungs- und Drangzustand voraus, worauf erst ein bestimmter Impuls einschießt, dem dann kurzschlussartig nachgegeben wird. Diese abnormen Triebe, Impulse und Gelüste werden auch als „reaktive Triebe“ oder als „Suchten besonderer Art“ bzw. als „impulsives Irresein“ oder als „Monomanien“ beschrieben. Die meisten dieser Störungen entstehen im Laufe einer neurotischen Entwicklung bei Persönlichkeiten mit unharmonischem und unbefriedigtem Triebleben.

Die echten Kleptomanen, so wie Karin N., haben einen aktiven Trieb, sich fremdes Gut anzueignen, unabhängig davon, ob es ihnen nützlich sein kann; sie stapeln es oft nur auf, verschenken oder vernichten es, lassen es unter Umständen dem Bestohlenen auf irgendeine Weise wieder zukommen. Es handelt sich also, im Gegensatz zum gewöhnlichen Stehlen, um ein Stehlen um des Stehlens und nicht um des Diebsgutes willen. Häufig steht die Unwiderstehlichkeit in Zusammenhang mit den Stehlakt begleitenden sexuellen Gefühlen, wie dies auch bei Karin N. eindrucksvoll zu erheben ist. Die Psyche im Allgemeinen erscheint dabei nicht auffallend krankhaft, die Moral könne, so wird immer wieder festgestellt, ansonsten sehr gut sein. Die genaue Analyse der moralischen Einstellung der Kleptomanen ergibt oft Gegensätzlichkeiten zwischen besonders hohen moralischen Ansprüchen und den als verwerflich und darum auch als völlig persönlichkeitsfremd erlebten Stehlimpulsen.

Das Hauptmerkmal der Kleptomanie ist das wiederholte Versagen, Impulsen zum Stehlen von Gegenständen, die weder zum persönlichen Gebrauch noch wegen ihres Geldwertes benötigt werden, zu widerstehen. Die betroffene Person erlebt vor dem Diebstahl ein zunehmendes subjektives Spannungsgefühl und während des Diebstahls Vergnügen, Befriedigung oder Entspannung. Auch wenn Personen mit dieser Störung üblicherweise das Stehlen vermeiden, wenn eine unmittelbare Festnahme befürchtet werden muss, wird der Diebstahl gewöhnlich nicht vorausgeplant und das Risiko der Festnahme wird nicht in vollem Umfang berücksichtigt. Das Stehlen geschieht immer ohne Hilfe oder Mitwirkung anderer. Die Kleptomanen erleben den Impuls zum Stehlen als etwas Fremdes und sind sich im Klaren, dass die Handlung falsch und sinnlos ist. Sie befürchten häufig, gefasst zu werden, und fühlen sich wegen der Diebstähle oft deprimiert und schuldig. Die Wissenschaft geht davon aus, dass eine echte Kleptomanie eine seltene Störung ist, Frauen viel häufiger als Männer betrifft und höchstens bei ein bis zwei Prozent aller entdeckten Ladendiebstähle vorliegen dürfte.

Wie lässt sich nun die Stehlsucht bei Karin N. psychologisch erklären? Maßgebend dürfte ein Ereignis in ihrer frühen Jugend gewesen sein, welches ihr Sexualleben und ihr ganzes Empfinden, ihre Gefühlswelt und ihre Triebhaftigkeit beeinflusst hat. Karin N., die nie schwerer erkrankt und in einem guten Elternhaus aufgewachsen war, hatte zur Sexualität immer eine problematische Beziehung. Sie wurde eher streng erzogen, im Elternhaus herrschten tradierte Normen, das Verhältnis zu den Eltern war eher von Achtung und Respekt als von tiefer Emotionalität geprägt. Karin N. wurde nie geschlagen, hatte nie Not zu leiden, wurde materiell sehr gut versorgt, und in der Erziehung wurden ihr durchaus Werte vermittelt. Das Sexualthema war im Elternhaus weitgehend tabuisiert. Die heranwachsende Jugendliche, welche schon damals eine bemerkenswerte Aura verbreitete und mit ihrer Erscheinung, ihrem Auftreten und ihrem Appeal auf Männer wirkte, sich aber nie auf nähere Beziehungen einließ, sammelte um das 16. Lebensjahr erste heterosexuelle Erfahrungen. Sie lernte einen deutlich älteren, beruflich erfolgreichen, verheirateten Mann kennen. Als es in der nach außen verheimlichten Beziehung zu sexuellen Kontakten kam, sei dies für sie ein äußerst ambivalentes Erlebnis gewesen. Sie habe den Mann begehrt, gleichzeitig aber in sich Distanz gespürt. Seine Nähe steigerte ihre Leidenschaft, und doch wünschte sie sich einen anderen Weg, einen anderen Partner, der ihr vertrauter und seelenverwandter war. Das bestimmte, weltgewandte Auftreten ihres Liebhabers gab ihr Sicherheit, seine sexuelle Erfahrung verunsicherte sie gleichzeitig aber zutiefst. Sie wollte ihn, lehnte ihn ab, sie wünschte sehnlichst sexuelle Vereinigung und war sich, so musste sie sich gestehen, für den anders gebundenen Partner zu schade. Sie spürte in sich Angst und Lust, ein unbeschreibliches Gefühl, welches sie nicht mehr losließ, jede sexuelle Leidenschaft übertrumpfte und in Hinkunft jede orgastische Vereinigung dominierte.

Mit dem Begriff der „Angst-Lust-Spannung“, den sie in der späteren Auseinandersetzung mit ihrer Stehlsucht kennen lernte, sah sie ihr Gefühl treffend beschrieben. Dieses ihre Sexualität und ihr Leben beherrschende Gefühl, etwas Reizvolles, das verboten ist, zu tun, erzeugte höchste Erregung und wurde zum unauslöschlichen Ausdruck stärkster Lust. So wie sie damals zwischen den Forderungen ihrer Erziehung und der verbotenen Liebe, ihren eigenen Moralvorstellungen und der unbezwingbaren Lust hin- und hergeschwankt war, schließlich nachgegeben und sich danach ernüchtert und über sich selbst enttäuscht gefühlt hatte, ging es ihr auch in ihren späteren Beziehungen. Sobald diese verbindlich wurden und Bestand hatten, wurden sie langweilig, sie sehnte sich nach Neuem, nach lustvoll Besetztem und Verbotenem, nach etwas, das sich allmählich von der Sexualität wegbewegte.

Die Ehe brachte anfangs eine gewisse Erleichterung, später, als Alltag und Routine dominierten, war dieses Gefühl der Angst-Lust scheinbar verschwunden. Eher spielerisch war ihr beim Einkaufen der Gedanke gekommen, wie es denn wäre, wenn sie einmal etwas stehlen würde. Blitzartig war es wieder da, dieses schlummernde, bekannte Gefühl der Begehrlichkeit, dieser Drang, diese triebhafte Einengung, der sie nicht entrinnen konnte. Wieder und immer wieder musste sie das Stehlen wiederholen. Wie bei einer Süchtigen steigerte sie die Frequenz ihrer Handlungen, die Dosis der gestohlenen Waren, sie erlebte Angst und Lust, dann Befriedigung und Enttäuschung, innere Leere und Reue. Insbesondere in den Jahren, als ihr Mann sich ganz auf den Beruf konzentrierte und die Kinder das Haus verließen, beherrschte die Stehlsucht ihr Leben. Trotz bester Vorsätze wurde sie immer wieder rückfällig, Strafen beeinflussten sie nur vorübergehend, der Drang wurde zum Zwang, der kleptomane Trieb zur Stehlkrankheit.

Ich habe Karin N. danach viele Jahre nicht gesehen. Vom Gericht erhielt ich die Mitteilung, dass sie sich erfolgreich einer Therapie unterzogen habe und nie mehr rückfällig geworden sei. Das psychiatrische Gutachten sei maßgebend für ihren Entschluss gewesen, sich einem Psychotherapeuten anzuvertrauen und über ihre wahren Probleme zu sprechen. Das Gericht habe eine Weisung erteilt, welche letztlich von Erfolg gekrönt gewesen sei. Eines Vormittags begegnete ich Karin N. in einem Supermarkt weit weg von ihrem Wohnort. Sie schien etwas zu suchen, sie näherte sich der Abteilung für Gebrauchsgegenstände, blieb vor einem Regal mit Steckschlüsseln stehen. In diesem Moment trafen sich unsere Blicke. Sie murmelte einen Gruß und verließ rasch das Geschäft.

Holen, was einem zusteht

Ganz anders lagen die Dinge bei Silke S. Diese stand wegen schwerer Körperverletzung vor Gericht. Einer aufmerksamen Verkäuferin war aufgefallen, dass sie mehrere Röcke und Blusen mit in die Umkleidekabine genommen hatte und sich dort verdächtig lang aufhielt. Als die Verkäuferin sie überprüfen wollte, zog die Unbekannte, die die gestohlenen Gegenstände mehrschichtig angezogen bzw. unter ihrem weitem Gewand verstaut hatte, ein Taschenmesser, stach blindlings auf die Verkäuferin ein, ließ das Messer fallen und ergriff die Flucht. Sie konnte dank anderer Angestellten und der Kunden des Geschäfts rasch gestellt werden, verweigerte aber jede Aussage. Als Polizeibeamte das Wohnhaus der Täterin überprüften, kamen sie aus dem Staunen nicht mehr heraus.

Diese hatte einen abseits gelegenen alten Bauernhof gemietet, in dem sie allein mit mehreren Hunden lebte. Mit den Nachbarn hatte sie keinerlei Kontakt, niemand wusste, wovon die Fremde lebte und woher sie stammte. Tatsächlich hatte sie, nachdem sie wegen mehrerer Diebstähle und Betrügereien wiederholt verurteilt worden war und schon drei Jahre in Haft verbracht hatte, ihre Heimat verlassen und sich in einem fremden Land niedergelassen, in einer Gegend, in der sie niemand kannte. Sie nahm Teilzeitjobs an, besuchte einmal im Monat ihre Mutter, um welche sie sich sehr kümmerte. Daneben führte sie ihr zweites Leben, jenes einer geradezu professionellen Diebin. Die Polizeibeamten fanden das Haus vom Keller bis zum Dachboden gefüllt mit Diebsgut. Mit hunderten Kleidern, unzähligen Haushaltsgegenständen, Geschirrgarnituren, Teppichen, Vorhängen, Kosmetikartikeln, Werkzeugen waren das große Haus und mehrere angegliederte Schuppen voll gestopft.

Eine Stube war von Silke S. als „Krönungssaal" eingerichtet. Dort war das kostbarste Diebsgut untergebracht: teure Möbel, wertvolle Teppiche, Bilder, Antiquitäten, Silberbesteck und überall teuerster Schmuck. Im „Krönungssaal" habe Silke S., wie sie später angab, ihre Siegesfeiern gehalten. Nach erfolgreichen Raubzügen – so ihre Worte – habe sie ein zeremoniell gestaltetes Fest gefeiert, bei dem sie der einzige Gast war. Dieses bereitete sie gründlich vor, nahm ein gepflegtes Bad mit teuren, gestohlenen Ingredienzen, trank den teuersten gestohlenen Champagner und hörte klassische Musik von gestohlenen CDs, gespielt auf einer gestohlenen Anlage. Sie kleidete sich wie eine Königin, pflegte und schminkte sich mit gestohlenen Kosmetika, betrachtete sich voller Befriedigung im gestohlenen Spiegel, bereitete sich ein Mahl aus gestohlenen Spezialitäten und trank dazu teuersten Bordeaux, selbstverständlich gestohlen. Dann habe sie sich zufrieden, glücklich und – wie sie sagte – erhaben gefühlt.

Analyse
Das äußere Klischee eines glücklichen, wollüstigen Lebens passt zur narzisstischen, hysterischen, aber auch eindeutig dissozialen Persönlichkeitsstruktur der Silke S. Sie lebte immer mit dem Gefühl, im Leben zu kurz gekommen zu sein. Sie sei als Kind immer benachteiligt worden, niemand habe sie geliebt, niemand gelobt und niemand beschenkt. Sie habe die Nachteile einer verarmten Familie und einer nicht möglichen Ausbildung ertragen müssen. Man habe sie immer nur ausgenützt, alle hätten sie nur benutzt.

Tatsächlich hat Silke S. von Kindheit an viel mitgemacht. Ihr Vater war Alkoholiker, wurde in berauschtem Zustand gegen Frau und Kinder immer aggressiv und hat sich, als Silke acht Jahre alt war, erhängt. Die Mutter litt unter Depressionen und war eine überforderte, verhärmte Frau. Die Erinnerungen der Silke S. an ihre Kindheit sind geprägt von der Angst vor der Rückkehr des Vaters, vor dem lauten Streit, dem Weinen der Mutter und den brutalen Schlägen, vom Gefühl der ständigen Verunsicherung und Gefahr und der fehlenden Nestwärme. Sie habe sich so sehr gewünscht, in die Arme ihrer Mutter flüchten zu können und von dieser festgehalten zu werden. Die depressive, sich ihrem Mann unterwerfende Mutter hat ihr das aber nicht gegeben. Silke S. sagt, sie habe ihr das vorenthalten. Vorenthalten blieben ihr Akzeptanz, Fürsorge, Liebe und Sicherheit, vorenthalten blieben ihr materielle Dinge, vorenthalten wurde ihr die soziale Anerkennung.

Schon im Kindergarten war Silke S. eine Außenseiterin, sie trug keine schönen Kleider, sie bekam nie teures Spielzeug, sie war noch nie im Urlaub. Alles, wovon die anderen Kinder mit Selbstverständnis erzählten, hatte sie nicht. Silke S., welche sich nun als Kind mit Körperkraft durchsetzte und im Kampf sogar manchem Buben überlegen war, schwor sich, sich all das zu holen, was die anderen hatten, ihr aber vorenthalten wurde. Sie wollte sich all die Benachteiligungen und Kränkungen nicht länger gefallen lassen, sie war immer mehr überzeugt, dass man sich auch das holen dürfe, was einem nicht zusteht. Dies wurde für sie zu einer gerechten Sache.

Silke S. war im Umgang mit anderen Menschen sehr schwierig, hatte nie Freunde – auch dies war ihr vorenthalten – und war nie mit irgendjemandem vertraut. Sie war jemand, dem jedes Urvertrauen fehlte, war nie Mitglied einer Gruppe oder einer Clique, auch partnerschaftliche Bindungen ging sie nie ein. Für Männer empfand sie Desinteresse, ja Verachtung. Annäherungen ließ sie nicht zu, zwei versuchte sexuelle Übergriffe endeten mit mittelschweren Körperverletzungen der Versucher. Sie habe sich dann zwar manchmal Männer geholt, die Beziehungen seien kurze Zweckbindungen gewesen, Sexualität habe für sie keinen größeren Stellenwert als Essen oder Trinken gehabt.

Sie war von dem Gedanken beseelt, nie mehr die existenziellen Sorgen der Kindheit, für die sie die schöne heile Welt verantwortlich machte, ertragen, nie mehr die Ärmlichkeit der Kindheit erleben und nie mehr soziale Not mitmachen zu müssen. Sie wollte sich schadlos halten, wollte sich rächen, wollte Wiedergutmachung – dazu hatte sie ein Recht. So wurde das Stehlen für sie zur Selbstverständlichkeit, im Gegensatz zu echten Kleptomanen litt sie nie unter dem Gefühl der Reue, machte sich nie Selbstvorwürfe, sondern hatte im Gegenteil nach jedem gelungenen Diebstahl ein Gefühl der Gerechtigkeit und des Triumphes.

In der testpsychologischen Untersuchung, welcher sie sich erst nach vielen gutachterlichen Gesprächen unterzog, zeigten sich Gefühle der inneren Leere, der emotionalen Instabilität, der Gemütsarmut, aber auch der Gespanntheit und Aggressivität. Sie litt unter verdrängten Ängsten, starker innerer Verunsicherung, unter Minderwertigkeitsgefühlen und der Furcht vor Versagen. Die Emotionalität war oberflächlich, das Einfühlungsvermögen äußerst gering. Hysterische, aber auch dissoziale Symptome und ein starkes Maß an Egozentrizität beherrschten das Bild.

Bezüglich der schweren Körperverletzung, die nur durch glückliche Umstände nicht mit dem Tod des Opfers geendet hatte, führte sie vorerst aus, dass sie in der Früh ein Beruhigungsmittel genommen und dann „wie in Trance“ gehandelt habe. Tatsächlich erbrachten die Harn- und Blutproben auf Alkohol, Medikamente und Drogen ein negatives Ergebnis, sodass sie keinesfalls unter einer abnormen Reaktion, einem krankhaften Rausch oder einer sonstigen Bewusstseinsstörung gehandelt haben konnte. Bei näherem Gespräch gab sie an, dass sie bei ihren Diebestouren immer ein Messer mitgenommen habe, um sich notfalls wehren zu können. Auch zu Hause liege stets eine Schusswaffe griffbereit. Sie sei fest entschlossen gewesen, ihr Hab und Gut – als solches betrachtete sie die Diebsware – mit allen Mitteln zu verteidigen und sich nichts mehr wegnehmen zu lassen. Beim Anblick der Verkäuferin sei sie in Panik geraten, habe die Nerven verloren und blindlings zugestochen. Keinesfalls habe sie die Frau ernsthaft töten oder verletzen wollen, es sei ihr immer nur um Selbstverteidigung gegangen. Echte Betroffenheit oder Reue zeigte die von kalter Gefühllosigkeit und einem hohen Maß an rücksichtsloser Egozentrizität geprägte, zunehmend in ihrer narzisstischen Welt lebende Frau nie.

Die gestohlene Selbstbelohnung

Ein drittes Beispiel zeigt, wie eine psychische Störung zur maßgebenden Ursache von delinquentem Verhalten werden kann und dieses dann geradezu den Charakter einer Krankheit annimmt.

Dora B. war sichtlich etwas behindert. Die große, extrem übergewichtige Frau hatte eine fliehende Stirn, die schräg gestellten Augen gaben ihr etwas Verschlagenes. Die fehlstehenden Zähne und der überdimensionale, hervorstehende Unterkiefer bedingten eine leichte Sprachstörung. Auch intellektuell war sie minderbegabt, sodass sie nur die Sonderschule geschafft hatte und lediglich an geschützten Arbeitsplätzen eingesetzt werden konnte. Diese Frau, die bei der Untersuchung unbeholfen, verloren und geknickt wirkte und sich bezüglich der Vorwürfe oft ahnungslos gab, war aber auch zu ganz anderem Verhalten, äußerlich in krassem Gegensatz zu ihrer Person stehend, fähig.

Sie sprach, stets auf der Suche nach einer Partnerschaft, im Gasthaus oder Café einen Mann an, erzählte ihm aus ihrem Leben und merkte an, dass sie im Besitz eines riesigen Vermögens sei. Sie habe von der eben verstorbenen Großmutter Millionen zu erwarten. Ein in der Schweiz lebender Onkel, ein vielfacher Frankenmillionär, habe sie, da er sonst keine Nachkommen habe, zur Alleinerbin eingesetzt. Sie habe im deutschen Lotto – dies habe sie noch keinem Menschen anvertraut – einen Millionentreffer gemacht, die Auszahlung erfolge in vier Wochen. Weil ihr der angesprochene Mann so aufmerksam zugehört, sich so für ihr Schicksal interessiert und ihr kluge, wohlmeinende Ratschläge gegeben habe, wolle sie sich erkenntlich zeigen. Sie habe an ein schönes Auto oder, je nach Interesse des Partners, an eine Yacht oder eine kleine Eigentumswohnung gedacht. Man müsse das Glück doch teilen, außerdem falle eine derartige Anschaffung bei ihrem riesigen Vermögen ohnehin kaum ins Gewicht. Unmittelbar danach ging sie in ein Autogeschäft oder ein Immobilienbüro, wo sie, die Behinderte, äußerst sicher, weltgewandt, mit hoher Überzeugungskraft und keinen Widerspruch duldend auftrat. Sie erzählte wieder ihre Geschichte, stellte eine rasche Finanzierung in Aussicht und schloss einen Kaufvertrag ab. Einmal wurde sie nach dem Kauf der dritten Eigentumswohnung angezeigt, einmal hatte sie schon fünf Neuwagen aus der obersten Preisklasse übernommen, ließ sich im Geschäft nie mehr blicken und tätigte selbstverständlich keine Zahlung.

Nach den Anzeigen wirkte sie zerknirscht, nur bedingt einsichtig, gab sich ahnungslos und führte eine psychische Gestörtheit als Grund für ihr Handeln an. Die Störung liege in ihren starken Hemmungen. Wenn sich aber jemand für sie interessiere, ihr zuhöre und Verständnis für sie zeige, überkomme sie ein ungeheures Gefühl der Dankbarkeit. Sie müsse dann der betreffenden Person etwas Gutes tun, wolle diese glücklich machen und beschenken, fühle sich dann selbst wichtig und angenommen, sei dann ungeheuer euphorisch und glücklich und handle wie in Trance.

Tatsächlich hat Dora B. mit dieser Interpretation das Wesen ihrer Grundstörung erfasst. Schon als Kind hat sie sich Zuwendung, Anerkennung und Freundschaft erkaufen müssen. Sie war als Sonderschülerin Außenseiterin, hatte keine Freundin und gehörte zu keiner Gruppe. Sie wurde – woran sie sich besonders schmerzlich erinnerte – nie zu Geburtstagspartys anderer Kinder eingeladen. Als sie selbst einmal eine Kinderparty veranstalten wollte, kam niemand ihrer Einladung nach. Sie lernte bald, dass man sich Zuneigung kaufen kann. Sie musste erfahren, dass dies gar nicht einfach war, dass die Mitschüler gewarnt wurden, von ihr etwas anzunehmen, dass später ihre Geschenke und Großzügigkeiten oft nicht ausreichend waren, dass sie viel einbringen musste, sehr viel. Sexuellen Bedrängungen gab sie rasch nach, keiner der Partner aber blieb bei ihr. Je mehr Niederlagen sie erlebte, je mehr Enttäuschungen sie mitmachen musste, je tiefer ihr Selbstwertgefühl einbrach, desto mehr wollte sie gegensteuern, kompensieren, überkompensieren. In diesem Kreis gefangen, geriet sie, geradezu suchtartig, in immer größere Dimensionen, in einen unersättlichen Zwang des Gebens, Schenkens und Beglückens, in eine maniforme Vorstellungswelt.

Als zu ihrer eigenen Überraschung die ersten Betrugsversuche funktionierten, lernte sie ein neues Gefühl kennen: jenes des Narzissmus. Das Erkaufen von Zuwendung, Geben und Schenken, war plötzlich nicht mehr das einzige Motiv. Sie spürte, wie sie, frei von jeder Angst und jedem Zwang agierend, als sicher auftretende Geschäftsfrau, als Person plötzlich wichtig war und Wert bekam. Sie, die Behinderte und Ausgeschlossene, war nun plötzlich jemand, dem man höflich begegnete, den man zuvorkommend behandelte, hofierte und um dessen Gunst sich die anderen bewarben. Dieses Gefühl, diese Erkenntnis muss Dora B. wie eine Erleuchtung getroffen haben. Sie sah nun plötzlich einen Weg vor sich, Achtung, Anerkennung und Bewunderung zu erhalten. Der Wandel vom Aschenputtel zur Prinzessin war kein Märchen, sondern durch eigenes Verhalten zu bewerkstelligen. Den trügerischen Weg des schnellen Erfolges, des großen Geldes und der glitzernden Geschäfte ging sie dann immer konsequenter weiter. Ihr Leben hatte eine neue, glanzvolle Dimension erhalten. Wenn sie von einem Mann verlassen wurde, stachelte sie dies nur noch mehr auf. Allein nach den jeweiligen Anzeigen brach sie zusammen und war wieder für einige Monate und Jahre die von niemandem beachtete, nicht geliebte, gehemmte und unsichere Außenseiterin.

All den geschilderten Eigentumsdelikten liegen ganz eindeutig neurotische Motive zu Grunde. Das Stehlen wird zu einer Art Ersatzbefriedigung, der Stehlakt ist einem Rauschzustand gleichzusetzen, er bedeutet eine Art Ersatzorgasmus mit typischem Erregungsverlauf. Das Stehlen ist etwas Drang- und Zwanghaftes, etwas Unwiderstehliches. Genaue Analysen bringen immer erhebliche psychische Probleme der Betroffenen zu Tage. Einige Wissenschafter vermuten als Ursache einer derart suchtähnlichen Störung eine Irregularität in den Botenstoffen des Gehirns. Wahrscheinlich ist die Stehlkrankheit ein zu komplexer Vorgang, um sie ausschließlich mit einer biologischen Störung in Verbindung bringen zu können. Tatsache aber ist eine erhebliche Bedeutung biologischer Abläufe. So fallen die kleptomanen Handlungen häufig in die von starker hormoneller Umstellung geprägten Tage vor der Menstruation, in denen die Betroffene unter Unruhe, Reizbarkeit oder Verstimmungszuständen leidet und sich durch einen Diebstahl Erleichterung verschaffen will.

Wenn das Stehlen Trauer trägt

Häufig stehen Diebstähle mit schweren Stimmungserkrankungen in Zusammenhang. Während manischer Phasen, in denen der Kranke getrieben, aktiv und unruhig ist, unter vermehrtem Gedankenzustrom, Einschränkung der Kritikfähigkeit und Größenideen leidet, kommt es häufig zu Betrugshandlungen wie Zech- und Kreditbetrug, Bezahlung mit ungedeckten

Schecks, zu exzessiven Einkäufen und überdimensionalen Bestellungen, zu Unterschlagungen und auch zu Diebstählen. Maniker, die oft sexuell enthemmt sind oder durch Gereiztheit, Aggressivität und Querulanz auffallen, verhalten sich zwischen den Phasen kontrolliert und unauffällig und würden in dieser normalen Zeit nie gegen ein Gesetz verstoßen. Wenn sie dann krankhaft getrieben sind und unter größenwahnsinnig-kritikloser Selbstüberschätzung leiden, kommt es oft zu Diebstählen und Betrügereien, die nach ihrer Art schon auf eine erhebliche psychische Erkrankung des Täters hinweisen.

Ein arbeitsloser Beamter hatte in der manischen Phase die Idee, mitten in einer Großstadt ein Traktorengeschäft zu eröffnen. Er karrte alte Maschinen zusammen, verstellte Parkplätze und blockierte den Verkehr, ließ sich auch durch Anzeigen nicht abhalten und stahl in weiterer Folge mehrere neue Traktoren. Ein anderer Maniker, von Beruf Hilfsarbeiter, welcher bereits durch sexuelle Übergriffe aufgefallen war, entwickelte in einer manischen Phase die Idee, der größte Computerhändler des Landes zu werden. In seinem kleinen Einfamilienhaus lagerte er dutzende von Geräten, von denen keines bezahlt wurde. Als er im Haus keinen Platz mehr fand, stellte er neue PCs und anderes elektronisches Gerät im Garten ab, wo es beschädigt wurde. Er wurde schließlich aufgegriffen, nachdem er in einem Fachgeschäft einfach mehrere Laptops eingepackt und mit diesen an der Kassa vorbei das Geschäft verlassen hatte.

Solche Diebstähle sind eindeutig Folge einer schweren psychischen Erkrankung und werden im Zustand der Zurechnungsunfähigkeit durchgeführt. Weniger nachvollziehbar sind Diebstähle am Beginn oder im Verlauf einer depressiven Phase. Depressive Menschen werden üblicherweise, da sie durch die Melancholie völlig gehemmt sind und an Ideenarmut leiden, nicht kriminell. In seltenen Fällen brechen aber impulsive Verhaltensweisen, wie Aggressionshandlungen oder auch völlig unmotivierte Diebstähle, welche der inneren Entlastung, dem Wunsch nach rascher Änderung der Empfindlichkeit oder auch der Selbstbestrafung dienen, durch.

Ein vermögender Strafverteidiger, der bis dahin ein einwandfreies, untadeliges Leben geführt hatte, wurde in einem Kaufhaus von einer Videokamera beim Stehlen eines Kugelschreibers beobachtet. Er konnte dafür keine Motiv nennen und sah sich seinem eigenen Verhalten ratlos und verzweifelt gegenüber. Die nähere Analyse ergab, dass er sich schon seit Wochen matt und müde fühlte, die Akten nicht mehr bewältigen konnte, die Tagesarbeit als unüberwindbare Last erlebte und kaum mehr ins Büro ging. Er trank vermehrt Alkohol, lag in der Nacht stundenlang wach in seinem Bett, wurde grübelsüchtig und freudlos und hatte immer wieder Sehnsucht nach Ruhe, nach dem großen Schlaf. Er suchte die Kanzlei nur kurz auf, entfernte sich unter irgendeinem Vorwand bald wieder, saß schon in der Früh auf Parkbänken herum und ging vereinzelt – ganz entgegen seinen sonstigen Gewohnheiten – ins Kaufhaus. Dort kam es dann zum besagten Diebstahl, welchen man nicht nur als Akt der Erleichterung oder Selbstbelohnung, die sich der gut situierte Mann ganz anders beschaffen hätte können, sehen kann. Vielmehr liegt dahinter ganz eindeutig neben dem Wunsch der Selbstbestrafung der Versuch der symbolischen Selbstvernichtung oder, besser ausgedrückt, des sozialen Suizids. Die infolge der Schrecklichkeit des Erlebens hintergründig vorhandenen Selbsttötungswünsche, die immer auch mit unbewussten Selbstbestrafungstendenzen zu tun haben, werden durch einen Akt umgesetzt, mit welchem sich der hoch angesehene Anwalt sozial vernichtet: Er begeht eine Straftat, er muss eine Verurteilung, ein standesgerichtliches Verfahren, den Verlust der Kanzlei und – wohl entscheidend – seines Ansehens, seines bisherigen Bildes in der Öffentlichkeit befürchten. Ein einziger Diebstahl hat all das verwirklicht, was ihm seine melancholischen Fantasien und seine geradezu paranoiden Ängste als Lösung erscheinen ließen: die Selbstzerstörung und Selbstvernichtung.

Es mag als Zufall erscheinen, dass als Beispiele für die krankhafte Stehlsucht überwiegend Frauen ausgewählt wurden. Tatsächlich sind Eigentumsdelikte sowie Kriminaltaten überhaupt bei Frauen viel weniger häufig anzutreffen als bei Männern. Eine Ausnahme ist das krankhafte Stehlen, welches unter allen Eigentumsdelikten aber höchstens bei ein bis zwei Prozent der Täter festzustellen ist. In dieser Gruppe sind Frauen stark überrepräsentiert. Dies hat weniger damit zu tun, dass Stehlen eine aggressionsfreie Form des Verbrechens darstellt und somit eher dem weiblichen Verhalten entsprechen würde, als vielmehr mit dem höheren Prozentsatz neurotischer Störungen und Gemütserkrankungen beim weiblichen Geschlecht.

Kapitel 7

Das spielerische Verbrechen

„... Bald hatte ich begriffen, dass es sich hier nicht
um eine einfache Willensschwäche handelte,
sondern, dass das Spiel
eine alles verzehrende ungestüme Leidenschaft,
eine Elementargewalt war."
Dostojewski, *Der Spieler*

Das Spielen verliert seine Unschuld

Peter S. war einer von zehntausend Süchtigen in unserem Land. Nein, Peter S. war nicht Alkoholiker, nicht medikamentenabhängig und schon gar nicht drogensüchtig. Peter S. ging sozial an einer so genannten nicht-substanzgebundenen Sucht zu Grunde. Er litt an pathologischem Spielen, d.h. etwas so Harmloses, Vergnügliches und Fröhliches, wie es das Spielen ist, wurde ihm zum Verhängnis. Das Spielen hat bei Peter S. seinen unschuldigen Charakter verloren, es wurde zum Herrn in seinem Haus, zum alles dominierenden Faktor in seinem Leben, zum übermächtigen Gegner, gegen den er zuletzt, obwohl körperlich und psychisch gesund und vom Schicksal bevorzugt, keine Chance mehr hatte.

Ich lernte Peter S. in der Haftanstalt, in die er nach einem missglückten Banküberfall eingeliefert worden war, kennen. Er begegnete mir höflich, beantwortete alle Fragen korrekt, zeigte Einsicht in sein Problem und hatte Interesse an einer in Aussicht gestellten Therapie. Ein melancholischer Zug in seiner sonst unauffällig wirkenden Persönlichkeit machte betroffen, emotionell schien er immer distanziert, er schien in seinen Gedanken nie ganz da zu sein. Er erzählte mir seine Geschichte.

Er habe eine schöne Kindheit erlebt, an den Eltern gebe es überhaupt nichts auszusetzen. Der Vater, von Beruf Tischler, war ein eher zurückhaltender, korrekter, in der Erziehung wenig präsenter Mann. Die Mutter habe das Familienleben dominiert, ihrer bestimmenden Fürsorglichkeit habe sich niemand entziehen können. Er habe von ihr das eine oder andere Mal Schläge erhalten, habe die Strafe aber nie als ungerecht oder unverhältnismäßig hart erlebt. Auf die Ausbildung der Kinder wurde großer Wert gelegt. Peter S., welcher in der Pflichtschule durchschnittliche Leistungen erbracht hatte, lernte, dem Vorbild des Vaters folgend und seiner manuellen Geschicklichkeit Rechnung tragend, den Beruf des Tischlers. Er habe eine strenge Lehrstelle erwischt, mit dem Meister sei nicht zu spaßen gewesen, Schlampereien oder Fehlzeiten habe man im Betrieb nicht nachgesehen. Dies habe ihm aber nichts ausgemacht, eine gute Ausbildung sei kein Honiglecken, Leistungsbezogenheit sei für ihn wichtig. So schaffte er den Lehrabschluss und die Gesellenprüfung mit gutem Erfolg, brachte den Bundesheerdienst hinter sich, besuchte dann die Meisterschule und gründete bald einen eigenen Betrieb. Dieser entwickelte sich sehr erfolgreich, Können und Verlässlichkeit des Meisters sprachen sich bald herum. Die Firma expandierte, der Betrieb hatte innerhalb weniger Jahre schon zwanzig Mitarbeiter. Ach ja, so nebenbei habe er geheiratet, seine Frau habe im Betrieb viel geholfen und auch die Erziehung der beiden Kinder übernommen. Peter S. stand also glänzend da, nichts in seinem Leben war unklar, nichts an seinem Verhalten war gestört, Persönlichkeit und Charakter galten als durch und durch stabil.

An einem Abend, es war ein Samstag, besuchte Peter S. mit einem Geschäftsfreund das Casino in der nahe gelegenen Stadt. Den Tipp, Gäste in die Spielbank zu führen, hatte man ihm schon oft gegeben. Peter S., kein Mann gepflegter Konversation, war froh, ein gelungenes, den Erwartungen seines Gastes entsprechendes Abendprogramm bieten zu können. Obwohl er gleichgültig hineingegangen war, nahm ihn das Spiel rasch gefangen. Die rollende Kugel des Roulettspiels erzeugte ein Gefühl prickelnder Unruhe, eine bisher nicht gekannte Erregung, eine beeindruckende Spannung. Daran musste er auch in den nächsten Tagen immer wieder denken. Er suchte das Casino neuerlich auf, bald schon ohne Geschäftsfreund, bald jedes Wochenende, dann jeden Tag. Er arbeitete noch mehr als zuvor, die Arbeit wurde routinierter, effektiver, im Laufe der Zeit oberflächlicher. Die anderen sagten, Peter S. interessiere sich nur für sein Geschäft. Er selbst sagte sich, dass das Spiel sein einziges Vergnügen sei und einen gerechtfertigten Ausgleich für seinen beruflichen Übereinsatz darstelle.

Das Spielen wurde für Peter S. immer wichtiger, bald arbeitete er nur noch, um spielen zu können. Ungeduldig wartete er, schon auf der Baustelle für den Casinobesuch gekleidet, bis die Spielbank öffnete, suchte pro Abend mehrere Casinos auf, konnte bald an nichts anderes mehr denken.

Das Spielen wurde exzessiv, die Firma geriet zunehmend in finanzielle Probleme, er musste Kredite aufnehmen, schließlich verlor er sein Unternehmen. Das Haus wurde versteigert, die Frau ließ sich scheiden.

Als Peter S. auf einem absoluten Tiefpunkt angelangt war, entschloss er sich, von einem letzten Gläubiger die Restschuld einzutreiben und mit dem verbliebenen Geld nach Monaco zu fahren, um dort ein letztes Mal exzessiv zu spielen. Dann wollte er Selbstmord begehen. Der inzwischen hoch verschuldete Mann hatte im Spielerparadies eine unglaubliche Glückssträhne und gewann insgesamt 20 Millionen Schilling. In einer solchen Situation, so Peter S., müsse man das Glück doch beim Schopf packen und den günstigen Wind nützen. Erwartungsgemäß verlor er den gesamten Gewinn, entschloss sich in isolierter, verzweifelter Verfassung zum Suizid, wollte vorher aber noch alles auf eine Karte setzen und verübte auf amateurhafte Weise einen Banküberfall, der zu seiner Verhaftung führte.

Analyse

Die Sucht des Peter S., sein psychisches Störungsbild und der Krankheitsverlauf beinhalten alle Symptome einer klassischen Abhängigkeitserkrankung: Aus kleinem Beginn ist es zu exzessivem Ausufern des Spielens gekommen, aus Vergnügen wurde Drang und dann Zwang, die Dosis wurde in Form der Spieleinsätze höher und höher, die Suchtfrequenz, nämlich die Besuche im Casino, nahmen sprunghaft zu. Peter S. richtete sein ganzes Denken und Handeln auf das Spiel aus, trotz häufiger negativer Erfahrungen konnte er davon nicht ablassen, er opferte sein ganzes Hab und Gut, ja seine Familie und seine Existenz dem Spiel. Nichts anderes war fur ihn noch wichtig, er war völlig unfähig, auf das Spiel zu verzichten, die Dosis zu reduzieren oder die Häufigkeit der Casinobesuche einzuschränken. Die Spielsucht des Peter S. zeigt die ganze Maßlosigkeit und Unerbittlichkeit eines zum krankhaften Zwang gewordenen, ursprünglich sinnvollen Verhaltens.

Was hat Peter S. in der Sucht wohl gesucht? Wie schon erwähnt, war er ein körperlich und psychisch völlig gesunder, geradezu „normopathischer" Mensch. Er litt unter keinen Verstimmungszuständen, war mit sich und seinem Leben zufrieden, soziale Not war ihm fremd. Auch die testpsychologischen Untersuchungen brachten mit Ausnahme einer gewissen emotionalen Instabilität und des Gefühls der inneren Leere und Langeweile kein auffallendes Ergebnis. Ins Auge sprang lediglich eine ausgeprägte

Tendenz zu zwanghaft-genauem Verhalten. Was hat Peter S. also im Spiel gesucht, was war das Motiv seines süchtigen Verhaltens? Wahrscheinlich unterlag er dem, was wir als „Kribbeln“ oder mit einem Fachausdruck als „Angst-Lust-Spannung“ bezeichnen. Dieser neue Reiz brachte Abwechslung in sein zwar geradlinig, aber monoton verlaufendes Leben, der zur Routine gewohnte Erfolg löste bei ihm keine besonderen Empfindungen, kein Glücksgefühl und keine Zufriedenheit mehr aus. Im Gegensatz zu seinem von Berechenbarkeit und Genauigkeit geprägten Leben, in dem alles plan- und vorhersehbar war, stellte ihn das Spiel immer wieder vor eine neue, nicht kontrollierbare Situation. Der „Spielrausch“, welcher ihn letztlich besiegt hat, war eine Ersatzhandlung für viele verdeckte Unzufriedenheiten, für ein sich bei ihm ausbreitendes Gefühl der fehlenden Spannung und Forderung und wohl auch der zunehmenden Sinnlosigkeit. Wenn man den scheinbar schicksalhaften Verlauf seiner Suchterkrankung und den übermächtigen Zwang des Spielens betrachtet, welcher stärker als alle Vernunft war, denkt man unwillkürlich an die Gesetzmäßigkeiten und auch an die Ursachen einer körperlichen Krankheit. In einem solchen Hirn muss ja etwas schief laufen, es ist kaum vorstellbar, dass sich eine Spielkrankheit nur auf der psychologischen Ebene abspielt.

Wie tief die süchtige Fehlhaltung beim pathologischen Spieler verhaftet ist, habe ich in der letzten Therapiestunde mit Peter S. leidvoll erfahren müssen. Wir haben in vielen Stunden versucht, die Wurzeln seines unsäglichen Zwanges zu analysieren, den Sinn des Spielrausches zu erfassen und verhaltenstherapeutische Techniken gegen den Gedanken an das Spiel und den Impuls zu entwickeln. Peter S. zeigte sich in der Therapie sehr kooperativ, einsichtig und auch bereit für Änderungen. Beim Abschied bedankte er sich bei mir für die psychotherapeutische Hilfe und sagte beim Hinausgehen: „Wenn ich aus der Haft entlassen werde und wieder ins Casino gehen kann, dann weiß ich, wie man kontrolliert spielt ...“

Sucht – was ist das?

Im Verlauf erschreckend ähnlich, in den Motiven aber anders gelagert ist der Fall des Heinrich M. Dieser war ebenfalls ein wohlhabender Mann, ein hoch angesehener politischer Funktionär, er blickte auf eine tadellose Karriere und ein mustergültiges Leben zurück. Heinrich M. wurde vom

Schicksal allerdings hart getroffen. Seine Frau verstarb früh an einer Krebserkrankung, eines seiner beiden Kinder war nach einem Unfall an den Rollstuhl gefesselt. Heinrich M., in dessen Herkunftsfamilie mehrere Mitglieder an Melancholie erkrankt waren, wurde zunehmend depressiv, er geriet in eine düstere Gemütsverfassung, sah sich nicht mehr in der Lage, seine vielen Aufgaben zu bewältigen, blickte voll Pessimismus und Resignation in die Zukunft. Er hatte, so sein Gefühl, vom Leben nichts mehr zu erwarten, er konnte den Betrieb niemandem übergeben, er musste nur noch durchhalten, bis die Kinder herangewachsen waren. Er widmete sich aufopferungsvoll deren Erziehung und Ausbildung, legte seine politischen Funktionen nieder, gönnte sich selbst nichts.

Ein Freund nahm ihn, um ihn auf andere Gedanken zu bringen, mit ins Casino. Dort lernte er eine neue Welt kennen, eine Welt, in der er seine Sorgen vergessen konnte und von jeglichem Druck befreit war. Das Betreten des Casinos war für ihn wie der Schritt in ein Paradies, ein Paradies auf Stunden, ein Paradies auf Ablauf. Diese Atmosphäre sei für ihn viel wichtiger gewesen als das Spiel an sich. Es zog ihn magisch zum Casino, er war bald allabendlich dort. Bis zuletzt, als er schon ein Millionenvermögen verloren hatte und hoch überschuldet war, glaubte er nicht, spielsüchtig zu sein. Heinrich M. belog sich in diesem Punkt wohl selbst und verdrängte sein eigentliches Problem. Im Prinzip war das Spielen für ihn eine selbstheilende Droge, ein Antidepressivum, ein Verhalten, das ihm Stimmungsaufhellung, Entspannung und Vergessen ermöglichte. Es ist also wieder ein ganz spezifisches Gefühl, ein inneres Erleben, das den Suchtprozess in Gang gesetzt und erbarmungslos weitergetrieben hat. Heinrich M. wurde wegen fahrlässiger Krida zu einer Haftstrafe verurteilt, musste diese aber wegen seiner angeschlagenen Gesundheit nie antreten.

Die beiden Beispiele zeigen den engen Zusammenhang zwischen Spielsucht und Verbrechen. Verschiedenen Untersuchungen zufolge sind über 20% der regelmäßigen Casinobesucher aus irgendeinem Grund vorbestraft, 50% der Spielsüchtigen standen bereits wegen Fälschung, Unterschlagung oder Betrug vor Gericht. Kriminelles Verhalten ist meist Folge des Spielens bzw. der durch die Spielsucht hervorgerufenen finanziellen Probleme. Viel seltener als bei substanzgebundenen Süchten sind Spieler schon vor Beginn der Spielerkarriere straffällig geworden. Im Umkreis der Spielsucht werden vier Typen von Delikten unterschieden:

- Beschaffungskriminalität in Form von fortgesetzten Vermögensdelikten, wie Unterschlagung und Betrug bis hin zum Diebstahl;
- Erpressung und Raubdelikte aus Anlass des Spielbankenbesuchs, wie Logisbetrug, Zechprellerei usw.;
- Straftaten am Spieltisch wie Diebstahl von Jetons;
- Verbrechen gegen Spielbankenbesucher, z.B. Raubüberfälle auf ältere, wohlsituierte Damen auf dem Heimweg vom Casino.

Ergänzend sei auf das betrügerische Anbieten „todsicherer“ Spielsysteme hingewiesen. Nicht selten werden Spielsüchtige auch selbst Opfer von Aggressionsdelikten seitens ihrer enttäuschten Angehörigen.

Die Spielsucht ist aber auch ein eindrucksvolles Beispiel für eine nicht-substanzgebundene Abhängigkeit. Sie bietet den Beweis, dass Sucht nicht immer an die Einnahme von Rauschdrogen gebunden ist, sondern dass viele menschliche Verhaltensweisen süchtig entarten können. Bevor wir uns dem psychologischen Verständnis der Spielsucht nähern, wollen wir uns deshalb grundsätzliche Gedanken über das Wesen der Sucht, einer der wichtigsten kriminalitätsfördernden und -bedingenden Phänomene, machen.

Kann denn Spielen Sucht sein?

Unter Sucht verstehen wir gewöhnlich einen mit Alkohol oder Drogenexzessen verbundenen selbstzerstörerischen Prozess. Die Person des Süchtigen gilt als psychisch gestört, gesellschaftlich randständig und körperlich mehr oder minder geschädigt. Die Wahrnehmung des Süchtigen in der Öffentlichkeit wird von negativen Bildern wie vom Sandler oder Clochard, vom heruntergekommenen Heroinfixer oder vom ausgemergelten Kokainisten geprägt. Die Suchtszene siedeln wir nicht ungern in der Kneipe oder in der Verelendung eines Slums an. Tatsächlich ist süchtiges Verhalten aber allgemein menschliches Verhalten und Sucht eine Krankheit wie jede andere, die sich oft unbemerkt für die Öffentlichkeit im Lebensschicksal des Einzelnen abspielt. Ein Großteil der süchtigen Menschen lebt sozial gut integriert und fällt nach außen kaum auf.

Sucht hat nicht nur mit Drogen zu tun. Vielmehr ist die Einnahme von Rauschmitteln, also von Substanzen, die die Psyche des Menschen in irgendeiner Form beeinflussen, ein zwar häufiges, aber nicht das einzige

Verhalten, welches Abhängigkeit erzeugen kann. Letztlich kann nahezu jedes Verhaltensmuster derart in den Mittelpunkt des Denkens und Handelns der Persönlichkeit treten, dass man von süchtiger Entartung sprechen muss. Solch vorrangige Verhaltensweisen sind z.B. die Spiel-, Arbeits- und Geltungssucht, die Computer-, Ess-/Brech- und Eifersucht oder die Vergnügungs-, Sex- und Sportsucht. Entscheidend ist, in welchem Ausmaß bestimmte Eigenschaften oder Verhaltensweisen die psychischen Kräfte und die ganze Persönlichkeit in Anspruch nehmen und dadurch einen Verlust der Realitätsanpassung bewirken.

Der Übergang zwischen normalem und süchtigem Verhalten ist fließend, weshalb nicht ganz einfach beantwortet werden kann, wann genau die Sucht beginnt. Normales Verhalten kann zur Gewohnheit, Gewohnheit zum schädlichen Gebrauch und schädlicher Gebrauch zur Sucht werden. Die Weltgesundheitsorganisation (WHO) hält wegen der fließenden Übergänge zwischen Gewohnheitsbildung und Sucht den übergeordneten Begriff der Abhängigkeit für treffend und spricht von Gewohnheitsbildung oder psychischer Abhängigkeit und von Sucht oder körperlicher Abhängigkeit.

Gewöhnung ist ein Zustand, der aus der wiederholten Zufuhr einer Droge oder aus der Wiederholung einer bestimmten Verhaltensweise entstehen kann. Charakteristisch sind folgende Merkmale:

1. Ein Verlangen (aber nicht ein Zwang), ständig eine Substanz einzunehmen oder ein Verhalten zu üben mit dem Zweck, ein Gefühl gesteigerten Wohlbefindens zu erzielen.
2. Geringe oder keine Neigung zur Steigerung der Dosis.
3. Ein gewisser Grad psychischer Abhängigkeit von der Wirkung des Mittels oder Verhaltens, aber Fehlen von körperlicher Abhängigkeit. Infolgedessen treten auch keine somatischen Entzugssymptome auf.

Sucht hingegen ist ein Zustand von periodischer oder chronischer Vergiftung oder völliger Ausrichtung der Persönlichkeit auf ein bestimmtes Verhalten mit zwanghaftem Wiederholungscharakter. Die Sucht wird charakterisiert durch:

1. Ein überwältigendes Verlangen, also einen Zwang, die Einnahme einer Droge oder ein Verhalten fortzusetzen.
2. Eine Neigung zur Steigerung der Dosis.
3. Eine psychologische und körperliche Abhängigkeit, welche das Auftreten von somatischen Entzugserscheinungen bedingt.

Das deutsche Wort „Sucht" ist von seinem Sinn her mehrdeutig. Vor allem hängt es zusammen mit den Begriffen „siech" und „Seuche". Sucht wird gleichgesetzt mit Krankheit (z.B. Wassersucht oder Gelbsucht) oder mit Lasterhaftigkeit (Habsucht, Vergnügungssucht oder Streitsucht). Süchtigkeit bedeutet jedenfalls, dass es zu starkem, hemmungsarmem und dominierendem Verlangen nach bestimmten Werten oder Scheinwerten kommt, wobei das gewöhnliche Maß überschritten und ein selbstzerstörerischer Prozess eingeleitet wird. Lediglich bei der Sucht im medizinischen Sinn steht eine Substanz mit ihrer spezifischen Wirkung im Mittelpunkt, Süchtigkeit kann sich aber auch ganz unabhängig von Alkohol, Rauschgiften und psychotropen, d.h. auf die Psyche einwirkenden Medikamenten einstellen. Man spricht dann von „nicht-substanzgebundenen Süchten", wie sie in der Eifer- und Geltungssucht, in der Vergnügungs- und Arbeitssucht oder in der Kritiksucht zum Ausdruck kommen.

Warum wird nun jemand süchtig, gibt es einen einzigen Grund für abhängiges Verhalten, oder beruht Sucht auf mehreren Wurzeln, ist Sucht tatsächlich eine Krankheit? Das primäre Ziel zu süchtigem Verhalten liegt in der Realitätsflucht und im Abbau von Spannungen, Missempfindungen und Hemmungen. Der Süchtige versucht, sich durch sein Verhalten Beruhigung und Entspannung oder Antrieb und Schwung zu verschaffen, Unlust und Leeregefühle zu beseitigen oder Depressionen zu beheben. Auch Autoritäts- und Identitätskonflikte, Werteverlust, Sinnentleerung, Schlafstörungen, chronische Schmerzzustände und psychosomatische Leiden können Ursachen der Sucht sein. Reizüberflutung, hektische Lebensweise und Stress sind ebenso Risikofaktoren wie Frustrationsintoleranz, Motivationsverlust oder Existenzängste.

Zur Entwicklung manifester Abhängigkeit, sei es von Rauschdrogen oder bestimmten Verhaltensweisen, bedarf es immer mehrerer Gründe. Sucht ist ein multifaktoriell bedingtes Eisberg-Phänomen, das auf einem ganzen Ursachenbündel beruht. Eine Reihe von krankheitsbegünstigenden Faktoren spielen bei der Entstehung der Abhängigkeitserkrankungen zusammen, nämlich Suchtmittel, gesellschaftliches Umfeld und Person des Konsumenten. Die Droge, also das Suchtmittel, hat eine spezifische psychische Wirkung und ein mehr oder minder hohes Abhängigkeitspotenzial. Neben dem berauschenden Effekt ist aber die Frage der Verfügbarkeit von größter Wichtigkeit. Das gesellschaftliche Umfeld wird durch Milieufaktoren, durch Werte und Normen, durch Subkulturen und Bräuche, durch Vorbildhaltungen oder Nachahmungen, durch Werbeeinflüsse und

Moden, insbesondere aber durch den Druck der Gruppe bestimmt. Maßgebend sind die psychische Wirkung des Suchtmittels, seine biologische Wirkung, sein Abhängigkeitspotenzial und seine Verfügbarkeit. Die Persönlichkeit des Konsumenten wird durch die frühkindliche Entwicklung, durch lebensgeschichtliche Erfahrungen, durch Charakterstruktur und etwaige psychische Erkrankungen geprägt.

Von den vielfältigen Faktoren, die zur Süchtigkeit führen können, sind besonders die konstitutionelle Veranlagung, Störungen in der Persönlichkeitsgrundstruktur, Risikofaktoren in der kindlichen Familienkonstellation, fehlgeleitete Entwicklungen, auslösende Anlässe und fortdauernde Mechanismen zu erwähnen. Süchtige stammen nicht selten aus problematischen Familienverhältnissen, zum Teil sind sie in einer „broken-home-situation", zum Teil in einem überfürsorglichen Familienmilieu, in einer „overprotective family", herangewachsen. Bei jugendlichen Abhängigen besteht häufig eine gestörte Vater-Kind-Beziehung. Süchtige wirken oft zurückgeblieben und unreif, sie sind wenig belastungsfähig, leicht verletzbar, haben ein reduziertes Selbstvertrauen, weisen eine pessimistische Grundeinstellung und eine Neigung zu realitätsfremdem Wunschdenken auf. Oft können sie sich schwer anpassen, sind wenig durchsetzungsfähig und neigen zu Selbstaggressionen.

Damit eine Suchtkrankheit entstehen kann, ist immer ein Zusammenspiel von vielen Umständen erforderlich. Es ist aber oft ein Zufall, ob jemand auf eine Droge süchtig wird oder eine nicht-substanzgebundene suchtartige Verhaltensweise entwickelt. Die nicht-substanzgebundenen Süchte sind in den letzten Jahren mehr und mehr in das Bewusstsein der Öffentlichkeit getreten, etwa in Form der Ess-/Brechsucht, der Computer- und Internetsucht oder etwa der Spielsucht.

Erklärungsmodelle der Spielsucht

Wie kann aber ausgerechnet das Spielen zur Sucht und somit zur Krankheit werden? Spielen ist eine universell verbreitete menschliche und auch tierische Eigenschaft, die als übende Vorbereitung auf das Leben bzw. den Überlebenskampf dient. Darüber hinaus kann es beim Menschen als Möglichkeit der Entlastung von einem Überschuss an Lebensfreude, als Übung in Geschick und Selbstbeherrschung, als Abreaktion aggressiver Triebe und als Kampfesform, letztlich als besondere Form des Daseins in der Kultur betrachtet werden. Im Gegensatz zu den Geschicklichkeits- und Nachahmungsspielen ist das Glücksspiel ausschließlich auf den Zufall abgestellt und wird als „geregeltes Spiel, dessen Ausgang mit Gewinnerwartung und Verlustrisiko verbunden ist" definiert. Der Ursprung des Glücksspiels wird in der Religion vermutet. Im Lauf der Geschichte war es einem ständigen Wechsel von Untersagung und Wiedergenehmigung von staatlicher Seite unterworfen. Die Verbreitung des Glücksspiels, vom römischen Dichter Juvenal als „das größte aller Laster" bezeichnet, führte schon im alten Rom zu einem generellen Verbot. Die Häufigkeit des krankhaften Spiels wird heute auf etwa 1,2%, bei manchen Subgruppen auf bis zu 11,5% geschätzt. Häufig geht Glücksspiel mit anderen Süchten, aber auch mit Depressionen und Panikstörungen einher.

Wie bei der Erklärung der Drogenabhängigkeit muss auch beim krankhaften Spielen von einem multikonditionalen Bedingungsgefüge, wie dies bei der Erklärung der Sucht ausgeführt wurde, ausgegangen werden, nämlich der spezifischen Wirkung des Glücksspiels, den individuellen Eigenschaften der spielenden Person und den Besonderheiten des Spielermilieus.

Die Ursache der Spielsucht liegt zunächst im normalen Spielgefühl, durch das im Wechsel zwischen dem Aufbau einer emotionalen Spannung und ihrer Lösung eine Änderung der Befindlichkeit, eine lustvolle Erregung angestrebt wird. Die biochemischen Grundlagen dieses neurophysiologischen Vorgangs sind möglicherweise in jüngster Zeit wissenschaftlich nachgewiesen worden. In testpsychologischen Untersuchungen wurde gefunden, dass Glücksspieler meist eine gut durchschnittliche Intelligenz besitzen und sich in Persönlichkeitstestprofilen durch folgende Auffälligkeiten hervortun: Sie neigen vermehrt zu Depressivität, Neurotizismus, Extraversion und erhöhter Risikobereitschaft (wie dies auch bei Drogensüchtigen und Strafgefangenen gefunden wurde). Es herrschen Irrationalismen bei Entscheidungsprozessen und – paradoxerweise – auch hohe Entscheidungsschwierigkeiten und eine deutlich verminderte Toleranz für widersprüchliche Situationen, die vom Spieler trotzdem immer wieder aufgesucht werden, vor. Im Vergleich zu einer Kontrollgruppe normaler Personen seien Spieler feindseliger, sozial unangepasster, aufsässiger, aggressiver, magischer im Denken, außerdem weniger in der Lage, aus Erfahrungen zu lernen.

Nach psychoanalytischer Theorie sind chronische Spieler in kindlichen Allmachtsfantasien stecken geblieben und glauben noch immer an magische Kräfte zur beliebigen Kontrolle des Schicksals. Ein entscheidendes Motiv des Spielens wird in der sexuell getönten „Angst-Lust" gesehen. Auch dem unbewussten Wunsch, zu verlieren, wird von psychoanalytischer Seite maßgebende Bedeutung beigemessen. So regiert nach tiefenpsychologischem Verständnis in der Spielsituation eine „Lusttrias", bestehend aus kindlicher Allmachtsfiktion, latenter Rebellion gegen das elterliche Realitätsprinzip und Exhibition gegen eine „Straftrias", die sich aus unbewusstem Verlustwunsch, verdrängten homosexuellen Bewältigungsversuchen und sozialer Anrüchigkeit zusammensetze. Freud (1933) und spätere Psychoanalytiker erörterten das Phänomen der Spielsucht vor allem an der Gestalt des spielsüchtigen Dichters Dostojewski, an dem sie masochistische Spielverarbeitungs- und Selbstbestrafungstendenzen ebenso festzustellen vermeinen wie ödipale Konflikte und narzisstische Züge.

Von der Daseinsanalyse wird das Spielen als „Ursucht" bezeichnet, die Selbsterfüllung vortäusche und durch Einstellung auf die Sensation des Gewinnens oder Verlierens zur Krankheit werde. Gerade von daseinsanalytischer Seite wird aber betont, dass neben den unbewussten psychoanalytischen Motiven auch die bewussten (wie Streben nach Besitz oder Flucht vor dem Alltag) Beachtung finden müssten, dass also der Verlust faktische und nicht erwünschte Konsequenz des Spielens sei.

Wissenschaftlich am besten fundiert sind lerntheoretische Erklärungsmodelle, die in Abhängigkeitsentwicklungen generell einen nervös-organischen Lernprozess sehen, bei dem der Lustgewinn in der sich wiederholenden Stimulierung und Entspannung des zentralen Nervensystems liege. Geldgewinn und sofortige Auszahlung seien kraftvolle Verstärker, die die als gegenregulatorisches Prinzip wirkenden Spielverluste überbieten. Für die Förderung des beharrlichen Spielverhaltens seien kurzes Auszahlungsintervall, hohe Ereignisfrequenz, breites Spektrum an Gewinnchancen und Einsätzen, das Wechseln des Geldes in kleine Einheiten bzw. in das finanzielle Wertsystem verschleiernde Jetons, die Verknüpfung des Glücksspiels mit anderen Interessen und schließlich die Suggestion, der Spieler könne das Ergebnis durch die Betätigung der Risikotaste beeinflussen, förderlich.

Von soziologischer Seite wird die Vorbildfunktion des exzessiven Glücksspiels innerhalb von Gruppen Gleichaltriger, die Bedeutung des „chasing" (= Aufholjagd, um die beim Verlieren erlittene Kränkung wieder gutzumachen) und die in den letzten Jahren zu beobachtende Gewöhnung des Menschen an apersonale Mittel, wie Drogen, Fernsehen, Computer oder Glücksspiel, betont.

Wann ist nun jemand spielsüchtig, wann ist das so vergnügliche, meist nützliche und in der Regel harmlose Spielen tatsächlich zur Krankheit geworden? Jede Sucht ist durch das innere zwingende Bedürfnis, sich immer wieder auf dieselbe Art und Weise Befriedigung zu verschaffen, gekennzeichnet. Das zwanghafte Spielen kann Ausdruck einer seelischen Krise, einer neurotischen Fehlentwicklung oder einer Persönlichkeitsstörung sein. Krankhaft wird das Spielen dann, wenn ein Individuum nach dem Beginn des Spielens die Kontrolle über die Dauer und Höhe des Geldeinsatzes verliert, sodass er/sie so lange weiterspielt, bis ihm/ihr kein Geld mehr zur Verfügung steht und er/sie durchgehend unfähig geworden ist, sich des Spielens zu enthalten. Ausdruck dessen sind eine hohe Frequenz und lange Dauer des Glücksspiels sowie Geldeinsätze. Wenn das Spiel eine so schwere Abhängigkeit erreicht hat, spricht man von „pathologischem Glücksspiel“, welches durch folgende Symptome gekennzeichnet ist:

1. Die gedankliche und tatsächliche Beschäftigung mit dem Glücksspiel oder damit, das Geld dafür zu besorgen, wird zum zentralen Lebensinhalt.
2. Es wird länger und mit höheren Beträgen gespielt, als dies eigentlich beabsichtigt war. Es tritt also – wie bei einem Alkoholsüchtigen – der so genannte „Kontrollverlust“ ein.
3. Es wächst das Bedürfnis, die Höhe der Einsätze oder die Häufigkeit des Glücksspiels zu steigern, um die angestrebte lustbetonte Erregung zu erreichen. Es entwickelt sich also eine zunehmende Toleranz.
4. Wenn nicht gespielt werden kann, tritt innere Unruhe oder Reizbarkeit auf, die erst bei der Wiederaufnahme des Spiels verschwinden. Diese Phänomene kann man zu Recht als Entzugserscheinungen bezeichnen.
5. Die Abstinenzunfähigkeit zeigt sich im wiederholten gescheiterten Versuch, das Glücksspiel einzuschränken oder aufzugeben.
6. Wiederholte Verluste beim Glücksspiel stacheln dazu an, diese wieder zurückzugewinnen. Der Süchtige jagt den Verlusten ständig hinterher („chasing“).
7. Der Zwang zum Spielen wird so stark, dass man soziale oder berufliche Verpflichtungen vernachlässigt und die Interessen ganz auf das Spiel konzentriert (Interessenabsorption).
8. Das Glücksspiel wird trotz der sichtlichen Schäden (wachsende Schulden, berufliche Probleme, Gesetzeskonflikte) fortgesetzt, auch wenn man weiß, dass diese Probleme durch das Glücksspiel verstärkt werden.

Spielertypen

Die wesentlichen Bestimmungselemente des krankhaften Glücksspiels sind somit das unwiderstehliche Verlangen nach dem Glücksspiel, sodass der Spieler durchgehend unfähig wird, sich des Spielens zu enthalten, und der Kontrollverlust nach dem Beginn des Spielens, sodass so lange gespielt wird, bis kein Geld mehr zur Verfügung steht. Dies äußert sich in einer steigenden Frequenz mit langer Dauer des Glücksspiels sowie in hohen Geldeinsätzen als objektive Kriterien. Folgen sind Schulden, Konsum- und Beschaffungskriminalität, Verlust des Arbeitsplatzes, Ehe- und Familienprobleme, Depressionen, Einengung des Interesses auf das Glücksspiel, Verminderung der Initiative.

Das Glücksspiel ist mit einer starken inneren Erregung (beim Einsatz) und Entspannung (beim Ergebnis) verbunden. Dieser Prozess wird als lustvoll erlebt. Der Spieler befindet sich in einem Zustand euphorischen Erlebens, im Rausch, der mit dem durch Drogen hervorgerufenen durchaus zu vergleichen ist. Wie bei der Drogenabhängigkeit kommt es zur Dosissteigerung, das heißt, der Umfang der Einsätze und die Frequenz erhöhen sich. Alle Gedanken drehen sich um das Glücksspiel. Familie, Beruf und Interessen werden immer mehr zur Nebensache, wie schließlich das gesamte Verhalten und Erleben auf das Glücksspiel ausgerichtet ist. Die angestrebte lustvolle Erregung wird jedoch kaum noch erlebt. Bei Glücksspielentzug kann es neben psychischen Wirkungen wie Unlusterscheinungen auch zu vegetativen Auffälligkeiten in Form von Schweißausbrüchen, Zittern oder motorischer Unruhe kommen, eine weitere Parallele zwischen stoffgebundenen und nicht-stoffgebundenen Abhängigkeiten. Da die physische Gesundheit des Spielers aber nicht direkt betroffen ist, hat die Gefahr der Abhängigkeit beim Glücksspiel in der öffentlichen Diskussion nicht denselben Stellenwert wie die Alkohol- bzw. Drogenabhängigkeit.

Das unwiderstehliche Verlangen nach dem Spielen und die damit verbundenen wirtschaftlichen, sozialen und psychischen Folgen können den persönlichen, familiären und/oder beruflichen Lebensweg des Spielers zerstören. Aufmerksamkeit erregt die Spielleidenschaft immer nur dann, wenn sie in ursächlichem Zusammenhang mit Straftaten – vor allem der Beschaffungskriminalität – genannt wird. Man hat wegen dieser engen Verbindung zwischen Sucht und Straftat oft gefragt, ob Spielsüchtige eigentlich zurechnungsfähig seien. Dies kann nicht generell beantwortet werden, vielmehr ist zu prüfen, inwieweit das Spielen vom Ich abgespalten oder hierin eingebunden ist, ob sich also das pathologische Spielen bezogen auf die Gesamtpersönlichkeit als typisch oder als wesensfremd darstellt, wobei nur im letzteren Fall eine Einschränkung der Zurechnungsfähigkeit zu diskutieren ist. Ferner ist die Zwanghaftigkeit des Handelns, die kaum Raum für zwischengeschaltete Überlegungen lässt und impulshaft gegen alle Vernunft abläuft, ebenso zu beachten wie die Art des Beschaffungsdeliktes und der Geldverwertung. Wenn alle sonstigen Bereicherungsmotive fehlen und der Betroffene das Geld ausschließlich und sofort zum Spiel verwendet, kommt ähnlich wie bei der Beschaffungskriminalität Drogensüchtiger eine Minderung des Steuerungsvermögens in Betracht.

Für die forensisch-psychiatrische Praxis hat sich bei der Beantwortung der Frage nach der Willensfreiheit von Spielern eine Differenzierung bewährt, in der die krankhaften Gambler in fünf Untergruppen mit unterschiedlicher Beeinträchtigung der Zurechnungsfähigkeit – von fehlender Einschränkung bis zur völligen Aufhebung – eingeteilt werden:

- *Subkulturelle Spieler* sind durch die Zugehörigkeit zu bestimmten Gesellschaftsschichten, etwa als Mitglied von Jugendbanden, in Spielsucht geraten. Hier ist meist volle Zurechnungsfähigkeit gegeben.
- Bei den *neurotischen Spielern*, die aus verdrängten Motiven oder als Reaktion auf emotionale Probleme spielen, weisen Spielsucht und unmittelbar damit in Zusammenhang stehende Delikte Symptomcharakter auf, sodass ähnlich wie bei sexuellen Perversionen oder kleptomanen Verhaltensweisen eine gewisse Beeinträchtigung des Hemmvermögens zu bescheinigen ist.
- *Impulsive Spieler*, die allein durch Kontrollverlust das Glücksspiel so lange fortsetzen, bis kein Geld mehr zur Verfügung steht oder andere Umstände sie zum Aufhören zwingen, entsprechen in Persönlichkeit und Motivationsstruktur weitgehend den klassischen Alkohol- und Drogensüchtigen. Auch wenn die Spielsucht infolge des Fehlens akuter oder chronischer Vergiftungserscheinungen nicht jene Schwere erreicht wie eine substanzgebundene Abhängigkeit, so weist sie doch dieselben psychischen Merkmale auf, nämlich Abstinenzunfähigkeit, Kontrollverlust, Dosis (= Frequenz- und Spieleinsatzsteigerung), psychische Entzugssymptome und süchtige Wesensänderung. Da das Spielen für den impulsiven Spieler infolge einer (möglicherweise biologisch bedingten) Störung der Impulskontrolle so sehr zum Bedürfnis geworden ist, dass er nur mit äußerster Willenskraft darauf verzichten kann, erfüllt er aus medizinischer Sicht dieselben Bedingungen, wie sie zur Annahme einer „Suchtgiftergebenheit“ gefordert werden.

- Bei *psychopathischen Spielern* ist die Spielleidenschaft Teil einer psychopathischen Persönlichkeitsabnormität oder einer soziopathischen Verhaltensstörung geworden. Ist die Persönlichkeitsstörung entsprechend schwer ausgeprägt, so ist das Selbststeuerungsvermögen generell mehr oder weniger stark vermindert.
- Von *symptomatischen Spielern* spricht man dann, wenn im Rahmen einer Geistes- oder Gemütskrankheit, etwa einer Manie oder einer endogenen Depression, gespielt wird. Bei etwa 10% aller Spieler liegt eine schwere psychische Störung vor, wie auch das folgende Fallbeispiel zeigt.

Ein 37-jähriger, aus einer mit Melancholie und Suiziden erheblich belasteten Familie stammender, bereits früher immer wieder depressiv gewordener und deswegen nervenfachärztlich behandelter Mann beginnt im Rahmen einer Manie laut Auskunft der Gattin „wie besessen" Lotto- und Totoscheine auszufüllen. Selbst in der Nacht findet er keine Ruhe, schreckt aus dem spärlichen Schlaf auf, in der Meinung, jetzt endlich das richtige System oder die richtige Zahlenkombination, die er sofort eintragen müsse, gefunden zu haben. Zur Annahmestelle bringt er ganze Schachteln von Spielscheinen, gerät insbesondere vor Annahmeschluss in heftige Unruhe, reicht bis zur letzten Minute „korrigierte" Scheine nach und verspielt dadurch innerhalb weniger Wochen ein Bauspardarlehen in der Höhe von 500.000,– Schilling. Wie die Rekonstruktion ergab, waren viele Scheine unvollständig, schlampig oder gar durch Kennzeichnen von zu vielen Nummern aufgefallen, mussten deswegen teilweise zurückgewiesen werden oder waren ungültig. Bei der Untersuchung fand sich das Vollbild einer Manie mit gehobener Stimmung, Erregtheit, Schlaflosigkeit, beschleunigtem Gedankengang, Ideenflucht, Kritiklosigkeit und Größenwahn sowie völlig fehlendem Leidensdruck. Nach wie vor war er überzeugt, durch neue Zahlenkombinationen den großen Gewinn zu machen, und war nicht gewillt, sein Spielverhalten zu beenden. Der früher nie durch Neigung zu Glücksspiel oder süchtigen Verhaltensweisen auffallende Mann lebt nun nach erfolgreicher psychiatrischer Behandlung seines Gemütsleidens seit zwei Jahren wieder völlig normal.

In diesem Fall ist das Spielen eindeutig als Ausfluss einer in schwerer Form vorliegenden, die Zurechnungsfähigkeit aufhebenden Manie zu erkennen.

Sein letztes Spiel

Die Spielsucht ist jedenfalls eine krankhafte Störung, und wie alle Suchterkrankungen weist auch das krankhafte Glücksspiel eine phasenhafte, chronifizierte Entwicklung auf, welche vom Glücksspiel als Freizeitbeschäftigung bis zur exzessiven Spielsucht mit Krankheitswert reicht. Die Entwicklung zum krankhaften Spieler findet in der Regel in drei Phasen, nämlich jener des Gewinns, des Verlusts und der Verzweiflung statt.

Die im Frühstadium angesiedelte Gewinnphase ist charakterisiert durch gelegentliches Spielen, das mit einem großen Gewinn oder einer Gewinnreihe verbunden ist. Diese sehr positiv empfundenen Gewinnerlebnisse sind mit der Entwicklung von unrealistischem Optimismus und von Wunschträumen verbunden. Das Selbstbewusstsein des Spielers wird mehr und mehr von Erfolgen im Glücksspiel abhängig, ehe Verluste unübersehbar und zusehends zum Problem werden. Die sich zwangsläufig einstellenden Niederlagen werden bagatellisiert, da sich der Spieler nach seinen früheren Gewinnerfahrungen mit höheren Verlusten nicht mehr abfinden kann. Im Bestreben, das Verlorene wieder zurückzugewinnen, verliert er allmählich die Kontrolle über sein Spielverhalten. Er spielt häufiger, setzt höhere Beträge ein, nimmt Kredite auf, vernachlässigt Familie und Freunde oder benützt die Arbeitszeit zum Spielen. Durch den dauernden Versuch, Verluste durch ein erneutes Spielen wieder gutzumachen, dauert die Aufholjagd („chasing“) an. Wenn jemand aus der Familie die Spielschulden auf einen Schlag begleicht, hat dies für den Spieler die Qualität eines zweiten „big win“. In der Phase der Verzweiflung wird das Glücksspiel zum zentralen Lebensinhalt. Familie und Beruf sind nicht mehr wichtig. Das Spiel wird noch risikoreicher fortgesetzt. Der Schuldenberg nimmt zu, die Beschaffung des Geldes erfolgt mitunter auf illegalem Wege. Vor dem Spiel werden zunehmend innere Unruhe und Gereiztheit bemerkt. Nach dem Spiel treten häufig Gefühle der inneren Leere, der Hoffnungslosigkeit, der Depression auf. Die Gefahr von Selbsttötungshandlungen ist groß.

Ähnlich wie jeder andere Abhängige ist auch der Spielsüchtige lange Zeit unfähig, Verluste einzugestehen oder Beweise für Gewinne, falls solche behauptet werden, vorzubringen. Der krankhafte Spieler spielt allerdings nicht mehr um des Geldes willen, sondern er spielt, um zu spielen. Er will durch das Spiel einen bestimmten Erlebniszustand erreichen, Alltagsproblemen entfliehen, Ängste überspielen und depressive Gefühle verdrängen. Das Spiel versetzt ihn in Euphorie und Erregung, in einen wechselnden Zustand von lustvoller Freude bei Gewinnen und permanenter Angst vor Verlusten, den man treffend als „Angst-Lust-Spannung" beschreibt. Diese macht es ihm unmöglich, sich vom Spiel zu trennen, er verdrängt seine Abhängigkeit und führt die spielbedingten Probleme auf andere Faktoren zurück. Er gesteht sich den Kontrollverlust beim Beginn des Spieles nicht ein, er will es nur noch ein einziges Mal versuchen, er sagt sich immer wieder das, was E.T.A. Hoffmann in der Erzählung *Spielerglück* so treffend beschrieben hat:

„Heute muss ich tun, was ich nicht zu lassen vermag – aber morgen, morgen, morgen ist alle deine Sorge aus, denn bei dem ewigen Verhängnis, das über uns waltet, schwör ich's, ich spiele heute zum letzten Mal."

Kapitel 8

Die vielen Gesichter der Sexualität – sexualisierte Störungen

Geschwindigkeitsrausch als Ersatzbefriedigung

Alle möglichen Verhaltensweisen, auch kriminelle, die auf den ersten Blick nichts mit dem Sexualbereich zu tun haben, können erotisiert werden und einen suchtartigen Charakter bekommen. Immer dann, wenn Ängste, Impulse und Konflikte verdrängt werden müssen, kann die Sexualisierung als psychischer Abwehrmechanismus eintreten. Besonders eindrucksvoll ist dies, wie wir bereits gehört haben, beim Kaufhausdiebstahl und bei den Brandlegungen.

Aber auch alle anderen Situationen, welche als spannungsvoll, prickelnd und bedrängend empfunden werden, können eine erotische Tönung erfahren, ja mit sexueller Erregung und sogar Orgasmus verbunden sein. Ein bekanntes, nicht in den Bereich der Kriminologie fallendes Beispiel sind etwa die so genannten „Angstpollutionen" bei Jungen, die manchmal eintreten, wenn eine Bestrafung bevorsteht oder während einer Prüfungssituation hoher Zeitdruck entsteht.

Da Verbrechen immer verbotene und meist verheimlichte Handlungen sind, führen sie nicht nur zu prickelnder Erregung, sondern sind mit etwas Angst- und Spannungsgeladenem verbunden, das weit über die Furcht vor Entdeckung oder Strafe hinausgehen kann. Dieser erregende Zustand kann sexuell unterlegt sein, weshalb die verbotene Handlung eine erotisierende Komponente erhält. Die Sexualisierung des Vergehens oder Verbrechens wird zu dessen lustvollem Hauptmotiv, welches stets ein Wiederholen der Taten zur Folge hat. Das Spiel mit Risiko und Gefahr macht den besonderen Reiz aus, führt zur speziellen Befriedigung und kann suchtartigen Charakter annehmen.

Ich habe einmal eine Frau untersucht, die mit 200 km/h in eine Verkehrskontrolle geraten war. Es bestand der Verdacht auf Alkohol-, Medikamenten- oder Drogeneinfluss. Das eigentliche Problem der Sandra F. waren aber nicht Suchtmittel, obwohl sie gelegentlich über den Durst getrunken und nicht das erste Mal behördliche Schwierigkeiten bekommen hatte.

Sie stammte aus einer Beamtenfamilie, hatte ihren Vater als gutmütig, fürsorglich und weich und dementsprechend auch als kaum durchsetzungsfähig erlebt. Innerhalb der Familie war er keinesfalls dominant, die Rolle des Oberhauptes hatte er ganz seiner Frau überlassen. Sandra F. erinnert sich, dass ihn die Mutter manchmal als „Waschlappen“ bezeichnet hatte, ein Ausdruck, dem auch Sandra, wiewohl sie ihren Vater innig liebte, zustimmen musste. Sandras Beziehung zur Mutter hingegen war konflikthaft. Schon von Kindheitstagen an fühlte sie sich von dieser wenig akzeptiert. Die Mutter sei direktiv und rechthaberisch gewesen, habe keine Gefühle gezeigt und habe immer wieder gesagt, in der Erziehung sei es wichtig, den Willen der Kinder zu brechen. Sandra habe als Kind öfter Hautausschläge bekommen, die Dermatologen fanden keine körperliche Erklärung und meinten deshalb, das Ganze müsse wohl psychische Ursachen haben: Sie fühle sich aus irgendwelchen Gründen nicht wohl in ihrer Haut, sie wolle über das „Schauorgan“ Haut innere Ablehnung demonstrieren, sie mache sich durch Hautausschläge unbewusst selbst zum hässlichen Entlein usw. In der Pubertät litt Sandra unter Ess-/Brechstörungen, sie fühlte sich zu dick, achtete streng auf Diät, machte dann tagelange Fastenkuren, lernte, wie man durch reine Willensanstrengung einen Brechreflex auslösen kann, verlor immer mehr an Gewicht und musste sich in stationäre Behandlung begeben. Später hat sie Cannabis probiert, die Wirkung des Mittels sagte ihr jedoch nicht zu. Zur Erleichterung und Entspannung trank sie Alkohol, in berauschtem Zustand reagierte sie oft aggressiv, manchmal bekam sie auch das heulende Elend. Später, nach dem Tod der Mutter, heiratete sie einen wesentlich älteren Mann. Die Ehe war äußerlich geordnet, eine leidenschaftliche Beziehung sei es nie gewesen.

Sandra F. bekam ihr eigenes Auto. Sie bemerkte, dass sie sich durch schnelles und riskantes Fahren angesprochen fühlte. Sie, die Vorsichtige und Angepasste, spürte ein wohliges Gefühl, wenn sie riskant fuhr und Verkehrsvorschriften für sich nicht gelten ließ. Sie stand in der Nacht auf, fuhr mit ihrem Auto wie eine Rallyefahrerin auf eine kurvenreiche Bergstrecke, hatte dabei ein Gefühl der Freiheit und Überlegenheit, der Kontrolle und Stärke, der Befriedigung, ja des Orgasmus gespürt. Sie hatte infolge ihres Schnellfahrens mehrere Unfälle, die allerdings ohne schwereren Personenschaden abgegangen waren. Trotz immer höher werdender Strafen wegen Geschwindigkeitsüberschreitungen, trotz drohenden Führerscheinentzugs und trotz Verkaufs des Autos durch ihren Mann konnte sie von ihrem orgastischen Geschwindigkeitsrausch nicht lassen. Sie behalf sich mit Leihwagen. Später ließ sie sich scheiden, wobei sie allen Ernstes meinte, der Grund dafür sei das nicht bezwingbare Verlangen nach einem eigenen Auto gewesen.

Sandra F. war tatsächlich geschwindigkeitssüchtig. Die Geschwindigkeit wurde zur Droge, die sie immer einsetzte, wenn sie sich innerlich leer und unbehaglich fühlte. Sie steigerte die „Dosis" der Geschwindigkeit und die Frequenz des Schnellfahrens. Sie fühlte, wie sie zumindest psychisch unter Entzugserscheinungen litt. Die Unruhe, das Kribbeln und die Spannung seien an den Tagen vor der Menstruation stärker gewesen. Sandra F. sexualisierte das Erleben der verbotenen und gefährlichen Höchstgeschwindigkeit. Ein paar Mal habe sie daran gedacht, sich während des Dahinrasens selbst zu befriedigen. Sie habe gehört, dass bei jungen Menschen Orgasmuserlebnisse während des Fahrens mit Höchstgeschwindigkeit etwas Gefragtes seien. Sie habe diesen Gedanken aber gleich wieder verworfen, da das orgastische Gefühl der Höchstgeschwindigkeit ohnehin unübertreffbar sei.

Sexualisierungen von Geschwindigkeitserlebnissen und von verbotenem Fahren sind nicht so selten. Ein junger Mann, welcher bereits zum zweiten Mal als Geisterfahrer angehalten worden war, wurde zur psychiatrischen Untersuchung geschickt. Es bestanden Zweifel an seinem Geisteszustand, die Polizei dachte an ein Kokainproblem oder an eine manische Psychose. Tatsächlich litt der junge Mann weder an einer psychiatrischen Erkrankung noch an Rauschgiftsucht, vielmehr hatte das Geisterfahren für ihn eine sexuelle, orgastische Bedeutung. Er lebte ansonsten recht unauffällig, litt aber unter Kontaktproblemen, hatte noch nie eine länger dauernde Mädchenfreundschaft gehabt, fand aber in einer Gruppe, in welcher Gesetzesübertretungen im Bereich der Straßenverkehrsordnung und des Suchtmittelgesetzes zum guten Ton gehörten und so etwas wie die verbindende Gruppennorm darstellten, Aufnahme. Das Geisterfahren galt als Mutprobe, er spürte bald nicht nur den Reiz des Verbotenen, sondern jenen des Spiels mit der Gefahr, mit dem Tod. Es habe ihn in unsagbare Erregung versetzt, wenn er sich der Gefahr gestellt und dem Tod mit höchster Konzentration ins Auge geschaut habe. Nach den Fahrten sei er entspannt, innerlich aber auch leer und von sich enttäuscht gewesen, habe sich Vorwürfe gemacht, weil er andere Menschen in ernste Gefahr brachte, habe sich vorgenommen, dem Drang künftig zu widerstehen, was er oft nicht geschafft habe. Im Untersuchungsgespräch wirkte der Schnellfahrer schüchtern, zurückhaltend, ernst, zeigte aber wenig Betroffenheit und keinen emotionalen Tiefgang. Das Geisterfahren brachte Abwechslung in seinen geordnet-trägen Tagesablauf und einen großen Kitzel in die ansonsten eher langweilige Existenz. Es wurde zur Ersatzhandlung für positives Erleben, außerordentliche Gefühle und nicht befriedigende Sexualität. Drogen hatte er übrigens gelegentlich probiert, den Konsum aber rasch wieder aufgegeben.

Telefonsex einmal anders

Zu den sexualisierten Störungen, vielleicht sogar schon zu den Perversionen, gehört die so genannte Erotophonie. Man versteht darunter die sexuelle Befriedigung durch Telefonate erotischen Inhalts mit anonymen Partnern. Der Ausdruck ist nach Eros, dem griechischen Gott der Liebe, benannt. Auch hier spielen die Macht der Anonymität, das Prickelnde der potenziellen Entdeckung und die Reaktion des Partners eine Rolle: Je entrüsteter der Angerufene reagiert, desto kompromittierender und vulgärer scheint die Sprache des Anrufers zu werden. Generell ist das anonyme Telefonieren aber durch die Möglichkeit der Rufnummerzurückverfolgung und durch das große Angebot an Telefonsex als Delikt nicht mehr so häufig. Dem anonymen Anrufer geht es in der Regel um die Kontaktaufnahme, ohne sich von Angesicht zu Angesicht stellen zu wollen, in weiterer Folge aber um das Einflößen von Furcht und Angst. Sein eigentliches Ziel ist die Ausübung von Macht und Kontrolle. In diesem Punkt ist eine solche Straftat den Perversionen und aggressiven Sexualdelikten vergleichbar. Telefonterrorismus hat viele rein kriminelle Motive, so Rivalität und Eifersucht, meist spielt aber eine sexuelle Komponente mit hinein. Der anonyme Anrufer sucht sich Opfer aus, die er zuvor beobachtet hat, oder schöpft seine Erregung aus der Vorstellung, nun ungewollt und machtvoll in das Leben Unbekannter eingreifen zu können. Das Bild der Opfer wird dann meist mit sexuellen Fantasien ausgestattet.

Tatsächlich ist die Macht des anonymen Anrufers sehr groß. Das erschreckte Opfer weiß nicht, ob der Anrufer 50 Meter oder 500 Kilometer entfernt ist, ob er die angerufene Person oder zumindest deren Wohnung beobachtet, ob er tatsächlich über persönliche Dinge Bescheid weiß und inwieweit er die Lebensgewohnheiten ausspioniert hat. Da anonyme Anrufe oft in der Nacht erfolgen, entfalten sie eine besondere manipulative, bedrohliche Wirkung. Die Vorstellung, dass jemand über einen viel weiß, sich ausschließlich für die angerufene Person interessiert und offenbar Böses will, ist zutiefst beängstigend. Oft sagt der Anrufer überhaupt nichts, er gibt keinen Laut von sich und wartet mit zunehmender Erregung, wie die Person am Hörer reagiert, ob sie fragt oder schweigt, ob sie schreit oder droht, ob sie möglichst lange zuwartet oder einfach auflegt. Manche Telefonterroristen entwickeln geradezu eine Anrufsucht, sie rufen entweder immer dieselbe Person unzählige Male an oder sie wählen wahllos Opfer aus dem Telefonbuch aus. Sie werden vom selben narzisstischen Hochgefühl erfasst wie so viele Menschen, welche ihre Befriedigung über Ersatzhandlungen suchen.

Einige anonyme Anrufer verängstigen ihr Opfer mit verstellter Stimme durch Unglücksbotschaften: Das Kind sei verunglückt, sei entführt, befinde sich in der Macht des Anrufers. Wenn nicht dieses und jenes geschehe, werde dem Kind etwas zustoßen. Mancher Telefonterrorist hat auf diese Weise schon ungeheure Macht über seine Opfer, die sich ihm völlig ausgeliefert fühlen, gewonnen. Sie haben auf seine Aufforderung hin sexuell gestöhnt, haben kakophone Äußerungen von sich gegeben oder an den Genitalien manipuliert und einen Orgasmus vorgetäuscht. Die Ähnlichkeit der Erotophonie mit dem Telefonsex ist unverkennbar. Den gefährlichen und perversen Anrufern geht es aber um Angst, Furcht und Entsetzen des Telefonpartners. Diese Gefühle müssen echt sein, wenn sie – wie beim Telefonsex – gekauft werden, lassen sie ihn unberührt. Immer hat Erotophonie mit Kontaktproblemen, Minderwertigkeitsgefühlen und abgewehrten Aggressionen zu tun.

Ein unter geordneten, bürgerlichen Verhältnissen aufgewachsener Jugendlicher, welcher als Kind leichte Entwicklungsverzögerungen gezeigt und bis zum 9. Lebensjahr eingenässt hatte, litt in der Pubertät unter seiner Übergewichtigkeit. Er wurde deswegen oft gehänselt und konnte sich durch gute schulische Leistungen zwar Respekt verschaffen, hatte aber keinen Freund und keinen Anschluss an eine Clique, traute sich nie, ein Mädchen anzusprechen. Mit 14 Jahren fiel er dadurch auf, dass er in verschiedenen Wohnblocks versuchte, Kinder und Frauen im Bad oder im Schlafzimmer zu beobachten. Er kletterte auf Bäume, um eine bessere Aussichtsposition zu haben, hielt dort stundenlang Ausschau und masturbierte, wie er später zugab, manchmal bei seinen Spannereien. In einer Sommernacht drang er über den Balkon und eine offene Tür ins Schlafzimmer einer allein stehenden Frau vor, näherte sich der tief Schlafenden, würgte sie von hinten, tastete dann die Brüste ab und floh. Der Weisung zu einer jugendpsychiatrischen Betreuung, die das Gericht ausgesprochen hatte, entzog er sich. Zwei Jahre später rief er die Mütter von 7- und 8-jährigen Schulmädchen an, deren Bild er in der Schulzeitung gesehen hatte, drohte mit verstellter, harter Stimme die Entführung der Mädchen an und verlangte als Lösegeld und Gegenleistung, dass die Mutter mit ihm Telefonsex betreibe. Wenn sie dabei nur spiele und nicht richtig mitmache, werde dies am Kind gerächt. Insgesamt konnten über hundert Opfer ausfindig gemacht werden, von denen er manche wiederholt angerufen hatte.

Bei der Untersuchung zeigten sich beim Täter Retardierungen in der körperlichen Entwicklung, ein femininer Habitus und mangelnd ausgeprägte sekundäre Geschlechtsmerkmale. In der Testpsychologie wurden Hinweise auf schwere Kontaktprobleme, Unsicherheit, abgewehrte Aggressionen, fehlendes Einfühlungsvermögen, emotionale Kälte, Impulsivität und unklare sexuelle Orientierung gefunden. Wegen der einschlägigen Vorgeschichte und der Schwere der Persönlichkeitsstörung hielt das Gericht die Einweisung in eine therapeutische Anstalt für gerechtfertigt.

Das anonyme Briefeschreiben

Als eine der Erotophonie verwandte sexualisierte Störung mit kriminalistischer Relevanz ist das anonyme Briefschreiben, die so genannte Anonymographie, zu nennen. In solchen Schreiben manifestieren sich hinter einem besonderen Ärger Versagensängste und erhebliche Durchsetzungsprobleme des Verfassers. Dieser versucht, seiner inneren Erregung, die er oft nicht näher beschreiben kann, im Versenden der anonymen Schreiben Luft zu machen. Er lässt sich aber nicht von einem überwältigenden Affekt hinreißen, sondern dosiert seine aggressiven Impulse viel gezielter, damit aber auch bewusster. Wie es für ichschwache, entäußerungsgehemmte Menschen typisch ist, lassen sie sich nicht zu einer unmittelbaren triebhaften Abreaktion, etwa zu einem Streitgespräch oder einer Tätlichkeit, verleiten, sondern verarbeiten die innere Aufgewühltheit im Versenden von anonymen Briefen. Sie sind somit trotz ihrer neurotischen Störung geradezu das Gegenteil von Affekttätern oder von so oft in Kriminalhandlungen verwickelten Menschen mit gestörter Impulskontrolle.

Die Briefe sind meist bedrohlich-rächenden, häufig aber auch sexuellen Inhalts. Aus Angst vor klarer Darstellung der eigenen Bedürfnisse und Probleme und aus Furcht vor offener Konfrontation wird der Ausweg des Briefes ohne Absender gesucht, woraus sich zeigt, dass die Anonymographie „die Sache eines in irgendeinem Punkt Schwachen“ ist. Oft liegt diese Schwäche in Kontaktproblemen, Kastrationsängsten, Entäußerungshemmungen und in der Unfähigkeit zur offenen Aggressionsabfuhr. Die Anonymographie ist somit ein ideales Mittel, die innere Feindseligkeit zu transportieren. Da es dem Anonymschreiber an direkter Durchsetzungskraft in der unmittelbaren mitmenschlichen Begegnung und an adäquatem Umgang mit der Sexualität fehlt und diese beträchtlichen Hemmungen unterliegt, wagt er es nicht, offen zu seiner eigenen Aggressivität, zu seinen Bedürfnissen und Ansprüchen zu stehen. In der persönlichen Begegnung sind Anonymschreiber meist überaus höflich, zuvorkommend, sie wirken schüchtern und einfühlsam. Es ist ihnen in der Kommunikation von Angesicht zu Angesicht nahezu unmöglich, gegenüber den Gesprächspartnern etwas Negatives zu sagen oder diesen einen Wunsch abzuschlagen. Gegenteiligen Inhalts sind die Schreiben, voll von Aggressionen, Hass, Rechthaberei, Uneinfühlbarkeit und Obszönität. Hier zeigt der Anonymograph seine andere Seite, nicht sein anderes Gesicht.

Ein 28-jähriger, lediger Mann, welcher sein Abendessen oft am Würstelstand einnahm, terrorisierte die Besitzerin mit einer Reihe von bedrohlichen Schreiben voll scheußlicher Worte: Der Stand werde in die Luft gesprengt, die Würste vergiftet, sie selbst abgestochen usw. In einer späteren Serie verwendete er überwiegend sexuelle und perverse Ausdrücke, wobei sich hinter seinen ordinären Äußerungen über Art und Qualität der Würste eindeutig Kastrationsängste verbargen. Schließlich schickte er der Frau wiederholt Pakete mit gebrauchten Präservativen. Nach der Verhaftung gab er als Motiv Ärger über unfreundliche Bedienung, schlechte Qualität der Würste und überhöhten Preis an. Tatsächlich litt der Mann unter massiven Versagensängsten, hinter denen sich eine bislang nicht angesprochene Ejaculatio praecox verbarg. Von der Wurstverkäuferin fühlte er sich sexuell sehr angesprochen, traute sich aber nie, sich dieser gegenüber zu öffnen und sich ihr anzunähern, er wehrte seine eigenen Ängste mit der perversen Symptombildung, dem Schreiben von Briefen mit sexuell-sadistischem Inhalt, ab.

Wild nach Wild

Ein Verbrechen, welches den Hintergrund vieler Heimatromane und Spielfilme aus dem Alpenraum bildet, psychologisch aber zwischen sexualisierter Störung der Impulskontrolle und suchtartigem Verhalten anzusiedeln ist, ist das Wildern bzw. der Wilddiebstahl. Kaum eine andere Straftat wird so vom Nimbus des Abenteuers, der letzten Freiheit, der archaischen Leidenschaft, der heldenhaften Auseinandersetzung und des moralisch gerechtfertigten Kampfes eines Außenseiters gegen die Obrigkeit geprägt wie dieses eher als Kavaliersdelikt abgetane Verbrechen. Bei der psychologischen Analyse von Wilddieben zeigen sich neben all diesen Aspekten meist Zeichen der emotionalen Instabilität, der gestörten Impulskontrolle, der erhöhten Aggressivität, nicht selten auch der Dissozialität, fast immer aber auch des Sexualisierens der Straftat.

Der 46-jährige Franz M. stand bereits zum sechsten Mal wegen Wilddiebstahls vor Gericht. Es wurden ihm unzählige Delikte in weiten Teilen des Alpenraums, aber auch in anderen Ländern und Kontinenten zur Last gelegt. In seiner Verzweiflung war er nach unzähligen Verurteilungen nach Afrika ausgewandert und fristete dort ein Leben als Jäger. Dies konnte aber seine eigentliche Leidenschaft, das Wildern, nicht stillen. So kehrte er in die Alpen zurück und nahm wieder – wie er es ausdrückte – „den redlichen Kampf mit dem Wild und den unredlichen gegen die Jagdorgane" auf.

In den Untersuchungsgesprächen wirkte der Mann höflich, feinfühlig und einsichtig, oft machte er einen nahezu hilflosen, versonnenen, melancholischen Eindruck. Er sah das Unrechtmäßige des Wilderns ein, meinte aber mit resignativem Ton, dass er davon wohl nie ablassen werde können. Er erzählte mir seine Geschichte: Als Kind habe er sich minderwertig, benachteiligt, ungeliebt gefühlt, er musste mehr arbeiten als seine Geschwister, wurde nie wie die anderen belohnt, sah sich immer als das schwarze Schaf. Er wurde gegenüber seinen Geschwistern klar zurückgesetzt, es habe meist geheißen: „Das darfst du nicht, das kannst du nicht, das ist nichts für dich!" Er habe damals kein Selbstvertrauen gehabt, habe sich immer als den Schuldigen und Schlechten, den stets Benachteiligten und Ungeliebten gesehen. Seine Eltern zeigten an seiner Entwicklung und Lebensplanung kein Interesse, hätten ihm auch für das tägliche Leben notwendige Dinge nicht beigebracht. So sei er erst mit 17 Jahren erstmals in einer Eisenbahn gefahren und habe beim Bundesheer zum ersten Mal einen Telefonhörer in der Hand gehabt. Dies habe ihn zutiefst verunsichert, er wurde von den Mitmenschen verlacht und nicht ernst genommen, was seine Isolation mehr und mehr vertiefte. Aus diesen Gründen habe er sich immer schon zurückgezogen und habe seit der Kindheit als Einzelgänger und Sonderling gegolten.

Von den Mitmenschen enttäuscht, habe er sich schon als Kind ganz der Natur zugewandt, habe seine echten Freunde unter den Tieren gefunden und schon in jungen Jahren ein außerordentliches Interesse für Wild und alles, was damit zusammenhängt, entwickelt. In der Natur fühlte er sich zu Hause, fand darin seine wahre Selbstverwirklichung. Dies habe der Vater leider nicht erkannt und nicht in die richtigen Bahnen gelenkt. Während seine Spielkameraden Kinder- und Jugendbücher lasen, informierte er sich über die Lebensgewohnheiten des Wildes, während die anderen nach der Pubertät ihr Interesse dem anderen Geschlecht zuwandten, zog es ihn in den Wald. Schon damals habe man gesagt, ihm sei „ein Gams lieber als ein Mädchen“, und er selbst habe feststellen müssen, dass ihm das „Fuchsen“ wesentlich mehr Spaß machte als das „Fensterln“.

Durch seine außerordentlichen jagdlichen Kenntnisse und seine Erfolge beim Wildern, die nicht verborgen blieben, fand er Anerkennung und Achtung bei seinen Kameraden. Seinen Geschwistern und wenigen Bekannten habe er die Trophäen gezeigt und damit geprahlt. In solchen Situationen habe er sich überlegen gefühlt, er konnte allen zeigen, was für ein Mann er war. Das Wahre sei es, wenn man von der Jagd erzählen könne, gelegentlich auch im Jägerlatein. Ein Abschuss im Geheimen dagegen würde ihm absolut keine Befriedigung bringen, entscheidend sei, wenn man vor den Mitmenschen diesen Erfolg aufzeigen könne! Deshalb würde er auch viel lieber als legitimierter Jäger auf die Jagd gehen, da er sich dann offiziell mit anderen messen und über seine Erfahrungen und Erlebnisse erzählen könnte. Dies sei das eigentlich Entscheidende an der ganzen Geschichte. Wenn ihm ein schöner Abschuss gelang, fühlte er sich den anderen überlegen oder zumindest gleichwertig, wenn er schöne Trophäen nach Hause brachte, sah er sich bewundert und beneidet, durch seine Jagdleidenschaft und das Wildern fand er Bewunderung. Die Beschäftigung mit dem Wild, mit der Jagd, mit dem Wildern, wurde sein eigentlicher Lebensinhalt, dem er alles geopfert habe: Beruf, befriedigendes Familienleben und letztlich auch seine finanzielle Existenz.

Paradoxerweise sei er daneben sehr tierliebend, er habe keinesfalls nur gewildert, sondern sehr viel Geld für Tiergehege, Wildfütterung im Winter usw. ausgegeben. Es sei ihm sehr wohl bewusst, dass er durch seine Jagdleidenschaft ein Außenseiter der Gesellschaft geworden sei, er habe deswegen auch starke Hemmungen, da er nicht wie andere gleichaltrige Männer einen geordneten Beruf und ein normales Leben habe. Er habe nie Frauenbeziehungen gehabt, obwohl er sich oft nach Heim und Familie gesehnt habe.

Als weiteres Motiv für die Wilderei gab er alte Fehden mit verschiedenen Aufsehern und Jagdherren an. Bei manchem Abschuss sei es ihm einfach darum gegangen, es den anderen zu zeigen, ihnen eins auszuwischen und ihnen zu beweisen, dass er, Franz M., von Wild und Jagd doch viel mehr verstehe als die anderen, die ihn immer nur verfolgten und schikanierten. In solchen Situationen habe er häufig das Gefühl gehabt, eine Leistung vollbracht zu haben, die man ihm nicht geschenkt habe, die ihm nicht jeder nachmachen könne. Ansonsten sei er ein grundehrlicher Mensch und gelte als Ehrenmann.

Das Wildern sei für ihn so etwas wie eine Sucht, er sehe sich hier in einer ähnlichen Situation wie ein Alkoholiker, der trotz besseren Wissens und trotz des gesundheitlichen Schadens, den er sich durch das Trinken zufügt, nicht vom Alkohol lassen könne. Darüber habe er schon oft nachgedacht, er sei sich völlig im Klaren, dass er vom Wildern nicht lassen könnte, auch wenn die Todesstrafe darauf stünde. Dies sei wie bei einem Bergsteiger, der auch im klaren Bewusstsein der Gefahr seiner Leidenschaft nachgehe. Zudem sehe man doch auch bei vielen anderen Menschen, wie viel ihnen die Jagd bedeute, sonst würden ja nicht vermögende Menschen Millionenbeträge für die Jagd, für die Erfüllung ihrer Jagdleidenschaft, ausgeben. Seiner Meinung nach hätten viele Menschen diesen starken Jagdtrieb. Anderen sei es allerdings vergönnt gewesen, eine Jagd pachten oder einen Jagdberuf erlernen zu können. Auch diese Menschen hätten die höchste Befriedigung nach einem schwieriger Abschuss, auch sie würden mit ihren Jagderfolgen prahlen und mit Begeisterung von ihren Erlebnissen erzählen, genau wie er. Er habe häufig versucht, eine Stelle als Jagdaufseher oder Jagdgehilfe zu bekommen, habe dabei manchmal auch Unterstützung von verschiedensten Seiten erfahren, letztlich habe man ihm aber immer misstraut und ihm nie eine echte Chance gegeben.

Als wirkliche Krankheit sehe er seine Jagdleidenschaft nicht, er fühle sich psychisch völlig normal, deshalb habe er auch nie daran gedacht, nervenärztliche Hilfe in Anspruch zu nehmen. Selbstverständlich sei er durch seine Außenseiterrolle und durch die Konflikte mit dem Gesetz häufig depressiv gewesen, habe sich die Frage gestellt, wie es weitergehen könne, und auch an Selbstmord gedacht. Nach einem guten Abschuss seien diese traurigen Gedanken aber immer wieder verflogen und er habe sich wochenlang in einem Hoch und in einem richtigen Glückstaumel befunden.

Als kriminell habe er sich nie betrachtet, es leuchte ihm einfach nicht ein, weshalb frei lebende Tiere, die für alle Menschen da seien, nur von einer bestimmten Personengruppe gejagt werden dürften. Wegen eines Abschusses habe er nie ein schlechtes Gewissen gehabt, er sehe das Ganze eher als Kavaliersdelikt und fühle sich im Übrigen als Ehrenmann.

Sein größter Fehler sei die Vertrauensseligkeit gegenüber fremden Menschen, er habe oft von seinen Jagderlebnissen in gutem Glauben erzählt und seine Trophäen hergezeigt und sei dann angezeigt worden. Dies habe sein Misstrauen gegenüber den meisten Menschen nur genährt und seine Isolation verfestigt.

Analyse

Bei Franz M. war eine neurotische Störung, gekennzeichnet durch Kontaktängste und soziales Versagen, zu diagnostizieren, an einer Behinderung oder Geisteskrankheit litt er aber mit Sicherheit nicht. Das Wildern war Ausdruck seiner Außenseiterposition, war teilweise motiviert durch den Wunsch nach Rache an der ihn ausschließenden Gesellschaft. Es erfüllte seine narzisstischen Bedürfnisse und diente wohl auch der Abwehr von Männlichkeitsängsten. Der mit der verbotenen Jagdhandlung verbundene Gefühlsaufbau ist mit jenem bei anderen sexualisierten Störungen durchaus zu vergleichen. Zu werten ist das Phänomen der Jagdleidenschaft als abnorm starke Ausprägung eines an sich in jedem Menschen vorhandenen Triebes, eben des Jagdtriebes, ob man diesen nun als Sonderform des Aggressionstriebes im Freud'schen Sinn oder als erhalten gebliebenes archaisches Element nach C. G. Jung betrachten will. Man kann somit nicht von einem abnormen Triebbedürfnis, wohl aber von einer abnormen Triebstärke sprechen.

Die auf den ersten Blick ausschließlich triebhaft bedingten Taten des Franz M. zeigten bei näherer Analyse neben den nicht weiter zurückverfolgbaren triebhaften Wurzeln vor allem auch Ursachen im Bereich der gestörten Persönlichkeits- und Sozialentwicklung. Er wuchs ja in nicht sehr günstigen Elternhausverhältnissen auf, als ungewolltes Kind fand er sich von Anfang an in der Rolle des ungeliebten, nicht verwöhnten „schwarzen Schafes". Schmerzhaft musste er die mitmenschliche Wärme, die nötige

Zuneigung und Anerkennung missen. Daraus resultierte eine selbstunsichere, verschlossene, wenig bindungsfähige Persönlichkeit, die sich dem vorgegebenen Interesse für Natur und speziell für Wild zuwandte und dort ihre eigentliche Verwirklichung fand. Dies isolierte ihn im sozialen Leben noch weiter, und er fand im Jagen einen Weg, sich Anerkennung zu verschaffen. Er selbst bezeichnet es ja typischerweise als uninteressant, ein Tier ganz im Geheimen abzuschießen, das Wahre seien das Erzählen über die Jagd und das Herzeigen der Trophäen, die für ihn den Stellenwert eines Sportpreises haben. Dies deutet auf seine narzisstischen Bedürfnisse und seinen sexualisierten Macht- und Männlichkeitsanspruch hin.

Das Wildern war somit auch Symptom einer neurotischen Charakterentwicklung und neben dem vorgegebenen primären Triebbedürfnis waren bei Franz M. auch neurotische Anteile vorhanden. Als dieser zu einer Freiheitsstrafe verurteilt werden sollte, zögerte der Richter. Instinktiv wurde ihm bewusst, dass für diesen Mann der Freiheitsentzug viel mehr bedeutet als eine gewöhnliche Strafe. Es sei ihm während der Verhandlung, so sagte mir der Richter später, immer Rilkes Gedicht *Der Panther* durch den Kopf gegangen ...

Kapitel 9

Aggression und Perversion – sexuelle Gewalt

Das körperlich schwer verletzte und psychisch geschockte Opfer, eine 30-jährige Kassiererin eines Supermarkts, die bis Mitternacht arbeiten musste, gab Folgendes zu Protokoll: „... Als ich ins Parkhaus ging, sah ich kurz vor meinem Fahrzeug bei der gegenüberliegenden Reihe geparkter Autos einen Mann. Er war groß und trug eine schwarze Kappe, die Hände hatte er in der Hosentasche. Ich dachte mir noch, der schaut aber komisch aus, und ging mit schnelleren Schritten zu meinem Fahrzeug. Als ich mein Auto aufschloss und mich auf den Fahrersitz setzte, war der Mann, der jetzt seine Kappe über das Gesicht gezogen hatte, auch schon hier. Ich versuchte noch, die Tür zuzusperren, was mir jedoch nicht gelang. Nachdem der Mann die Tür aufgerissen hatte, warf er sich augenblicklich auf mich. Als ich schrie, schlug mir der Mann sofort mit der Faust ins Gesicht. Ich versuchte es mit Reden und bot ihm mein Auto und mein Geld an. Er sagte aber nur: ‚Ich will dich ficken!' Dabei sprach er mit verstellter Stimme, mit unnatürlichem Ton. Ich konnte irgendwie die Beifahrertür entriegeln und aus dem Auto flüchten. Ich rannte weg und schrie laut um Hilfe. Der Mann holte mich noch in der Garage, kurz vor dem Notausgang, ein, packte mich an den Haaren, riss mich augenblicklich zu Boden, schlug meinen Kopf auf den Boden auf und forderte mich auf, sein Genitale zu streicheln, ‚aber ganz sanft'. Ich musste hingreifen und hatte sein Glied in der Hand. Er zog meinen Kopf an den Haaren zu seinem Geschlechtsteil, schob mir sein Glied in den Mund und hat mich dabei immer wieder geschlagen. Eigenartigerweise war es während des ganzen Vorganges nie erigiert. Als ich ihm zwischen die Beine trat, nahm er meinen Kopf, schlug ihn wieder auf den Boden und sagte zu mir: ‚Wenn du das wieder machst, bring' ich dich gleich um ... Ich werde dich aufschlitzen ..., ich werde dich zerstückeln!'

Danach versuchte er in mich einzudringen, was ihm wegen der fehlenden Erektion nicht richtig gelang. Er beschwerte sich bei mir, dass ich nicht feucht genug sei. Anschließend steckte er seine Hand zwischen meine Beine und führte sie in meine Scheide ein. Dabei forderte er mich auf, ihm zu sagen, dass mir das gefalle und dass ich ihn liebe. Er nannte mich ein liebes, braves Mädchen, das er unendlich gern habe, dann wieder wechselte er den Ton und beschimpfte mich als geile Hure und dreckige Schlampe. Später hat er mir dann meinen Socken in den Mund gesteckt und gesagt, dass er mich jetzt ersticken werde. Dann hat er auf mich uriniert und mich wieder geschlagen. Er zerrte mich an den Haaren zu Boden und begann zu onanieren. Er versuchte, sein Glied in meine Vagina zu schieben, er hat mich dann schätzungsweise eine halbe Stunde lang beschimpft, geschlagen und sogar gebissen. Ich musste immer mit ihm reden und sagen, wie sehr ich ihn liebe, wie großartig er sei und wie gern ich das habe.

Ich habe mich dann bewusstlos gestellt, er hat dies mitbekommen und an meine Brust gegriffen, um zu fühlen, ob mein Herz noch schlägt. Er hat aber nicht von mir abgelassen, als ich mich bewusstlos stellte, er hat mich weiter vergewaltigt, seine Hand in meine Scheide, seinen Finger in meinen After geschoben, meine Beine gespreizt, mich angesehen und dann versucht, meine Augen einzudrücken. Ich konnte dann das Zittern nicht mehr zurückhalten, mir war so kalt, weil ich ja die ganze Zeit am Boden lag. Er nahm mich wieder an den Haaren und warf mich in eine Ecke. Ich tat, als würde ich munter werden, er nahm mich nochmals, schlug wieder meinen Kopf auf die Erde und meinte, er würde mich nun gehen lassen und ich sollte ihm dankbar sein. Dann ist er davongerannt ...“

Aggressive Sexualtäter

Bei etwa einem Drittel aller Sexualdelikte sind Aggressionen im Spiel, so bei pädophilen und exhibitionistischen Delikten, vor allem aber bei sexueller Nötigung und Vergewaltigung, am furchtbarsten beim Sexualmord. Aggressivität und Sexualität gehören in vielerlei Hinsicht zusammen. Es ist eine Frage der Persönlichkeitsreife und -stärke, wie diese beiden Tendenzen, die den gleichen tiefenpsychologischen Ursprung haben, getrennt und in sozial akzeptabler Weise integriert werden können.

Unter den aggressiven Sexualtätern finden sich häufig Jugendliche mit einer unreifen Persönlichkeit, Menschen mit Persönlichkeitsstörungen und solche mit Neigung zu Alkoholmissbrauch. Man kann generell sagen, dass Personen mit niedriger Intelligenz und geringem Bildungsniveau, Angehörige unterer sozialer Schichten und Menschen mit irgendeiner Hirnschädigung eher zu gewalttätigen Reaktionen neigen und andere Konfliktlösungen weniger beherrschen, so auch in der Sexualität. Bei Vergewaltigungen handelt es sich meist um Gelegenheitsdelikte an anonymen Opfern, bei denen Alkohol eine bedeutende Rolle spielt. Überraschenderweise handeln viele aggressive Sexualtäter nicht nur aus „sexuellem Notstand“ oder infolge zu hohen „Triebdrucks“, sondern auch als Folge von Impotenzreaktionen, welche die sexuelle Entspannung verhindern. Aggressive Sexualdelikte haben komplexe Motive, so Versagensängste, Minderwertigkeitsgefühle, aggressive Abwehr von Kastrationsbefürchtungen oder Abreagieren innerer Wut auf Frauen. Aggressionen werden aber immer eingesetzt, um geschlechtliche Befriedigung zu erreichen und eigene Minderwertigkeitsgefühle zu überwinden. Dies trifft insbesondere beim Typ des „Macho“ zu, welcher Frauen schlichtweg benutzt, aber auch bei Gruppenvergewaltigungen, bei denen die aufgeschaukelte Dynamik, in welcher einer den anderen an Stärke und Männlichkeit übertreffen will, zu einem Überkochen der Aggressivität führt.

Oft werden durch den Einsatz von Aggressionen Männlichkeitsprobleme, Versagensängste und Unterlegenheitsgefühle gegenüber der Frau überspielt. So war es wohl auch bei jenem Täter, der die Kassiererin vergewaltigte. Die Schilderungen des Opfers belegen dessen typische Persönlichkeitsstörung, das hohe Aggressionspotenzial und die entsetzliche Gefühlskälte, die Impulsivität und das in vielfältiger Weise perverse Agieren, die narzisstische Empfindlichkeit und die sadistische Raserei – und dessen Versagensangst.

Was sind Vergewaltiger bloß für Menschen?

In großen amerikanischen Forschungsprojekten wurde versucht, durch Erfassung von Verhaltensstörungen in der Kindheit, von sexuellen Gedanken, von speziellen Persönlichkeitszügen und des Umgangs mit Aggressionen eine Typologie von Vergewaltigern zu finden. Dabei werden Täter aus Gelegenheit, von durchdringender Wut angetriebene und primär von sexuellen Motiven beeinflusste Täter sowie solche, die von starken Rachegefühlen geprägt sind, unterschieden.

Bei den *Tätern aus Gelegenheit* („Opportunity“) kommt es typischerweise ohne Vorplanung und aus einer speziellen Situation heraus zur Vergewaltigung. Diese Täter weisen meist eine emotional instabile Persönlichkeit auf, ohne dass eine ausgeprägte sexuelle Fantasietätigkeit vorliegt. Oft zeigen sie auch außerhalb des Sexualbereichs dissoziale Züge, nicht selten sind sie vorbestraft. Als Grundstörung liegt bei ihnen eine geringe Impulskontrolle vor.

Die von *durchdringender Wut angetriebenen Täter* („Pervasive Anger") sind auch außerhalb des Sexualbereichs gewalttätig, sie waren schon oft in Schlägereien verwickelt und wegen Aggressionshandlungen vorbestraft. Die Vergewaltigung, welche meist mit erheblichen Verletzungen verbunden ist, ist somit eine spezielle Form einer allgemein erhöhten Aggressivität.

Die *primär von sexuellen Motiven beeinflussten Täter* („Sexualization") leiden unter exzessiven, oft zwanghaften sexuellen Fantasien und perversen Reaktionen. Die Attacken auf Frauen sind in der Regel gut geplant und wurden zuvor schon gedanklich genau durchgespielt. Die die Vergewaltigung prägenden Fantasien lassen sich nach sadistischen und nicht-sadistischen Inhalten unterscheiden. Die sadistischen Motive manifestieren sich in ausgeprägter körperlicher Gewalttätigkeit oder oft auch in „stummen" symbolischen Handlungen, während die nicht-sadistischen Täter meist unter Zweifeln an der eigenen Männlichkeit und Gefühlen sexueller Unzulänglichkeit leiden.

Die *von starken Rachegefühlen geprägten Täter* („Vindictiveness"), welche meist eine sehr gestörte Mutterbeziehung und ein negatives Frauenbild haben, leiden an einer unbändigen, permanenten Wut und Aggression gegenüber Frauen. Das Tatverhalten ist auf Demütigung und tief gehende Verletzung des Opfers ausgerichtet.

Der Sexualmord

Frederic St., nach einem sadistischen Mord vor Gericht stehend, beschreibt das Gefühl vor der Tat wie folgt: Er habe im Restaurant ein 20-jähriges Mädchen gesehen, habe das Gespräch mit ihr gesucht, habe sie nach Hause begleitet, habe sich „irrsinnig geil" auf sie gefühlt, sei aufdringlich geworden, sie habe ihn zurückgestoßen. Dies habe ihn sehr erniedrigt und er habe einen furchtbaren Zustand des Ohnmachtsgefühls und des Hasses bekommen: „Plötzlich war es da, dieses Gefühl, es ist nicht zu beschreiben, ich halte es nicht mehr aus, es ist ein unbezwingbarer Drang, ein Drang, zuzustechen." Er habe dann die Tat, über die er sehr viel nachgedacht und gesprochen habe, ausgeführt, könne sich an alle Tatvorkommnisse erinnern, wisse genau, dass er das gewesen sei, habe aber trotzdem das Gefühl gehabt: „Das war ja nicht ich." Er sei ein ganz anderer gewesen und habe sein Agieren von außen betrachtet: „Ich war nicht mehr ich selbst, ich war eine völlig fremde Person. Ich spürte, dass eine neue Diskette in mein Hirn geschoben wird. Ich habe mich von oben gesehen, einen kalten Roboter, der programmiert war, programmiert zu töten." Dies sei durch die Zurückweisung, die er nicht verkraftet habe, ausgelöst worden. Er habe sich erniedrigt und ohnmächtig gefühlt, habe sich Gehör verschaffen und mit allen Mitteln erreichen wollen, dass sie sich ihm zuwende.

Durch das erste Zustechen sei er dann plötzlich sehr stark geworden und habe das Gefühl gehabt, ihr nicht genug antun zu können. Er sei in einem Ausnahmezustand gewesen und habe keine Grenze mehr gekannt. Er habe dabei aber keine sexuelle Lust mehr gespürt, eher das alles beherrschende Gefühl der Stärke: „Ich konnte nicht hoch genug sein und sie nicht tief genug sehen." Wenn er eine Pistole in der Hand gehabt hätte, hätte er sich in diesem Zustand ganz sicher umgebracht. Er habe in dieser Situation alles im Kopf gehabt, habe einerseits dieses Gefühl der Stärke und andererseits jenes der unendlichen Trauer über das, was jetzt passieren musste, verspürt. Es habe sich in ihm alles verdichtet, er habe seinen ganzen Hass auf sie übertragen: „Sie war tot, und das war mir noch zu wenig." Sein Verhalten sei irreal gewesen, da es ihn vor der Verstümmelung der Leiche, der Entnahme des Gedärms usw. eigentlich ja geekelt habe. Trotzdem habe es keinen anderen Weg gegeben, als sie abzuschlachten und total zu zerstören ...

Bei sexuell motivierten Tötungen handelt es sich in seltenen Fällen um so genannte Deckungsmorde, d.h. die Tötungshandlung dient zur Verdeckung einer sexuellen Nötigung oder einer Vergewaltigung. Die Täter geraten in Panik, weil sie Angst haben, das Opfer könnte sie identifizieren. Bei genauer Analyse ist mit dem Begriff der Panik aber ein anderer innerer Zustand gemeint, nämlich jener der bislang nicht in dieser Intensität bekannten sadistisch-perversen Neigung, welchen der Täter als fremd und nicht zu seiner Innenwelt gehörig erlebt. Oft entspricht das Motiv des Verbergens und Verdeckens einer sekundären, oberflächlichen Rationalisierung, mit welcher die Entsetzlichkeit der eigentlichen Ursache abgedeckt wird.

Manchmal kommt es im Rahmen von Vergewaltigungen zu unbeabsichtigten, versehentlichen Tötungen, besonders, wenn das Opfer schreit oder sich heftig wehrt. In der Regel sind sexuelle Tötungen aber die Folge sadistisch-perverser Entwicklungen, oder sie entspringen aggressiven Impulshandlungen, welche als Durchbruch schwerer Persönlichkeitsstörungen zu verstehen sind. Man spricht dann von einer destruktiven Dynamik, die verschiedene Empfindens- und Verhaltensbereiche erfasst, darunter auch die Sexualität.

Personen, die eine sadistisch-perverse Entwicklung mitmachen, leben nach außen hin oft völlig unauffällig. Sie sind sozial gut angepasst und integriert, fügen sich in die Gegebenheiten reibungslos ein und haben mit ihrer Umwelt kaum Konflikte. Meist haben sie wenig soziale Beziehungen, sie gelten in der Umgebung als einzelgängerisch und als „graue" Mäuse. Hinter dieser Fassade verbergen sich grauenhafte Fantasien und schwer unterdrückbare sadistische Impulse. Ab dem Pubertätsalter dominieren Vorstellungen von Macht, Überwältigung, Folter und Schlägen. Das Quälen der Opfer, deren Ausgeliefertsein und Todesangst, ist das Erregende. Im Laufe der jungen Erwachsenenjahre werden diese Fantasien ausgebaut und variiert, sie beherrschen die sexuellen Vorstellungen immer mehr, andere sexuelle Befriedigungsformen werden uninteressant und treten völlig in den Hintergrund.

Oft schon kommt es in frühen Jahren zu Vorläufern des späteren Sexualmordes, wie dies bei Siegfried P. der Fall war. Dieser hatte bereits als 12-jähriger Junge in einer Unterführung eine Attacke auf ein 8-jähriges Mädchen gemacht. Er hatte dem Kind aufgelauert, es zu Boden gerissen, ihm den Mund zugehalten, die Unterhose hinuntergerissen und dann versucht, mit einem Finger in seine Scheide einzudringen. Als sich das Mädchen heftig wehrte, fasste er es bei den Ohren und Haaren und schlug seinen Kopf auf den Asphalt. Er ließ von dem Kind erst ab, als sich Passanten näherten, die ihn festhielten. Nach seinen Motiven befragt, führte er nach längerem Zögern aus, dass ihn nicht nur der Geschlechtsteil des Mädchens interessiert habe, sondern es sei ihm in erster Linie um die Angst des Mädchens gegangen. Die Augen des Kindes und sein Gesichtsausdruck hätten ihn sehr erregt, ebenso das Gefühl, dass das Mädchen jetzt Schmerz erleiden müsse. Er könne sein Empfinden nicht richtig beschreiben, es sei etwas, das er noch nie verspürt habe.

Vier Jahre später verübte Siegfried P. eine Vergewaltigung. Er war einige Zeit über einen kinderpsychiatrischen Dienst betreut worden, hatte die Pflichtschule zum Abschluss gebracht und dann eine Lehre begonnen. Man hoffte, dass sein „Ausrutscher" in der Kindheit endgültig überwunden sei und die Behandlung zum Erfolg geführt habe. Siegfried galt als eher kontaktarm, verschlossen und einzelgängerisch, an seinem Lehrplatz brachte er gute Leistungen. Er lauerte in der Nähe einer Disco auf ein geeignetes Opfer, fasste eine junge Frau, die sich allein auf den Heimweg machte, von hinten, hielt ihr ein Messer an den Hals und drohte, sie „abzustechen“, wenn sie einen Laut von sich gebe. Er wollte sie zum Oralverkehr zwingen, habe dann aber keine Erektion mehr gehabt. Er belegte sie mit schlimmsten Ausdrücken und drohte ihr immer wieder das baldige Ende an. Dabei gebrauchte er wiederholt den Ausdruck „abschlachten“. Später vergewaltigte er sie dann und ließ sie gegen das Versprechen, niemandem etwas zu erzählen, frei.

Siegfried P. fiel über Jahre nicht mehr auf. Er fand eine gut bezahlte Stelle, heiratete, hatte aber neben seiner Ehegattin eine zweite Intimbeziehung. Seiner Geliebten erzählte er nichts von seiner Ehe. Da er als Schichtarbeiter sehr unregelmäßige Dienstzeiten hatte, gelang es ihm, über längere Zeit die beiden Partnerschaften unbemerkt nebeneinander zu führen. Eines Tages lauerte er nach Arbeitsschluss in seinem Pkw einem geeigneten Opfer auf, sah eine 11-jährige Schülerin, die mit ihrem Fahrrad in Richtung Schule unterwegs war. Um sie anhalten zu können, fuhr er mit seinem Pkw absichtlich seitlich gegen ihr Fahrrad, so dass sie zu Sturz kam. Er zerrte sie mit Gewalt in sein Auto. Als sie sich wehrte und zu schreien begann, bedrohte er sie mit dem Umbringen. Anschließend fesselte er dem Kind die Hände am Rücken und zog sich eine Wollmütze über den Kopf. Dann vergewaltigte er das Mädchen, wobei er ihr zuvor die Fesseln abnahm. Er sagte, dass er sie erstechen werde, wenn sie nicht alles mache, was er verlange, oder wenn sie ihn verrate. Er vergewaltigte sie ein weiteres Mal und zwang sie zum Oralverkehr, fragte dann das Mädchen, welche Personen- und Fahrzeugbeschreibung es über ihn abgeben könne. Er nahm dann einen mitgeführten Gepäcksgurt und strangulierte das Kind von hinten massiv im Halsbereich. Da das Kind annahm, dass es nun umgebracht werden würde, stellte es sich tot. Siegfried P. warf den scheinbar leblosen Körper aus dem Auto und flüchtete. Das Mädchen hat glücklicherweise überlebt.

Die psychiatrische Untersuchung ergab bei Siegfried P. das Bild einer sadistisch-perversen Entwicklung, also einer Persönlichkeit, die sozial zwar unauffällig war, bei der sich aber in größerem Abstand immer wieder eine destruktive, pervers-sadistische Energie zusammenballte. Die sexuellen Impulshandlungen brachen dann plötzlich durch, wurden aber von Siegfried P. als etwas Fremdes, Zwanghaftes und nicht zu seiner Person Gehörendes empfunden. Sein inneres Erleben war geprägt von einer als kalt, gemütsarm und bösartig erlebten Muttergestalt. Demgegenüber wurde die Person des Vaters als nachgiebig, weich, wenig präsent und kaum durchsetzungsfähig erlebt. Daraus ergaben sich eine mangelnde Identität mit der männlichen Rolle und teils bewusste, teils unbewusste, jedenfalls aber abgewehrte Hassgefühle gegenüber dem weiblichen Part, der später auf weibliche Sexualobjekte übertragen wurde.

Von seiner Persönlichkeitsstruktur her war Siegfried P. ein unreifer Mensch mit infantilen Fixierungen und Neigungen zu Affektdurchbrüchen. Er war von massiven inneren Ängsten geplagt, reagierte auf Frustrationen mit Rückzugstendenzen und Scheu vor dem Umgang mit Menschen und hatte wenig innere Verarbeitungsmöglichkeiten. Sein Denken war teilweise infantil, die Fähigkeit zur Kontrolle der Impulse stark eingeschränkt. Die Diagnose einer emotional instabilen, unreifen Persönlichkeit ergab sich praktisch in allen durchgeführten Testverfahren. Des Weiteren zeigten sich Zeichen innerer Leere, einer übermäßigen Anpassung nach außen und hochgradigen Verdrängens und Abwehrens erlebnismäßiger Inhalte. Siegfried P. litt unter Selbstwertzweifeln, Verstimmungszuständen, Kontaktängsten und einer psychosomatischen Erlebnisverarbeitung. Neben eindeutigen hypochondrischen Neigungen zeigten sich in den Tests auch Tendenzen zur Missachtung sozialer Normen, neurotische Mechanismen mit hysterischer Komponente, geringe Frustrationstoleranz und Psychasthenie.

Ganz charakteristisch war, dass sein abnormes Sexualverhalten aus zentralen Traumatisierungen und Störungen resultierte, dass der Prozess der inneren Ablösung von der Mutter unvollständig durchlaufen wurde und die Übernahme der männlichen Identität problematisch blieb. Die unvollständige innere Trennung von der Mutter bedingt eine zwiespältige Gefühlseinstellung zur Muttergestalt, die typischerweise im späteren Leben auf Frauen überhaupt übertragen wird. Das Gefühl des inneren Gebundenseins an die Mutter führt einerseits zu Wünschen und Fantasien, die alte Einheit, das Verschmelzen mit der Mutter wiederherzustellen, andererseits wird das innere Angebundensein an die Mutter als Behinderung erlebt. Dies lässt Gefühle von Selbstständig-, Erwachsen- und Autonomsein und Gefühle, der eigenen männlichen Identität gewiss sein zu können, nicht aufkommen. Daraus resultierend entstanden bei Siegfried P. Gefühle wie Feindseligkeit, Wut, Hass der Mutter und in speziellen Situationen Frauen gegenüber. Charakteristisch für ihn war eine problematische Gefühlseinstellung zu weiblichen Personen, welche als ein Gemisch aus Angst, Unsicherheit, Wut und infantilen Zuwendungswünschen zu bezeichnen ist.

Bei der zweiten großen Gruppe von Sexualmördern finden sich völlig gegensätzliche Biografien. Hier handelt es sich nicht um sozial unauffällig, angepasst lebende Personen, sondern um solche mit Persönlichkeitsstörungen und Verwahrlosungserscheinungen, mit beruflicher Unstetigkeit und häufigem Stellenwechsel sowie kriminellen Tendenzen auch in anderen Bereichen. Alle Beziehungen sind bei diesen Personen konflikthaft und beinhalten eine aggressive Tönung. Sie agieren nicht zurückgezogen und angepasst, sondern aggressiv und kämpferisch. In ihre wechselnden sexuellen Beziehungen fließen immer wieder hassvolle, unkontrollierbare aggressive Impulse ein, was regelmäßig zum Scheitern der Partnerschaft führt. Die sadistischen Impulse sind bei dieser Tätergruppe als Durchbruch einer destruktiven Dynamik zu werten. Die Tötungshandlungen erfolgen zufälliger, die Opfer werden kaum ausgewählt, der Handlungsablauf ist viel beliebiger und weniger ritualisiert. Charakteristisch für diese Tätergruppe sind die ständige Getriebenheit, die fehlende Entspannung und der plötzliche Kontrollverlust. Eines der bekanntesten Beispiele der letzten Jahre ist jenes des Dr. Wenzinger.

Gerd Wenzinger, Jahrgang 1941, seit 1978 als niedergelassener Arzt in Stuttgart tätig, wurde 1990 angezeigt, weil er Patientinnen während der medizinischen Untersuchungen heimlich gefilmt und sich durch das Betrachten der Videos Befriedigung verschafft hatte. Bei der Durchsuchung der Wohnung entdeckte die Polizei hunderte Patientenvideos, worauf Wenzinger seine Zulassung zur Berufsausübung verlor.

1994 brachte er eine 23-jährige Prostituierte in seine Gewalt, machte sie mit Beruhigungs- und Narkosemitteln widerstandsunfähig und manipulierte dann auf sadistische Weise an ihr herum. Durch Quälereien des wehrlosen Opfers und sadistische Handlungen fand er offensichtlich besondere Befriedigung. Er fügte ihr zahlreiche Nadelstiche im Bereich der Brust zu, bedrohte sie mit einer Kettensäge, verletzte sie mit dieser schwer im Hals-, Brust- und Rumpfbereich und tötete sie schließlich. Nach Todeseintritt versuchte er, mit der Leiche zu koitieren, schnitt ihr BH-förmig die Brüste ab, zerstückelte die Leiche mit der Kettensäge und warf die Leichenteile von einer Autobahnbrücke in den Oder-Havel-Kanal. Später übersiedelte Wenzinger nach Brasilien und führte dort sadistische Rollenspiele mit Prostituierten durch. Die dabei nach außen dringenden Hilfeschreie der Opfer veranlassten die Nachbarn zur Anzeige. Bei der Wohnungsdurchsuchung fanden die Beamten Videos, die ihn beim Quälen der Prostituierten und beim versuchten Geschlechtsverkehr mit der Leiche der in Deutschland getöteten Prostituierten zeigten. Wenzinger erhängte sich 1997 in seiner Gefängniszelle in Südamerika.

Die psychiatrischen Gutachter, die den Fall bearbeiteten, ermittelten, dass Wenzinger schon in der Kindheit in einer düsteren Welt aggressiv-sexueller Fantasien gelebt habe. Wahrscheinlich sei er in diese durch den starken Druck der Eltern, die ihn unbedingt zum Arztberuf zwingen wollten, getrieben worden. Das alles entscheidende Moment der Frustration war offenbar der Verlust von Praxis und Beruf. Vor dem Hintergrund dieser Versagenssituation habe er seine sadistischen Fantasien mehr und mehr ausgelebt, dadurch seine Versagensgefühle kompensiert und sich immer mehr in eine Welt voller Aggression, Sadismus und Gefühl der eigenen Überlegenheit und Beherrschung wehrloser Opfer begeben.

Das breite Spektrum der Pädophilie

Neben dem düstersten Verbrechen, dem sadistischen Sexualmord, hat in den letzten Jahren ein weiteres Sexualdelikt, das immer mit Gewalt – manchmal aber „nur" mit psychischer Gewalt – verbunden ist, großes Interesse gefunden, nämlich die Pädophilie.

Hinter dem Sammelbegriff Pädophilie verbergen sich unterschiedlichste Phänomene, da die Möglichkeiten, wie sexuelle Beziehungen zwischen Erwachsenen und Kindern im gesetzlichen Schutzalter zu Stande kommen können, sehr vielfältig sind: gegenseitige Liebesbeziehungen, erotisierte pädagogische Beziehungen, gewaltlose Verführung von Kindern, vergewaltigungsähnliche Attacken, Gelegenheitshandlungen von sozial unintegrierten Außenseitern. Den Pädophilen schlechthin gibt es nicht, obwohl die öffentliche Diskussion manchmal diesen Eindruck vermittelt. Oft sind sexuelle Handlungen mit Kindern Ersatz- und Ausweichhandlungen von eigentlich nicht pädophilen Männern, die aus äußeren Gründen kein befriedigendes Sexualleben führen und denen sich nun eine besondere Gelegenheit mit einem hilflosen Opfer bietet. Psychologisch und sexualwissenschaftlich macht es einen erheblichen Unterschied, ob der Missbrauch an einem kleinen Kind, an einem Pubertierenden oder an einem Jugendlichen erfolgt. Als Tendenz und grobe Faustregel lässt sich formulieren: Je älter und damit erwachsener der Adressat, desto partnerschaftlicher und reifer ist die Beziehung und desto unauffälliger, „normaler" ist die Persönlichkeit des Missbrauchers in sozialer wie psychologischer Hinsicht. Je jünger das Kind, desto abnormer sind Beziehung und Persönlichkeit des Täters. Bei sexuellen Handlungen mit Pubertierenden liegt in etwa der Hälfte der Fälle eine länger dauernde gegenseitige, emotional getragene Beziehung vor. Je nach dem Geschlecht der bevorzugten Kinder unterscheidet man heterosexuelle, homosexuelle und die seltener vorkommende bisexuelle Pädophilie, bei der das Geschlecht gegenüber dem Alter eine untergeordnete Rolle spielt.

Ein Entgegenkommen der Kinder ist nur in 15% bis 20% der Fälle zu beobachten, im Gegensatz zu Handlungen mit Pubertierenden, wo dies in nahezu der Hälfte der Fälle vorkommt. Ein aggressives Vorgehen ist bei Handlungen mit vorpubertären Kindern deutlich häufiger und wird in bis zu 40% der Fälle beschrieben, bei denen es sich in der Regel um anonyme Handlungen ohne eine emotionale Beziehung handelt.

Pädophile sind oft selbstunsichere, retardierte, unerfahrene und kontaktarme Jugendliche. Sie leiden unter Minderwertigkeitsgefühlen und sexuellen Hemmungen, sie wünschen sich eine Partnerin, werden aber oft zurückgewiesen oder trauen sich nicht mehr, Kontakt aufzunehmen. Kinder sind für sie leichter zugänglich als Gleichaltrige und lösen weniger Ängste aus. Die Taten sind bei diesen Fällen meist nicht aggressiv, sondern wirken eher wie kindliche Sexspiele. Jugendliche Pädophile gehören nicht selten zu sozial randständigen Gruppen, haben Alkohol- und Drogenprobleme, führen einen unsteten Lebenswandel und orientieren sich in der Sexualität falsch.

Bei den Tätern mit so genannten erotisierten pädagogischen Beziehungen handelt es sich meist um pädagogisch interessierte Personen, um Lehrer und Sporttrainer, auch um Jugendgruppenführer oder Priester. Es sind meist feinfühlige, kultivierte, fantasiebegabte und kontaktbereite Menschen, die die Mentalität des Kindes rasch erfassen und sich in dessen Welt hineinversetzen können. Durch ihre Begeisterungsfähigkeit und Überzeugungskraft finden sie bald das Vertrauen der Jugendlichen. Über privaten Umgang werden dann die pädophilen Kontakte geknüpft.

Pädophile Alterstäter, die heute nicht mehr so oft angetroffen werden, sind meist rüstige, vitale Männer, die trotz erhalten gebliebener sexueller Potenz kein befriedigendes Sexualleben mehr führen können und dann sehr junge Opfer suchen. Der altersbedingte Hirnabbau begünstigt das Durchbrechen sexueller und pädophiler Impulse.

Die kindliche Partnerwahl durch einen Erwachsenen hat im Wesentlichen zwei Wurzeln: Die eine ist die Abwehr von Ängsten, die von der

Frau ausgehen. Diese Ängste können sich in verschiedener Weise äußern, z.B. im Gefühl, genital nicht vollwertig zu sein. Die Angst kann auch vom weiblichen Genitale ausgehen, welches mit Attributen wie unsauber, minderwertig, verletzt usw. versehen wird, während der kindliche Körper als sauber und rein erlebt wird. Die zweite Wurzel liegt darin, dass die jeweils eigene kindliche Situation regressiv wiederhergestellt wird: In der pädophilen Situation erkennt der Pädophile sich in dem Kind wieder und identifiziert sich mit ihm. Was er als Erwachsener mit dem Kind tut, ist die Erfüllung seiner Wunschfantasien. Er tut das, wovon er wünschte, die Mutter hätte es mit ihm getan. Der Pädophile will in seiner narzisstischen, verwöhnungsbedürftigen Haltung also selbst ein Kind sein. Infolge seiner Pädophile befriedigt der Täter seine Bedürfnisse identifikatorisch mit dem Kind, indem er zugleich unbewusst die Mutterrolle übernimmt. Die Befriedigung eigener Bedürfnisse betrifft in charakteristischer Weise Wünsche nach Zärtlichkeit, Hautkontakt, Verwöhnung und Geborgenheit. Der liebesbedürftige Pädophile will aber, so wie alle Sexualtäter, immer auch Macht ausüben.

Es ist nicht einfach, über ein so emotionales Delikt wie die Pädophilie aus der Sicht des Täters zu schreiben. Allzu sehr ruft man Skepsis und Betroffenheit bei jenen Erwachsenen – es sind etwa 10 bis 20% – hervor, die selbst Opfer sexuellen Missbrauchs geworden sind oder sexuelle Gewalt in ihrer Umgebung miterleben mussten. Eine wirksame Prävention eines der schlimmsten Verbrechen, nämlich der Pädophilie, ist jedoch nur möglich, wenn man Motive und Persönlichkeiten der Täter kennt und auch berücksichtigt, dass manch Pädophiler selbst einmal ein missbrauchtes Kind gewesen ist.

Kapitel 10

Der Übeltäter Nummer 1 – Alkohol

Vom heimlichen Trinker zum öffentlichen Straftäter

Anton S. war ein angesehener Mann, Bürgermeister seines Ortes, selbstständiger Unternehmer, glücklich verheiratet, Vater von drei Kindern. Er galt als arbeitsam, tüchtig und strebsam, als starke und durchsetzungsfähige Persönlichkeit, aber auch als umgänglich, leutselig und sozial kompetent. Sein Wort hatte Gewicht, seine Redegewandtheit wirkte überzeugend, seine Zuversicht ansteckend, man hörte ihm gerne zu, man vertraute ihm, man wählte ihn mit satter Mehrheit. Anton S. saß gerne bei den Leuten, auch im Gasthaus, er trank Alkohol so wie jeder. Alkohol verbindet, führt die Menschen zusammen, baut Schranken und Vorurteile ab. Alkohol gibt das Gefühl der Gemeinschaft und der gemeinsamen Stärke, im Trinken sind alle Brüder. Anton S. trank vielleicht doch mehr, als die anderen. Er trank auch dann, wenn er allein war, wenn er sich nervös oder überlastet fühlte, wenn er seinen Ärger hinunterspülen oder seine Erschöpfung überspielen wollte. Die Nähe zum Alkohol wurde für ihn wichtig, er suchte Gelegenheiten zum Konsum, trank schon während des Tages, dann auch in der Früh. Er achtete peinlich darauf, dass niemand etwas von der Schnapsflasche in seinem Schreibtisch wusste, nahm Pfefferminzbonbons, lud seine Gesprächspartner immer häufiger auf einen „Schluck, den wir uns jetzt wohl verdient haben“ ein. Nie sah man Anton S. berauscht, er war – dies muss man offen sagen – aber auch nie ganz nüchtern. Anton S. hat sich im Lauf der Jahre zum rauscharmen Spiegeltrinker entwickelt, dessen Trinken im Stillen geschieht und nie mit Exzessen verbunden ist, das ganz allmählich in Missbrauch und dann in Unfähigkeit zur Abstinenz übergeht.

Sein Arzt hatte ihm bei einer Gesundenuntersuchung einmal gesagt, die Leberwerte seien etwas erhöht, das sei nicht tragisch, er solle einmal einige Wochen nichts trinken oder auf alkoholfreies Bier umsteigen. Anton S. versuchte es, wurde aber nervös, unruhig und ein wenig zittrig. In der Nacht schlief er nur oberflächlich, wachte immer wieder durch Angstträume auf, konnte dann schweißgebadet keinen Schlaf mehr finden. Er musste immer wieder an Alkohol denken, an dessen beruhigende und entspannende Wirkung, an Alkohol als Schlafmittel, als Getränk für die Nerven und den Kreislauf, an Alkohol, die wundersame Medizin.

Einmal brach Anton S. zusammen. Man sprach von einem Nervenzusammenbruch, der wohl von seinem großen Einsatz, von der beruflichen Belastung und seinem unermüdlichen Schaffen herrühre. Dieses Ereignis, das in Wirklichkeit ein durch den Alkoholentzug ausgelöster epileptischer Anfall war, machte ihn noch populärer. Sein Alkoholproblem blieb verborgen, verborgen vor seiner Gemeinde, vor seinen Freunden, vor sich selbst. Er bagatellisierte, verdrängte und verleugnete das Trinken, er konnte der Sucht nie ins Auge blicken.

Den Höhepunkt seiner politischen Karriere sollte die Eröffnung des neuen Rathauses darstellen. Anton S. hatte sich für den in ein Volksfest eingebetteten Festakt, zu welchem zahlreiche Prominenz erschien, viel vorgenommen, vor allem eine große Rede. Bei der Ausarbeitung wurde er durch reichlichen Weinkonsum inspiriert. Noch in der Früh übte er seinen Auftritt. Um sich zu beruhigen und seine Nervosität zu bekämpfen, trank er zwei Gläser Schnaps. Während der Rede wurde er unsicher, er sprach undeutlich, man konnte ihn nicht verstehen, er hielt inne, nestelte an seiner Hose herum, entblößte, auf dem Balkon des neuen Rathauses stehend, seinen Penis und urinierte auf die seinen Ausführungen lauschenden Menschen. Als er von den Umstehenden bedeckt und vom Mikrophon weggezogen wurde, war er verwirrt, dann brach er zusammen. Der Notarzt stellte einen Dämmerzustand fest, ausgelöst durch Aufregung, Überanstrengung, Hitze und Alkoholeinfluss. Im Krankenhaus wurde eine Blutalkoholkonzentration von 2,8 Promille gemessen, die Durchuntersuchung führte zur Diagnose einer alkoholbedingten Hirnschädigung und einer beginnenden Leberzirrhose. Das Verfahren wegen Erregung öffentlichen Ärgernisses wurde bald eingestellt, Anton S. ging nach längerem Krankenhausaufenthalt auf Kur, das Amt des Bürgermeisters gab er wenig später auf.

Alkohol war im Fall des Anton S. wohl der wesentliche Umstand, dass eine bis dahin unbescholten lebende, hoch geachtete Persönlichkeit ein Verhalten mit strafrechtlicher Relevanz an den Tag legte. Alkohol führt nie direkt zur Kriminalität, er kann aber Zustände eingeschränkter oder aufgehobener Zurechnungsfähigkeit auslösen, in denen verbrecherische Handlungen begangen werden. Er kann die Persönlichkeit eines Menschen so ändern, dass sie leichter enthemmt und aggressiv reagiert. Er kann über seine indirekte Wirkung, etwa über berufliche Desintegration und soziale Verelendung, die Schwelle zu Eigentumsdelikten erniedrigen. Er kann bei vielen Kriminaltaten der letzte und entscheidende Auslöser sein. Alkohol ist nicht nur ein in unserer Gesellschaft allgegenwärtiges Genussmittel, sondern er ist auch die am weitesten verbreitete Droge, deren Gebrauch sich bis in die prähistorische Zeit zurückverfolgen lässt. Immer schon war der Konsum dieses Getränkes umstritten, wurde verteufelt und verherrlicht, von politischer oder religiöser Seite verboten und verfolgt oder wohlwollend zugelassen und wirtschaftlich gefördert.

Alkohol, eine farblose, brennend schmeckende Flüssigkeit mit einem spezifischen Gewicht von 0,79 ist nicht nur ein Genussstoff und als Energieträger (1 g enthält 29,6 J bzw. 7,07 kcal) ein Nahrungsmittel, sondern hat seit urdenklichen Zeiten vielfältige Funktionen als Durstlöscher, Medikament, soziales Schmiermittel und Droge. Gleichzeitig aber ist Alkohol, nach seinem aus dem arabischen Kulturraum stammenden Namen als „das Feinste vom Feinen" (alkul = Puder, Schminke) benannt, eine toxische Substanz, ein Gift, das vor allem auf das Gehirn wirkt und vorübergehende, in manchen Fällen auch andauernde Störungen der psychischen Funktionen hervorruft und impulsives Verhalten fördert.

Bei fast jeder Kriminaltat stellt sich die Frage, ob und in welcher Konzentration Alkohol mit im Spiel gewesen ist. Die von Verteidigung und Staatsanwaltschaft intensiv diskutierte Frage nach der Höhe des Blutalkoholspiegels hängt von der Verteilung im Organismus, vom Füllzustand des Magens und von der individuellen Disposition ab. Physiologisch betrachtet, wird Alkohol bereits von der Mundschleimhaut, zum großen Teil aber erst durch Magen und Dünndarm resorbiert. Die Resorption hängt nicht nur von der Alkoholkonzentration, sondern vom Füllungszustand des Magens und etwaigem Einfluss medikamentöser Substanzen ab. Nach der Resorption wird Alkohol durch den Blutstrom und durch Diffusion nach den Regeln des Fließgleichgewichtes im gesamten Körper – allerdings in unterschiedlicher Gewebskonzentration – verteilt, bei Schwangeren ist auch ein Übergang in den Kreislauf des Fötus möglich. Die höchste Konzentration im Blut ist nach 30-60 Minuten erreicht, die Alkoholausscheidung beginnt unmittelbar nach der Zufuhr. Pro Stunde werden etwa 6-9 g Alkohol abgebaut, sodass es im Blut zu einem Stundenabfallwert von 0,1-0,2 Promille kommt. Der Abbau erfolgt durch Oxydation, das heißt, unter Einfluss einer Enzymgruppe (Alkoholdehydrogenase) wird Alkohol hauptsächlich in der Leber in Kohlensäure und Wasser umgewandelt. Nur ein geringer Teil des Alkohols wird über die Nieren, die Lungen und den Hautschweiß (maximal 0,5 g ausgeschieden. Durch diese gut nachvollziehbare Verstoffwechselung des Alkohols lässt sich bei vielen Straftaten die mutmaßliche Alkoholkonzentration des Täters berechnen, besonders dann, wenn ihm in zeitlich geringem Abstand zum Delikt eine Blutprobe entnommen wurde oder verlässliche Angaben über den Konsum vor der Tat vorliegen.

Das Gehirn verliert die Kontrolle

Am folgenschwersten und im Zusammenhang mit Verbrechen am bedeutendsten sind die Auswirkungen des Alkohols auf das Gehirn. Diese beginnen mit dem normalen oder einfachen Alkoholrausch, der, uns allen bekannt, von der Höhe des Blutspiegels, der körperlichen Verfassung, der Struktur der Persönlichkeit, der momentanen Befindlichkeit und dem Setting der äußeren Umgebung während des Rauscherlebnisses abhängt. Der leichte Rausch, gekennzeichnet durch Kritiklosigkeit, Enthemmung, Rededrang, Stimmungslabilität, Reizbarkeit und subjektiv erhöhte Leistungsfähigkeit, liegt bei Werten von 0,5 bis 1,5 Promille vor. Beim mittelgradigen Rausch, für den Werte von 1,6 bis 2,5 Promille als grobe Orientierung gelten können, nehmen Euphorie oder Gereiztheit zu, es kommt zu psychomotorischer Unsicherheit, Sprunghaftigkeit, Ziellosigkeit des Denkens, insbesondere aber zu Enthemmung, Impulsivität, Triebdurchbrüchen und gewalttätigen Reaktionsweisen. Nicht nur die meisten Tragödien im Straßenverkehr spielen sich bei leichten oder mittelstarken Räuschen ab, sondern auch ein erheblicher Teil der aggressiven Kriminaltaten.

Alkohol ist oft der letzte und entscheidende Faktor, der die leidenschaftliche Erregung eines Partnerschaftsstreits oder einer Eifersuchtssituation zur tätlich-aggressiven Auseinandersetzung werden lässt oder die aufgeheizte Atmosphäre einer Wirtshausstreiterei zur Explosion bringt. Alkohol setzt die Hemminstanzen unseres Gehirns und unserer Persönlichkeitsstruktur herab, Alkohol lässt Impulse, die sonst zurückgehalten werden, zum Durchbruch bringen, Alkohol unterbindet die Kritikfähigkeit und schränkt das besonnene, vorausplanende Denken ein. Obwohl Alkohol allein kaum für ein komplexes Kriminalverhalten verantwortlich ist, kann man doch sagen, dass ohne den „Teufel Alkohol" viele Menschen niemals zum Verbrecher geworden wären. Man denke nur an die unzähligen leichten und schweren Körperverletzungen, seien sie fahrlässig oder böswillig bedingt, an Beleidigungen, sexuelle Übergriffe, an Widerstand gegen die Staatsgewalt oder an Erregungen öffentlichen Ärgernisses. Ein Fall, der in der Zeitschrift für *Zivil- und Kriminalrechtspflege*, Hannover, Ende des 19. Jahrhunderts veröffentlicht wurde, möge dies verdeutlichen:

> „... Mania ebriosa. Tödtung: S., Corporal, bisher ein solider, ruhiger, stiller Mensch, war mit vier Soldaten zur Visitation der Wirtshäuser commandirt worden. In einem derselben wurde ihm Grog und Rum aufgewartet. Es erhebt sich ein Wortswechsel und Streit unter den Gästen. S. fordert seine Mannschaft auf, sich ruhig zu verhalten und geht ins Nebenzimmer, um den Streit zu schlichten. Ueber seinen Bemühungen, die Streitenden zu trennen, geräth er selbst in solche Aufregung, dass er um sich schlägt und stösst. Der Gastwirth will ihn beruhigen, nun ruft er aber seine Soldaten, stösst und sticht um sich wie wüthend, ersticht einen Arbeiter, verwundet einen Anderen und wird mit Mühe von seinen Soldaten gebändigt. Verhaftet und entwaffnet wird er blass und lässt sich ruhig auf die Wache führen. Dort schläft er einige Stunden ruhig und erwacht dann ganz besonnen, aber mit völliger Amnesie für den zwischen dem Ereignis des Handgemenges und der Verhaftung liegenden Zeitabschnitt. Die vom Vertheidiger geltend gemachte transitorische Geistesstörung wurde nicht anerkannt, die Behauptung des Ineulpaten, dass er sich an nichts erinnern könne, für einen Ausflucht gehalten und er von der Göttinger Juristenfacultät zu 5jähriger Festungsstrafe verurteilt."

Hier lag also eine schwere Berauschung vor, welche zu einer Verstärkung der Affekte und zu einer Enthemmung des erregten Soldaten geführt hat und in typischer Weise mit einem langen Schlaf endete. Die angeführte Erinnerungslosigkeit ist glaubhaft. Wichtig aber ist, dass das Verhalten des Betrunkenen psychologisch nachvollziehbar ist und nicht jenem eines verwirrten oder halluzinierenden Menschen entspricht.

Alkohol verstärkt häufig vorbestehende Stimmungen, verdichtet Ärger zu Aggression, Gereiztheit, blinder Wut und manchmal Misstrauen zu wahnhaftem Erleben. Wenn man Aggressionshandlungen unter Alkoholeinfluss analysiert, zeigt sich meist aber ein komplexer Hintergrund, trotz der Augenblicksverhaftung des Berauschten hat seine Handlungsweise oft eine längere Vorgeschichte. Häufig lassen die aggressiven Explosionen unbewusste, zum Teil verdrängte konflikthafte Entwicklungen erkennen.

Dies zeigt das Beispiel des Wolfgang W., eines pensionierten Lkw-Fahrers. Dieser hatte schon während seiner Berufsjahre reichlich getrunken, und zwar am Feierabend und am Wochenende, zum Teil aus Langeweile und Einsamkeit, zum Teil zur Entspannung und Selbstbelohnung. Er war ein typischer Beta-Trinker, welcher während des Tages abstinent lebt und gute berufliche Leistungen erbringt, sich aber jeden Abend und an den freien Tagen zumindest leicht berauscht. Sein Trinken spielte sich vornehmlich im kollegialen Kreise ab, Alkohol steigerte die Kontaktfreude des ansonsten eher schweigsamen, verschlossenen Mannes. Alkohol gab ihm ein Gefühl der Sicherheit und Geborgenheit und diente wohl auch zur Stimmungsaufhellung sowie zur Hebung seines eher angeschlagenen Selbstvertrauens. Er spielte in der Kneipe oft Karten, rauchte pro Tag über 40 Zigaretten und trank durchschnittlich fünf Bier. Nach dem Tod seiner Frau und der Pensionierung intensivierten sich Kneipenbesuche und Alkoholkonsum, er trank auch allein, das Rauchen nahm zu, das Trinken wurde exzessiv. Immer wieder traten bei ihm Erinnerungslücken auf, sodass er am nächsten Tag oft nicht wusste, in welcher Kneipe er zuletzt gewesen war, ob er die Zeche bezahlt habe und wie er nach Hause gekommen sei. Er hatte kaum noch andere Interessen, vernachlässigte sein Äußeres, mied Gesundenuntersuchungen und alle Personen und Institutionen, die mit Beratung und Therapie zu tun hatten.

Vor Wochen hatte Wolfgang W. einen ehemaligen Freund, nein, einen Kollegen getroffen, über welchen allerhand gemunkelt wurde: Er sei ein Tröster allein stehender Frauen und kümmere sich auch um „Witwen auf Zeit", um Frauen, deren Männer beruflich oft abwesend waren, beispielsweise mit ihrem Lkw-Zug gerade eine Tage dauernde Fernfahrt unternahmen. Wolfgang W. wusste nicht, ob man damit ihn gemeint hatte. Seine Frau hatte seine Fragen als eine der häufigen Eifersüchteleien zurückgewiesen. Das Problem wurde nie angesprochen, das Misstrauen blieb. Mit diesem Kollegen spielte Wolfgang W. jetzt oft Karten, der Verlierer musste ein Bier bezahlen. Darob gerieten die beiden in Streit, sie beschimpften sich heftig, Wolfgang W. begann, in krassem Gegensatz zu seinem sonstigen Verhalten, zu brüllen und mit der Faust auf den Tisch zu schlagen, er drohte sich auf den Widersacher zu stürzen. Dieser wehrte sich, machte eine ausholende Bewegung und traf Wolfgang W. dabei leicht am Kopf. Die Sache schien bereinigt, die Kumpanen spielten weiter, Wolfgang W. hatte wortlos die Gaststube verlassen. Er ging in die Küche, holte schweigend ein Messer, stürmte zurück, stürzte sich wortlos auf den Kollegen, stieß das Messer in dessen Brust und traf ihn mitten ins Herz. Die Wucht seines

Stoßes musste sehr heftig gewesen sein, da es zu Absplitterungen an den Rippen, einem Durchstich des Herzens und einer Abprallverletzung der Wirbelsäule gekommen war.

Wolfgang W. entfernte sich nicht vom Tatort, setzte sich auf einen Stuhl und schlief bis zum Eintreffen der Polizei ein. Bei der amtsärztlichen Untersuchung wurde ein schwerer Rausch festgestellt, die Blutalkoholkonzentration erbrachte einen Wert von 3,4 Promille. Die Leber war zirrhotisch, was den Alkoholabbau einschränkte. Die Computertomographie des Kopfes zeigte einen ausgeprägten Abbau von Hirnsubstanz, was als Folge des jahrelangen Alkoholmissbrauchs zu werten war. Wolfgang W. konnte sich an das Kartenspiel und die Auseinandersetzung erinnern. Beim Stoß gegen den Kopf habe ihm das Bewusstsein ausgesetzt, er sei erst bei der Einvernahme durch die Polizei wieder zu sich gekommen. Nach der Inhaftierung stellte sich ein heftiges Alkoholentzugssyndrom mit schwerem Zittern, Schwitzen, Unruhe, Schlaflosigkeit, Nervosität ein, am zweiten Tag trat ein epileptischer Anfall, zu werten als schweres Entzugssyndrom, auf. Das Gericht ging in Anbetracht der hohen Alkoholkonzentration, der massiven Vorschädigung des Gehirns, der Impulsivität und Persönlichkeitsfremdheit der Tat von einem Vollrausch aus. Wolfgang W. wurde zu einer zweijährigen Haftstrafe verurteilt und in eine Anstalt für entwöhnungsbedürftige Rechtsbrecher eingewiesen. Zwei Jahre nach der Entlassung habe ich ihn wieder getroffen, er hat mich, seinen ehemaligen Gutachter, nicht mehr erkannt, war desorientiert, verloren und ratlos. Die Alkoholdemenz hat den Mantel des Vergessens über alle früheren Erinnerungen, auch über das Tötungsdelikt, gelegt.

Der Fall des Wolfgang W. zeigt die Komplexität scheinbar ganz einfacher Rauschtaten. Nicht nur die hohe Blutalkoholkonzentration, die für ihn ja nichts Ungewohntes war, begünstigte das Tatverhalten, sondern auch die vorausbestehende Hirnschädigung. Jene Teile des Gehirns, welche für das Hemmungsvermögen verantwortlich sind, waren bei ihm am schwersten geschädigt. Der psychologische Hintergrund liegt aber in einem verdrängten Groll, einem unterdrückten und nie angesprochenen Konflikt, in einer jahrelangen, nach außen hin überspielten negativen Übertragung auf das Opfer, in einer nicht bewältigten Eifersuchtsproblematik, welche durch den aktuellen Streit in den Mittelpunkt gerückt worden ist. Die geringfügige Attacke von Seiten des späteren Opfers war der letzte Anstoß, Wolfgang W. vernichtete dann wie in Trance, blind vor Wut, im Denken eingeengt auf die Aggression, seinen Gegner.

Der pathologische Rausch

Zu unterscheiden von den einfachen Räuschen sind die abnormen Alkoholreaktionen. Es handelt sich dabei um komplizierte Räusche, welche durch schwere Verstimmbarkeit, unpassende Affekte, Situationsverkennungen, Überreaktion auf Reize und durch schwere Depressionen gekennzeichnet sind.

Sehr selten werden Straftaten unter dem Einfluss eines pathologischen (= krankhaften) Rausches verübt. Im Gegensatz zu den einfachen und komplizierten Räuschen wird dieser durch relativ geringe Mengen verursacht, sodass die Täter nicht selten als Simulanten gelten und ihre Tatversion als Schutzbehauptung abgetan wird. Tatsächlich rufen bei manchen Menschen niedrige Alkoholkonzentrationen Zustände mit Verwirrtheit, Realitätsverkennung und ungeheurer motorischer Erregung hervor. Dabei können die Betroffenen sehr impulsiv und gewalttätig reagieren. Der Zustand dauert meist einige Stunden und endet oft in einem langen Schlaf.

Ein 20-jähriger Mann, ich nenne ihn Ulrich, welcher vom 16. Lebensjahr an beträchtliche Cannabiserfahrung hatte, dazwischen auch Medikamente und Alkohol missbrauchte, hatte Streit mit seiner Freundin. Verärgert begab er sich auf ein Dorffest, wo er laut Zeugenbeobachtungen zwei Bier trank. Die Umstände, unter welchen er das Fest verließ, konnten nicht geklärt werden. In derselben Nacht wurden 50 Kilometer entfernt innerhalb einer Stunden drei Brände an verschiedenen Gebäuden gelegt. Der Täter, welcher bei der letzten Brandlegung beobachtet worden war, rannte davon, attackierte während der Flucht auf einer Straße zwei Personen mit seinem offenen Taschenmesser, nahm ein unverschlossen abgestelltes Auto in Betrieb und fuhr mit überhöhter Geschwindigkeit davon. Die Verfolgungsjagd, welche er sich mit der Polizei lieferte, endete nach wenigen Kilometern mit einem schweren Unfall. Ulrich wurde lebensgefährlich verletzt, überlebte nur dank der modernen Intensivmedizin, ist aus dem Koma aber nie mehr erwacht.

Auch dieser Fall deutet auf den psychologischen Hintergrund einer vorerst völlig unverständlichen Tat, einer Reihe von scheinbar blindwütigen Aggressionshandlungen hin. Ulrich setzte in leicht berauschtem Zustand – die Blutabnahme hatte einen Wert von nur 0,9 Promille ergeben – alle seine Frustrationen und Aggressionen frei. Der Rausch hat ihn tatsächlich verrückt, ver-rückt in einen Zustand, der nach Art und Schwere einer Geisteskrankheit entspricht, aber eine psychologisch nachfühlbare Wurzel hat.

Beim komplizierten und pathologischen Rausch kommt es also oft schon bei geringen Blutalkoholkonzentrationen zu ausgeprägten Verhaltensänderungen, persönlichkeitsfremdem Agieren, paranoid-halluzinatorischen Syndromen und schweren Erregungszuständen. Auch dafür sei ein historisches Beispiel, publiziert in der *Vierteljahresschrift für Gerichtliche Medizin* im Jahr 1868, angeführt:

> „… Mord im Stadium eines bewusstlosen Rausches: M., ein 42-jähriger, bisher unbescholtener Maurer, hatte seine Frau, die mit ihm in Unfrieden lebte, ohne vorangegangenen Streit durch Zerschmetterung des Kopfs mittels Beil und mehrerer Beilhiebe in den Rücken getödtet und sich dann selbst zu Inhaftnahme gestellt. Er behauptete in Bewusstlosigkeit die That vollbracht zu haben.
>
> M. hatte bisher als geistesgesund und besonnen gegolten. Spuren einer körperlichen Erkrankung fanden sich nicht vor. Ausser einer Lungenentzündung vor 6 Jahren war er nie krank gewesen. Er galt als ein fleissiger, intelligenter, sparsamer Mann. In den letzten Jahren hatte er viel Kummer über seine Frau gehabt, die Schulden machte, ihn schlecht behandelte, prügelte, ihm die eheliche Pflicht verweigerte, sich von ihm scheiden lassen wollte. Aus Desperation hatte er oft zur Flasche gegriffen, doch war er kein habitueller Trinker. Trotz der schlechten Behandlung, die ihm seine Frau widerfahren liess, hegte er doch keinen Groll gegen sie und wollte zu einer Ehescheidung sich nicht herbeilassen.
>
> Einige Tage vor der Tödtung hatte die Frau wieder mit ihm Streit gehabt und die Eheleute hatten in der Folge dessen kein Wort mehr miteinander gesprochen. Am Morgen des Tages, an welchem er sie erschlug, hatte er wieder einen Aerger über sie gehabt, unter Tags viel Schnaps getrunken, auch einmal vor sich hingesagt: ‚Ich komme nicht drüber weg.' Bei der Heimkehr von der Arbeit war M. betrunken und nicht mehr ganz sicher auf den Füssen. Er schimpfte auf seine Frau und eine anwesende Näherin, nannte die erstere, als sie heimkam, eine alte Vettel, ging aufgeregt in der Stube auf und ab, schlug plötzlich mit der Faust auf den Tisch, dass der Cylinder einer daraufstehenden Lampe zerbrach, und als die Frau ruhig sagte: ‚in dieser Woche ist es schon der zweite Cylinder', misshandelte er seinen Sohn, bis die Großmutter den weinenden Knaben entfernte. Die Mutter sagte bloss: ‚O Gott! Er wird mir noch den Knaben zu Schande schlagen.' Sie verließ die Stube, M. ging aufgeregt noch eine Weile auf und ab.

Kurze Zeit nachher hörte man aus der Nebenstube einen Schrei und gleich darauf kam M. heraus, warf die Thüre ins Schloss, zog den Schlüssel ab und entfernte sich. Man sprengte die Thür und traf die Frau sterbend. Das Beil lag blutig an den inneren Thürstock gelehnt. Während man noch die Todte umstand, kam M. in blossen Strümpfen und mit einem Strick in der Hand herein. Er war ziemlich aufgeregt und als man ihm sagte, seine Frau habe noch eine Viertelstunde gelebt, entgegnete er: ‚Arme Minna, da dauerst du mich, da hast du gewiss noch recht viel ausstehen müssen, ich dachte, du wärest gleich todt!' Auf Vorhalt des Gemeindevorstehers erwiderte er: ‚8 Jahre wars gut gegangen, die letzten 8 Jahre wollte es aber nicht mehr gehen; ich konnte nicht anders.'

Ueber seinen Verbleib nach der That gibt er an, er sei fortgelaufen, habe nicht gewusst wohin, auch sei er zweimal ins Wasser gefallen, dadurch ernüchtert worden und zur Besinnung gekommen. Es war mir, als müsse ich zu Hause etwas Unrechtes begangen haben, und ich lief deshalb ins Haus zurück, um zu sehen, was geschehen war.

Als er die Frau todt in ihrem Blut sah, sei ihm klar geworden, ‚das bist du gewesen'. Auf dem Weg nach dem Gefängnis, den er fahrend zurücklegte, schlief er längere Zeit.

Eine erbliche Anlage zu Hirnkrankheiten war nicht zu constatiren; er hatte gewöhnlich mässig getrunken, weil er den Schnaps nicht vertragen konnte.

Das Gutachten führte aus, dass Affekte und Trunkenheit zusammenwirkten, um einen an Bewusstlosigkeit gränzenden Zustand zur Zeit der That zu erzeugen, womit auch die constatirte Amnesie für diese und das Verhalten unmittelbar nachher im Einklang stand. Der Angeklagte wurde des Todtschlags unter mildernden Umständen für schuldig erkannt und zu 5 Jahren Gefängnis verurtheilt, da der Gerichtshof annahm, M. habe sich zur Zeit der That in einem Zustand befunden, welcher, ohne die Fähigkeit zur Selbstbestimmung gänzlich auszuschließen, an einen bewusstlosen Zustand angränzte."

Dieser Fall geht über das psychologisch Nachvollziehbare hinaus, das Verhalten des Alkoholisierten entspricht nicht mehr dem eines gewöhnlich Berauschten, sondern es mischen sich Elemente der Eifersucht, der paranoiden Ausdeutung und der durch die Wesensänderung fehlenden Selbstkontrolle darunter.

Langsame und rasche Selbstzerstörung

Unter den nicht psychotischen psychischen Störungen, die bei chronischem Alkoholismus eine große Rolle spielen, ist besonders das Suizidproblem zu nennen. Die Aggressionshandlungen richten sich in seltenen, tragischen Fällen nicht nur gegen die eigene Person, sondern auch auf Personen aus dem Umfeld. Die unleugbare Verflechtung von Alkoholismus und Selbsttötung wird von wissenschaftlicher Seite durch zwei sich ergänzende Theorien erklärt.

Nach der so genannten ,,common-cause-theory" sind Sucht und Suizidhandlungen Funktionen gemeinsamer zu Grunde liegender Strukturen, weshalb Sucht auch als „protrahierter oder verzögerter Suizid" bezeichnet werden kann. Besonders eindrucksvoll schildert dies Charles Bukowski, wenn er schreibt: ,,Als ich 35 war, da hatten die mich im General Hospital schon fast für tot erklärt. Ich bin nicht gestorben. Ich kam aus dem Krankenhaus – hatten mir vorher gesagt, ich sollte nicht einen Tropfen mehr trinken, oder es wäre mein sicheres Ende – ich kam also raus, und wo ging ich als erstes hin? In eine Kneipe und trank ein Bier. Nein, zwei Bier." An einer anderen Stelle bezeichnet Bukowski Alkohol als einen „wohltuenden Gott", der es einem erlaube, Selbstmord zu begehen und wieder aufzuwachen und sich wieder zu töten.

Nach der „processual-cause-interpretation" führt Alkoholsucht durch ihre spezifische Problematik vermehrt zu Suizidhandlungen, etwa im ,,heulenden Elend", einer schweren depressiven Verstimmung mit dem Gefühl der völligen Hoffnungs- und Ausweglosigkeit und der Verdichtung von bislang verdrängten Schuldgefühlen, oder im Bilanz-Selbstmord, welcher nach Versagen sämtlicher Abwehrmechanismen als tragischer Abschluss einer jahrelangen Trinkerkarriere passieren kann. Es stellt sich die Frage, inwieweit in solchen Fällen die nicht wahrgenommene Verantwortung durch die Umgebung zumindest etwas moralisch Verwerfliches oder gar ein fahrlässiges Verbrechen darstellt.

Heinrich T., von Beruf Landwirt, war im Leben oft zu kurz gekommen. Aufgewachsen in einer kinderreichen Familie, war es ihm aus finanziellen Gründen nicht möglich, eine Lehre zu absolvieren. Er musste, obwohl er sich nie zum Landwirt geboren fühlte, den Hof seiner Eltern übernehmen. Er fand nie eine Partnerin, verbrachte viel Zeit im Dorfgasthaus und hatte zur dortigen Kellnerin ein vertrauensvolles Verhältnis. Immer wieder schüttete er ihr, besonders in angetrunkenem Zustand, sein

Herz aus. Er sprach von Einsamkeit, von Sinnlosigkeit, von Zukunftsängsten und vom Tod. An einem Novemberabend – die Kellnerin hatte inzwischen die Stelle gewechselt – erzählte er den mittrinkenden Kollegen von seinen Problemen: Der Verlust der einzigen Person, die ihm zugehört und ihn verstanden habe, treibe ihn zur Verzweiflung. Er ging mehr aus sich heraus, als es die anderen gewohnt waren, er kämpfte mit den Tränen und meinte, am liebsten würde er sich aufhängen. Die Kollegen lachten, versuchten ihn aufzumuntern, bestellten noch eine Runde, damit er auf andere Gedanken käme, und wandten sich bald anderen Themen zu. In ihrem Eifer hatten sie nicht bemerkt, wie Heinrich T. weggegangen war. Sie sahen seinen Leib beim Verlassen des Gasthauses an einem Baum. Wenn sie geahnt hätten, dass es ihm so ernst sei, meinten die Kollegen, wären sie mit ihm zum Arzt gegangen, aber es sei ja bekannt, dass der, der vom Selbstmord spreche, diesen normalerweise nicht ausführe. Als ihnen der Gemeindearzt erklärte, dass 70% aller Suizidanten ihre Selbsttötung vorher ankündigten und dies als Hilfeschrei, als Alarm verstanden werden müsse, zuckten sie die Schultern und gingen davon.

Er ist ein anderer geworden

Der chronische Alkoholismus hat neben der sozialen Gefährdung auch entscheidende, kriminalitätsrelevante Folgen im psychischen Bereich. Es ist eine anerkannte Erfahrungstatsache, dass durch die Alkoholeinwirkung eine Veränderung der Persönlichkeit im weitesten Sinne eintritt. Dazu gehören die Einschränkung oder der Verlust der Kritikfähigkeit, die erhöhte Wagnisbereitschaft als Folge gesteigerten Antriebs und die daraus resultierende Minderung der rational planenden Vorschau. Die Einschränkung des Realitätsbezuges, die häufig mit einer Distanzveränderung im normativen Bereich und darüber hinaus gerade bei den Aggressionsdelikten vielfach auch des mitmenschlichen Bereiches einhergeht, führt zur Freisetzung von Handlungsenergien, die ohne Alkoholeinwirkung der Kontrolle der kritischen Bestimmung unterliegen.

Chronischer Alkoholmissbrauch verändert die Persönlichkeit. Man spricht dann von „alkoholischer Wesensänderung", welche aus einer Verflechtung der psychischen Folgen der alkoholischen Hirnschädigung, der psychischen Reaktionen und der sozialen Komplikationen besteht. Der Alkoholismus führt den Kranken in eine innerlich gespannte Lage, er kommt mit der Familie und dem Arbeitgeber in Konflikt, hat Probleme mit der Polizei und den Behörden, leidet unter dem eigenen schlechten Gewissen, sein Selbstwertgefühl wird durch die ständigen Rückfälle verletzt. Der chronische Alkoholmissbrauch führt zu Störungen der Erinnerung und Urteilsschwäche, die Konflikte werden verdrängt, das Alkoholproblem wird bagatellisiert, der Alkoholiker baut ein Lügengebäude und eine Scheinexistenz auf. Er wird in seinem Wesen roh, die feineren Gefühle stumpfen ab, die Stimmung ist einem jähen Wechsel unterworfen, der Wille wird durch den Affekt des Augenblicks gelenkt, Beständigkeit im Streben und Handeln sind nicht mehr möglich. Wesensgeänderte Alkoholiker können noch die besten Gefühle haben, sie zeigen Vorsatz und Reue. Mit der ersten Änderung der äußeren Situation kann aber eine völlig entgegengesetzte Emotion vorherrschen, die jetzt ebenso den ganzen Menschen in Beschlag nimmt.

Der berühmte Schweizer Psychiater Eugen Bleuler liefert dafür ein treffendes Fallbeispiel: Ein Alkoholiker hatte nach Genuss von Obst, Wein und vier Deziliter Schnaps eines seiner Kinder missbraucht, das andere vor den Augen der Mutter zu missbrauchen versucht. Der Frau gegenüber hatte er sich gerühmt, dem Kinde am Kommunionstag die Unschuld genommen zu haben. Ein anderes Kind schickte er zur Mutter mit dem Bericht, er reiße ihm jetzt alle Haare der Schamregion aus, dies in den widerlichsten Ausdrücken. Die Frau hat er am ganzen Leibe blau geschlagen, ihr eine Wunde am Kopf zugefügt, sie mit heißem Wasser verbrüht, ihr darauf ins Gesicht gepisst. Zwei Tage dauerte die Prügelei, während der einmal die Kinder die Mutter halten mussten, damit er sie mit einem Seil schlagen könne. Die Frau konnte sich endlich im Hemd in ein Nachbarhaus flüchten, der Mann blieb zu Hause. Nach zwei Tagen brachte ihm ein Nachbar etwas Milch: „Man könne ihn doch nicht verhungern lassen." Da war der Übeltäter so reuig und vergoss so heiße Tränen, dass der Nachbar, ein Bauer, ebenfalls zu heulen anfing, die Gattin holte und die Kinder; nun weinten alle zusammen in großer Rührung. Die Sache mit den Kindern kam vor Gericht, wobei der Mann seine Frau wieder auf das Scheußlichste verleumdete. Die erwähnte Prügelszene war gar nichts Ausnahmsweises, bloß der Missbrauch der Kinder war ein Novum gewesen.

In engem Zusammenhang mit der Willensschwäche, der starken Verstimmbarkeit, der Kritiklosigkeit, dem eigenen schlechten Gewissen und den Konflikten mit der Umgebung stehen die krankhaften Eigenbeziehungen, die Alkoholiker oft zeigen. Diese können sich bis zu wahnhaften Vorstellungen steigern und bilden dann die Basis von verbrecherischen Handlungen. Das alkoholische Misstrauen richtet sich vor allem gegen Angehörige, insbesondere gegen den Ehepartner. Manchmal münden die Gefühle der Benachteiligung, der Minderwertigkeit und der Verfolgung in einen Eifersuchtswahn.

Alkoholische Eifersuchtsreaktionen sind vielen Menschen bekannt, sei es aus eigenem Empfinden oder als Opfer, diese beschränken sich aber keinesfalls auf junge, sexuell aktive Menschen. Der 84-jährige Franz K. war in zweiter Ehe mit einer zwanzig Jahre jüngeren Frau verheiratet. Während er selbst gebrechlich wurde und in seiner Mobilität eingeschränkt war, nahm seine Gattin aktiv am gesellschaftlichen Leben teil, machte Seniorenausflüge mit, besuchte Kaffeerunden und war Mitglied von zwei Vereinen. Franz K., der in den letzten Jahren reichlich Nährbier und regelmäßig ein Glas gesunden Rotweins getrunken hatte, litt sehr unter seiner zunehmenden Impotenz, suchte ärztliche Hilfe, erlangte aber seine Geschlechtskraft nicht wieder. Nahezu parallel mit den Versagensgefühlen wurde er auf seine Gattin eifersüchtig, begann, dieser im Rahmen seiner Möglichkeiten nachzuspionieren, quälte sie mit bohrenden Fragen, interessierte sich kaum für ein anderes Thema, wurde immer unnachgiebiger und inquisitorischer, war trotz ständiger Betreuerungen von Seiten der Gattin von ihrer Untreue überzeugt. Als sie eines Abends erst um 22.00 Uhr von ihrer Frauenrunde zurückkam, habe er die ganze Nacht nicht schlafen können, habe an Selbstmord gedacht und sei in der Früh völlig fertig gewesen. Laut Polizeibericht sei er länger im Bett liegen geblieben, habe sich schlafend gestellt, als die Gattin in die Küche ging. Während diese das Frühstück einnahm, sei er in die Werkstatt gegangen, habe dort zwei Beile geholt. Er betrat im Nachthemd, in der rechten und linken Hand jeweils ein Beil tragend, die Küche, stürzte sich auf seine Frau, führte mit beiden Händen mehrere wuchtige Schläge gegen ihren Körper und verletzte sie lebensgefährlich. Für die Tat konnte der Greis, der in eine psychiatrische Klinik eingeliefert wurde, keine Reue empfinden. Er war fest von der Untreue seiner Frau überzeugt und sah sein Handeln bis zu seinem Lebensende als gerechte Sache an.

Kapitel 11

Zum Verbrecher geboren oder geworden?

Ererbt oder anerzogen?

„Ein geborener Verbrecher ..." – das ist eine Feststellung, die uns bei Personen mit einer früh beginnenden, lang anhaltenden, von ständiger Rückfälligkeit gekennzeichneten kriminellen Karriere leicht über die Lippen kommt. Delinquentes Verhalten prägt das Leben dieser Personen von Kindheitstagen an, das Vorstrafenregister ist unendlich lang, die Gefängnisaufenthalte ergeben zusammengerechnet mehrere Jahre. Die Tendenz, Regeln, Vorschriften und Gesetze zu übertreten, ist schon früh so sehr ausgeprägt, dass in Laienkreisen von einem angeborenen Defekt ausgegangen wird. Andere wiederum meinen, verbrecherisches Verhalten sei die Folge kindlicher Verwahrlosung, schlechter Erziehung oder mangelnder Wertevermittlung. Es heißt dann: „Aus dieser Familie hat ja nichts anderes kommen können ..." Diese beiden laienhaften Meinungen spiegeln die wissenschaftliche Diskussion über die Ursache des Verbrechens wider. Sind anlagemäßige Faktoren, wie Hirnanomalien, Gendefekte und Störungen in der Hirnstromaktivität, maßgebend oder sind es Milieueinflüsse, familiäre Prägungen und lebensgeschichtliche Fehlentwicklungen?

Die Vorstellung der körperlichen oder psychischen Veranlagung zum Verbrecher blickt in der Kriminologie auf eine lange Tradition und hat ihren Höhepunkt in der italienischen kriminalpsychologischen Schule gefunden. Deren Hauptvertreter, der Veroneser Arzt Cesare Lombroso (1836–1909), gilt als Urheber der Lehre vom „geborenen Verbrecher". In seinem 1876 erschienenen Buch *L'uomo delinquente* entwickelt er ein biologisches Verständnis der Kriminalität und sieht das menschliche Verhalten durch angeborene Charakterzüge bestimmt. Inspiriert durch Darwins Evolutionstheorie, kam er nach Untersuchungen an venezianischen und neapolitanischen Strafgefangenen zu folgendem Schluss:

> „... Man wird zugeben müssen, dass viele Charaktere, welche die Wilden darbieten, sich sehr oft bei den geborenen Verbrechern finden, so z.B. die geringe Körperbehaarung, die geringe Schädelkapazität, die fliehende Stirn, die stark entwickelten Sinus frontales, die große Häu-

> figkeit der Schaltknochen, die frühzeitigen Synostosen, das Vorspringen der Schläfenbogenlinie, die Einfachheit der Nähte, die größere Dicke der Schädelknochen, die gewaltige Entwicklung der Kiefer und Jochbögen, die Prognathie, die Schiefe der Orbiten, die starke Pigmentation der Haut, das dichte, krause Haar, die großen Ohren, ferner der Lemuren-Fortsatz des Unterkiefers, die Anomalien des Ohrs, das Diatstem, die große Agilität, die Herabsetzung der Berühungs- und Schmerzempfindung, die hohe Sehschärfe, die Gleichgültigkeit gegen Verletzungen, die Gefühlsabstumpfung, die Frühzeitigkeit der sexuellen Regungen, die zahlreichen Analogien zwischen beiden Geschlechtern, die geringe Besserungsfähigkeit des Weibes, die Faulheit, das Fehlen von Gewissensvorwürfen, die Haltlosigkeit, physisch-psychische Erregbarkeit, die Unvorsichtigkeit, welche manchmal wie Mut aussieht, und der Wechsel von Waghalsigkeit und Feigheit, die große Eitelkeit, die Spielleidenschaft und die Neigung zu Alkoholismus, die Gewalttätigkeit und die Flüchtigkeit ihrer Leidenschaften, der Aberglaube, die außergewöhnliche Empfindlichkeit in Bezug auf die eigene Persönlichkeit und der besondere Begriff von Gott und von Moral.“

Im Verbrecher sah er ein von tierhaften Trieben beherrschtes, wildes Wesen, welches einen Rückfall in frühe Entwicklungsstadien der Menschheit darstellte. Durch diese ererbten und deshalb nicht änderbaren Anlagen würden nach seinen Schätzungen bis zu 35% der Delinquenten zwanghaft zum Verbrechen getrieben.

Die biologische Eigenheit von Verbrechern, so meint Lombroso, lasse ihre Gefährlichkeit gut abschätzen, wahrscheinlich gebe es dafür sogar einen speziellen, ererbten Sinn, wofür er ebenfalls ein Beispiel liefert:

> „Ich kannte eine Dame, die fern vom Treiben der Welt trotz dessen zweimal in jungen Leuten den von niemand geahnten verbrecherischen Charakter erkannte. Am merkwürdigsten ist in dieser Beziehung der Fall des Mörders Francesconi. Man findet in seinem Gesicht eigentlich nichts auffallend Verdächtiges, seine Stirn ist hoch, sein Bart voll, die Stirnhöhlen und die Kiefer ragen kaum merklich hervor. Und dennoch ereignete es sich Jahre zuvor, ehe er sein Verbrechen beging, dass eine junge Dame von 16 Jahren, die niemals ihr elterliches Schloss verlassen hatte, die nachherige Gräfin Della Rocca, sich widerwillig von ihm abwandte, und als man sie um den Grund ihrer Abnei-

gung fragte, sofort erwiderte: ‚Wenn er nicht schon ein Mörder ist, so wird er es werden!' Auf meine Frage, woraus sie den Schluss zu dieser nur zu schnell verwirklichten Prophezeiung gezogen habe, gab sie die Antwort: ‚Aus seinen Augen ...!'
Der Eindruck, den unsere Väter unseren Kindern hinterlassen haben, ist gleichsam zum unbewussten Wahrnehmen geworden, ähnlich demjenigen der kleinen Vögel, die in unserer Wohnung groß geworden, vor Schreck mit Flügel und Schnabel gegen die Gitter des Käfigs schlagen, wenn sie einen Raubvogel vorüberfliegen sehen, der nicht ihnen, sondern nur ihren Voreltern bekannt gewesen ist ... Das, was den geborenen Verbrecher am deutlichsten kennzeichnet und verrät, ist sein Blick. Um einen Verbrecher zu erkennen, brauche ich nicht sein ganzes Gesicht zu sehen, es genügt mir schon, wenn ich einen seiner Blicke erhaschen kann, sagt Vidocq. Wenn der Verbrecher auch alle seine Gesichtszüge in Gewalt hat, so gelingt es doch dem größten Heuchler nicht, den Blick, der sein Innerstes verrät, zu verstecken. Ich finde eine große Ähnlichkeit zwischen dem Blick des Mörders und dem der Katze, wenn sie im Hinterhalte lauert oder zum Sprung bereit ist."

Lombroso ließ in seine Lehre vom geborenen Verbrecher aber auch tiefenpsychologisch anmutende Überlegungen einfließen, aus denen er präventive und therapeutische Maßnahmen ableitete. Diese klingen heute, bei Kenntnis der Psychoanalyse und der Lehre von den Konstitutionen, nicht uninteressant:

„Wirklich gibt es für erwachsen geborene Verbrecher nicht viel Heilmittel; man muss sie eben für immer in Anstalten für Unverbesserliche internieren oder ganz beseitigen, wenn ihre Unverbesserlichkeit sie allzu gefährlich macht und sie dazu treiben kann, wiederholt das Leben der ehrlichen Leute zu bedrohen. Aber bei jugendlichen Personen könnte man, auch wenn sie geborene Verbrecher sind, andere, weniger grausame Maßregeln versuchen, indem man ihre Neigungen für irgendein Handwerk oder einen Beruf ausnützt, der ihren schlechten Leidenschaften eine gewisse Befriedung gewähren, sie also gewissermaßen in geregelte Bahnen leiten und zu weniger gefährlichen Resultaten führen könnte; die Blutdürstigen, Mordlustigen lasse man z.B. Schlächter werden oder ins Militär eintreten, das manchmal ja auch nicht viel mehr als eine offizielle Schlächterei ist; für athletisch

> Beanlagte würde der Zirkus, für geschlechtlich allzu stark erregbare Frauen die Prostitution ein geeignetes Feld darbieten. Damit würde eine Art von Präventivmitteln geschaffen, die dem gesellschaftlichen Organismus nicht schaden, ja zum Teil nützen könnten."

Nachdem diese rein anthropologische Sichtweise komplexeren Vorstellungen über Verbrechensursachen gewichen und der unerbittliche Streit, ob kriminelles Verhalten durch Vererbung oder die soziale Umwelt veranlasst werde, durch einen „Vereinigungsgedanken" ersetzt worden war, erhielten die biologischen Verbrechenstheorien in neuerer Zeit wieder Auftrieb. Die Zwillingsforschung, welche von der Annahme ausgeht, dass der Einfluss der Erbanlage durch den Vergleich der sozialen Entwicklung von (erbgleichen) eineiigen Zwillingen mit (erbverschiedenen) zweieiigen Zwillingen bestimmt werden kann, kommt zu folgendem Ergebnis: „Wenn ein Zwilling kriminell ist, besteht unter identischen Zwillingen für den anderen viermal so viel Wahrscheinlichkeit, ebenfalls kriminell zu sein, als unter zweieiigen Zwillingen." Ähnliche Tendenzen zeigten sich im Übrigen auch bei zwei anderen Formen sozial abweichenden Verhaltens, nämlich bei Homosexualität und Alkoholismus.

Zu ähnlichen Ergebnissen kamen Adoptionsstudien. In diesen wird untersucht, ob Adoptierte, deren biologischer Vater kriminell war, eher straffällig werden als solche, deren leiblicher Vater nicht kriminell war. Zusammenfassend wurde festgestellt, dass die Wahrscheinlichkeit einer späteren kriminellen Entwicklung bei Adoptivsöhnen dann besonders hoch war, wenn sowohl die biologischen als auch die Adoptivväter eine kriminelle Vorgeschichte hatten.

Die Diskussion über genetische Einflüsse auf das Kriminalitätsrisiko erlebte in den späten 60er-Jahren einen Höhepunkt, als bei acht von 197 wegen Gewalttätigkeit inhaftierten Insassen eines schottischen Gefängnisses ein zusätzliches Y-Chromosom – bald als „Verbrecher" in die Schlagzeilen gekommen – gefunden wurde. Der Mythos vom „Mörderchromosom" erhielt 1966 nach einem Massaker in Chicago neue Nahrung. Ein 24-jähriger Mann, Richard Speck, war nachts in ein Schwesternheim eingedrungen und hatte acht Schwesternschülerinnen auf bestialische Weise ermordet. Bei seiner Untersuchung wurde eine Besonderheit in der Chromosomenanordnung gefunden, die nur bei 0,02 Prozent der Bevölkerung vorkommt: Er hatte ein überzähliges Y-Chromosom. Es wurde gefolgert, dass diese Chromosomenanomalie die Neigung zur Aggressivität fördere und ein Betroffener deshalb nicht zurechnungsfähig sei. Tatsächlich wurde Speck nicht verurteilt, sondern wegen seiner XYY-Konstellation in eine psychiatrische Anstalt eingewiesen. Obwohl diese Chromosomenanomalie auch bei einigen anderen Verbrechern entdeckt wurde, konnten zahlreiche empirisch gesicherte Untersuchungen eine kriminalitätsfördernde Wirkung der XYY-Chromosomenanomalie nicht bestätigen.

Den Stellenwert genetischer Einflüsse auf kriminelles Verhalten brachte Zerbin-Rüdin (1985) auf den Punkt: „*Das* Gen für *die* Kriminalität und *die* Verbrecherpersönlichkeit gibt es nicht. Nicht das komplexe erscheinungsbildliche Merkmal Kriminalität wird vererbt, sondern kodierte Informationen, die Anweisung geben für Aufbau und Regulierung von Hormonen und Enzymen und Neurotransmittern, die dann über weitere Zwischenstufen zu einem erhöhten oder erniedrigten Risiko für delinquentes Verhalten führen können."

In neuerer Zeit wurde ernsthaft diskutiert, ob Phosphatzusätze in den Nahrungsmitteln Auslöser von Verhaltensauffälligkeiten bei Kindern und von aggressiven Kriminaltaten bei Jugendlichen und Erwachsenen seien. Die These von den Phosphat-geschädigten Kindern und von der heimlichen Droge in Lebensmittelfarben wurde später widerlegt. Interessante Aspekte sind durch die Fortschritte in der Genforschung und auch aus den besseren Kenntnissen über die neurochemischen Abläufe im zentralen Nervensystem zu erwarten. So wurde bei vielen Gewalttätern eine niedrige Konzentration an bestimmten Botenstoffen zwischen den einzelnen Hirnzellen gefunden, was zu Spekulationen geführt hat, ob es „aggressive" Transmitter gebe. Auch der Bezug zwischen Gewalttätigkeit und hormonellen Störungen ist noch nicht abgeklärt. Immer wieder wird eine Überproduktion des männlichen Geschlechtshormons Testosteron bei Aggressionstätern diskutiert. Solch hormonelle Einflüsse könnten auch erklären, weshalb Aggressionen und Verbrechen bei Männern viel häufiger vorkommen als bei Frauen, etwa im Verhältnis von 8 : 1.

Psychologische Erklärungsversuche

Unter den psychologischen Kriminalitätstheorien gehen besonders von tiefenpsychologischen und lerntheoretischen Ansätzen viele Denkanstöße aus. Beide Richtungen sehen in Kriminalität nicht einen „Geburtsfehler", sondern einen Erziehungsdefekt oder ein erlerntes Fehlverhalten. Freud, für den das Kind ein von ungebändigten Trieben geleitetes Wesen ist, das seine Triebbedürfnisse noch nicht kontrollieren kann, hat in einer kurzen Bemerkung über den „Verbrecher aus Schuldbewusstsein" (1915) den Grundstein zur psychoanalytischen Richtung der Kriminalpsychologie gelegt. Dieser liegt die psychoanalytische Lehre vom Ödipuskomplex zu Grunde, der ein unbewusstes Schuldgefühl entstehen lasse. Der Träger dieses Schuldgefühles werde mit seinen verbrecherischen Wünschen nicht fertig, begehe die kriminelle Tat und begehre in ihr die Strafe, um jenes drückende Schuldbewusstsein zu beschwichtigen. Die Tat werde somit ausgeführt, um ein aus dem Ödipuskomplex stammendes, vorbestehendes Schuldgefühl an ihre Ausführung anzuknüpfen und durch das Erleiden der Strafe zu mildern.

Während ein Teil der psychoanalytischen Forscher eine abnorme Stärke des triebhaften Charakters, der zur Delinquenz neige, diskutiert, geht der andere von einer Entmischung des aggressiven und sexuellen Triebes anstelle der normalerweise immer gegebenen Vereinigung beider aus. Maßgebend ist nach psychoanalytischem Verständnis ein fehlendes, schwaches oder lückenhaftes Gewissen (Über-Ich), wofür fehlende Identifikationsmöglichkeiten und Störungen in der Elternbeziehung entscheidend seien.

Charakteristisch sind bei Verbrechern nach psychoanalytischem Verständnis verschiedene Abwehrmanöver, wie Projektion der eigenen Aggressionen in andere hinein, Identifikation mit anderen Verbrechern, Verleugnungen der eigenen delinquenten Anteile und dauerhafte Isolierung verbrecherischer Impulse, die als etwas Fremdes, von außen Kommendes, nicht zur eigenen Person Gehöriges betrachtet werden.

Durchbruchshandlungen und andere Verwahrlosungserscheinungen können nach tiefenpsychologischer Auffassung Ersatzbefriedigung für fehlende sexuelle Erfüllung sein. Schon Freud differenzierte zwischen neurotischer Delinquenz mit einem Konflikt zwischen Gewissen und Trieb und einer psychopathischen Form, bei welcher der Kriminelle seine delinquenten Handlungen vollbringe, ohne in Gewissenskonflikte zu geraten. Mehrere Schüler von Freud griffen den Gedanken auf, dass das Kind sein Leben als asoziales Wesen beginne und deswegen „polymorph-pervers" und „universell kriminell" sei. Jeder Mensch sei in den ersten Lebensjahren ein von Trieben beherrschtes, unkontrolliertes Wesen. Seine soziale Anpassung beginne erst mit der Überwindung des Ödipuskomplexes etwa im 3./4. Lebensjahr, einer Phase, in der sich die Entwicklung des Gesunden von der des Kriminellen trenne. Während es dem Normalen gelinge, seine kriminellen Triebregungen zu verdrängen oder im Sinne der Gesellschaft umzuwandeln, missglücke dem Kriminellen dieser Anpassungsvorgang. Kriminalität wäre demnach ein sozialer Anpassungsdefekt: Was der Neurotiker in Symptomen, die für seine Umgebung harmlos sind, zur Darstellung bringt, führt der Kriminelle in wirklichen Handlungen aus.

Der berühmte Analytiker und Weggefährte Sigmund Freuds, der österreichische Psychiater Alfred Adler, der Begründer der Individualpsychologie, siedelt die Wurzeln des Verbrechens zeitlich ebenfalls früh, nämlich in den ersten vier oder fünf Lebensjahren, an. Er hält die Organminderwertigkeit, die psychisch von den Kindern und ihren Eltern fehlverarbeitet wird, für maßgebend. Verbrechen diene dazu, Minderwertigkeitskomplexe, die infolge einer körperlichen Schädigung (z.B. Kleinwuchs, Extremitätenmissbildungen) entstehen, zu kompensieren. Aber auch psychische und charakterliche Defizite können Ursache für „kriminelle Kompensationen" sein. Sowohl lieblos behandelte als auch verwöhnte Kinder seien auf ihre spätere Lebensrolle unzulänglich vorbereitet. Aus fehlendem Gemeinschafts- und einem Minderwertigkeitsgefühl entstehe eine tief empfundene soziale Entmutigung, weshalb auf allen Wegen und Umwegen versucht werde, Anerkennung zu erreichen. Die Waffe der Mutlosigkeit sei Gewalttätigkeit. Verbrechensbereitschaft entstehe bei Menschen mit Minderwertigkeitsgefühlen durch ihre egoistische Perspektive, durch die in ihrer Kindheit eingeübte, eingeschliffene egoistische Schablone ihrer Lebensform und durch ihren unbändigen Drang, sich über ihr Niveau nicht durch mutiges Handeln, sondern durch Tricks, List oder Überrumpelung anderer zu erheben.

Nach dem lerntheoretischen Ansatz ist kriminelles Verhalten gelerntes Verhalten. Dieses werde hauptsächlich durch Kommunikationsprozesse in kleinen, intimen Gruppen erlernt, während unpersönlichen Kommunikationsmitteln, z.B. Fernsehen, Zeitungen usw., keine so große Bedeutung zukomme. Kriminalität entstehe in Abhängigkeit von individuellen Erfahrungen mit Belohnungen für erwünschtes und Bestrafungen für abweichendes Verhalten. Sobald Belohnungen für verbrecherische Verhaltensweisen erfolgen, steigt die Wahrscheinlichkeit weiterer Delinquenz.

Kriminalität werde somit durch ein Ausgesetztsein gegenüber einer kriminellen Kultur und den Umgang mit „falschen Freunden“ erlernt. Letztlich kommt es dann so weit, dass Menschen immer dann Straftaten begehen, wenn der Gewinn, den sie aus der Straftat ziehen, größer ist als der Verlust in den sozialen Bindungen. Dies erklärt den Einfluss der Gruppe auf das Kriminalverhalten Einzelner. Die Gruppe, die Sicherheit, Stärke und Identität gibt, verpflichtet durch ihre Gruppennorm geradezu zu kriminellem Verhalten. Die Anonymität der Gruppe lässt die Umsetzung eigener krimineller Bedürfnisse, die normalerweise zurückgehalten werden, zu. Die Macht der Gruppendynamik erweist sich besonders bei Aggressionshandlungen von Jugendlichen als fatal.

Erkenntnisse der Aggressionsforschung

Verbrechen hat immer mit offener oder verdeckter Aggression zu tun. Aggression ist gleichsam die Mutter aller Verbrechen. Aggressivität hat biologische Wirkungen und ist nach psychoanalytischem Verständnis ein Teil des Sexual- und des Todestriebes. Durch Außenaggressionen werden selbstschädigende zerstörerische Strebungen überwunden, sodass „das Lebewesen sein eigenes Leben dadurch bewahrt, dass es Fremdes zerstört“. Aggression ist eng mit Persönlichkeitsstörungen im Bereich der Impulskontrolle und der Emotionalität verbunden und hängt immer von äußeren Bedingungen ab, etwa vom Gruppendruck oder der Stimmung einer Masse.

Der bekannte Aggressions- und Terrorismusforscher Friedrich Hacker hat darauf hingewiesen, dass die Aggression häufig autorisiert sei. Dies gelte nicht nur für Soldaten, die sich auf den Befehlsgehorsam berufen, sondern auch für subkulturelle Gruppen, wie Punker, Rocker, Fanclubs und terroristische Vereinigungen. Entscheidend sei nicht nur die machtvolle Stellung des Aggressors gegenüber der hilflosen des Opfers, sondern auch die innerpsychische Auslösung von sonst schlummernden sadistischen Strebungen.

Stanley Milgram (1963) ermittelte in seinen berühmten Experimenten die Bereitschaft zum Gehorsam als Bedingung aggressiven Verhaltens: Die freiwilligen Versuchspersonen wurden unter der Vorgabe eines wissenschaftlichen Experiments aufgefordert, einen anderen Menschen, der bestimmte Aufgaben zu lösen hatte, für Fehler mit einem angeblichen elektrischen Stromstoß zu bestrafen. Bei diesen Personen handelte es sich um

Schauspieler, die die Elektrokrämpfe nur vortäuschten, was aber die Versuchsteilnehmer nicht wussten. Der Versuchsleiter verlangte von Fehler zu Fehler stärkere Stromschläge. Bemerkenswert viele Personen waren bereit, in schlichtem Gehorsam den schlecht lernenden Opfern lebensgefährlich erscheinende Stromschläge zu verabreichen. Die Experimente, die sehr sorgfältig überprüft und wiederholt wurden, erklären, weshalb unauffällige Normalbürger und ansonsten sozial völlig angepasst lebende Personen in autoritären Regimen zu grausamen KZ-Wärtern oder mörderischen Kämpfern werden können. Es steht außer Zweifel, dass die Bereitschaft zum Gehorsam eine überaus verbreitete, wichtige Bedingung aggressiven Verhaltens ist.

Eines der wichtigsten Phänomene, die die Bereitschaft zu aggressivem Handeln erhöhen, ist das so genannte „crowding". Damit wird jenes Phänomen bezeichnet, das beim Zusammenpferchen von Menschen oder Tieren auf engem Raum entsteht. Sowohl in übervölkerten Stadtteilen und Wohnsilos als auch in Haftanstalten und psychiatrischen Kliniken, in denen der individuelle Freiraum oft beengt ist, steigt der Aggressionsspiegel. In Tierversuchen und auch bei Zufallsbeobachtungen an Menschen wurde bewiesen, dass langfristige, über Monate dauernde Isolation die Bereitschaft zu aggressivem Verhalten fördert.

Aktuelle Forschungen befassen sich mit paradox wirkenden Gewaltausbrüchen bis hin zum Mord, die bei überkontrollierten, d.h. im Allgemeinen ruhig und nicht aggressiv wirkenden Individuen, beobachtet werden, etwa beim sinnlosen Zerstören von Schaufenstern oder beim unmotivierten Zusammenschlagen von Passanten. Solche Menschen haben es nicht gelernt, ihre Interessen angemessen durchzusetzen und ihre frustrationsbedingten Ärger/Wut-Verspannungen abzubauen. Es dominieren die Hemmungen. Da aber große Frustrationen nicht völlig vergessen werden, sondern durch Erinnerungen in erheblicher Stärke wieder belebt werden können, kann es eines Tages passieren, dass eine weitere Frustration einen noch stärkeren Affekt als bislang hervorruft, demgegenüber keine Hemmungen erlernt wurden.

Nach neueren Verbrechenstheorien sollen Straftäter infolge von Wahrnehmungsfehlern, seien diese nun angeboren oder angelernt, eine geringere Entwicklungsstufe im moralischen Beurteilungsvermögen erreicht haben als Nicht-Straftäter. Durch ihre fehlgesteuerte, selektive Wahrnehmung können sie Gut und Böse nicht genügend unterscheiden. Manche Personen werden durch die Rolle des Sündenbocks und ihr eigenes negatives Selbstbild zum Verbrecher gedrängt. Der in der Jugend oft gemacht Vorwurf: „Du wirst noch im Gefängnis landen", erweise sich gleichsam als selbsterfüllende Prophezeiung. Das berühmte „schwarze Schaf" wird dann in die Rolle des noch berüchtigteren Verbrechers gepresst.

Soziologische Betrachtungsweisen erklären Verbrechen als Ausdruck mangelnder sozialer Regelungen, als Reaktion auf ein Auseinanderklaffen von kulturell vorgegebenen Zielen und der gesellschaftlichen Wirklichkeit. Die unterschiedliche Kriminalitätsbelastung der sozialen Schichten wird mit den ungleich schlechteren Chancen der Unterschichtangehörigen für das Erreichen eines gewissen sozialen Standards erklärt. Besonders vor dem Hintergrund der amerikanischen Einwanderungserfahrungen und des Ausländerzustroms in die Industrieländer wird Kriminalität als Ausdruck des Kulturkonflikts verstanden. Verbrecherische Verhaltensweisen zeigen nach dieser Auffassung vor allem solche Zuwanderer, die sich an die Kultur ihres Gastlandes nicht anpassen können.

Von der Chicago-Schule wurde die für die Erklärung von Verbrechen bedeutsame Kriminalgeografie entwickelt. Aus Untersuchungen über die Verteilung von 5- bis 16-jährigen Delinquenten über die Stadtbezirke von Lawrence/Kansas wurde ermittelt, dass in bestimmten Stadtgebieten bestimmte Faktoren wirksam sein müssen, die verbrecherische Verhaltensweisen begünstigen. In den „delinquency areas" fanden nachfolgende Untersucher jedoch nicht nur hohe Kriminalitätsraten, sondern auch hohe Quoten an Säuglingssterblichkeit und an Tuberkuloseerkrankungen, ferner Überbevölkerung, starke Bevölkerungsmobilität und mangelnde Freizeitangebote, wobei die Delinquenzbelastung unabhängig von der ethnischen Zusammensetzung der Bewohner zu sein schien. Daraus ist zu folgern, dass die Belastung mit Kriminalität umso höher ausfällt, je näher ein Gebiet zum Stadtzentrum liegt. In den „delinquency areas" ist die soziale Kontrolle auf ein Minimum reduziert. Nicht der Raum, sondern die sozialen Bedingungen produzieren verbrecherisches Verhalten. Rascher Bevölkerungswechsel, d.h. ein hoher Anteil von noch nicht integrierten Menschen, begünstige das Entstehen kriminellen Verhaltens, weshalb Delinquenz vermehrt bei Einwanderern, unabhängig von Rasse und Nationalität, vorkomme.

Gibt es die kriminelle Persönlichkeit schlechthin?

Die Verbrechenstheorien lassen sich somit im Wesentlichen in biologische, psychologische und soziologische unterteilen, wobei heute allerdings in überwiegendem Maße multidisziplinären Betrachtungsweisen der Vorzug gegeben wird. Einfach Erklärungsansätze für die Entstehung der Kriminalität gelten heute als überholt, verbrecherisches Verhalten wird vielmehr als Resultat eines vielfältigen Ursachenbündels gesehen, in dem sich die einzelnen Wurzeln ergänzen und verstärken können. Verschiedenste Faktoren, wie Erziehungseinflüsse, traumatisierende Erlebnisse, hinzukommende psychische Störungen usw., tragen Stück für Stück zu einem gemeinsamen Ergebnis bei, „gleich einer Waage, die sich immer mehr senkt, je mehr oder je größere Gewichte auf die Schale gelegt werden". Kriminelles Verhalten entsteht jedenfalls durch ein Zusammenspiel von individuellen Voraussetzungen und sozialen Rahmenbedingungen der beteiligten Personen bzw. deren Handlungen, wobei je nach Betrachtungsweise entweder das individuelle oder das soziale Gefüge der Taten in den Mittelpunkt gerückt wird.

Es erhebt sich nun die Frage, ob es die kriminelle Persönlichkeit schlechthin gibt, also einen Charakter, der delinquentes Verhalten nahezu zwangsläufig zur Folge hat. Um diese Frage zu beantworten, ist es wichtig, vorerst die in der Kriminologie so wichtigen Begriffe Persönlichkeit und Persönlichkeitsstörung näher zu beschreiben.

Persönlichkeit wird die Gesamtheit der psychischen Eigenschaften und Verhaltensweisen genannt, die dem einzelnen Menschen eine eigene, charakteristische und unverwechselbare Individualität verleihen. Die die Personlichkeit ausmachenden individuellen Eigenschaften, wie Charakter, Temperament, Intelligenz und körperliche Grundbedingungen, sind weitgehend stabil oder lange Zeit überdauernd. Der *Charakter* bezeichnet die Gesamtheit der im Laufe des Lebens weitgehend konstanten Einstellungen, Handlungsweisen und individuellen Besonderheiten sowie vor allem die Werthaltung eines Menschen. Als *Temperament* wird die Art des Antriebs und der Aktivität definiert, die sich in Form von Gefühlen, Willensbildung und Triebleben zeigt. Während früher die Persönlichkeit als etwas genetisch Fixiertes, Statisches und kaum Veränderbares gegolten hatte, wies Freud unter dynamischen Gesichtspunkten auf ihre Prägung durch soziale Bedingungen und Milieueinflüsse in der frühen Kindheit hin.

Mit *Persönlichkeitsstörungen* sind Persönlichkeitsmerkmale in extremer Ausprägung gemeint, die im alltäglichen Leben zu Störungen und Beeinträchtigungen führen. Es handelt sich um überdauernde, stabile und situationsübergreifende Eigenschaften, unter denen der Betroffene selbst oder die ihn umgebende Gesellschaft leidet. Alle Merkmale der Persönlichkeitsstörungen sind menschliche Züge, die nur nach Intensität besonders hervortreten. Die Definition der Persönlichkeitsstörung geht in erster Linie aus den sozialen Auswirkungen, dem beeinträchtigten Selbstwertgefühl und dem persönlichen Leidensdruck hervor. Es bestehen fließende Übergänge von bestimmten, noch im Normbereich angesiedelten Charaktereigenschaften, die man auch als *akzentuierte Persönlichkeitszüge* bezeichnet, und den Persönlichkeitsstörungen im eigentlichen Sinne. Die Abgrenzung erfolgt nach Schweregrad und Umfang der Störung. Während bei den akzentuierten Persönlichkeitszügen Abweichungen mit geringer oder fehlender Beeinträchtigung der sozialen Funktionsfähigkeit auftreten, führen Persönlichkeitsstörungen zu ernst zu nehmenden subjektiven Leiden und sozialen Schwierigkeiten. Personen mit Persönlichkeitsstörungen weichen in Wahrnehmen, Denken, Fühlen und in Beziehungen zu anderen vom Bevölkerungsdurchschnitt deutlich ab, ohne dass eine psychische Krankheit vorliegt. Persönlichkeitsstörungen wurden früher unter dem Begriff der *Psychopathie* subsumiert. Da dieser ursprünglich wertneutrale Ausdruck zunehmend diskriminierende Bedeutung erlangt hat, wird er heute nicht mehr verwendet.

Die Hauptsymptome der Persönlichkeitsstörungen zeigen sich nach den Kriterien der Weltgesundheitsorganisation WHO vornehmlich in Verhaltens- und Sozialisationsstörungen mit Beginn in der Jugend und Konstanz im Erwachsenenalter. Die Zustandsbilder sind nicht direkt auf beträchtlichere Hirnschädigungen oder -krankheiten oder auf eine andere psychiatrische Störung zurückzuführen und erfüllen laut Internationaler Klassifikation Psychischer Krankheiten die folgenden Kriterien:

1. Deutliche Unausgeglichenheit in den Einstellungen und im Verhalten in mehreren Funktionsbereichen, wie Affektivität, Antrieb, Impulskontrolle, Wahrnehmen und Denken, sowie in den Beziehungen zu anderen.
2. Das auffällige Verhaltensmuster ist andauernd und gleichförmig und nicht auf Episoden psychischer Krankheiten begrenzt.
3. Das auffällige Verhaltensmuster ist tief greifend und in vielen persönlichen und sozialen Situationen eindeutig unpassend.
4. Die Störungen beginnen immer in der Kindheit oder Jugend und manifestieren sich auf Dauer im Erwachsenenalter.

5. Die Störung führt zu deutlichem subjektivem Leiden, manchmal jedoch erst im späteren Verlauf.
6. Die Störung ist meistens mit deutlichen Einschränkungen der beruflichen und sozialen Leistungsfähigkeit verbunden.

Es liegt auf der Hand, dass einzelne Persönlichkeitszüge den Durchbruch aggressiver Impulse begünstigen oder den Aufbau negativer Affekte fördern, die sich dann in Gewaltdelikten entladen können. Ein Mensch mit dissozialen Zügen hält sich schwer an Vorschriften und Gesetze, er wird deshalb viel häufiger mit dem Recht in Konflikt kommen. Eine gemütsarme Person kann sich nicht in das Empfinden anderer hineinfühlen und wird deshalb eher als ein sensibler Mensch grausames Verhalten zulassen. Charakterzüge, die mit mangelnder Selbstbehauptung und fehlendem Durchsetzungsvermögen verbunden sind, bilden einen wichtigen Nährboden für einen Frustrationsstau, welcher dann zu unbegreiflichen aggressiven Reaktionen führt. Man kann somit sagen, dass es die kriminelle Persönlichkeit schlechthin nicht gibt, dass aber bestimmte Persönlichkeitsstörungen ein hohes Risiko für kriminelles Verhaltens bedeuten.

Kapitel 12

Die Raserei im Kopf – Amoklauf

Fassungslose Bestürzung

„... 13. März 1996: Ein 43-jähriger Mann erschießt in der Turnhalle der Grundschule im schottischen Dunblane 16 Erstklassler und deren Lehrerin. Der Todesschütze begeht nach der Tat Selbstmord ...“

„... 28. April 1996: In dem Touristenort Port Arthur auf der australischen Insel Tasmanien tötet ein psychisch kranker Mann 35 Menschen. Nach zwölfstündiger Belagerung nimmt die Polizei ihn fest ...“

„... 8. Februar 1997: Ein psychisch gestörter Mann erschießt in dem neuseeländischen Ort Raurimu Spiral sechs Menschen und verletzt fünf weitere schwer. Man findet ihn einen Tag später in einem Wald ...“

„... 1. Dezember 1997: In West Paducah im US-Staat Kentucky schießt ein 14-Jähriger zum Ende des Morgengebets in den Kreis seiner 35 Mitschüler. Drei Mädchen erliegen ihren Verletzungen. Fünf Teenager werden verletzt ...“

„... 24. März 1998: Ein 11- und ein 13-jähriger Schüler lösen an ihrer Schule in Jonesoro im US-Staat Arkansas falschen Feueralarm aus und richten aus dem Hinterhalt ein Blutbad an. Im Kugelhagel sterben vier Mädchen und eine Lehrerin, zehn Menschen werden schwer verletzt ...“

„... 20. April 1999: In Littleton (Colorado/USA) töten zwei Jugendliche mit Schusswaffen und Sprengsätzen zwölf Mitschüler und einen Lehrer. 28 Personen werden verletzt. Die Attentäter begehen nach der Tat Selbstmord ...“

„... 29. Juli 1999: Ein Amokläufer erschießt in Atlanta neun Menschen und verübt wenige Stunden später Selbstmord. In einem Vorort der Metropole des US-Staates Georgia findet die Polizei außerdem die Leichen seiner Frau und zweier Kinder. Als Tatmotiv vermuten die Behörden Verärgerung über Verluste bei Börsenspekulationen ...“

„... 26. April 2002: In Erfurt tötet ein 19-jähriger Amokläufer in einem Gymnasium 13 Lehrkräfte, eine Sekretärin, zwei Schülerinnen und einen Polizisten. Anschließend erschießt er sich selbst ...“

Solche erschreckende Meldungen, die sich in den letzten Jahren gehäuft haben, werfen mehr als Berichte über jedes andere Verbrechen die Frage nach dem Warum, nach den Motiven der Täter, ihrem psychischen Zustand und dem Sinn ihres Handelns auf. Mehr noch als die große Zahl der Opfer erschrecken uns die oft alltäglich wirkenden vermuteten Motive, die keinesfalls dramatisch erscheinenden Tatauslöser, die gleichsam aus dem Nichts hereinbrechende Katastrophe, die kalte Tatdurchführung und die keine Diskussion zulassende tödliche Entschlossenheit der Rasenden. Es ist das Missverhältnis zwischen Tatanstoß und katastrophenmäßigem Ausmaß des Amoklaufs oder Massakers, das uns irritiert. Sofort setzen unzählige Vermutungen über die Persönlichkeit des Täters, seine sozialen Störungen und die Tathintergründe ein. Oft werden die Amokläufer als unscheinbare Durchschnittsmenschen, als zurückhaltende Eigenbrötler oder als Außenseiter innerhalb der jeweiligen Gemeinschaft geschildert. Oft wird über ein besonderes Interesse für Waffen, über die Verehrung von „Outlaws“ und Kriegshelden, über exzessives Fernsehen und Konsum von Gewaltvideos oder – in jüngerer Zeit – von Computerspielen berichtet.

Zu Recht wird von Gewaltforschern aber darauf hingewiesen, dass derartige Exzesstaten durch nichts zu erklären sind, was auch immer die Täter getrieben haben mag. Die Banalität der Biografien, der Lebenssituation und des Charakters macht Art und Ausmaß der Tat ebenso wenig verständlich wie die stets genannten Motive wie fehlende Anerkennung, Enttäuschung, Kränkung, Größenwahn oder unbändiger Hass. Auch soziale Umstände wie problematische Elternhausverhältnisse, schlechte Erziehung, Autoritäts- und Werteverlust oder allgemein zunehmende Aggressivität können, da viele Menschen damit fertig werden müssen, das Töten ohne Sinn nicht verständlich machen.

Allgemeine Erklärungen für den Amoklauf, das Massaker oder den Blutrausch kann es nicht geben. Auch die Wissenschaft steht ein Stück weit vor einem Rätsel, zumal Amokläufe Gott sei Dank seltene Ereignisse sind und die Täter, die sich meist selbst richten, meist keine Abschiedsbriefe hinterlassen und nicht mehr befragt werden können. Es spricht aber einiges dafür, dass Amoktaten ähnliche psychodynamische Hintergründe haben wie Affekttaten und Parallelen zu so genannten geordneten Dämmerzuständen psychogener Natur aufweisen. Durch einen nichtigen Anlass wird ein ungeheures Maß an zerstörerischer Energie freigesetzt, die sich anfangs gezielt gegen Personen richtet, zu denen der Täter in einer konflikthaften Beziehung steht, sich dann gegen Unbeteiligte, gegen alles und jedes ausdehnt und sich schließlich gegen die eigene Person richtet. Man mag darüber streiten, ob die finale Suizidhandlung als logische Konsequenz, als Bilanzsuizid einzuschätzen ist oder ob die überkochende Wut, der blinde Hass auch vor der eigenen Person nicht mehr Halt macht.

Die Bezeichnung „Amok“ ist zum allgemein geläufigen Begriff für Zerstörungswut, blindwütige Raserei, Mordlust und Massakrierung geworden. Man versteht darunter eine plötzliche, unvermittelt einschießende, motivisch kaum verstehbare Gewaltattacke mit extrem zerstörerischem, meist mörderischem Verhalten. Der Amok-Anfall endet oft mit dem Suizid des Täters. Überlebende Amokläufer verfallen meist in einen stuporösen Zustand, eine Art Totstellreflex, und erinnern sich nach dem Tiefschlaf nicht an das Vorgefallene. Amok ist nach wir vor ein sehr seltenes Ereignis, erregt aber durch das katastrophenartige Ausmaß weltweites Aufsehen und dürfte generell in seiner Häufigkeit heute zunehmen. Insbesondere Amokläufe an Schulen, früher gänzlich unbekannt, scheinen vermehrt vorzukommen.

Der aus dem Indischen stammende Begriff „Amok“ wurde von malaysischen Kriegern übernommen, welche den Gegner mit dem Kriegsgeschrei „Amok, Amok, Amok!“ einzuschüchtern versuchten, ehe sie ihn, ähnlich den Gladiatoren Roms, mit Todesverachtung niederkämpfen wollten. Die Amok-Krieger, die so genannten „amoucos“, wurden ob ihres Mutes verherrlicht und galten als Volkshelden, weil sie militärisch weit überlegene Gegner im Wissen des eigenen Todes angriffen und furchtbare Blutbäder anrichteten. Amokläufe dienten im Fernen Osten offensichtlich auch der Wiedergutmachung bei schweren Beleidigungen und drohendem Ehrverlust. Das für die heutigen Amokläufer so typische Element der Kränkung und des Gekränktseins erwies sich schon damals als ganz entscheidendes Motiv.

Im aufkommenden Islam wurde das Amoklaufen gegen die Ungläubigen als gottgefälliger Akt gewertet. Amok hatte immer schon mit Eifer, Fanatismus, gekränkter Ehre und blutigem sozialem Protest zu tun, Amok war die gefürchtete Waffe des kleinen Mannes, Amok war die letzte Möglichkeit gegen grobe Willkür und Ungerechtigkeit und hatte somit eine nicht unerhebliche soziale Bedeutung.

Explosive und unkontrollierbare Mordattacken hat es aber nicht nur im Fernen Osten, sondern auch bei den nordischen Völkern gegeben. Altnordische Sagas berichten von „ekstatischer Berserkerwut", in denen der Betreffende wahllos mörderisch raste. Berserker waren in Bärenfelle gekleidete, Furcht einflößende Krieger, welche „mit übermenschlicher Stärke" wütend kämpften und wegen ihres aggressiven Tobens berüchtigt waren. Da sie, ähnlich der Maskierung moderner Amokläufer, später Wolfsfelle trugen, wurden sie auch „Wolfshäupter" oder „Werwölfe" genannt, worin die schamanische Vorstellung von wilder Tierbesessenheit und Mordlust des Täters ihre Wurzel hatte.

Die WHO definiert Amok als eine willkürliche, anscheinend nicht provozierte Episode mörderischen oder erheblich zerstörerischen Verhaltens, durch welches mehrere Menschen gefährdet, verletzt oder getötet werden. Die heute geltende wissenschaftliche Definition für Amok lautet: „Ein nicht materiell-kriminell motivierter, tateinheitlicher, mindestens in selbstmörderischer Absicht durchgeführter, auf den unfreiwilligen Tod mehrerer Menschen zielender plötzlicher Angriff."

Amoktaten laufen nach einer bestimmten Gesetzmäßigkeit ab. Im Vorstadium finden sich häufig Beleidigungen, Kränkungen, Selbstwerterschütterungen, Depressionen, Milieuschwierigkeiten und soziale Verlusterlebnisse. Die Betroffenen geraten in einen Zustand der Erschöpfung, Missgestimmtheit und Resignation, meist sind sie über längere Zeit reizbar, unkonzentriert und emotional labil. Scheinbar aus dem Nichts heraus erfolgt dann der so genannte „explosive homizidale Ausbruch", welcher durch einen belanglosen Vorfall ausgelöst wird. Gleich dem letzten Tropfen, der ein von Kränkungen volles Fass zum Überlaufen bringt, führt ein unbedeutendes Ereignis zur Dekompensation eines schon länger bestehenden, bis dahin nur mühsam beherrschten Spannungszustandes. Der Amokläufer wird dann von einem so genannten „Bewegungssturm", einer ungesteuerten Überreaktion mit planlosen Angriffsbewegungen erfasst, welche sich bis zum Extremzustand steigert: Der Betroffene rennt umher, brüllt, greift wahllos alles an, was sich bewegt, zerschlägt Gegenstände, legt Feuer, zerfleischt seine Opfer und sucht ein höchstes Maß an Zerstörung. Zuletzt wendet der Tobende, sei es als Höhepunkt seiner verheerenden Aggressionen, sei es in einem Moment der Ernüchterung, die Aggressionen gegen sich und nimmt sich das Leben.

Überlebende Amokläufer fallen nach der Tat meist in einen tiefen Schlaf, in einen Stunden bis Tage anhaltenden Zustand der körperlichen und seelischen Erstarrung, welcher einer Primitivreaktion oder einer extremen depressiven Hemmung entsprechen könnte. Bezeichnend für die auf Zerstörung allen Lebens, auch des eigenen, ausgerichtete blinde Aggressivität ist die historische Beschreibung, wonach sich Amokläufer durch den Ruf „Amok!" gleichsam als vogelfrei erklärten und sich der vorbeugenden Notwehr preisgaben.

Das Gewitter im Gehirn

Wie ist Amok, diese blindwütige Fremd- und Selbstzerstörungsreaktion, psychologisch zu erklären? Ein Teil der Täter, es handelt sich fast ausschließlich um Männer, leidet sicher an so genannten Dämmerzuständen. Darunter ist ein Zustand veränderten Bewusstseins mit ausschließlicher Ausrichtung auf ein bestimmtes inneres Erleben, weitgehend aufgehobener Ansprechbarkeit auf Reize von außen und Störungen des Denkens mit Desorientiertheit, Verwirrtheit, Stimmen-Hören und gesteigerter oder erstarrter Bewegung zu verstehen. Dämmerzustände setzen immer eine Störung oder Schädigung des Gehirnorgans, etwa durch eine Verletzung oder einen Tumor, voraus, häufig treten sie im Zusammenhang mit nicht behandelten Störungen der Gehirnstromaktivität, also einem epileptischen Leiden, auf. Dieses berühmte „Gewitter im Gehirn" führt zu Anfällen mit Bewusstseinsverlust, Zuckungen, Zungenbiss und Atemstillstand und ist manchmal von ekstatischen Erregungen oder komplexen Handlungsabläufen gefolgt, welche man eben Dämmerzustände nennt.

Vor Jahren habe ich einmal einen 20-jährigen, bis dahin unauffällig lebenden Verkäufer untersucht, welcher in zwei Nachtstunden acht Autos, eine Großgarage und seine Wohnung in Brand gesetzt hatte. Er konnte, nachdem er sich zuletzt selbst anzünden wollte, aus seinem brennenden Wohnzimmer gerettet werden, machte einen ratlosen, verwirrten Eindruck und führte aus, sich an die Brandlegungen nicht zu erinnern. Er hatte in der Kindheit eine Hirnhautentzündung (Meningitis) erlitten, die scheinbar folgenlos ausgeheilt war, stellte später eine gewisse Alkoholunverträglichkeit und erhöhte Wetterfühligkeit fest. Die abgenommene Blutprobe ließ den Rückschluss einer leichten Alkoholisierung von zirka 1,0 Promille im Tatzeitraum zu, eine Beeinflussung durch Medikamente oder Drogen konnte ausgeschlossen werden. Das Hirnstrombild war allerdings auffällig. Wohl infolge der durchgemachten Meningitis war die Gehirnstromaktivität in erheblichem Maße gestört, sodass von einer erhöhten Anfälligkeit und Labilität des Gehirnorgans auszugehen war. Als psychologischer Hintergrund, welcher die Ausrichtung der Aggression gegen Autos erklärt, wurde eine nicht bestandene Führerscheinprüfung gefunden. Die negative Beurteilung hatte den jungen Mann offensichtlich tief gekränkt und zu einer inneren Wut geführt, die durch das Hinzutreffen anderer, das Hemmungsvermögen herabsetzender Faktoren das amokartige Verhalten erklärt.

Es ist bei Ausbrüchen blinder Wut immer dasselbe: Man findet in der Vorgeschichte regelhaft Demütigungen oder Kränkungen, die in keinem Verhältnis zur unfassbaren Reaktion, zum schrecklichen Ausmaß der späteren Tat stehen. Man kann ferner zumindest leichte Schädigungen des Gehirns und der Gehirnfunktion, Alkohol- oder Drogeneinfluss oder Übermüdungszustände finden. Es kommt dann zu einer überschießenden, blindwütigen, letztlich aber nicht ganz ungerichteten Attacke, zu einem unverstehbar heftigen explosiblen Ausbruch, der in krassem Gegensatz zum ansonsten meist zurückhaltenden, verschlossenen Verhalten des Täters steht.

Bei einer zweiten Gruppe von Amokläufern liegen schwere, unbehandelte, psychotische Erkrankungen vor, welche gewöhnlich mit wahnhaftem Erleben verbunden sind. Das berühmteste Beispiel dafür ist jenes des Hauptlehrers Wagner: Der 39-jährige Hauptlehrer Wagner tötete 1913 seine Frau und seine vier Kinder, darauf zündete er in einem anderen Ort, in dem er früher als Lehrer tätig gewesen war, mehrere Häuser an, erschoss neun Männer und verwundete elf weitere schwer. Wagner kam zur psychiatrischen Begutachtung in die Tübinger Nervenklinik, wo Folgendes ermittelt wurde: Er war von jeher ein sehr sensibler, misstrauischer Mensch mit Empfindsamkeit und Selbstunsicherheit auf der einen Seite und starkem Ehrgeiz mit Weltverbesserungsideen auf der anderen. Sein Sexualleben war konfliktreich. Jahrelang führte er einen vergeblichen Kampf gegen die Onanie, die sein Selbstwertgefühl tief verletzte. Einmal kam es nach Alkoholgenuss zu einer sodomistischen Handlung (Geschlechtsverkehr mit Tieren). Von da an setzte die Wahnentwicklung des mit einem besonders empfindlichen Gewissen ausgestatteten Menschen ein, das Schuldempfinden wurde in die Umwelt projiziert: Von den Dorfbewohnern, die seiner Meinung nach alles wussten, in Wirklichkeit jedoch ahnungslos waren, fühlte sich Wagner verspottet und verachtet. Er lebte in Angst vor einer Verhaftung. Der Beziehungswahn wurde zum Verfolgungswahn ausgeweitet. Zweimal ließ er sich auf eigenen Wunsch versetzen. Jedes Mal hatte er nach einiger Zeit das Gefühl, dass auch in diesen Orten seine Daten bekannt gemacht worden seien, und zwar durch seine früheren Dorfnachbarn. Gegen sie, seine Verfolger, richteten sich seine Aggressionen, in die durch Projektion seine Selbstanklagen eingingen. An ihnen rächte er sich schließlich durch das Blutbad, das er für eine gerechte Strafe hielt, eine „Sache der Menschlichkeit". Den Plan trug er vier Jahre mit sich herum. Das Schulderleben übertrug er auf seine Familienmitglieder, er merzte sie aus.

Der Fall Wagner erregte in zweifacher Hinsicht Aufsehen: in der Öffentlichkeit, die nicht akzeptierte, dass der Massenmörder wegen Zurechnungsunfähigkeit straffrei ausging – der zuständige Psychiater erhielt u.a. eine anonyme Postkarte mit den Worten: „Rindvieh, psychiatrisches"; und in der Fachwelt, der erstmals die psychologische Ursache eines Wahns demonstriert wurde.

Bei Wagner zeigt sich, dass sich unter bestimmten Bedingungen der Persönlichkeitsstruktur, der Biografie und der Situation aus normalem und misstrauischem Empfinden letztlich ein Wahn entwickeln kann. Typisch für Persönlichkeiten, bei denen aus der speziellen Dreiheit von Charakter, Erlebnis und Milieu eine wahnhafte, das Leben fortan bestimmende Überzeugung entsteht, sind eine überempfindliche Persönlichkeit mit Kontrasten zwischen extremer Verletzbarkeit und überhöhtem Geltungsbedürfnis, eine so genannte Affektrückhaltung und eine erhöhte, aggressive Triebhaftigkeit bei überstarker Triebhemmung. Wegen der fehlenden Möglichkeit, ein Problem zu thematisieren, werden Konflikte nicht verdrängt und abreagiert, sondern sie bedeuten für den Betroffenen eine schwere Niederlage, eine beschämende Erfahrung. Die konflikthaften Ereignisse werden zur überwertigen, quälenden Idee, sie werden durch negative Fantasien ausgebaut, ehe es zu einer Umkehr kommt: Die Niederlage wird in eine ungerechtfertigte Verfolgung verwandelt, aus Selbstvorwürfen werden Beschuldigungen gegen andere, der Versagende wird zum Opfer einer willkürlichen Behörde oder eines sonstigen übermächtigen Gegners. Wissenschaftlich wird diese „Inversion" wie folgt beschrieben: „Das Primärerlebnis der peinlichen Insuffizienz, der beschämenden Minderwertigkeit, des Verlustes der Selbstachtung schlägt reflektorisch in ein anschauliches Symbol, in die sinnliche Beobachtung um, von allen begegnenden Menschen peinlich genau betrachtet, gestichelt und verachtet zu werden."

Der letzte Sieg

Ähnliche psychische Vorgänge zeigen sich bei den querulatorischen Persönlichkeiten, die unter Amokläufern sehr häufig vertreten sind. Querulatorische Entwicklungen stellen sich bei Personen ein, welche scheinbar selbstbewusst und stark, zugleich aber außerordentlich verletzlich und hoch empfindlich sind. Die meisten Querulanten sind sehr redegewandt und intelligent, fleißig und genau, oft aber auch reizbar und streitsüchtig. Bei genauer Analyse stößt man immer auf verborgene Versagensgefühle. Den Anstoß für die querulatorische Entwicklung gibt dann ein meist geringes Ereignis, oft eine tatsächliche rechtliche Benachteiligung. Der Querulant ist jedenfalls überzeugt, ihm sei Unrecht geschehen, er steigert sich in dieses Problem hinein, ist unfähig, die Dinge auf sich beruhen zu lassen, unternimmt alle möglichen Schritte gegen die empfundene Kränkung und Diskriminierung, sammelt Belege und Beweismittel, nimmt dabei kritiklos alles an, was sich bietet, lässt aber gegenteilige Fakten nicht gelten. Für berechtigte Anliegen anderer Menschen und deren Sichtweise hat er kein Verständnis, im Gegenteil, er erlebt dies als neue Verschwörung gegen sich. Seine Annahme, ein Unrecht erlitten zu haben und allgemein systematisch beeinträchtigt zu werden, zieht immer größere Kreise. Seine Vorstellungen steigern sich zu einer überwertigen Idee und verdichten sich bei weiterer Intensivierung zum Querulantenwahn. Von da an sind Zweifel an der Rechtmäßigkeit seiner eigenen Person und des eigenen Verhaltens nicht mehr möglich. Der Querulant meint, andere seien gegen ihn voreingenommen, gegen ihn aufgehetzt, arbeiteten planmäßig gegen ihn, hätten sich gegen ihn verschworen, seien bestochen und wollten ihn mit aller Macht unterdrücken.

Querulanten sind unbelehrbare, rechthaberische, starrsinnige und zugleich verwundbare und auf vermeintliche Kränkungen extrem empfindliche Naturen, die in einer ständigen Kampfbereitschaft leben. Sie kämpfen mit allen Mitteln gegen Behörden, Instanzen, Personen, häufig gegen die Gesellschaft überhaupt. Im verbissenen Kampf, dem etwas Fanatisches anhaftet, geht es nicht mehr um die materielle Wiedergutmachung einer zu harten Geldstrafe oder einer beruflichen Nichtberücksichtigung, sondern um die Gerechtigkeit schlechthin. Das ursprüngliche Ziel verliert bei diesen Personen, für welche Heinrich von Kleist in seiner Erzählung *Michael Kohlhaas* ein treffliches Beispiel geliefert hat, immer mehr an Bedeutung. Das Streitthema wird zur überwertigen Idee, der Einsatz übersteigt bei weitem den zu erwartenden Gewinn. Wenn der Querulant schließlich im Kampf um das Recht unterliegt und seinem Anliegen nicht stattgegeben wird, setzt er in seinem blinden Eifer unrechtmäßige Mittel ein und scheut auch vor Gewalt nicht zurück.

Ein Beispiel dafür ist der Attentäter von Zug, der 57-jährige Friedrich Leibacher, der am 27.9.2001 schwer bewaffnet in das Kantonsparlament stürmte und wahllos auf die versammelten Räte und Journalisten schoss. Dabei tötete er 14 Personen und verletzte 14 weitere schwer, anschließend richtete er sich selbst. Im Auto vor dem Gebäude fanden die Ermittler ein Bekennerschreiben, in dem er sein Motiv darlegte: Eine Politmafia habe sich gegen ihn verschworen, um einen Busfahrer der Zuger Land-Verkehrsbetriebe vom Vorwurf des Alkoholismus reinzuwaschen. Ausgangspunkt dieser Verschwörungstheorie war ein im Jahr 1998 stattgefundener Streit zwischen Leibacher und dem Busfahrer, in dessen Verlauf der spätere Amokläufer seinen Widersacher mit einer Pistole bedroht und anschließend dessen Autoantenne abgeknickt hatte. Er weigerte sich, Schadenersatz zu zahlen, bezichtigte den Busfahrer stattdessen des Alkoholismus und querulierte gegen diesen. Obwohl sich seine Vorwürfe als haltlos erwiesen, nahm er den Weg durch alle Instanzen bis zum Europäischen Gerichtshof für Menschenrechte. Als Leibacher, der schon 1970 zu einer 18-monatigen Freiheitsstrafe verurteilt worden war, auch dort keine Unterstützung fand, entschloss er sich zur unbegreiflichen Rache.

Sein und Schein

Viele Amokläufer sind aber bis zu ihrer schrecklichen Tat unauffällige Menschen. Korrekt müsste man sagen, dass sie ihrer Umgebung nicht aufgefallen sind, aber offensichtlich eine andere, verborgene Seite gehabt haben. Dieses zurückhaltende, anspruchslose, introvertierte Verhalten führt dazu, dass über die Motivation viel spekuliert wird, ohne dass eine schlüssige Antwort gefunden werden kann. Auch der Fachmann könnte wohl nicht den einen Grund oder die zwingende Erklärung finden, da solch unverhältnismäßige, uneinfühlbare und grenzenlos aggressive Taten nie einen einzigen Grund haben, sondern, wie die meisten Verbrechen, nur durch das unselige Zusammentreffen mehrerer Störfaktoren erklärt werden können. Erschwert wird die Ursachenanalyse durch den Umstand, dass insbesondere die Täter aus dieser Gruppe meist durch Suizid enden und eine analytische Befragung deshalb nicht möglich ist. Aus meinen Erfahrungen mit Affekttätern, deren aggressives Verhalten starke Ähnlichkeiten mit denen des viel spektakuläreren Amokläufers zeigt, sind Kränkungserlebnisse, aufgestaute Wut, Angst vor Gesichtsverlust, Aggressionsfantasien und scheinbar wohltuende Gedanken der eigenen Größe und Stärke von Bedeutung. Eine Grundvoraussetzung ist, dass diese inneren Probleme, die Vorstellung von Demütigungen und Hass, mit niemanden besprochen werden, dass es also nicht zu einer Verbalisierung der Frustration und dadurch zu einem allmählichen Absinken der Aggression kommt. Der Panzer nach außen begünstigt das Auftreten und die Ausweitung von immer brutaleren und immer narzisstischeren Fantasien, sodass verzerrte Feindbilder und völlig unrealistische Einschätzungen der eigenen Situation erfolgen.

Eines der bekanntesten Amok-Verbrechen der letzten Jahrzehnte, der Fall Romand, zeigt mehr als jedes andere die verhängnisvolle Kombination von narzisstischer Störung, Angst vor Gesichtsverlust und fehlender Möglichkeit zur Aussprache. Dr. med. Jean Claude Romand, ein 39-jähriger Arzt, Mitglied der Weltgesundheitsorganisation (WHO) in Genf und höchst angesehener Bürger der französischen Gemeinde Brevessin, erschlug in den Morgenstunden des 9. Januar 1993 seine schlafende Gattin mit einem Nudelwalker und erschoss anschließend seine beiden kleinen Kinder Karoline und Antoine. Er hatte ihnen zuvor das Frühstück zubereitet und sah mit ihnen ein Kindervideo an, dann tötete er sie auf so behutsame Weise, dass sie nichts bemerken sollten. Nachdem er den Vormittag Zeitung lesend verbracht hatte, fuhr er des Mittags zu seinen Eltern, erschoss Vater und Mutter und nach längerem Zögern auch deren geliebten Labradorhund. Den Nachmittag verbrachte er daheim bei den Toten, verfasste einen Abschiedsbrief, in welchem er die Morde eingestand, übergoss in der Nacht das Haus mit zwei Kanistern Benzin und steckte es in Brand. Jean Claude Romand wurde in komatösem Zustand gerettet und mit schwersten Verbrennungen in die Klinik nach Genf eingeliefert, wo er sich nach langjährigem Heilungsverlauf soweit besserte, dass 1996 der Prozess durchgeführt werden konnte. Wegen fünffachen Mordes und schweren Betrugs wurde er zu lebenslanger Haft verurteilt, welche er im Gefängnis von Villefranche-sur-Saône verbüßt.

Die Ermittlungen hatten ein erstaunliches Doppelleben zu Tage gebracht: Bei der WHO hatte nie ein Dr. Romand gearbeitet, an den französischen Universitäten hatte nie ein Jean Claude Romand promoviert, bei der Ärztekammer war er nicht bekannt. Jean Claude Romand führte seit dem Ende seines zweiten Studienjahres ein Doppelleben. Damals, als eine Prüfung fällig war, trat laut psychiatrischem Gutachten die entscheidende Wendung in seinem Leben ein. Er blieb in der Früh des Prüfungstages einfach liegen: „Der Wecker zeigte zuerst die Zeit an, zu der er hätte aufstehen müssen, dann den Beginn der Prüfung und schließlich ihr Ende." Warum er nicht zur Prüfung gegangen war, konnte er nie beantworten. Er erzählte den Angehörigen und seiner künftigen Frau, die zur selben Zeit in Lyon Pharmazie studierte, er habe die Prüfung bestanden, studierte dann mit besonderem Eifer, eignete sich den ganzen Stoff für das Medizinstudium an, absolvierte aber nie ein Praktikum oder eine Prüfung. 1985 schloss er zur gleichen Zeit, als seine Freundin das Pharmaziestudium beendete, scheinbar sein medizinisches Studium ab, fand dann – so vermittelte er der Umgebung – eine Stelle bei der WHO, verließ jeden Morgen sein Haus, war dann nur über Mobiltelefon erreichbar, besuchte Konferenzsäle und Bibliotheken in den Gebäuden der WHO, saß stundenlang Zeitung lesend in Cafés oder auf Parkplätzen herum, besuchte die Orte seiner Kindheit, nahm abends immer zahlreiche Broschüren mit dem Logo der WHO nach Hause.

Wenn er vorgab, Kongresse zu besuchen, mietete er sich in einem Hotel in der Nähe des Flughafens ein, las Zeitungen und Broschüren über den Kongressort, rief zu Hause an, um zu berichten, wie es ihm in Tokio oder Madrid gerade gehe, kehrte nach ein paar Tagen mit Geschenken, die er in einer Flughafenboutique gekauft hatte, nach Hause zurück. Der als grundsolide, loyal, gepflegt und diskret geltende Mann, der ein mustergültiger Ehemann und Vater war, ließ bei seiner Familie und der seiner Frau durchblicken, dass es ihm seine Position als Führungskraft der WHO gestatte, Geld in die Schweiz zu transferieren und zu günstigsten Bedingungen, zu einem Zinssatz von 18%, anzulegen. Ohne Beleg erhielt er von seinen Eltern und Schwiegereltern immer wieder riesige Summen, um damit von der günstigen Anlage Gebrauch zu machen.

Romand spielte seine Rolle über 18 Jahre perfekt, über 18 Jahre, in denen er niemandem von seinem Versagen berichten konnte. Er habe sich, gleich seinem Vater, einem Förster, bemüht, sich Gefühle nicht anmerken zu lassen und sich zu verstellen. Die Vorstellung, seiner kränkelnden Mutter „Kummer" zu bereiten, sei für ihn immer schon unerträglich gewesen. Er sei in die Tretmühle geraten, niemanden enttäuschen zu wollen, die erste Lüge habe eine zweite nachgezogen, und daraus sei das ganze Leben zur

Lüge geworden. Schließlich hätte er lieber Krebs gehabt, als weiterlügen zu müssen, gleichzeitig sei er nicht in der Lage gewesen, die Wahrheit zu sagen und den Angehörigen Kummer zu bereiten. Jean Claude Romand richtete im Prozess seine letzten Worte an die fünf Toten: „Es ist so, dass ich die Vorstellung nicht ertragen konnte, euch weh zu tun.“ Romand hat, so paradox dies klingen mag, seine Lieben getötet, um ihnen einen Kummer zu ersparen.

Am Fall Romand sehen wir zwei Risikofaktoren für Amoktaten: eine narzisstische, keine Schwäche zugebende Persönlichkeit und die Verheimlichung nach außen, was zu Aggressionsstau, unterbleibender Frustrationsabfuhr und immer stärkerem Hineinleben in Fantasievorstellungen führt.

Die Schule im Visier

Eine ähnliche Konstellation, wenngleich viel unreifer und aggressiver, lag wohl auch bei Robert Steinhäuser, dem Amokläufer von Erfurt, vor, welcher am 26.4.2002 nach dem Vorbild seiner Videos am Gutenberg-Gymnasium 17 Menschen und anschließend sich selbst tötete. Steinhäuser, der als phlegmatisch, antriebslos, zurückgezogen und einzelgängerisch, im Umgang aber auch als höflich und freundlich beschrieben wurde, hatte den Verweis von der Schule zwei Monate vor der Abiturprüfung nicht verkraftet. Diese Blamage, die für ihn wie ein soziales Todesurteil gewesen sein muss, hielt er vor allen geheim. Auch in seiner Familie, die nach außen hin keine schwereren Störungen erkennen ließ, ging man davon aus, dass er das Abitur mache. Steinhäuser zog sich mehr und mehr in die virtuelle Welt zurück. Er gab sich in geradezu süchtiger Weise dem Konsum von Gewaltvideos hin, reagierte sich mit Killerspielen ab und hörte tagelang Heavy-Metal-Music. Vor allem aber beschäftigte er sich als Mitglied des Schützenvereins mit Waffen. Beim Massaker an der Schule, das nur zehn Minuten dauerte und 13 Lehrkräfte, eine Sekretärin, zwei Schülerinnen und einen Polizisten betraf, zog er sich eine Maske über, eine Maske als Machtverstärker, eine Maske, hinter der er sein Vorhaben besser durchziehen konnte und hinter der es sich für ihn leichter töten ließ. Die Maske des Mörders verbreitet nicht nur Angst und Schrecken, sie baut auch die Distanz zum Opfer auf, führt zu einer Ent-Persönlichung und ist auch Symbol für das Leben vieler Amokläufer: Sie haben ihr wirkliches Leben, ihr eigentliches Problem und auch ihr wahres Gesicht nicht mehr gezeigt.

Amokläufe von Schülern gegen Lehrer und Mitschüler haben in den letzten Jahren zugenommen. Neben Erfurt ist das als „das tödlichste Schulmassaker der US-Geschichte“ bezeichnete Attentat von Littleton vom 20.4.1999 das bekannteste. Der 17-jährige Dylan Klebold und der 18-jährige Eric Harris betraten, nachdem sie mit einem schwarzen BMW vorgefahren waren, mit zwei abgesägten Schrotflinten, einer halb automatischen 9-mm-Pistole, einem Karabiner und über 30 selbst gebauten Sprengsätzen ihr Schulgebäude. Sie trugen neben den langen schwarzen Trenchcoats, welche ihr Erkennungszeichen waren, Schimasken. Nachdem sie ihre Bomben detoniert hatten, erschossen sie zwölf Schüler und einen Lehrer, ehe sie sich mit Kopfschüssen selbst töteten. Klebold und Harris hörten Tag und Nacht die Songs der Schock-Rocker Marilyn Manson und Rammstein, spielten einschlägige Computerspiele, waren stets mit ihren langen schwarzen Mänteln bekleidet und trugen eine Armbinde, auf der stand: „Ich hasse die Menschen“. Sie wollten so Furcht erregend sein wie ihre Helden.

Im Gegensatz zu reinen Racheanschlägen, die sich gegen bestimmte Personen richten, ist bei derartigen Amokläufern typisch, dass zwar die Schulen, von welchen die ursprüngliche Frustration ausgegangen ist, als Anschlagsobjekte gewählt, die Opfer dort aber mehr oder weniger wahllos getötet werden. Das Bild dieser neuen Amokläufer ist immer gleich: Es handelt sich um männliche Jugendliche, welche als unauffällig gelten. Sie haben ein Kränkungserlebnis mitgemacht, haben sich zurückgezogen, haben sich – meist durch Gewaltvideos und Computerspiele unterstützt – in Rachefantasien hineingesteigert. Sie haben ihren zumeist über die Väter ermöglichten Zugang zu Waffen genutzt und dann den Umstieg aus der vorgestellten Welt der eigenen Demütigung, des Hasses, der Rache und des Sieges der eigenen Größe vollzogen.

Die todsichere Lösung

Trotz des mangelhaften Wissens und der Unerklärlichkeit des Einzelfalles kann man in der Psyche von derartigen Gewalttätern, bei denen kein Dämmerzustand oder Querulantenwahn vorliegt, eine Reihe von Gemeinsamkeiten, von Merkmalen, die nahezu regelhaft angetroffen werden, finden. Immer handelt es sich um sehr gekränkte Menschen, man könnte auch genauer sagen, um narzisstisch gekränkte Menschen. Die Kränkung, die die Entwicklung zur Amoktat fördert, kann auf erhöhter Sensibilität, auf pathologischer Empfindsamkeit und nachhaltiger Irritierbarkeit des Täters oder auf massiven Beleidigungen beruhen. Die ungemeine Empfindlichkeit dieser Menschen, die von den Außenstehenden meist gar nicht bemerkt wird, erklärt, dass alltägliche Anlässe eine so hohe Bedeutung bekommen können. Kleine Sticheleien, nicht vermeidliche Ungerechtigkeiten oder kaum beachtete Benachteiligungen bedeuten für den von Minderwertigkeitsgefühlen geplagten, in ständiger Angst vor mangelnder Anerkennung lebenden Menschen geradezu Peitschenhiebe, elementare Verunsicherungen oder existenzbedrohende Niederlagen.

Woher rührt nun diese erhöhte Kränkbarkeit? Neben anlagemäßigen Faktoren, die bei der Persönlichkeits- und Charakterstruktur immer eine Rolle spielen, sind besonders Erziehungs- und Milieueinflüsse von Bedeutung. Wenn Kinder in den ersten Lebensjahren die Gefühle der Zuwendung und Liebe, der Nestwärme und Geborgenheit, der Anerkennung und Förderung vermissen, resultieren daraus selbstunsichere, von ständigen Zweifeln geplagte Persönlichkeiten. Der Mangel der drei großen „Z", nämlich Zuwendung, Zeit und Zärtlichkeit, dem die Kinder der heutigen Gesellschaft vermehrt ausgesetzt sind, führt zur lebensbestimmenden Angst, nicht genügend anerkannt, gelobt und geliebt zu werden. Dies bedingt eine Lebensgrundhaltung, die auf Gefühlszu- oder -abwendung äußerst sensibel reagiert.

Da die Unterversorgung mit Gefühlen in jedem Menschen – und dies ist ein psychologisches Grundgesetz – Angst auslöst, wird sich der Mensch mit allen Mitteln gegen drohenden Liebesentzug wehren: Das Baby schreit, das Kind trotzt, der Jugendliche opponiert, der Erwachsene protestiert oder queruliert. Die Unerträglichkeit des tatsächlichen oder vermeintlichen Liebesentzugs führt zu Fantasien. Diese können sich positiv mit dem Thema der eigenen Sicherheit und Stärke, aber auch negativ mit jenem des aggressiven Erzwingens von Anerkennung und Lob beschäftigen. Fantasien sind frei, nicht zensuriert, in Inhalt und Richtung nicht bestimmbar. Die Vorstellung, mächtig und anerkannt zu sein, hat etwas Tröstendes und Wiedergutmachendes. Ähnlich einer Droge lindert sie die Schmerzen der Unsicherheit, des Minderwertigkeitsgefühls und der psychischen Verwundungen. Wie bei jeder Psychodroge muss auch bei der vorerst helfenden Fantasie die Dosis gesteigert werden. Daraus entwickelt sich eine gefährliche Spirale, welche weg von der positiven Vorstellung hin zur aggressiven, erzwingenden und im schlimmsten Fall zur rächenden führt. Wenn der ständig gekränkte, unter einem unangenehmen und immer unerträglicheren Missgefühl leidende Mensch die Wirkung der Fantasie kennen lernt und nur mit ihrer Hilfe mit seinen Kränkungserlebnissen fertig wird, beginnt eine verhängnisvolle Entwicklung.

Ein weiteres psychisches Kriterium des Amokläufers ist das mangelnde Einfühlungsvermögen in andere. Wissenschaftliche Untersuchungen über das kindliche Verhalten von späteren Massenmördern haben ergeben, dass diese u.a. durch Tierquälereien aufgefallen sind. Dies bedeutet, dass es ihnen schon damals schwer gefallen ist, sich in andere Kreaturen hineinzufühlen, den Wechsel vom eigenen Empfinden zu dem eines anderen Wesens wahrzunehmen und die Grenzen der eigenen aggressiven Bedürfnisse zu akzeptieren. Die mangelnde Empathiefähigkeit (Einfühlungsvermögen) ist somit etwas sehr Egoistisches und damit Narzisstisches. Das fehlende Einfühlungsvermögen steht in krassestem Widerspruch zur eigenen Empfindsamkeit.

Ständige Frustrationsempfindungen, aggressive Impulse, quälende Selbstwertzweifel und erleichternde Fantasien werden dann gefährlich, wenn es zu einer Gefühlshemmung, zu einer Blockade der Emotionen und dadurch zu einer mangelnden Abfuhr kommt. Auch destruktive psychische Energie kann abgebaut, umgewandelt und verlagert werden, etwa durch kompensierende Tätigkeiten, die das Selbstwertgefühl stärken, oder durch Gespräche mit anderen. Gefühlsblockade und Sprachlosigkeit führen zum Stau an Emotionen und Aggressionen, zu einem Aufkochen der negativen Energie. Der innere psychische Zustand gleicht dem Bild eines übervollen Eimers von Kränkungen, den ein letzter Tropfen zum Überlaufen bringt, oder, noch treffender, jenem eines geschlossenen Topfes mit siedender Flüssigkeit. Mangelnde Einfühlungsfähigkeit hat ihre Wurzeln in fehlender Erfahrung im Umgang mit Gefühlen. Ein emotional unterversorgtes Kind wird Mitleid, Hineinfühlen usw. als etwas Fremdes und damit als etwas Bedrohliches erleben. Derartige Gefühle werden deshalb unterdrückt oder abgespalten, jedenfalls nicht zugelassen. Das Kind hat gleichsam gelernt, besser überleben zu können, wenn Gefühle keine Rolle mehr spielen.

Beim Amokläufer haben wir es also mit einer verhängnisvollen Kombination von überhöhter Kränkbarkeit, fehlendem Einfühlungsvermögen, Unfähigkeit zum Gefühlsaustausch und einem immer dominanter werdenden Fantasieleben zu tun. Tatsächliche Benachteiligungen oder vermeintliche Ungerechtigkeiten führen zum Gefühl des ständigen Versagens und der permanenten Unterlegenheit, wogegen sich die egoistischen Persönlichkeitsanteile immer massiver wehren. Der Amoktäter macht einen Wandlungsprozess vom chronisch gekränkten Opfer über den sich wehrenden Gerechten bis hin zum überlegen agierenden Rächer durch.

Das, was man gemeiniglich als „Machtrausch", „Mordlust" oder „Blutrausch" bezeichnet, ist nichts anderes als das exzessive Ausleben von Rache, von Wiedergutmachungsansprüchen und dem lange unterdrückten Gefühl der eigenen Überlegenheit. Der gedankliche und emotionale Umstieg von der Feststellung, etwas wert zu sein, zum Gefühl des Gleichwertigen oder Stärkeren bis hin zum Rausch des weit Überlegenen, des Beherrschers anderer, des Herrn über Leben und Tod, hat tatsächlich etwas Entrückendes, Suchtartiges an sich. Der Machtrausch baut alle Kontrollmechanismen ab, er lässt ansonsten unterdrückte Impulse in voller Intensität zu, verdichtet vorbestehende Gefühlszustände und führt zu einer narzisstischen Überhöhung der eigenen Person. Jeder Rausch ist ein autonomes Geschehen, viele psychologischen Gesetzmäßigkeiten werden aufgehoben, er entzieht sich nahezu jeder Logik und Kontrolle. Der Blutrausch setzt beim Amoktäter die gestaute Aggression, die geballte negative Energie in Minutenschnelle frei, bewirkt einen Zustand der maßlosen Selbstüberhöhung, der rücksichtslosen Egozentrizität und des grandiosen Selbst.

Kapitel 13

Lust am Töten – Serienkiller

Schlagzeile in den Tageszeitungen vom 4. Juli 2002: „Medizinisch ausgebildeter Serienmörder." Dazu lesen wir: „... Ein offenbar medizinisch ausgebildeter Serienmörder hat in der türkischen Millionenmetropole Istanbul neue Ängste vor einer Organ-Mafia geweckt. Arbeiter der Müllabfuhr fanden im europäischen Stadtteil Kagithane am Dienstag in einem Mülleimer ein männliches Beinpaar, das an der Hüfte glatt abgesägt war. Damit steigt die Zahl solcher Beinpaare, die in den vergangenen zwei Jahren in verschiedenen Istanbuler Stadtteilen gefunden wurden, auf mindestens neun. Die Polizei entdeckte wenig später einen Koffer, in dem der kopflose Rumpf des Opfers versteckt war. Bei der Autopsie stellte sich heraus, dass der Leiche die inneren Organe fehlten; stattdessen waren die abgeschnittenen Arme in den Bauchraum gestopft worden.

Die fachmännische Art, mit der diese Leichen zerlegt wurden, deute darauf hin, dass der Täter eine medizinische Ausbildung habe, sagte der ermittelnde Staatsanwalt. Möglich sei daher, dass der oder die Täter einer Organ-Mafia angehören. Nachdem erst in der vergangenen Woche unter der Galata-Brücke im Stadtzentrum wieder ein sauber abgesägtes Beinpaar angespült worden war, gründete die Istanbuler Polizei eine Sonderkommission. Von den Opfern des Serienkillers, deren Zahl nach verschiedenen Zählungen zwischen neun und 13 schwankt, konnten bisher lediglich zwei identifiziert werden. Bei ihnen handelt es sich um eine Jus-Studentin und eine Prostituierte; ihre Beine wurden im vergangenen Jahr gefunden."

Der Serienmörder ist der Typ des psychisch abnormen, gefährlichen Verbrechers schlechthin. Nichts beunruhigt die Bevölkerung mehr als eine Reihe von unaufgeklärten Morden, welche die Handschrift desselben Täters tragen. Keine andere Form von Verbrechen nimmt so viel Raum in der medialen Berichterstattung ein. Nichts hat Kriminalautoren und Thrillerregisseure mehr angesprochen als die Gestalt eines Verbrechers, welcher als berechnend, überlegen agierend, extrem kaltherzig, sadistisch und voll destruktiver Energie wirkt. Der Serientöter scheint mit der Bevölkerung und den Ermittlern oft ein grausames Spiel zu treiben, die fehlende Fassbarkeit gibt ihm den Nimbus des Unbesiegbaren, Unsichtbaren und unentwegt Bedrohlichen. Nicht selten mischt sich bei der Bevölkerung in das Gefühl von Furcht und Angst jenes von Anerkennung und Bewunderung, die Wut auf den Killer wird häufig und schonungslos auf die lange Zeit erfolglosen Ermittler übertragen.

Serienmorde werden weltweit häufiger, nicht nur in den USA, wo von einem „epidemischen Ausmaß" gesprochen wird, sondern auch in Europa und den östlichen Ländern. Man weiß nicht, womit dies zusammenhängt, vielleicht mit dem allgemeinen Narzissmus, der unsere Zeit bestimmt, vielleicht mit dem allgemeinen Werteverlust, mit dem sich verbreitenden Gefühl der inneren Leere und Langeweile, vielleicht mit der Jagd nach immer neuen, intensiveren Erlebnissen, mit dem „sensation seeking", mit der Sucht nach dem Kick, welche auch vor sadistischen Ausschweifungen und sogar vor Tötung nicht Halt macht.

Beunruhigend ist das Motiv der meisten Serienmörder, welches ein ganz anderes ist als das herkömmlicher Morde. Nicht Streit, Rache, Erpressung oder Gewinnsucht treiben den Serienmörder, sondern uneinfühlbare, unpersönliche, ja abartige Impulse, welche mit Lust am Töten, sadistischer Grausamkeit und krankhaftem Narzissmus zu tun haben. Es ist zu befürchten, dass viele unaufgeklärte Mordfälle einem Serienkiller – in den USA sollen laut Berechnungen des FBI zirka 350 bis 500 aktive Killer leben – zuzurechnen sind. Besonders beängstigend ist die Erkenntnis von der nach außen nicht gestört wirkenden Persönlichkeit und der scheinbar angepassten Lebensführung der Killer. Diese könnten sich hinter dem netten Nachbarn von nebenan, dem charmanten Kollegen oder einem biederen Durchschnittsbürger verbergen.

Serienmorde weisen, so haben die beiden amerikanischen Kriminologen Ronald M. Holmes und James De Burger ermittelt, eine Reihe von spezifischen Kennzeichen auf. Ihr zentrales Element ist der Wiederholungscharakter, wobei die Umstände der Verbrechen, die Auswahl der Opfer und das Tatortbild auffallende Parallelen zeigen. Serienmorde ereignen sich im Gegensatz zu Massakern und Amokläufen nahezu ausschließlich unter vier Augen, gleichsam in einem intimen Rahmen, welcher nach außen nichts durchdringen lässt. Täter und Opfer sind sich bei Serienmorden meist völlig unbekannt. Der Serienkiller sucht, schon um keinen Verdacht zu erwecken und keine Anhaltspunkte für die Ermittlungen zu hinterlassen, praktisch immer fremde Personen aus. Das einzige Motiv des Serienmörders liegt in aggressiven Impulsen, in sadistischen Tendenzen und im Bedürfnis zu töten. Affekt und Leidenschaft spielen bei ihm keine Rolle. Serienmörder, meist von guter Intelligenz, kalt berechnendem Verstand und sicherem Instinkt, arbeiten nahezu fehlerlos.

Das Profil der Killer

Generationen von Kriminologen, Psychologen und Psychiatern haben sich bemüht, bei Serienmördern einen spezifischen Defekt zu entdecken und psychische Störungen zu erfassen, welche dieser Tätergruppe gemeinsam sind. Serienmörder galten in der Vergangenheit als Personen mit Störungen in der Gehirnstromaktivität, als Schizophrene oder schwere Neurotiker. Serienkiller werden nach heutigen Erkenntnissen in folgende fünf Gruppen eingeteilt: Visionäre, missionarische, hedonistische und narzisstisch-sadistische, zu denen die machtorientierten Serienmörder sowie die Lustmörder zählen.

Beim *visionären Typus* des Serienkillers handelt es sich um Täter mit wahnhaften Störungen. Obwohl bestritten wird, dass Serientäter häufig unter wahnhaften Störungen leiden, sind doch einige Beispiele bekannt. Der als „Son of Sam“ bekannt gewordene David Berkovitz tötete unter dem Einfluss befehlender Stimmen eines wahnhaft eingebildeten alten Mannes (Sam) in den 70er-Jahren mehrere Liebespärchen. Cleo Green, ein junger Mann aus Kentucky, der 1984 zahlreiche ältere Damen mit hunderten von Messerstichen ermordete, wollte einem „roten Dämon“, von dem er selbst gepeinigt wurde, mit dem Messer einen Zugang zu Frauenkörpern verschaffen. Dadurch habe er selbst von den Qualen für einige Zeit Ruhe gehabt.

Ein Aufsehen erregendes Beispiel für einen paranoiden Serienkiller ist jenes des Ferdinand Gamper, der im Jahr 1996 die „Promenadenmorde“ im Raum Meran verübte. Gamper stammte aus einer ausgegrenzt lebenden Familie, in der mehrere Mitglieder psychische Auffälligkeiten zeigten. Die Mutter war als verschlossen, verbittert und misstrauisch bekannt, ein Bruder hatte sich in einem Anflug von Verfolgungswahn selbst getötet. Ferdinand Gamper galt als einzelgängerisch, kontaktscheu und mürrisch und lebte völlig zurückgezogen. Zu den Dorfbewohnern hatte er kaum Kontakt, die Sommermonate verbrachte er als Hirt auf einer Schweizer Alm. Von seinen Beeinflussungserlebnissen und wahnhaften Vorstellungen zeugen mehrere Vorkommnisse, in denen er unbekannte Touristen als „Judenschweine, Nazi-Sau, Kindermörder“ usw. beschimpfte. Völlig grundlos attackierte er einen deutschen Schifahrer und fügte ihm schwere Augenverletzungen zu.

Am 8. Februar 1996 begann dann eine unheimliche Mordserie, die den Großraum Meran in Panik und Hilflosigkeit versetzte. Ein 60-jähriger Bundesbankdirektor und seine 49-jährige Freundin wurden auf der Winterpromenade aus nächster Nähe durch zwei Kopfschüsse getötet. Am 15. Februar wurde ein 58-jähriger Knecht aus unbekannten Motiven erschossen. Das waffentechnische Gutachten bestätigte, dass dieselbe Waffe wie beim ersten Mord verwendet worden war. Am 27. Februar schlug der Killer wieder zu: Am Pfarrplatz in Meran wurde ein 36-jähriger EDV-Techniker von einem Unbekannten, den die Freundin des Opfers zu Gesicht bekam und relativ gut beschreiben konnte, erschossen. Am 1. März kam es zum „Blutbad von Riffian". Nachdem ein 50-jähriger Mann aus größerer Entfernung erschossen worden und der Verdacht auf Ferdinand Gamper gefallen war, wurde dessen Wohnhütte umstellt. Während des anschließenden Feuergefechts wurde ein Carabiniere durch Gampers Schüsse tödlich verletzt, ehe sich dieser selbst erschoss. Neben den kriminalistischen Ermittlungsergebnissen, die keinen Zweifel an der Serientäterschaft Gampers aufkommen ließen, weisen dessen als psychotisch einzustufende Persönlichkeit, seine Herkunft aus einer mit Wahnerkrankungen belasteten Familie, die typischen aggressiven Vorboten sowie die nach wahnhaften Kriterien getroffene Opferwahl auf die paranoide Störung Gampers hin.

Missionarische Serienmörder, die unter einer überwertigen, fanatischen Idee leiden und sich manchmal ebenfalls in Wahnvorstellungen verstiegen haben, werden vom Zwang getrieben, eine bestimmte, als unwürdig wahrgenommene Gruppe von Mitbürgern, etwa Prostituierte, Obdachlose oder Drogensüchtige, auszurotten. Das bekannteste Beispiel ist jenes des damals 31-jährigen Kaliforniers Vaughn Greenwood, der in den 70er-Jahren mindestens elf Obdachlose tötete und anschließend – was für eine besonders schwere psychische Störung spricht – das Blut der Opfer trank. Auch aus Ländern des ehemaligen Ostblocks, Australien und Afrika wird über missionarische Serienmörder berichtet.

Der *hedonistische Serienkiller* entspricht dem Typ des Lustmörders, welcher seine sexuelle Befriedigung aus sadistischen Misshandlungen schöpft und durch die Todesangst des Opfers in höchste Erregung gerät: „... Es war nur noch wichtig, sie zu demütigen, sie zu quälen, alles andere war völlig bedeutungslos. Ich wollte sie immer tiefer sehen, ihre Angst hat mich geiler und geiler gemacht ...", so beschrieb mir ein Täter einmal seine innere Verfassung beim Tötungsakt. Der ehemalige Psychologiestudent Ted Bundy, welcher von seinen Professoren als extrem intelligent und sympathisch beschrieben wurde, eine Initiative zur Beratung vergewaltigter Frauen ins Leben gerufen und eine hoffnungsvolle Politkarriere begonnen hatte, fuhr mit seinem VW-Käfer quer durch die USA, brachte als Tramperinnen mitgenommene junge Frauen in seine Gewalt, folterte und vergewaltigte sie, ehe er sie auf sadistische Weise tötete. Nach den Ermittlungsergebnissen forderte sein Morden 300 bis 400 Opfer.

In Deutschland erregte der Fall Jürgen Bartsch Aufsehen, der in den 60er-Jahren vier Knaben in einem verlassenen Luftschutzbunker sexuell missbraucht, auf grausame Weise gefoltert und schließlich getötet hat. Dem als „freundlicher Nachbar" geltenden Waschraumwärter Joachim Georg Kroll aus Duisburg wurde zur Last gelegt, innerhalb von zwanzig Jahren 16 Mädchen und junge Frauen aus sexuellen Motiven getötet zu haben. Bei seiner Verhaftung im Jahr 1976 entdeckte man Leichenteile eines als vermisst gemeldeten vierjährigen Knaben. Offensichtlich hatte Kroll Teile der Leiche gegessen.

Narzissmus und Sadismus

Bei den meisten Serienmördern liegt keine Geisteskrankheit vor, wohl aber leiden sie an einer ausgeprägten Persönlichkeitsstörung, welche durch folgende Abnormitäten geprägt ist: Es besteht ein ausgeprägter Narzissmus, es liegen schwere sadistische Tendenzen vor, ab der Kindheit zeigen sich sozial abweichende dissoziale Verhaltensweisen, später nehmen extremes Misstrauen und nahezu wahnhafte Gedanken überhand. Das gemeinsame Auftreten dieser Persönlichkeitszuge wurde bei vielen Serienmördern gefunden. Der weltberühmte, aus Österreich stammende Psychoanalytiker Otto Kernberg beschrieb das Syndrom des „malignen (= bösartigen) Narzissmus" deshalb als eigenständige Störung, welche gemeinsames Kennzeichen vieler Serienmörder sei. Im Mittelpunkt dieser Störung stehen also Narzissmus und Sadismus, zwei Charakter- und Verhaltensabweichungen, die wegen ihrer zentralen Bedeutung bei Sexual- und Tötungsdelikten näher beschrieben werden sollen.

Die unheilvolle Selbstverliebtheit

Unter Narzissmus verstehen wir ein von Arroganz, Geltungsbedürfnis und Selbstbezogenheit bezeichnetes Verhalten. Der Narzisst ist ein überheblicher, selbstverliebter, ständig auf Anerkennung und Bewunderung bedachter Mensch, welcher aber gleichzeitig, und das macht ihn oft gefährlich, extrem empfindlich und kränkbar ist. Der Ausdruck Narzissmus stammt, so sagt der Mythos, von Narziss, dem Sohn des Flussgottes Kephissos und einer von diesem vergewaltigten Nymphe, der sich in sein eigenes Spiegelbild verliebte. Ob dieser Eitelkeit muss er – es sei eine Warnung für alle Narzissten – sterben und wird in eine Blume, eine Narzisse, verwandelt. Diese hat einen so betörenden Duft, dass jeder, der sie riecht, starr und gelähmt wird. Das Schnuppern an der Narzisse, d.h. das Ausleben der Selbstverliebtheit, tötet eigene unerträgliche Gefühle ab und schaltet die Empfindung für andere, das Hineinfühlen in andere Personen, aus.

Narzissmus tritt in seiner gutartigen Form meist ein Stück weit bei uns allen in Erscheinung. Wir halten uns dann für einzigartig, großartig und bewundernswert, wir loben – mit oder ohne Understatement – unser Urteilen und Handeln, wir fischen nach Komplimenten, wir legen uns Symbole des Erfolgs zu. Beim bösartigen Narzissmus, der bei vielen sadistischen Verbrechern zu finden ist, geht es um die Erniedrigung anderer. Das eigene Selbstwertgefühl wird durch Demütigung und Entwürdigung anderer genährt, die eigene Grandiosität hängt von der Angst und Hilflosigkeit der Opfer ab. Der pathologische Narzisst ist extrem irritierbar, hochgradig empfindlich, durch Kleinigkeiten zutiefst verletzbar, er ist vor allem in krankhafter Weise misstrauisch: Alles Negative bezieht er auf sich, überall sieht er Gefahr und Bedrohung, gegen die man sich mit Überlegenheit und Macht zur Wehr setzen muss.

Sigmund Freud sieht im Narzissmus eine wichtige Entwicklungsstufe im Übergang von der Phase der ausschließlichen Selbstbezogenheit zu jener der Außenorientierung. Die Verliebtheit in die eigene Person – Freud meint damit die eigenen Genitalien – sei ein notwendiger Entwicklungsschritt. Narzissmus sei, so sagt Freud im Jahr 1910, verdrängte Mutterliebe: „Der Knabe verdrängt die Liebe zur Mutter, indem er sich selbst an deren Stelle setzt, sich mit der Mutter identifiziert und seine eigene Person zum Vorbild nimmt (...) er ist homosexuell geworden; eigentlich ist er in den Autoerotismus zurückgeglitten, da die Knaben, die der Heranwachsende jetzt liebt, doch nur Ersatzpersonen und Erneuerungen seiner eigenen kindlichen Person sind, die er so liebt, wie die Mutter ihn als Kind geliebt hat. Wir sagen, er findet seine Liebesobjekte auf dem Weg des Narzissmus ...“

Otto Kernberg, der genannte New Yorker Analytiker, interpretiert den Narzissmus als Persönlichkeitsstörung, die mit erheblichen Selbstwertzweifeln verbunden ist. Krankhafter oder bösartiger Narzissmus, der uns in der Kriminologie interessiert, äußere sich durch ausgeprägten Ehrgeiz, grandiose Fantasien, Unterlegenheitsgefühle, übersteigerte Abhängigkeit von Bewunderung durch andere, durch chronische Gefühle von Langeweile und Leere, durch ständige Suche nach Macht, Reichtum und Schönheit, durch deutliche Defizite der Liebesfähigkeit, stark eingeschränktes Einfühlungsvermögen, ständige Unsicherheit und Unzufriedenheit, durch Ausbeutung und Rücksichtslosigkeit gegenüber anderen, durch dauernde, intensive Ansprüchlichkeit und Selbstbezogenheit sowie Misstrauen. Merkmale der narzisstischen Persönlichkeitsstörung sind: Größengefühle in Bezug auf die eigene Bedeutung, Beschäftigung mit Fantasien über unbegrenzten Erfolg und Macht, über Scharfsinn, Schönheit oder ideale Liebe. Narzisstische Persönlichkeiten sind überzeugt, besonders und einmalig zu sein und nur von anderen besonderen Menschen oder solchen mit hohem Status verstanden zu werden oder mit diesen zusammensein zu können. Sie werden getrieben von einem Bedürfnis nach übermäßiger Bewunderung und legen eine Anspruchshaltung mit unbegründeten Erwartungen nach besonders günstiger Behandlung oder automatischer Erfüllung all ihrer Wünsche an den Tag. Sie nützen zwischenmenschliche Beziehungen schamlos aus, können sich nicht in andere hineinfühlen, werden von Neid geplagt und legen ein arrogantes, hochmütiges Verhalten an den Tag. Meist leiden Narzissten hinter der glänzenden Fassade unter den Gefühlen von Leere, Sinnlosigkeit oder Depressionen, mit einem ungewöhnlich labilen Selbstwertgefühl, Neigung zu perversem, süchtigem und verbrecherischem Verhalten, Mangel an Lebensfreude und Überempfindlichkeit gegen Zurücksetzung.

Lust am Leid anderer

Der sexuelle Sadismus ist eine von Richard von Krafft-Ebing beschriebene Störung des Sexualverhaltens. In dem berühmten Standardlehrbuch *Psychopathia Sexualis* wird die erste Definition geliefert: „Sadismus ist die Empfindung von sexuellen Lustgefühlen bis zum Orgasmus beim Sehen und Erfahren von Züchtigungen und anderen Grausamkeiten, verübt an einem Mitmenschen oder selbst an einem Tier, sowie der eigene Drang, um der Hervorrufung solcher Gefühle willen anderen lebendigen Wesen Demütigung, Leid, ja selbst Schmerz und Wunden widerfahren zu lassen.“ Sadistische Impulse und Handlungen beziehen sich schon in der klassischen Beschreibung auf Quälereien vielfältiger Art und beschränken sich nicht nur auf den Sexualbereich.

Nach moderner Auffassung sind das Hauptmerkmal des Sadismus wiederkehrende, starke sexuelle Impulse und sexuell erregende Fantasien, die reale, nicht vorgetäuschte Handlungen einschließen, in denen das psychische oder physische Leiden (einschließlich Demütigung) des Opfers sexuell erregend ist. Die Person hat diesen Impulsen entsprechend gehandelt oder leidet deutlich unter ihnen.

Einige Personen fühlen sich durch ihre sadistischen Fantasien beunruhigt, die sie nur während sexueller Aktivität ersehnen, aber nach denen sie ansonsten nicht handeln. In solchen Fällen beinhalten die sadistischen Fantasien gewöhnlich die völlige Kontrolle über ein Opfer, das den bevorstehenden sadistischen Akt fürchtet. Andere führen die sadistischen sexuellen Impulse mit einem Partner aus, der bereitwillig Schmerz und Demütigung erleidet, vor allem, wenn er selbst unter Masochismus, der Lust nach Qual, leidet. Wieder andere Personen mit sexuellem Sadismus setzen ihre sadistischen Handlungen auch mit nicht einverstandenen Opfern um. In all diesen Fällen ist das Leiden des Opfers sexuell erregend.

Sadistische Fantasien oder Handlungen können Aktivitäten beinhalten, die eine Dominanz des Betroffenen über sein Opfer anzeigen, z.B. das Opfer zum Kriechen zu zwingen oder es in einem Käfig zu halten oder andere Handlungen wie Züchtigung, Verbinden der Augen, Schlagen, den Hintern versohlen, Peitschen, Kneifen, Prügeln, Verbrennen, Zufügen von Elektroschocks, Vergewaltigung, Schneiden oder Stechen, Würgen, Folter, Verstümmelung oder gar Tötung. Sadistische sexuelle Fantasien treten wahrscheinlich schon in der Kindheit auf, das Alter bei Beginn der sadistischen Aktivitäten variiert, liegt aber gewöhnlich im frühen Erwachsenenalter.

In seiner extremen Form ist der Verlauf üblicherweise chronisch. Wird der sexuelle Sadismus mit nicht einverstandenen Partnern praktiziert, so werden diese Handlungen meist bis zur Inhaftierung der Person mit sexuellem Sadismus wiederholt. Manche Personen führen möglicherweise viele Jahre lang sadistische Handlungen aus, ohne das Bedürfnis, die Intensität der körperlichen Schädigung zu steigern. Gewöhnlich nimmt die Schwere der sadistischen Handlungen jedoch mit der Zeit zu, nimmt also suchtartigen Charakter an. Ist die Störung schwer und mit einer antisozialen bzw. sadistischen Persönlichkeitsstörung verbunden, können diese Menschen ihre Opfer ernstlich verletzen oder töten.

Wenn Sadisten Vergewaltigungen oder andere Sexualverbrechen begehen, übersteigen die dem Opfer zugefügten Schmerzen bei weitem das Ausmaß, welches zum Erreichen von Gefügigkeit notwendig wäre. Der sichtbare Schmerz des Opfers wirkt dabei sexuell erregend. Auch ohne das Motiv sexueller Erregung finden sadistische Handlungen bei einer Vielfalt von Verbrechen, bei Foltermethoden im Verhör von Gefangenen, kultischen Ritualen und Personen mit sadistischen Persönlichkeitszügen statt.

Die Kombination des Bösen

Wie hängen nun Sadismus und Narzissmus zusammen, weshalb ist das kombinierte Auftreten dieser Störungen etwas so Gefährliches? Die maßgebenden psychischen Mechanismen sind jene des Wunsches nach Machtausübung bei übersteigertem Selbstwertgefühl, ferner die mit dem Narzissmus verbundene Gefühllosigkeit und die für den Sadismus typische Aggressionsneigung gegen Frauen. Schließlich neigen früh narzisstisch gestörte wie auch extrem sadistische Menschen zum psychologischen Mechanismus der Spaltung.

Aggressive Sexualfantasien resultieren fast immer aus kindlichen Kränkungserlebnissen. Wird ein heranwachsender Mensch in seiner frühen Entwicklungsgeschichte gedemütigt oder zurückgewiesen, reagiert er zunächst mit persönlicher Enttäuschung und zunehmenden Minderwertigkeitsgefühlen, gegen welche Fantasien von Stärke, Überlegenheit und Macht kompensatorisch eingesetzt werden. Solche Vorstellungen wirken auf das gedemütigte Ich wie Balsam, die Machtfantasie hebt das angeknackste Selbstvertrauen und wird mehr und mehr zur einzigen Bewältigungsform aller Frustrationen. Je häufiger Kränkungen erlebt werden und je länger die Zurückweisungen andauern, desto intensiver und reflektorischer springen die Machtfantasien ein. Sie beherrschen die Vorstellungen mehr und mehr, sie prägen die Einstellung und werden zum wesentlichen Teil des Wertesystems. Als „Innenweltprodukt" entziehen sie sich dem Zugriff und der Korrektur durch andere, sie unterliegen keiner moralischen Zensur und stehen jederzeit in allen möglichen Variationen zur Verfügung. Das Wissen, bei allen frustrierenden Empfindungen und Kränkungen einen sehr wirksamen Kompensationsmechanismus zur Verfügung zu haben, steigert das Vergnügen, verbotene Gedanken auszugestalten und sich in eine andere, geheime Welt zurückziehen zu können.

In der Zeit der Pubertät, welche ohnehin zu einer Anregung der Fantasietätigkeit und zu einer ungeheuren Ausweitung der Vorstellungen führt, gewinnen diese Macht- und Aggressionsfantasien eine neue Qualität: Sie bekommen orgastischen Charakter und werden dadurch mit dem sexuellen Erleben gekoppelt. Oft verselbstständigen sich diese aggressionssexuellen Fantasien, nehmen den Charakter einer Sucht an und lassen andere, gesunde Gedanken immer weniger zu.

Während bei Menschen, die unter emotional kalten, lieblosen Milieufaktoren aufgewachsen sind, solche psychische Reaktionen nachvollziehbar sind, ist es schwieriger, das Aufkommen aggressions-sexueller Fantasien bei Kindern, die unter geordneten Milieuumständen heranwachsen, zu verstehen. Hier spielt aber meist eine überkorrekte, streng leistungsorientierte Erziehung, in welcher negative Sanktionen dominieren, eine bedeutsame Rolle. Das jedem Menschen innewohnende Bedürfnis nach Beachtung, Zuwendung und Anerkennung wird vom angepassten, folgsamen Verhalten abhängig gemacht. Den Kindern fehlen natürliche Akzeptanz und selbstverständliche Sicherheit, sie setzen sich gegen die lieblose „Dressur" im Bereich der Reinlichkeitserziehung oder der schulischen Leistungen mit aggressiven Vorstellungen zur Wehr. Gleichzeitig bekämpfen sie die Angst vor Zuwendungs- und Liebesentzug sowie die Furcht vor Strafe durch die Flucht in eine Entlastung bringende Fantasiewelt. Im Gegensatz zu den von Autoritätskonflikten getriebenen jugendlichen Aggressionstätern haben Menschen mit aggressiven Sexualfantasien meist eine problematische Mutterbeziehung. Da die Mutter im Erleben des Kindes das Wichtigste ist, wirken sich Zurechtweisungen, Strafen und emotionale Defizite von ihrer Seite besonders schwerwiegend aus, vor allem bei sensiblen, auf Harmonie bedachten, abhängigen Kindern.

Bei grenzenlosen Machtansprüchen und übersteigertem Selbstwertgefühl wird nicht mehr zwischen realer Welt und den überbordenden Fantasien unterschieden. Die ganze Gefühllosigkeit und Kälte des bösartigen Narzissten hat der erwähnte Serienkiller Ted Bundy auf den Punkt gebracht: „Ich bin so kalt wie kein Motherfucker, auf den ihr je ein Auge geworfen habt ... Was machen schon ein paar Menschenleben weniger oder mehr aus."

Ted Bundy, der charmante, manipulative Psychopath, spricht mit seinem brillanten psychologischen Verstand aber auch eine andere Seite des sadistischen Mordens an, wenn er meint, dass er nur ein besonderes Exemplar des in jedem Menschen schlummernden Sadisten sei.

Narzissten haben in der Kindheit praktisch immer schwere Kränkungen erlitten und sich im Zusammenhang damit gleichsam angespornt: „Wenn ich einmal erwachsen werde, will ich Macht haben, und weder du noch irgendjemand anders wird mir das noch einmal antun können." Da der Narzisst, obwohl er es leugnet, im Grunde hilflos und bedürftig ist, besteht seine Lösung darin, genug Macht zu gewinnen, sodass er kaufen und fordern kann, was er braucht, ohne Gefahr zu laufen, abgewiesen zu werden. „Die Macht liegt im Einsatz seines Charmes, seines Verstandes und seines guten Aussehens, um Bewunderer anzulocken." Daraus entstehe das „grandiose Selbstbild" der Narzissten mit den Gefühlen von Allmacht und Kontrolle, von grenzenloser Macht. So gelten für viele Narzissten keine Regeln und nur ihre eigenen Gesetze, da sie glauben, die Welt sei für sie da. Dies rechtfertigt für sie ihre oft tyrannischen Herrscherzüge, sodass sie häufig als Menschen ohne Gewissen, ohne Über-Ich und ohne Schuldgefühle in Erscheinung treten. Sie sind davon überzeugt, anderen Menschen überlegen zu sein, und zeigen ein Maß von Arroganz, das an allgemeine Menschenverachtung grenzt. Besonders charakteristisch sei ihre Tendenz zum Ausagieren, was oft auf antisoziale Weise geschieht: „... ohne irgendein Zeichen von Schuldgefühlen oder Gewissensbissen lügen, stehlen, ja töten sie", schreibt der Sexualwissenschafter und Psychoanalytiker Alexander Lowen.

Narzissten waren in ihrer Kindheit Situationen ausgesetzt wie Vernachlässigung, Abwehr, körperlichem oder sexuellem Missbrauch bzw. Zeuge von Letzterem, wobei sie gelernt hatten, dass das Unterdrücken und Abtöten von Gefühlen in der aktuellen Situation von lebensnotwendiger Bedeutung war. Die Grundstörung der narzisstischen Persönlichkeit ist die Verleugnung von Gefühlen. Sie spalten somit Gefühle von ihrem Bewusstsein ab und betrachten so etwa ihren Körper als „Werkzeug, das wie eine Maschine Leistungen erbringt". So wie bei sich selbst gehen sie auch bei anderen davon aus, dass sie keine Gefühle haben. Daraus resultieren Gleichgültigkeit, Unverständnis, aber auch Rücksichtslosigkeit hinsichtlich der Gefühle anderer, wie z.B. Schmerz oder Todesangst. Da Narzissten als Kinder möglicherweise selbst solchen Gefühlen ausgesetzt waren und somit das Grauen erlebt haben, können sie gleichsam nur durch deren Unterdrückung und Abspaltung überleben. Die Gefühlsverleugnung zeigt sich als zentrales Kennzeichen aller Narzissten am stärksten in ihrem Verhalten gegenüber anderen. „Sie können unbarmherzig, ausbeuterisch, sadistisch oder destruktiv gegenüber anderen sein, weil sie unempfindlich gegen die Leiden oder Gefühle anderer sind", schreibt Lowen.

Wenn andere Menschen Gefühle zeigen, repräsentiert dies bei Narzissten häufig einen bei sich selbst abgelehnten Aspekt. Angriffe auf andere rühren von dem Wunsch her, diesen abgelehnten Aspekt zu zerstören. Liebe und intime Nähe werden dabei oft mit Bedürftigkeit und Verletzlichkeit, für Narzissten inakzeptable Gefühle, verwechselt. Da diese Gefühle von Frauen ausgehen, entsteht gegenüber Frauen Furcht und Feindseligkeit. Da der Vergewaltiger Frauen fürchtet, wird er nur durch die Vorstellung aggressiver Macht über eine Frau sexuell erregt. Er braucht das Bild eines unwiderstehlichen, dominierenden und beherrschenden Liebhabers. Die Opfer werden nicht als Menschen mit eigenen Rechten, sondern als Bild gesehen. Das sexuelle Begehren ist davon abhängig, dass die Menschlichkeit oder das Person-Sein des anderen geleugnet oder diese nur als ein Sexualobjekt gesehen wird. Übermäßige Wut und Aggression auf andere entsteht auch, wenn Erinnerungen an frühere Kränkungen auftauchen oder Schwachstellen zum Vorschein kommen bzw. von bestimmten Personen zum Vorschein gebracht werden. Lowen sagt dazu: „Auf geringe Provokationen können Narzissten mit mörderischer Qualität reagieren."

Zu den frühen Abwehrmechanismen gehört typischerweise die Spaltung zwischen Idealisierung und Entwertung. Beim Frauenbild ist dies bei Narzissten die Trennung zwischen „guter Mutter", d.h. einer nährend-versorgenden, schützenden, nahezu heiligen Person, und „böser Mutter,", d.h. einer vernachlässigenden, lieblosen Person, die auch als Schlampe oder Hure erlebt wird. Entsprechend narzisstisch veranlagte Personen können sowohl die Frauen, die sie kennen, in solche Kategorien aufteilen (und die negativen zur Weltverbesserung bekämpfen und ausmerzen) als auch beide Anteile in einer Person sehen, dies entweder gleichzeitig oder nacheinander. Eine typische Spaltung wäre zum Beispiel eine Person zuerst zu bewundern und zu idealisieren und schon bei relativ geringen Belastungen der Beziehung erbarmungslos zu verdammen, zu entwerten, ja sogar aggressiv anzugehen.

Trotz all dieser Überlegungen und Theorien werden wir nie ganz begreifen, was in einem sadistischen Killer vorgeht. Es gilt aber als sicher, dass es sadistische Mörder immer schon gegeben hat und immer geben wird. Die beschriebene Zunahme in neuerer Zeit ist vielleicht dadurch bedingt, dass Sadismus heute weniger durch kriegerische Aggressionen, durch legitimiertes Foltern oder Hinrichtungen sublimiert werden kann. Schließen wir mit dem bekanntesten historischen Beispiel, dem Prototyp des sadistischen

Mörders, dem Phantom „Jack the Ripper". In der Dezemberausgabe 1888 des *Journal of nervous and mental disease* wird sein Fall wie folgt beschrieben:

> „Jack, der Aufschlitzer. Am 01.12.87, 07.08., 08.09., 30.09., im Oktober, am 09.11.88, am 01.06., 17.07., 10.09.89 fand man in Quartieren von London Frauenleichen in eigentümlicher Weise getödtet und verstümmelt, ohne des Mörders habhaft werden zu können. Es ist wahrscheinlich, dass derselbe seinen Opfern aus viehischer Wollust zuerst den Hals abgeschnitten, dann ihnen die Bauchhöhle eröffnete, in den Eingeweiden wühlte. In zahlreichen Fällen schnitt er sich äußere und innere Genitalien heraus und nahm sie mit sich, offenbar um noch später an deren Anblick sich zu erregen. Anderemale begnügte er sich, dieselben an Ort und Stelle zu zerfetzen. Es ist zu vermuthen, dass der Unbekannte kein sexuelles Attentat an den 11 Opfern seines perversen Sexualtriebes beging, sondern dass das Morden und Verstümmeln ihm ein Aequivalent für den sexuellen Akt war ..."

Kapitel 14

Jack Unterweger – der eiskalte Narzisst

Der Fall Jack Unterweger ist einer der schillerndsten in der internationalen Kriminalgeschichte. Dies hat nicht nur mit Art und Schwere der vorgeworfenen Verbrechen, nämlich Serientötungen an elf Prostituierten, sondern auch mit der Person Unterwegers zu tun. Sein selbstsicheres Auftreten, das hervorragende Ausdrucksvermögen, sein charmantes Benehmen, seine unnachahmlichen Selbstinszenierungen, die kalt berechnende Art, gepaart mit bubenhaftem Charme, sein natürliches Talent der Intellektualisierung und seine geradezu suggestible Manipulationsfähigkeit haben viele Menschen fasziniert. Seine abenteuerliche Vergangenheit, die Verurteilung wegen eines grauenhaften Sexualmordes, sein scheinbar erfolgreicher Weg der Resozialisierung und die Erfolge als Schriftsteller haben ihm einen Nimbus der unerreichten Lebenserfahrung, des bewunderten Saulus-Paulus und wohl auch eine erotische Aura gegeben. Diese hat insbesondere dutzende von Frauen, welche er großteils gezielt für seine Interessen einsetzte, erfasst. Fast alle haben ihn verehrt, die meisten waren von seiner Unschuld überzeugt, viele haben ihn unterwürfig geliebt. Die Art der ihm vorgeworfenen Verbrechen und sein Verhalten als Verdächtiger sowie das Auftreten beim Prozess waren so unglaublich, dass die Meinung der Bevölkerung über seine Schuld von Anfang an gespalten war. Dazu kam, dass sein Fall in der Geschichte des Serienmordes eine herausragende Stellung einnimmt und dass die Entwicklung der kriminaltechnischen und gerichtsmedizinischen Wissenschaften gerade einen Quantensprung gemacht hatte. An seinem Fall konnten erstmals alle modernen Erkenntnisse und Verfahren einschließlich der Tatortanalyse und des Profilings außerhalb der USA zur Anwendung gebracht werden.

Lebensgeschichte und kriminelle Karriere

Wer war nun dieser Jack Unterweger, was wurde ihm vorgeworfen, welche psychologischen Befunde ließen sich bei ihm erheben?

Er kam als außereheliches Kind eines amerikanischen Besatzungssoldaten und einer steirischen Kellnerin 1950 in Judenburg/Steiermark zur

Welt. Seinen leiblichen Vater, der mit der Mutter nach der Geburt des Sohnes Johann nur wenige Monate verheiratet war und dann bald wieder in die USA zurückkehrte, lernte er nie kennen. Die ersten Lebensjahre verbrachte Unterweger bei seinem Großvater mütterlicherseits, welcher allein bzw. mit zeitweiligen Lebensgefährtinnen auf einem allein stehenden Bauernhof in Kärnten lebte. In seiner Biografie beschreibt Unterweger sehr triste Verhältnisse. Er gab an, dass sein Großvater, die Haushälterin und er während dieser Zeit in einem gemeinsamen Bett geschlafen hätten und er oft Augenzeuge unbekümmerten Geschlechtsverkehrs der Erwachsenen geworden sei. Auch habe er schon als kleiner Junge gleich seinem Großvater Alkohol bis zur Berauschung getrunken. Er habe mit dem Großvater Einbruchstouren unternommen, sei mit diesem u.a. dem Viehdiebstahl nachgegangen, habe in dieser Zeit ein Abenteuer nach dem anderen erlebt und die Geborgenheit einer Familie wie auch die Liebe der Mutter nicht vermisst. In allen Gesprächen war es unmöglich, von Unterweger Äußerungen über seine emotionale Verfassung in dieser Zeit, über seinen Gefühlszustand und sein Innenleben zu erhalten. Die Ansprache von kindlichen Emotionen war ihm, was als sehr wichtiger psychologischer Faktor zu werten ist, nie möglich.

Vom 7. bis 12. Lebensjahr war Unterweger bei verschiedenen Pflegefamilien, anschließend durch drei Jahre in einem konfessionell geführten Kinderheim untergebracht. Zu seiner Mutter, die später unter erheblichen Alkoholproblemen gelitten habe, hatte er nur seltene Kontakte. Nach Absolvierung der Pflichtschule – zum Hauptschulabschluss ist es wegen der häufigen Wohnortwechsel und der mangelnden Förderung nicht gekommen – begann er eine Kellnerlehre, wurde wegen eines kleineren Diebstahls nach wenigen Monaten gekündigt, arbeitete in der Folge als Kellner, Discjockey, Tankwart, Gelegenheitsarbeiter in Österreich, Deutschland und der Schweiz, war über längere Phasen auch ohne Beschäftigung und zeitweilig als Zuhälter tätig. Nach der ersten strafrechtlichen Verurteilung im Alter von 16 Jahren wurde er für ein Jahr in ein Jugenderziehungsheim eingewiesen. Bis zu seinem 24. Lebensjahr verbrachte er nach insgesamt fünfzehn Aburteilungen wegen Eigentumskriminalität, gefährlicher Drohung, Entführung einer Minderjährigen aus dem Bereich des Erziehungsberechtigten, Hehlerei und leichter Körperverletzung vier Jahre in Haft. Die Zeit der Kindheit und des Heranwachsens war also geprägt von einem verwahrlosten, lieblosen Milieu, vom Mangel an konstanten Bezugspersonen, vom häufigen Wechsel der Umgebung und von fehlender Vermittlung von Werten. Eine fürsorgliche, wohlmeinende Erziehung hat er nie erhalten, Geborgenheit und Nestwärme haben gefehlt. Es überrascht deshalb nicht, dass er schon früh Verhaltensauffälligkeiten zeigte und bereits in jungen Jahren straffällig wurde.

Wegen eines sexuell motivierten Tötungsdeliktes im Dezember 1974 und eines zwei Wochen danach durchgeführten Raubüberfalls wurde er 1976 zu einer lebenslangen Freiheitsstrafe verurteilt. Der damaligen Rechtsordnung folgend, wurde das Verbrechen als Raubmord gewertet, weil er dem Opfer hundert Mark weggenommen hatte. Tatsächlich handelte es sich aber um einen extrem sadistischen, mit grauenhafter Gemütskälte und krankhafter Wut durchgeführten Sexualmord. Er hatte in einer bitterkalten Winternacht ein Mädchen, das sich zuvor entkleiden musste, mit einer Stahlrute durch den Wald getrieben, sich an ihrer Todesangst erregt und sie schließlich mit ihrem Büstenhalter erdrosselt. Allein die Sprache dieses Verbrechens weist auf den schweren Sadismus und den bösartigen Narzissmus des Täters hin. Unterweger wurde aber, was sich als schwerer Fehler herausstellen sollte, nach der Verurteilung zu einer lebenslangen Freiheitsstrafe nicht in eine Anstalt für psychisch abnorme Rechtsbrecher eingewiesen, in der man ihn bis zum Abklingen der Gefährlichkeit behandelt und therapieren hätte können, sondern kam in den normalen Strafvollzug.

Während der Haft arbeitete Unterweger in der Schriftsetzerei, bekam dort Kontakt mit Werken von Peter Handke und beschloss, selbst Schriftsteller zu werden, da er – wie er meinte – selbst mehr zu sagen hätte als dieser ihm damals unbekannte Dichter. Seine Überzeugung, selbst bessere Werke schreiben zu können als der große Handke, spiegelt seine Selbstüberschätzung, seine unkritische Selbstliebe, seinen Narzissmus wider.

Er machte den Hauptschulabschluss, lernte Maschineschreiben, absolvierte einen Fernkurs zum Schriftsteller, veröffentlichte ab 1978 Kindermärchen und Gute Nacht Geschichten für die Kleinen, welche von verschiedenen Rundfunkanstalten („Das Traummännlein kommt“) in insgesamt 120 Episoden ausgestrahlt wurden. Die vielen, zum Teil völlig konträren Gesichter des Jack Unterweger werden wohl durch nichts mehr illustriert als durch diesen Kontrast: Der gemütsarme Sexualmörder, der kalte Narzisst, ist ein warmherziger, einfühlsamer Erzähler von Kindergeschichten.

In der Folge veröffentlichte er Kurzgeschichten, Gedichte, Theaterstücke, Drehbücher zur Kriminalsendung „Tatort“ und mehrere autobiografische Werke. In diesen schilderte er seinen Lebensweg, seine Verbrecherkarriere, seine Selbsterkenntnis und seine scheinbare Läuterung. Da er offen und detailliert über seine Straftaten schrieb, waren alle von seiner Einsicht und Reue überzeugt. Tatsächlich handelte es sich um rein rationale Analysen, um kalte Intellektualisierungen ohne die geringste emotionale Betroffenheit, ohne jeglichen Tiefgang. Auch hier sehen wir etwas Typisches im Verhalten und in den Fähigkeiten des Narzissten: Er kann andere manipulieren, kann intellektuell beeindrucken, spaltet aber Gefühle ab.

Der Häftling Unterweger erhielt Dramatikerstipendien und Literaturpreise, wodurch er in literarisch-künstlerischen Kreisen und durch seine Rundfunklesungen auch in der Öffentlichkeit zum Begriff wurde. Zahlreiche prominente Persönlichkeiten setzten sich für die vorzeitige bedingte Entlassung des „Häfen-Poeten“ und „erfolgreichen Resozialisierungsfall“ ein. Wer so über sein Schicksal und sein Verbrechen spreche, wer so offen und einsichtig sei, dem müsse man eine Chance geben, dem sei ein im jugendlichen Leichtsinn begangenes Verbrechen, für das er nun genug gebüßt habe, zu verzeihen. Ohne jemals eine Therapie erhalten zu haben und ohne Weisung zu psychiatrisch-psychotherapeutischer Nachbehandlung wurde er im Mai 1990 unter Bestellung eines Bewährungshelfers entlassen und lebte fortan als freischaffender Schriftsteller, Werbetexter, Drehbuchautor, Regisseur und Journalist.

In diesen Funktionen recherchierte er vornehmlich im Prostituierten-, Kriminellen-, Aidskranken- und Drogenmilieu. Er fuhr, ohne im Besitz eines Führerscheins zu sein, mit einem großen amerikanischen Wagen zehntausende von Kilometern, wirkte unruhig und rastlos, wie dies bei vielen „hochmobilen“ Serientätern gesehen wird. Er war gern gesehener Gast auf Stehempfängen und in Smalltalks, er war der große Vorzeigefall des bekehrten Sünders in zahlreichen Fernsehshows. Meist war er mit einem weißen Anzug bekleidet, trug auffallend viel Schmuck, imponierte durch seinen durchtrainierten Körper und sein argumentatives Geschick. Meist hatte er – ganz den großen Vorbildern folgend – einen Wolfshund bei sich. Zu Lesungen bereiste er den gesamten mitteleuropäischen Raum und die USA. Hilfreich waren ihm nach der Entlassung zahlreiche Kontakte zu verschiedenen Personen, fast ausschließlich Frauen, die er bereits während der Haftzeit geknüpft hatte und fortan ausnützte. Während der 672 Tage, die er in Freiheit verbrachte, verfasste er als ORF-Mitarbeiter u.a. Reportagen über die ungeklärten Prostituiertenmorde, die sich 1991/92 in Österreich ereigneten. Er sprach wiederholt persönlich beim leitenden Kriminalbeamten vor und interviewte diesen über den Stand der Ermittlungen. Als er erfahren musste, dass sich der Verdacht u.a. auch gegen seine eigene Person richtete, flüchtete er mit seiner damaligen Lebensgefährtin in die USA, wo er im März 1992 verhaftet und nach Österreich ausgeliefert wurde.

Die in Österreich zur Aufklärung der Dirnenserienmorde eingesetzte Sonderkommission war zum Schluss gelangt, dass Jack Unterweger, der in keinem Fall geständig war, mit an Sicherheit grenzender Wahrscheinlichkeit in der Zeit zwischen 14.9.1990 und 3.7.1991 elf Prostituierte getötet habe. Dieser zur Anklage erhobene Vorwurf war Gegenstand des vom 20.4.1994 bis 28.6.1994 in Graz abgewickelten Strafprozesses. Unterweger nützte die medialen Auftritte nach allen Regeln der Kunst. Seine Plädoyers waren überzeugend. Er war von der Überlegenheit seines Intellekts so überzeugt, dass er die Geschworenen bat, ihn zu verurteilen, wenn sie in seinen Aussagen nur einen einzigen Widerspruch finden. Unterweger hat dabei nicht beachtet, dass Kriminaltechnik und Gerichtsmedizin inzwischen enorme Fortschritte gemacht hatten und er nicht gegen den Verstand anderer, sondern gegen eine neue Wissenschaft ankämpfen musste. Diesen Kampf sah er verloren, als ihm mit an Sicherheit grenzender Wahrscheinlichkeit durch DNA-Analysen und Fasergutachten seine Täterschaft nachgewiesen wurde. Der Prozess endete mit einem Schuldspruch und der Verurteilung Unterwegers zu lebenslanger Haft. In der Nacht nach der Urteilsverkündung erhängte sich Unterweger in seiner Zelle. Da das Urteil zu diesem Zeitpunkt noch nicht rechtskräftig war, hat er – so die Justiz – als unschuldig zu gelten.

Schon während der Untersuchungshaft im Jahr 1976 hatte Unterweger einen Suizidversuch durch Einnahme von 20 Schlaftabletten verübt. Auch 1992 kam es während der Untersuchungshaft zu insgesamt drei Selbsttötungsversuchen durch Strangulation und Schnittverletzungen. Es deutet also vieles darauf hin, dass die tödlich endende Suizidhandlung auch demonstrativer Natur sein könnte, dies im Sinne eines Hilfeschreis, als Ausdruck der Wut nach der seiner Meinung nach ungerechtfertigten Verurteilung.

Eine amerikanische Spezialistin, die Knotenexpertin des FBI, hatte ermittelt, dass der Strangulationsknoten nicht nach der Art gebunden war wie jene, die bei den ermordeten Prostituierten gefunden worden waren. Wohl aber erwies sich jener Knoten, mit welchem Unterweger die tödliche Schlinge festgemacht hatte, als ident. Die Unterschiede in der Knüpfart seien, so sagte die Spezialistin, damit zu erklären, dass auch beim Binden einer Krawatte am eigenen Hals eine andere Technik verwendet werde, als wenn man dies an jemand anderem tut.

Bei der psychiatrischen Untersuchung verhielt sich Unterweger ausgesprochen kooperativ. Die testpsychologische Untersuchung erbrachte eindrucksvolle Ergebnisse, die die Diagnose eines krankhaften Narzissmus und Sadismus nahe legten. Seine Intelligenz war mit einem IQ von 124 überdurchschnittlich. Weiters zeigten sich eine geltungssüchtig-narzisstische Orientierung, versteckte Minderwertigkeitsgefühle und hypochondrische Ängste, hohe Irritierbarkeit durch Emotionen und Affekte, Verdrängung von Fantasien und Handlungsimpulsen, mangelnde Einfühlungs- und Beziehungsfähigkeit, oberflächliche Emotionalität, Unfähigkeit zu tieferen Beziehungen, massive Angstzeichen, Gefühl innerer Leere und Kälte, Intellektualisierungstendenz und Glauben an die Allmacht der Gedanken.

Die Sexualanamnese ist gekennzeichnet durch unvorbereitete Konfrontation mit der Sexualität der Erwachsenen in der Kindheit, durch frühe Aufnahme heterosexueller Kontakte, durch primär sadistische Tendenzen, durch einzelne homoerotische Erfahrungen und durch zahllose sexuelle Verhältnisse vor und nach der Strafhaft. Unterweger hat sich später zu sadistischen Neigungen bekannt, habe diese aber immer nur als Spielereien betrachtet, die nur bei ausdrücklichem Wunsch der jeweiligen Partnerin von ihm in milder Form zugelassen worden seien. In einer von ihm im Jahr 1987 aufgezeichneten sexuellen Biografie beschreibt er sämtliche sexuellen Beziehungen, die er zwischen dem 16. und 25. Lebensjahr hatte. Seine ersten Erfahrungen haben sich demnach mit einem Mann abgespielt. In der Folge habe er Verhältnisse mit zahlreichen verschiedenen Frauen, hauptsächlich Kellnerinnen, Serviererinnen, Prostituierten und Gelegenheitsbekanntschaften, gehabt. Von mehreren Zeuginnen wurde sein aggressiv getöntes und oft sadistisches Sexualverhalten beschrieben.

Unterwegers Selbstspiegelung

Von großem Interesse ist, was Unterweger – laut Gerichtsprotokoll – selbst zu seiner Person, seinen Stärken und Schwächen, seiner Entwicklung, seinem Selbstbild, seiner Sexualität und zu den Tatvorwürfen sagt. Diese Selbstdarstellung ermöglicht einen Blick in die Seele eines Sexualmörders.

Die düstere Kindheit

Seine erste Erinnerung sei die an seinen Großvater, an das Bergtal, in dem sie gelebt hatten, an eine Episode, wie er im Regen im Dreck gespielt habe, an Holzknechte und Rinderhütten, an das gemeinsame Sammeln von Pilzen und Beeren und das Hüten von Vieh. Er wisse nicht, was für Gefühle er damals gehabt habe, könne sich an keine positiven oder negativen Emotionen erinnern. Er sei halt ein Kind gewesen, das bei einem Mann aufgewachsen sei, ein richtiger „Wildling", dem bewusst nichts gefehlt habe. Dass er keinen Vater und keine Mutter hatte, darüber habe er sich nie sonderliche Gedanken gemacht. Emotionale Zuwendung und Zärtlichkeit habe er nicht vermisst, er habe dies ja zum Teil von Frauen aus der Nachbarschaft bekommen. Er erinnere sich weder positiv noch negativ an seinen Großvater, dieser habe auch seine Probleme und seine Lebensgeschichte gehabt, darüber gebe es heute nichts mehr zu sagen. Er sei eine Person mit weichem Kern und riesengroßer Nussschale gewesen, den weichen Kern habe er mit Alkohol reichlich zugedeckt; möglicherweise resultierte sein nach außen hin hartes Verhalten daraus, dass er vor den Nazis flüchten musste und sich lange Zeit in den Wäldern versteckt hielt.

Ob er als Kind Lob bekommen habe, wisse er nicht mehr. Schläge habe es sicher gegeben, darüber möchte er nicht reden. Zu seinem Großvater habe er zum Teil auch ein kumpelhaftes Verhältnis gehabt. Er erinnere sich an einen Vorfall, als sie beschlossen hätten, bei einem reichen Bauern ein Schwein zu stehlen. Er habe die Rolle gehabt und ausgeführt, den Bauern abzulenken, während der Großvater das Schwein weggeschafft habe. Sie hätten dieses dann in der Stadt verkauft. Er glaube nicht, dass er besondere Gefühlsreaktionen gespürt habe, als er vom Großvater weggekommen sei. Es sei kein Trennungsschmerz vorhanden gewesen, zumal er die Frau, zu der er dann kam, ja gekannt habe. In deren Familie, einem reinen „Frauenhaushalt", habe er es nicht so gut getroffen, zumal die Pflegemutter Alkoholprobleme gehabt habe und sehr „bigottisch" gewesen sei. Das Gefühl von Nestwärme oder Herzlichkeit habe er dort nicht kennen gelernt, dieses habe er vielleicht am ehesten bei seinen nächsten Pflegeeltern erfahren, zu denen er mit acht Jahren gekommen sei.

Die Zeit im Heim habe er in recht angenehmer Erinnerung. Dort seien hundert Kinder, vom Säugling bis zum Minderjährigen, in einem Haus zusammen gewesen. Seine vornehmliche Erinnerung an seine Gemütszustände während dieser Zeit sei, dass er immer bedacht gewesen sei, sich durchzusetzen: „In so einer Gemeinschaft kommt es darauf an, wer die besten Tricks und Schliche kennt." Die Bezugspersonen, nämlich die Heimleiterin, drei Tanten und ein männlicher Erzieher, seien maßlos überfordert gewesen, hätten nie Zeit gehabt, hätten keine Emotionen gezeigt, seien nicht sehr streng gewesen. Es habe höchstens hin und wieder zur Bestrafung einen Schlag mit dem Lineal auf die Finger gegeben. Er und drei Mitzöglinge seien in diesem evangelischen Heim als Einzige katholisch gewesen. Er erinnere sich, wie sie darum kämpften, den katholischen Gottesdienst in der Dorfkirche aufsuchen zu dürfen, dies hauptsächlich deswegen, um einen unkontrollierten Freigang zu bekommen.

Die zweifelhafte Mutterbeziehung

Das Verhältnis zu seiner Mutter müsse man sehr differenziert betrachten. Er rede nicht gern darüber. Er habe sie erst mit zehn Jahren kennen gelernt. Er habe sie bis dahin nicht vermisst, da es für ihn den Begriff „Mutter" nicht gegeben habe. Er habe sicher auch nie nach einer Mutter gefragt, Begriff und Bild der Mutter seien in seinem Kopf einfach nicht vorhanden gewesen: „Wenn etwas nicht vorhanden ist, kann man auch nicht danach fragen." Die Mutter sei ohne Vorankündigung überraschend gekommen. Eines Tages sei sie aber ebenso plötzlich wieder verschwunden gewesen; er erinnere sich nicht, dass ihm dies weh getan oder er es bedauert habe, sie sei einfach wieder weg gewesen. Überhaupt wehre er sich dagegen, dass Einflüsse aus der Vergangenheit verantwortlich für seine Persönlichkeit gemacht werden, es gebe darin auch nichts Unbewältigtes, dies habe er alles aufgearbeitet.

Die Version, dass seine Mutter Prostituierte gewesen sei, sei dadurch aufgekommen, dass von Seiten der Staatsanwaltschaft bei der ersten Verhandlung 1975 eingebracht worden sei, dass er Sohn einer Prostituierten sei. Diese Äußerung sei für ihn damals völlig neu gewesen, er habe sie unreflektiert an den Gutachter weitergegeben, hätte ja gar nichts anderes glauben können, da er es von amtlicher Seite so präsentiert erhalten habe. Erst 1993 habe er aus einem Akt erfahren, dass sie einmal versehentlich wegen Prostitution angehalten worden sei, ohne dass sie wirklich jemals Prostituierte war.

Er habe keine normale Vater- und Mutterbeziehung gehabt, was ihm aber in Kindheit und Jugend nicht abgegangen sei. Er habe sich Ersatz in Bars, Boxclubs, Vereinen gesucht, habe erst später in sich das Verlangen verspürt, seine Mutter kennen zu lernen, sei deswegen an freien Tagen im Land herumgestoppt, um die Spur seiner Mutter zu finden, und habe sie schließlich ermittelt. An das erste Wiedersehen erinnere er sich nicht mehr so genau. Nach seiner Inhaftierung im Jahr 1975 habe er auf sie eine Wut entwickelt und damals Worte wie „räudige Hündin ..., sie ist wie eine Hure" verwendet. Später habe ihm ein Psychoanalytiker bezüglich seines Mordes die Version unterbreitet, dass er damit möglicherweise symbolisch seine Mutter getötet habe. Es sei ihm dann bewusst geworden, dass er mit dem weiblichen Opfer auch die Hassliebe auf seine Mutter vernichtet habe.

In seiner Jugend habe er ein sehr schlechtes Leben geführt, von dem er sich innerlich erst während der ersten ein bis zwei Jahre der Haft gelöst habe. Das Tötungsdelikt sei ein „negativer Höhepunkt" seines damaligen Lebens gewesen, danach habe er einige Zeit gebraucht, um sich zu sammeln und neu zu besinnen. Unter dem Einfluss der psychotherapeutischen Gespräche (die es nie gegeben hat) sei es zu einem inneren Wandel gekommen, sodass er im Lauf der Haftzeit und danach ein ganz anderer geworden sei. In dieser Zeit habe er festgestellt, dass ihm das Rüstzeug für ein normales Leben fehle, d.h. er habe beim Schreiben feststellen müssen, dass er unglaublich viele Rechtschreibfehler mache, habe sich deswegen entschlossen, die Hauptschule nachzumachen. Als er sein erstes Buch geschrieben und die Urfassung seines Romans *Fegefeuer* selbst gebunden habe und vor sich liegen sah, sei er zum ersten Mal in seinem Leben auf sich stolz gewesen.

Selbstcharakterisierung

In seiner Selbsteinschätzung möchte er sich als „typischen Löwen", als unverbesserlichen Optimisten, unersättlichen Beobachter von Menschen, als ewig frechen, lausbubenhaften Flirter und Luftikus bezeichnen. Demgegenüber habe er aber stets Sehnsucht nach einer Partnerin, nach Nähe und nach Wärme. Er sei sicher „narzisstisch veranlagt", aber nicht krankhaft. Er habe im Umgang mit menschlichen Schicksalen eine sehr hohe Sensibilität, z.B. könne er weinen, wenn er von einer krebskranken Frau höre. Er habe ein ausgeprägtes Interesse an Menschen, doch nur an solchen, die geistig etwas hergeben, die ihn selbst herausfordern. Seine Außenhaut sei dick, sein Inneres weich.

Er habe Probleme bei drei „Personengruppen":

Erstens bei Hunden: Er übe auf Hunde eine Anziehungskraft aus. Wo auch immer er sei, laufen ihm die Hunde zu, sie hätten an ihm aus ihm nicht bekannten Gründen einen Narren gefressen. Wenn er in ein Café oder ein Restaurant gehe, strömten sie sofort auf ihn zu. Er habe deswegen immer auch einen Hund gehabt, sei mit einem Wolfshund aufgewachsen, habe sich auch nach der Entlassung einen Hund gehalten. Er habe Hunde nie gequält, sei aber Gegner einer vermenschlichten Tierliebe, z.B. hätten Hunde nichts in einem Schlafzimmer verloren.

Zweitens bei Kindern: Gegenüber Kindern fühle er sich „einfach hilflos“, diese freundeten sich sofort mit ihm an, balgten mit ihm herum, könnten mit ihm tun, was sie wollten. Er führe dies auf eine gewisse Ausstrahlung zurück, wisse aber nicht, was dies konkret sei, obwohl er schon oft darüber nachgedacht habe. Einmal habe er einen Literaturprofessor in Salzburg zu Hause besucht, sofort hätten sich dessen Kinder – ohne jegliche Anlaufzeit – mit ihm angefreundet.

Drittens bei Frauen: Bezüglich Frauen gebe es zwei Gruppen, bei denen er sehr stark polarisiere. Da seien die einen, die sich für ihn komplett aufgeben und immer wieder zu ihm zurückkommen. Er führe dies auf die Art zurück, wie er mit ihnen umgehe, wie er mit ihnen spreche und ihnen zuhöre. Dann gebe es eine kleinere Gruppe, der er – wiederum aus Gründen, die er nicht kenne – unsympathisch sei. Er habe sich immer mehr zu Frauen als zu Männern hingezogen gefühlt. Das Weibliche locke ihn eindeutig stärker als das Männliche; er habe zwar auch männliche Freunde, wobei diese Freundschaften aber nie so intensiv seien wie jene zu den vielen Frauen. Dies sei auch unabhängig von der Sexualität so. Vielleicht hänge es damit zusammen, dass er seine Mutter erst spät gekannt habe, vielleicht mit der Tatsache, dass er wichtige Lebensjahre in reiner „Männergesellschaft“, dann in einem reinen „Frauenhaushalt“ verbracht habe.

Er sehe sich ferner als zielstrebig an, wenn er ein Ziel habe, als sturen Schädel (der aber nicht unbelehrbar sei), als jemand, der nicht im Strom der Masse schwimme. Er könne gegenüber verschiedenen Menschen, die über ihn verfügen wollen, „verbal brutal“ sein, rede die Menschen dann frontal an, werde rasch zynisch, persönlich beleidigend und in seinen Worten verletzend. Er sei wohl zu wenig diplomatisch. Er habe viel Durchsetzungskraft, was ihm aber häufig negativ ausgelegt werde. Eine Illustrierte mit Bildern aus Bosnien oder Ruanda müsse er weglegen. Er liebe starke Persönlichkeiten, von diesen fühle er sich herausgefordert.

Er sei sicherlich ein Narzisst, wenn man darunter das „Sich-Herausstellen aus der Masse“ verstehe, wenn man damit eine überspannte Form der Lebensführung, eine gewisse Eitelkeit, nicht-konformes Verhalten und das Spiel mit der gesellschaftlichen Provokation meine. Er könne bei sich sicher eine gewisse Eigenliebe feststellen, die sich z.B. darin äußere, dass er bei Lesungen gern im kurzen Lederleiberl aufgetreten sei, wodurch seine Tätowierungen demonstrativ sichtbar geworden seien. Dies habe bei Gattinnen von Kommerzialräten, den Damen der Gesellschaft usw. immer einen Schrecken ausgelöst. Er trage sehr gerne Schmuck, einfach weil es ihm gefalle; diesen Schmuck habe er aber nie gestohlen. Das mit den weißen Anzügen und den protzigen Autos sei übertrieben worden. Den berühmten weißen Anzug habe er nur selten getragen, einmal bei einem Fernsehauftritt, um provozierend darzustellen, dass das Klischee vom „typischen Häfenbruder" nicht stimme. Er habe sich für diesen Auftritt extra eine Cartier-Golduhr und Schmuckringe ausgeliehen. Bei den Autos habe es sich durchwegs um alte Objekte gehandelt, an denen er einfach Gefallen gefunden habe: einmal um einen alten Mercedes, dann um einen alten BMW und dann um einen alten Mustang.

Das Strafverfahren sei für ihn eine „tüchtige Ohrfeige", da er nach der Entlassung in einer Art gelebt habe, die ihm eigentlich nicht zugestanden sei, wenn man seine Lebensführung von einer höheren Warte aus betrachte. Er habe zu viel konsumiert und zu viel genommen, es passiere im Leben eben nichts ohne Rechnung. Es müsse einen Sinn haben, dass er da hineingeraten sei, allerdings wisse er nicht, welchen. Er werde es in einer gewissen Trotzhaltung durchstehen, sei heute auch viel distanzierter als anfangs, könne z.B. die Bilder von den Verbrechen anschauen. Außerdem wolle er jenen Menschen, die an ihn glauben und zu ihm halten, beweisen, dass er unschuldig sei.

Die Verniedlichung eines Mordes

Was in ihm vorgegangen sei, als er das Mädchen getötet habe? Er habe in den damaligen Jahren „gelebt wie eine Ratte", sei unreif und unstet gewesen, habe keinen Halt und kein Zuhause gehabt. Am Tattag habe er zahlreiche negative Eindrücke und Erlebnisse verarbeiten müssen: Er sei von seiner Mutter, die er besuchen wollte, abgewiesen worden; das Geschäft mit seinen beiden Prostituierten sei schlecht gegangen, da die eine hoch fiebrig im Hotel gelegen sei und an diesem Tag wegen der nasskalten Witterung kaum Kunden zu machen gewesen seien. Auch sei sein Hund erkrankt. Er habe – so wie die ganze Zeit – reichlich Captagon und Mandrax genommen. Die Tötung selbst sei „völlig idiotisch", er könne bis heute nicht verstehen, dass es wirklich zur Tötung gekommen sei. Er fühle sich voll schuldhaft, bestreite, dass er aber jemals wirklich Tötungsabsichten gehabt habe. Die ganze Tat sei ein „Zutreiben auf eine negative Spitze" gewesen, bei der eine sexuelle oder sadistische Komponente nicht die geringste Rolle gespielt habe. Vielmehr sei es ein Vortäuschen eines Sexualverbrechens gewesen, um möglichst viel Vorsprung auf der Flucht zu finden.

Er könne bis heute nicht verstehen, weshalb er sich wegen einer Anzeige von 120,– DM, die ihm drohte, so aus der Fassung bringen habe lassen. Er habe zum Opfer nicht den geringsten Bezug gehabt, habe dem Mädchen leichtfertig das Geld abgenommen, habe sie dann nur ausgezogen, um zu verhindern, dass sie direkt zur Polizei gehe. Er bleibe auch heute noch dabei, dass er sie nicht nackt, sondern mit einer Pelzjacke bekleidet in den Wald getrieben habe. Wenn er sie wirklich töten hätte wollen, hätte er ja seine Schusswaffe mitnehmen können. Die Tötung sei passiert, da er aus ihm unerklärlichen Gründen „durchgedreht" habe. Es sei ihm gewesen, als ob er sich von oben beobachten würde und sich selbst nicht bremsen könnte. Während der Schläge habe er sich wie ein Verrückter gebärdet, das Ganze sei ein Zustand gewesen, den man am besten beschreiben könne mit „Erlebnisse in einem Spiegelkabinett mit Zerrspiegel unter Zeitlupe". Er habe sich so beobachtet, alles sei unwirklich und verzögert vor sich gegangen, das Hinstürzen des Mädchens, das Zuschlagen mit der Stahlrute, sein Versuch, die Stahlrute wieder zusammenzustecken (was ihm nicht gelungen sei, da sie verbogen und voller Haare war). Er habe heute noch alle 40 Schläge, jeden einzelnen, den er mit der Stahlrute gegen sie führte, in Erinnerung, er habe sich selbst zugeschaut und sich selbst nicht verstehen können. Er erinnere sich an die Schläge gegen ihren Kopf, auch, wie sie lautlos niedergesunken sei; es sei kein Blutrausch gewesen, sonst hätte er ja auch noch hingehaut, nachdem das Opfer gefallen war. Er weigere sich zu sagen, dass er Lust an der Qual des Opfers gehabt habe, vielmehr sei es eine stille Wut, eine „Aggression von hinten" gewesen, die in dem Moment über ihn gekommen sei, als sie sich anbot, für ihn auf den Strich zu gehen. Er habe nie geplant, sie zu verletzen, sondern nur („auch das ist grausam genug"), sie auszusetzen.

Als sie am Boden gelegen sei, habe er überprüft, ob sie noch lebe, habe voll Schrecken festgestellt, dass dies nicht der Fall sei. Er wollte dann einen Sexualmord vortäuschen, damit ein Sexualtäter gesucht werde, weshalb er ihr den BH um den Hals geschlungen habe. Er erinnere sich nicht, fest zugezogen zu haben. Er könne sich nicht erklären, dass das Mädchen durch Erdrosseln gestorben sei, dies sei ja auch nie restlos geklärt worden. Für ihn sei die Tötung zweifellos vorher, bei den Schlägen, passiert. Beim Motiv habe es sich eindeutig um „Angst vor Verrat" gehandelt. Er habe die Tat immer und immer wieder durchgespielt, zum Teil allein, zum Teil zusammen mit dem Therapeuten, sei zum sicheren Schluss gekommen, dass die Schläge nicht vorsätzlich geführt worden seien.

Mit den ihm vorgeworfenen Prostituiertentötungen habe er nicht das Geringste zu tun. Zu den fraglichen Tatzeitpunkten habe er sich psychisch ganz normal gefühlt, er habe sich gesamthaft eher in einer „Hochphase" befunden, da er während des Zeitraumes, in dem die Prostituiertenmorde passiert seien, seinen beruflichen und privaten Höhepunkt erlebt habe. Er habe sich keineswegs deprimiert oder resignativ gefühlt, sei voller Ideen und Aktivitäten gewesen, habe voll Zuversicht in die Zukunft geblickt. Er könne ausschließen, dass er jemals psychisch „durcheinander" bzw. verwirrt oder geistig abwesend bzw. amnestisch gewesen sei. Es habe für diese Zeit nie eine abnormale Erinnerungslücke gegeben, er habe nie einen Rausch mit Blackouts gehabt, habe nicht unter „befehlenden Stimmen", Sinnestäuschungen oder Wahnideen gelitten. Rauschartige Zustände, wie er sie während des Mordes im Jahr 1974 erlebt habe, seien danach nie mehr vorgekommen. Er erinnere sich, dass in den Jahren seines Drogenmissbrauchs (1970 bis 1974) gelegentlich Episoden aufgetreten seien, in denen er alles als wirklichkeitsfremd erlebte, in denen er sich gleichsam von oben beobachtete, in denen alles „wie im Rausch" war.

Dies habe er zum Beispiel einmal bei einem Autounfall in den 70er-Jahren erlebt, als er einen Zaun niedermähte und die Zaunpflöcke geflogen seien, und ein zweites Mal während der Schläge mit der Stahlrute, die er gegen Margret Schäfer führte. Diese Zustände seien aber mit Beendigung des Captagon- und Valium-Missbrauchs verschwunden, seither habe er eine „bewusste Wahrnehmung", die nie von einem „Loch" durchbrochen worden sei. Es sei also vollkommen unmöglich, dass er in einem Zustand der Amnesie eine der ihm vorgeworfenen Taten verübt habe. Wenn er solche Symptome gehabt hätte, hätte er sie ohnehin in seine Werke eingebaut und aufgearbeitet.

Sicher habe er in sich – so wie jeder Mensch – Persönlichkeitsanteile, von denen er vielleicht nichts wisse oder zu denen er sich nicht bekennen wolle, er habe aber in all den Jahren versucht, solche dunklen Stellen auszuleuchten und durchzukämpfen. Zudem habe das nichts mit Erinnerungslücken zu tun. Jeder Mensch bestehe nicht aus einer Person, man sehe dies ja bei den Kriegsverbrechern, die im Zivilleben völlig biedere Spießbürger sein können. Er schließe für seine Person völlig aus, dass er eine „gespaltene Persönlichkeit" sei, wie sie in amerikanischen Verbrecherfilmen diskutiert würde. Er habe stets Gelegenheit zu Sexualkontakten gehabt und diese auch reichlich wahrgenommen, er habe nie unter sexueller Not oder einem „Triebstau" gelitten.

Im Übrigen sei es ersichtlich, dass er von seiner gesamten Persönlichkeit her ganz anders sei als die klassischen Serienmörder. Diese werden in der Literatur immer als „graue Maus aus der Nachbarschaft" beschrieben, er sei ja das genaue Gegenteil, was ihm ja nur allzu häufig negativ ausgelegt werde. Ein typischer Serienmörder behalte auch immer „Trophäen" von seinen Opfern zurück, bei ihm habe man nie etwas Einschlägiges finden können.

Soweit die Ausführungen Unterwegers. Es ist nicht Zweck dieses Buches, zur Frage der Täterschaft Stellung zu nehmen oder ein Urteil zu korrigieren. Aus kriminalpsychologischer Sicht steht fest, dass bei Jack Unterweger alle jene Persönlichkeitsstörungen, die man mit dem Begriff des malignen oder bösartigen Narzissmus zusammenfasst, vorlagen. Er war eine unzweifelhaft beeindruckende und viele Mitmenschen faszinierende Person, er war – auch nach eigenen Worten – ein geradezu klassischer Narzisst. Er hat schon früh Verhaltensstörungen und dissoziale Tendenzen gezeigt, er ist in jungen Jahren auf vielfältige Weise kriminell geworden, er hat sich nie an Recht und Normen gehalten. Es sind bei ihm immer wieder, auch außerhalb der ihm zur Last gelegten Straftaten, schwer sadistische Züge durchgebrochen. Er hat den „Charme des Psychopathen", den man bei Serientätern so oft zu sehen bekommt, in reichem Maße ausgestrahlt. Er hat eiskalt agiert und intellektualisiert, hat eine ungeheure manipulative Kraft besessen und sehr viele Menschen ausgenützt. Er war, ohne jemals studiert zu haben, ein begnadeter Psychologe, ein exzellenter Beobachter und ein zumindest leidlicher Schauspieler. Gefühle wirkten für ihn bedrohlich, er konnte sie nur beschreiben, nicht aber erleben. Er war nicht geisteskrank, er war ein maligner Narzisst.

Kapitel 15

Von der Dosis hängt es ab – Psychologie des Giftmordes

Der Giftmord, eines der klassischen Verbrechen, ist in den letzten Jahrzehnten zu Unrecht etwas in Vergessenheit geraten. Während die Geschichte eine Fülle von mehr oder minder prominenten Giftmordbeispielen liefert und diese Tötungsart noch viele Kriminalromane des 20. Jahrhunderts beherrschte, ist die Thematik in der Fachwelt und auch in der Öffentlichkeit eher verblasst. Die Fortschritte der Gerichtsmedizin, der Toxikologie und der Giftstoffanalytik haben das Verbrechen entmystifiziert. Die hervorragenden qualitativen und quantitativen Nachweismethoden toxischer Substanzen im menschlichen Körper tragen Sorge, dass derartige Verbrechen in der Regel aufgeklärt werden können. Leider ist der Giftmord in der heutigen Zeit aber aktueller denn je, wenngleich sich der Verbrechensablauf, die Persönlichkeiten der mordenden Personen und die Auswahl der Opfer völlig verändert haben. Laut Schätzungen der Gerichtsmediziner werden etwa 70% aller Tötungen nie entdeckt, was vor allem Folge der ungenauen Totenbeschau und der meist unterbleibenden gerichtsmedizinischen Untersuchungen ist. Verschiedenen Reportagen entnehmen wir geradezu unglaubliche Schlampereien und Irrtümer in der Leichenbeschau, sodass angeblich im Leichnam steckende Messer oder klar ersichtliche Einschusskanäle übersehen werden.

Der Großteil des Dunkelfeldes bei Tötungsdelikten beruht aber, davon kann man ausgehen, auf Über- oder Unterdosierungen von legalen Substanzen, von medizinisch indizierten Medikamenten. Betroffen sind mutmaßlich alte, pflegebedürftige Personen, bei welchen der Tod infolge ihrer Gebrechlichkeit und ihres Siechenzustandes ohnehin nicht unerwartet kommt. Wird man hier, sofern diese Personen nicht im Krankenhaus verstorben sind, tatsächlich den nötigen umfassenden Aufwand zur Ermittlung der Todesursache betreiben? Wird der Leichenbeschauer nicht oft dem Wunsch der trauernden Hinterbliebenen nachgeben, auf eine Obduktion zu verzichten? Hier ist also ein Dunkelfeld, über das wir nichts Konkretes wissen, aber einiges ahnen können.

Geändert hat sich gegenüber früher das Profil der Täter, der Kreis der mit Gift mordenden Personen, die Art der toxischen Substanzen und die

Gruppe der Opfer. Die Tötung durch Gift hat immer Spezialkenntnisse vorausgesetzt und wurde dann angewendet, wenn eine offene Aggression nicht möglich oder statthaft war. Das Gift stellte eine gewisse soziale Ausgeglichenheit bezüglich Aggressionsanwendung her. Nicht nur der Starke, der Kämpfer, der körperlich Überlegene war nun zur Ausschaltung seines Gegners fähig, sondern auch eine körperlich schwache, unterlegen agierende Person, die möglicherweise nicht einmal Zugang zu Waffen hatte und über keine Waffenkenntnisse verfügte. Der Giftmord hat also viel mit Heimlichkeit, Hinterhältigkeit, Schwäche in der offenen Konfliktbearbeitung, aber auch mit überlegenem Agieren des Verstandes und speziellem Wissen zu tun. Die Psyche des Giftmörders ist wohl vergleichbar mit jener des anonymen Briefschreibers oder auch des Brandlegers. In der heutigen Zeit hat sich aber die Motivation gewandelt. Es geht vordergründig nicht mehr um das Töten von Feinden, um Intrige und Rache, sondern vielmehr um die Befreiung von der Last der Pflege eines hilfsbedürftigen Menschen. Gerade die großen Mordserien in Alten- und Pflegeheimen – erinnert sei an die Vorkommnisse in Lainz – zeigen, dass viele in der Betreuung chronisch Kranker keinen Sinn mehr sehen, dass das Personal oft psychisch und physisch überfordert ist und dass für manche die ständige Konfrontation mit Leid und Tod unerträglich wird. Narzisstische Motive, über welche in den Medien manchmal berichtet wird, spielen heute beim Giftmord wahrscheinlich keine so große Rolle. Wenn sich jemand dadurch Befriedigung verschaffen will, dass er die Rolle des Herrn über Leben und Tod spielt, sucht er sich andere, Angst und Panik zeigende Opfer aus. Der Giftmord der heutigen Zeit hat mit jenem früher Jahrhunderte aber auch viele Ähnlichkeiten: Der Tod kommt heimlich, unbemerkt, er geht still vor sich, niemand außer der Person des Mörders weiß, dass überhaupt ein unnatürliches Ende eingetreten ist. Diese „sanfte“ Art des Tötens wird von manchem nahezu entschuldigend erwähnt.

Giftmorde wurden in der Vergangenheit, so glaubt man, hauptsächlich von Frauen verübt. Dies ist sicher unrichtig, da etwa das größte Verbrechen der Menschheit, der Holocaust, ein im Wesentlichen von Männern durchgeführter, organisierter Giftmord war. Auch der Einsatz von Giftgas in kriegerischen Auseinandersetzungen oder gegen Zivilisten ist ein meist von Männern verübter Giftmord. Besonders angesprochen wird man aber immer von der Giftmörderin, der sanften, engelhaften, schwachen Frau, welche über ihre Giftkenntnisse so viel Kraft und Macht bekommt wie die sich raufenden und duellierenden starken Männer. Die Giftmörderin wird meist als schöne, sexuell unerfüllte oder unersättliche, im Herzen habgierige, nach außen als Wohltäterin auftretende Person beschrieben. Gerade der Kontrast zwischen der äußeren Engelhaftigkeit und dem kaltherzigen Einsatz des Giftes fasziniert uns, obwohl mit diesem Bild wahrscheinlich ein Klischee geschaffen wurde. Ein Blick zurück in die Geschichte bzw. in die Hochblüte des Giftmordes sagt uns aber sehr viel über die Kriminalpsychologie dieses Verbrechens.

Ein traditionsreiches Verbrechen

Die Marquise von Brinvilliers
Verfahren gegen Giftmörderinnen waren die Sensationsprozesse früherer Jahrhunderte. Prozessprotokolle aus dem 17. und 18. Jahrhundert und psychologische Schriften aus der damaligen Zeit enthalten zahlreiche Fälle. Einer der bekanntesten Fälle und gleichzeitig ein Beispiel für eine „intelligente Giftmischerin“ ist die berüchtigte Marquise von Brinvilliers. Diese entstammte einem uralten französischen Geschlecht, war die Tochter eines Zivilleutnants in Paris, wurde als schön, liebreizend und geistig hervorragend begabt, als „echte Französin“ von vollendeter Liebenswürdigkeit und Heiterkeit beschrieben. Mit 21 Jahren verheiratete sie sich mit dem ihr an Abstammung und Vermögen ebenbürtigen Marquis von Brinvilliers, die Ehe war von fehlender Zuneigung, aber gegenseitiger Toleranz geprägt. Beide Teile konnten nach stillschweigender Vereinbarung tun, was sie wollten.

Die Marquise hatte nach eigenen Ausführungen schon mit sieben Jahren ihre Unschuld verloren, in der jungen Ehe hatte sie ein Verhältnis mit einem Feldkameraden ihres Mannes. Da ihrem Vater diese offen zur Schau gestellte Affäre missfiel, setzte er es durch, dass der Liebhaber der Marquise auf ein Jahr in die Bastille wandern musste. Die tief getroffene Marquise zeigte sich in der Öffentlichkeit als reuige Sünderin, eine Rolle, die sie so überzeugend spielte, dass sie ein Geistlicher für eine Heilige erklärte. Der als impulsiv und bösartig beschriebene Liebhaber, welcher in der Bastille von einem italienischen Abenteurer in der toxischen Kunst unterrichtet worden war, schwor der ganzen Familie, insbesondere dem Vater der Marquise, tödliche Rache. Er bediente sich nach der Entlassung auf höchst manipulative Weise seiner Geliebten, welche einwilligte, weil sie auf diesem Wege Universalerbin des ganzen Familienvermögens werden wollte. Er brachte ihr Kenntnisse der Gifte bei und setzte sie als erstes auf ihren Vater an.

Um die Stärke der für Menschen nötigen Giftdosis kennen zu lernen, stellte die Marquise Versuche mit Tieren an, dann mit armen Leuten, denen sie eigenhändig vergiftete Proben austeilte. Nachdem sie sich, unter anderem über ihre Kammerjungfer, an immer höhere Dosen herangetastet hatte, begab sie sich zu ihrem auf dem Land Erholung suchenden Vater. Sie übernahm selbst seine Pflege mit Aufmerksamkeit, Zärtlichkeit, ja Aufopferung. Niemand durfte Hand anlegen, alles besorgte sie selbst. Unter ihrer Pflege erkrankte der Vater, starb aber erst zu Hause in Paris. Obwohl in der Leichenobduktion Gift festgestellt wurde, fiel nicht der geringste Verdacht auf die Tochter. Ihr Schmerz um den Vater war so täuschend, dass sie von allen Geschwistern am meisten ergriffen schien.

Danach vergiftete ihr Liebhaber mit Zustimmung der Marquise ihre beiden Brüder, die sie in weiterer Folge beerbte, und gab auch ihrem Gatten Gift. Dieser überlebte jedoch, ebenso wie die geflüchtete Schwester der Marquise, wurde aber chronisch krank. Es hieß, er habe vom Geliebten, welcher nicht auch der Gatte seiner Verbrechensgenossin sein wollte, Gegengift erhalten. Dieser betrieb die Giftmischerei inzwischen wissenschaftlich und arbeitete in seinem Laboratorium, um Neuentdeckungen zu machen. Eines Tages fiel ihm beim Experimentieren die gläserne Maske ab, derer er sich bediente, sodass er die tödlichen Dämpfe einatmete und an deren Wirkung schließlich verstarb. Er hinterließ ein Kästchen mit den feinsten Giften und ein Schriftstück „Meine Beichte". Beides sollte die Marquise erhalten. Da der Geliebte aber ohne Verwandte gestorben war, wurde der Nachlass gerichtlich in Verwahrung genommen, und der Eifer der Marquise, Kästchen und Schriftstück an sich zu bringen, machte sie verdächtig. Die Taten des Toten wurden entdeckt, die Marquise floh über England nach Deutschland, landete schließlich in einem Kloster in Lüttich, wo sie von einem Polizeisergeant gefunden wurde. Dieser suchte sie auf, heuchelte ihr ob ihrer Schönheit Bewunderung und Liebe vor, schaffte es, sie zu einem galanten Abenteuer zu verleiten, fuhr mit ihr über die französische Grenze und ließ sie dort festnehmen. Im Kloster wurde eine Schatulle mit ihren Giften und ein Schriftstück „Meine Beichte" beschlagnahmt, in welchem sie ihre Schandtaten tagebuchartig niedergeschrieben hatte.

Im Kriminalprozess bestritt sie allerdings die Richtigkeit der Aufzeichnungen: Sie habe nicht gewusst, was sie schreibe, sondern in Fieberhitze und Wahnsinn alles zu Papier gebracht. In dieser Beichte bekannte sie sich unter anderem auch eines Mordbrandes sowie zügelloser, perverser Ausschweifungen schuldig. Sie wurde zum Tode verurteilt, vor der Hinrichtung schien sie von Schmerz und Reue durchdrungen. Ein Priester, bei dem sie die letzte Beichte ablegte, schilderte sie als eine „vom Licht der Gnade erleuchtete Person“ und ging in seiner Entzückung sogar so weit, den Wunsch zu äußern, er hätte selbst an ihrer Stelle der „Heilige“ sein mögen. Vor dem Tod zeigte sie keine Furcht. Ihr Leichnam wurde verbrannt, am nächsten Tag las der Pöbel ihre Gebeine zusammen, die fortan reliquienartig verehrt wurden.

Zeitgenössische Psychologen finden bei der Marquise von Brinvilliers die Hauptmerkmale der Giftmischerin: äußere Schönheit und Liebenswürdigkeit, früh geweckte Sexualität, eine Ehe ohne Neigung, Motive aus Leidenschaft und Habsucht, verbrecherisches Handeln auf Anstiftung, sadistische Regungen und andere sexuelle Abnormitäten. Aus heutiger Sicht würde man wohl von einer narzisstisch-hysterischen, extrem manipulativen Persönlichkeit sprechen. Ihre tagebuchartigen Aufzeichnungen über ihre Verbrechen wurden damals als Ausdruck ihrer Eitelkeit, aber auch der Gewissensentlastung interpretiert: Sie habe sich eine Verherrlichung und Verewigung ihrer Taten gewünscht, habe ihre verbrecherischen Fantasien bei der Niederschrift noch einmal ausschweifen lassen können, vielleicht zum Teil mit größerem Genuss als zuvor in der Wirklichkeit.

Sophie Charlotte Elisabeth Ursinus

Ein anderes berühmtes Beispiel einer Giftmischerin ist jenes der Sophie Charlotte Elisabeth Ursinus, der Tochter des österreichischen Legationssekretärs Weingarten, welche im 18. Jahrhundert im Alter von 19 Jahren mit dem Geheimrat Ursinus in Berlin vermählt wurde. Die imposante, vornehme Erscheinung, die edlen Gesichtszüge und ihr Auftreten machten sie bald zu einem Glanzpunkt der damaligen Gesellschaft. Die Ehe mit dem kränkelnden Gatten wurde bald krisenhaft, sie begann ein Verhältnis mit einem holländischen Hauptmann, welches zwar von keiner großen Leidenschaft geprägt gewesen sei, in Charlotte aber den Wunsch reifen ließ, sich von ihrem Mann zu befreien. Nach 20-jähriger Ehe starb Ursinus plötzlich, nachdem er noch am Tage zuvor in guter Verfassung gewesen war. Die ganze Nacht vor dem Tod hatte die Frau allein bei ihm zu Hause verbracht.

Ein halbes Jahr später starb – ebenfalls unerwartet – Charlottes unverheiratete Tante, die sie beerben sollte. Auch an ihrem Sterbebett hatte die Nichte allein gewacht, trotzdem fiel kein Verdacht auf sie. Drei Jahre später bekam sie von ihrem Hausarzt Arsenik ausgehändigt. Mit diesem versuchte sie, ihren Diener, welcher um ihre vielen Liebschaften wusste und sich lästige Vertraulichkeiten gegen sie erlaubte, zu vergiften. Als sie daraufhin in Verdacht geriet, behauptete sie, sie habe sich mit dem Arsenik selbst töten wollen. Als auch in den exhumierten Leichen Arsenik-Spuren gefunden wurden, berief sie sich auf Sinnesverwirrung. Sie wurde von der bewussten Vergiftung ihres Mannes freigesprochen, aber zu lebenslänglicher Festungshaft verurteilt. Im 70. Lebensjahr, nach 30-jähriger Haft, wurde sie begnadigt, machte sich als Wohltäterin einen Namen, wurde von den Armen vergöttert und starb mit 74 Jahren im Ruf einer Heiligen. In der von ihr hinterlassenen Autobiografie versuchte sie nicht, ihre Verbrechen zu leugnen, führte aber eine Reihe von erklärenden und mildernden Umständen an.

Wieder wurde die Giftmischerin als Frau von äußerlich bestechender Weiblichkeit, von großer Intelligenz und herausragender Bildung des Geistes, als beeindruckende und manipulative Person, welche eine lieb- und leidenschaftslose Ehe geführt hat, beschrieben. Wörtlich heißt es in der psychologischen Beurteilung: „Sie hat in ihrem ganzen Wesen etwas Kaltes, starker Gefühle war sie nicht fähig. Ihre Ausschweifungen waren keine Leidenschaften, nur Liebeleien und Lüsternheiten. Eine ungelöste Sprödigkeit der Empfindung lag in ihr. Die Eitelkeit beherrschte sie, in der Gesellschaft eine Rolle zu spielen. In Verstellungskünsten war sie nach dem Zeugnis ihrer Ärzte Meisterin. Heuchelei ihrerseits und Suggestion der Massen andererseits waren bei ihrer Heiligkeit gewiss mit im Spiel, aber nicht allein. Durch die späteren Wohltaten wollte sie gewiss auch etwas gutmachen. Ein teilweise richtiger Instinkt liegt auch in der Haltung des Volkes, das für das Verbrecherische ein dunkles Verständnis hat ...“

Gesche Margarethe Gottfried – „Engel des Lichts“

In diese Reihe der beeindruckenden, ihre Umgebung betörenden Frauenerscheinungen, die zu Giftmörderinnen wurden, fügt sich Gesche Margarethe Gottfried ein. 1783 als Tochter eines Frauenschneiders in Bremen geboren, wird sie als hübsch, anmutig, freundlich, warmherzig und fleißig beschrieben. Sie soll zu Tränen gerührt gewesen sein, wenn der Vater sein Morgenlied sang, war eine begabte Komödienspielerin im Laientheater und fiel durch ihre hohe Intelligenz auf. Schon mit drei Jahren wurde sie eingeschult, war später viel umschwärmt, lehnte mehrere Heiratsanträge ab, ehe sie 1806 einen wohlhabenden Handwerker heiratete. Die Ehe wurde unglücklich, der Mann selbst führte ihr Liebhaber zu, unter anderem ihren späteren Ehemann Gottfried. Mit diesem ging sie ein leidenschaftliches Verhältnis ein, distanzierte sich immer mehr von ihrem Mann, sah diesen als Hindernis für ein glückliches Leben und beschloss deshalb seinen Tod.

Ausgangspunkt für die nun folgende Vergiftungsserie war möglicherweise eine Wochenbettdepression, jedenfalls wurde sie melancholisch, verlor viel an Gewicht und reagierte später auch wahnhaft. Sie vergiftete ihren Mann mit so genannter Mäusebutter, einem Hausmittel gegen Ratten und Mäuse. Als ihr Liebhaber mit der Heirat zögerte, glaubte sie, ihre Kinder und ihre Eltern bildeten das Hindernis. Sie vergiftete deshalb innerhalb von fünf Monaten zuerst ihre Mutter, dann ihre beiden Töchter, anschließend den Vater und zuletzt ihren Lieblingssohn. Möglicherweise handelte sie hier schon unter dem Einfluss von Wahnideen. Um zu Geld zu kommen, das sie hauptsächlich für ihr wohltätiges Wirken für die Armen benötigte, vergiftete sie ihren Bruder. Als Gottfried die Hochzeit immer noch hinauszögerte, schlug ihre Liebe in Hass um, weshalb sie auch ihn vergiftete. Nachdem er sich noch auf dem Sterbebett mit ihr trauen ließ, zeigte sie größten äußeren Schmerz um den Toten. Sechs Jahre lang beging Gesche Margarethe Gottfried keinen Giftmord mehr. Sie hatte viele Verehrer und wurde wegen ihrer Wohltätigkeit als Vorbild werktätiger Liebe, ja als „Engel des Lichtes“ verehrt.

Dann jedoch vergiftete sie einen Liebhaber, der ihr größere Darlehen gewährte und diese nach verschiedenen Mahnungen zurückforderte, ebenso eine treue Freundin, die ihr wegen ihres Lebenswandels Vorwürfe gemacht hatte. Ein 6-jähriges Mädchen brachte sie nur aus dem einfachen Grund mit Gift um, weil ihr dessen Mutter zuwider war. Die durch die Vergiftungen Erkrankten umsorgte sie jeweils rührselig und zärtlich, gleichzeitig bestahl sie die Sterbenden um hohe Geldbeträge. Auf dem Höhepunkt ihres verbrecherischen Handelns führte sie in ihrer niedergeschriebenen Lebensgeschichte aus: „Ich hatte gewissermaßen Wohlgefallen daran. Ich schlief ruhig, und all diese ungerechtfertigten Handlungen drückten mich nicht. Man schaudert doch sonst vor dem Bösen, allein das war bei mir nicht der Fall. Ich konnte mit Lust Böses tun. Ich mochte gerne leben, überhaupt habe ich immer ein sehr zufriedenes Herz gehabt. Die kleinste Aufmerksamkeit machte mich so sehr froh. Zuweilen war ich monatelang von dem Vergiftungstriebe frei, dann kam aber wieder eine Periode des Gegenteils. Am häufigsten gab ich Mäusebutter Personen, mit denen ich allein war, da fühlte ich diesen Trieb am stärksten ... Ich konnte mit Lust Böses tun."

Erst 1828 wurde sie verhaftet. Als sie 1830 verurteilt wurde, sagte sie, dass sie das Urteil und weit mehr verdient habe und es deshalb mit Dank annehme. Trotzdem legte sie Berufung ein und behauptete, zurechnungsunfähig gewesen zu sein. Echte Reue hat sie nie gezeigt. Die Chronisten berichten, dass sie noch beim Besteigen des Schafotts „gefallsüchtig" ihr Gewand gerafft habe.

Gesche Margarethe Gottfried war offensichtlich psychisch krank. Hinweise finden sich in der Wochenbettdepression, in hysterischem Agieren, in völliger Gemütskälte, in bösartig-narzisstischen und sadistischen Tendenzen, aber auch in manifesten wahnhaften und halluzinatorischen Symptomen. So führte sie aus, dass sie beim Zubereiten des Giftes für ihre Mutter durch ein lautes diabolisches Lachen erschreckt wurde, das von ihr selber kam. Öfter hatte sie Halluzinationen, immer wieder sei sie vorübergehend erfüllt. Der Genuss, den sie aus dem Giftmord sog, schien den damaligen Gutachtern als geschlechtlicher Ersatzwert, als sexuelles Äquivalent. In ihren Selbstbekenntnissen sagte sie: „Ich habe eigentlich nie gelebt, sondern nur Komödie gespielt, mit anderen und mit mir selbst." Nachts im Traume hätten sich oft junge Mädchen um ihr Bett versammelt und ihr zugerufen: „Du Schauspielerin!"

Zwischen mimisch-dramatischer Verstellungskunst und dem Giftmord bestehe, so wurde damals überlegt, ein geheimer psychologischer Zusammenhang: Das Verabreichen des Giftes mit freundlichem Gesicht, das Abwarten des Erfolges, die zärtliche Pflege des Erkrankten, die Heuchelei der Trauer und des Schmerzes, das Geheimnisvolle des Todes und des schwer zu entdeckenden tödlichen Mittels, all diese komödienhaften Momente setzten in gewissem Maße dramatische Begabungen voraus. Verbrechen seien – so die damaligen Psychologen – oft nur Ersatzwerte anderer seelischer Ereignisse und umgekehrt. Der Giftmord könne Ersatzwert eines zur Darstellung drängenden mimischen Talentes sein. Die triebhaften Verbrechen werden als eine Umwertung ursprünglich keineswegs verbrecherisch gearteter Strebungen verstanden: Es ist oft eine Entladung angesammelter, unverbrauchter, nach Abfuhr drängender Affekte, eine Umwandlung in ihrer sozialen Brauchbarkeit nicht verwerteter und deshalb aus Mangel an Ziel oft nur zufällig in das Verbrecherische, Verdrängte, irregegangener Kräfte.

Fälle aus jüngerer Zeit

Aufsehen erregende Fälle aus neuerer Zeit sind jene der „schwarzen Witwe" von Loudon und der „Gifthexe von Worms". Nachdem 1947 Marie Besnards zweiter Mann Leon an Urämie gestorben war, begann man im Dorf Loudon zu munkeln, dass in den letzten zehn Jahren auffallend viele Menschen in der Umgebung der 54-jährigen, wohlhabenden Bäuerin gestorben seien. Alle – nächste Verwandte und ein bekanntes Ehepaar – hatte Marie Besnard beerbt. Als zwei Jahre nach Leons plötzlichem Tod auch Maries alte und von ihr aufopfernd gepflegte Mutter einer Grippe erliegt, wird der Dorfklatsch lauter und Marie Besnard verhaftet. In den exhumierten Leichen wurde Arsenik, ein auf natürliche Weise fast überall vorkommendes und deswegen in der Beweiswürdigung schwer zu verwertendes Gift, in überhöhter Dosierung nachgewiesen. Marie Besnard wird des elffachen Giftmordes angeklagt: an ihren beiden Eltern und Schwiegereltern, ihrem zweiten Mann, einer Großtante und einer Schwägerin, an einem hochbetagten Schwesternpaar, die bei ihr einen sorglosen Lebensabend verbrachten und ihr zum Dank ihren Besitz hinterließen, und an den alten Eheleuten Rivet, die von ihren bescheidenen Einkünften nicht leben konnten und bei Marie, welcher sie das Haus vererbten, Zuflucht fanden.

Die als „Gifthexe von Worms" bezeichnete Christa Lehmann hat zumindest drei Personen, möglicherweise auch ihre Schwiegermutter und einen Sohn umgebracht. Sie stammte aus gutem Hause, einer eingesessenen Handwerksfamilie, wurde nach Ausbruch des Zweiten Weltkriegs in ein chemisches Werk dienstverpflichtet, wo sie nach eigenen Angaben „scheußliche Tränklein" zusammenmischen musste. Mit 21 Jahren heiratete sie, hatte bald außereheliche Verhältnisse und vergiftete dann die Schwiegermutter, der dies aufgefallen war, sowie später auch ihren Mann und den Geliebten. Nachdem sie längere Zeit Trauerkleidung getragen hatte, fiel sie durch ihr überspanntes Verhalten und die auffallende Kleidung auf, galt bald als „lustige Witwe" in der Gesellschaft und war als „Soldatenflittchen" verschrien. Wahrscheinlich hatte sie in dieser Zeit eine manische Phase. Später vergiftete sie ihren Schwiegervater sowie die Mutter einer Bekannten, die mit ihrem Lebenswandel nicht einverstanden war. Als Gift verwendete sie E 605.

In Österreich erregte der Fall der Elfriede Blauensteiner Aufsehen, die mindestens drei Lebensgefährten aus gewinnsüchtigen Motiven mit Medikamentenüberdosierungen getötet haben soll.

Giftmord heute – aktuell wie eh und je

Die kriminalpsychologische Auseinandersetzung mit dem Giftmord ist wichtig und von großer Aktualität. Die Entwicklungen im Problembereich der Euthanasie zeigen, wie rasch bei Übernahme einer neuen Wertigkeit, in diesem Fall pseudohumaner und wirtschaftsökonomischer Argumente, sich auch die moralisch-rechtliche Wertung ändert und Verhaltensweisen, die heute noch ein Verbrechen sind, bald als gesellschaftliche Notwendigkeiten und akzeptierte Vorgehensweisen gelten. Die Tötung von alten und depressiven Menschen, die oft gar nicht mehr geschäftsfähig sind oder sich in melancholischer Trostlosigkeit zum scheinbaren Freitod überreden lassen, fördert eine der Hauptwurzeln des Verbrechens zu Tage: den Narzissmus, der den Sterblichen in extremer Ausprägung zum Herr über Leben und Tod macht. Der Ausdruck Euthanasie, übersetzt als „schöner Tod", weist bemerkenswerte Parallelen auf.

Die Beschäftigung mit dem Giftmord ist aber auch in einem anderen Punkt von kriminalpsychologischem Interesse: Mit dem gewordenen und gemachten Bild der Giftmörderin wird gleichsam ein weibliches Gegenstück zum Serienmörder, zum männlichen narzisstischen Verbrecher, geschaffen. Die Giftmörderin gilt, wie ausgeführt wurde, als verführerisch, schön und engelhaft. Sie ist von kaltem, berechnendem Verstand, agiert überlegen, hat hoch manipulative Fähigkeiten, neigt zu Selbstdarstellung und Selbstinszenierung, lässt aber jeden gefühlsmäßigen Tiefgang vermissen. Sie bietet das Bild einer hysterischen oder – wie man heute sagt – einer histrionischen Persönlichkeit. Hysterische Menschen sind geltungssüchtig, sie möchten mehr scheinen als sie sind, wollen um jeden Preis im Mittelpunkt des Geschehens stehen, haben ein überspanntes Auftreten, versuchen stets, die Aufmerksamkeit der Umwelt zu erregen und Bewunderung, Verehrung oder zumindest Mitleid auf sich zu ziehen. In ihrer Geltungs- und Erlebnissucht kommt das Bestreben zum Ausdruck, vor der Umwelt und vor allem vor sich selbst ein Wunschbild der eigenen Persönlichkeit aufzubauen, wodurch der Eindruck des Unechten entsteht. Hysterische sind kommunikativ, geradezu von Kontaktsucht getrieben, haben aber innerlich eine ausgeprägte Bindungsschwäche, die am deutlichsten im Verhältnis zum Ehepartner zum Ausdruck kommt.

Zwischen Hysterie und Narzissmus gibt es somit viele Ähnlichkeiten, dasselbe Verhalten, das wir bei Männern – offensichtlich wohlmeinend – als narzisstisch bezeichnen, nennen wir bei Frauen – oft in entwertendem

Ton – hysterisch. Bei hysterischen Menschen liegt – wie beim Serientäter – eine Sexualproblematik vor, wobei der sexuelle Konflikt mehr Ausdruck der generellen Persönlichkeitsstörung als deren Ursprung ist. Wir haben gehört, dass die klassische Giftmörderin Gesetze missachtet und moralische Regeln nicht gelten lässt, dass sie also dissoziale Tendenzen zeigt. Das sadistische Verhalten zeigt sich besonders dann, wenn die kalte Mörderin das Opfer bis zum Schluss rührend pflegt. Wahnhaftes Empfinden und Denken haben sich bei mehreren der beschriebenen Giftmörderinnen klar manifestiert. Wir haben es bei Giftmörderinnen somit mit einem Verbrechertyp zu tun, der alle Kriterien der bei (männlichen) Serien- und Sexualmördern festzustellenden Grundstörung erfüllt: jene des weiblichen bösartigen Narzissmus.

Kapitel 16

Das Liebste auf der Welt – Mord aus Liebe oder Selbstliebe

Es gibt keinen anderen Ausweg mehr

Die Tötung des Kindes war genau geplant. „Eiskalt“, sagte der Kriminalbeamte, „absolut sicher“, meinte der Gerichtsmediziner, „mit psychotischer Gefühllosigkeit durchgeführt“, schrieb der Gerichtspsychiater. Kerstin L. hatte gewartet, bis ihr Mann in der Früh zur Arbeit gegangen war. Sie hatte die Tochter mit dem Schulbus wegfahren sehen, hatte registriert, dass der Postbote schon da gewesen war. Sie hatte noch nicht gefrühstückt, trug noch den Morgenmantel, machte dem 4-jährigen Jungen, der eben erwacht war, heiße Schokolade, gab in seine Tasse 100 Tropfen eines starken Beruhigungsmittels, trug dann das rasch wieder müde gewordene Kind zum Bett und betete mit ihm. Dann ging sie in die Küche, trank den Rest der Flasche mit den Beruhigungstropfen aus, nahm ein großes Küchenmesser und stieß es dem schlafenden Jungen mit großer Wucht mitten in die Brust. In der Küche zurück, zog sie ein weiteres Messer heraus, schnitt sich damit ins Handgelenk – ein-, zwei-, fünfmal – und legte sich dann zum toten Kind. Als der Mann am Mittag nach Hause kam, fand er sie benommen vor, sie versuchte, das Mittagessen zuzubereiten. Auf die Frage, wo der Junge sei, antwortete sie mit gebrochener Stimme, scheinbar völlig regungslos: „Er liegt tot im Bett, ich hab ihn umgebracht ...“

Tötungen von Kindern durch ihre Mütter oder Väter sind die bedrückendsten Verbrechen. In ihnen ballt sich alles an Depressivität, Hilflosigkeit, Hoffnungslosigkeit, an Verzweiflung und Aussichtslosigkeit zusammen. Unbegreiflich sind diese Taten für alle, für die Angehörigen, die Ermittler, die Helfer, für die Opfer, die diese Erkenntnis nicht mehr leben können oder müssen – und meist auch für die Täter. Im angelsächsischen Raum hat man für solche Taten den Ausdruck „homicide-suicide“ geprägt, im deutschsprachigen Raum spricht man von „erweitertem Selbstmord“. Dieser Begriff wurde eingeführt, weil die für diese Tatenkonstellation ebenfalls gebräuchliche Bezeichnung „kombinierter Selbstmord“ Anlass zu Verwechslungen mit Fällen des mit mehreren Tötungsmethoden begangenen Suizids bot.

Von einem erweiterten Selbstmord wird dann gesprochen, wenn ohne deren Bereitschaft oder Einverständnis eine zweite Person oder mehrere Personen in einen Suizid einbezogen werden. Man kann nach dem Motiv der Tat zwei große, völlig unterschiedliche Gruppen unterscheiden: den erweiterten Suizid aus wohlmeinenden, altruistischen Motiven, also die so genannte „Tötung aus Liebe“, und den erweiterten Suizid aus Kränkung, Hass oder Rache, also aus egoistischen Motiven, somit den „Mord aus Selbstliebe“. Während bis vor kurzem erweiterte Suizide fast ausschließlich durch psychisch kranke, meist schwer melancholische Patienten verübt wurden, nehmen in letzter Zeit solch tragische Handlungen bei Partnerschaftstrennungen, Scheidungssituationen oder Sorgerechtsstreitigkeiten zu.

Bei den erweiterten Suizidhandlungen melancholischer Menschen, bei denen meist von Schuldunfähigkeit ausgegangen wird, muss der Wille zur Aufgabe des eigenen Lebens primär zu erkennen sein und nicht etwa nur die von vornherein bestehende Bereitschaft, nach vollzogener Tötung die eigenen Konsequenzen zu ziehen. Ferner muss der Nachweis altruistischer, d.h. selbstloser, oder pseudoaltruistischer Motive für die Tötungshandlung, welche meist Kinder, Ehepartner oder Geliebte betrifft, gelingen oder wenigstens ein unreflektiertes „Mitnehmen in den Tod“ erfolgt sein. Die Mitnahmetendenz kann sich in Ausnahmefällen neben dem geliebten Personenkreis auch oder ausschließlich auf die „geliebte Umgebung“ ausdehnen, wenn etwa gelegentlich Haustiere in den Selbstmord mit einbezogen oder Wohnungen in Brand gesetzt werden. Um von einem erweiterten Suizid dieser Art zu sprechen, darf keine Feindschaft gegen das Opfer vorliegen und ein kriminelles Motiv nicht erkennbar sein, niemals dürfen egozentrische Motive vorliegen. Die Patienten fürchten sich nahezu wahnhaft vor unabwendbarem Unheil, schwerer Krankheit oder hilflosem Ausgeliefertsein und kommen zur Gewissheit, dass nur der Tod Befreiung von diesem Elend bringen und die Kinder vor einer schlimmen Zukunft bewahren kann. Die Absicht des Täters liegt im Wunsch oder in der Bereitschaft „zur Beendigung des als quälend empfundenen Zustandes in der Katastrophe“, von dem man auch das Liebste, nämlich die eigenen Kinder, befreien will.

Für den Nicht-Psychiater sind die im Kontrast zur schweren depressiven Störung stehende planvolle Vorbereitung des erweiterten Suizids, das dissimulierende Verhalten im Vorfeld der Tat und die oftmals kaltblütig und grausam anmutende Tatausführung sehr bestürzend. Ein Teil der Täter überlebt die Handlung deshalb, weil nach der Tötung eines oder mehrerer Kinder die aggressiven Energien mitunter so erlahmt sind, dass zur Selbsttötung keine Antriebskräfte mehr zu Verfügung stehen, oder aber, weil sie selbst die Vergiftung mit Tablettendosen, die bei Kindern absolut tödlich wirken, überleben. Nie kann man bei erweiterten Suizidhandlungen depressiver Mütter oder Väter von Schuld- und Zurechnungsfähigkeit ausgehen, immer gehört das Schicksal dieser Menschen in die Hand der Psychiatrie, nicht in jene der Strafverfolgung. In nicht wenigen Fällen kommt die Tat durch ein Versagen von Sozialkontrollen zu Stande, weil die Schwere der depressiven Erkrankung in der Familie durch Unkenntnis, Fehleinschätzung der psychopathologischen Symptome, durch laienhaftes Psychologisieren oder aber eine Scheu vor dem Makel einer psychiatrischen Behandlung verkannt wird.

Nicht mehr leben können

Tötungen von Kindern durch ihre Eltern weisen fast immer auf eine schwere psychische Erkrankung des Täters, meist eine tiefe Schwermütigkeit, hin. Depressive Erkrankungen sind kriminellem Verhalten meist durch die damit verbundene Hemmung und Antriebslosigkeit gerade entgegengesetzt. Die wirklich ernste und schwere Gefahr dieser Störung liegt neben der Suizidalität in jener der Tötung aus Liebe. Um zu verstehen, was in einem melancholischen Täter vorgeht, ist es erforderlich, sich mit dem Wesen der krankhaften Depression auseinander zu setzen.

Die Depression ist eines der häufigsten, zugleich aber eines der am wenigsten erkannten Krankheitsbilder. Frauen sind dreimal häufiger als Männer betroffen, in 15% der Fälle endet die Depression durch Suizid. Leitsymptom der endogenen Depression ist die unmotivierte depressive Verstimmung, welche als Schwermut, Freudlosigkeit, Hoffnungslosigkeit oder „Gefühl der Gefühllosigkeit" erlebt wird. Der Patient kann den Charakter der depressiven Verstimmung sehr gut von der normalen „reaktiven" Traurigkeit unterscheiden. Diese hat eine ganz andere Qualität, die krankhafte Depressivität wirkt fremd und andersartig, es ist mehr ein „Gefühl der Gefühllosigkeit" als ein Zustand der Verzweiflung. Interesse und Freude gehen verloren, es kommt zu Selbstentwertungstendenzen und schweren Unzulänglichkeitsgefühlen. Nach außen hin fallen der traurige, leidende Gesichtsausdruck, die „facies depressiva", die leis-monotone Sprache, die zusammengesunkene, schlaffe Haltung und der verlangsamte Bewegungsablauf auf. Die Traurigkeit wird meist leiblich erlebt und dann in einer Körperregion, etwa in der Brust oder im Bauchraum, lokalisiert.

Ein weiteres wichtiges Symptom ist die Antriebsstörung, welche von leichter Antriebsarmut bis zu völliger Antriebslosigkeit reichen kann. Der Depressive ist ohne Schwung und Elan, er kann sich zu nichts aufraffen, die Arbeit geht ihm nur schwer von der Hand, er muss alles wie gegen einen inneren Widerstand tun. In dieser Phase kommt es manchmal zu Ersatzhandlungen wie impulsivem Stehlen oder Weglaufen, manchmal auch zu unvermittelt einschießenden Aggressionen. Bei so genannten „agitierten Depressionen" kann es auch zur Antriebssteigerung, zu innerer Unruhe, zu quälender Getriebenheit oder angstvoller Erregtheit kommen. Die Antriebsstörungen sind mit Leistungseinbußen bei der Hausarbeit, bei beruflichen Tätigkeiten oder bei Freizeitaktivitäten verbunden. Der Kranke hat für nichts Interesse, zieht sich mehr und mehr zurück, möchte am liebsten das Bett gar nicht verlassen, obwohl er nicht schlafen kann. Die Tagesarbeit lähmt wie eine nicht zu bewältigende Last jegliches positive Empfinden. Das Denken wird langsam, gehemmt und grüblerisch, die Gedanken kreisen um typisch traurige Inhalte des Versagens, der Minderwertigkeit und des Verlorenseins. Bei schweren Verlaufsformen steigern sich diese negativen Gedanken zu wahnhaften Erkrankungs-, Verarmungs- und Versündigungsideen.

Regelhaft liegen die Vitalgefühle darnieder, es dominieren körperliche Missempfindungen wie Kopfschmerzen, Druckgefühle im Hals, Schmerzen in der Brust-, Magen- und Kopfregion oder Taubheitsgefühle und Entfremdungserlebnisse am eigenen Körper. Wenn die körperlichen Beschwerden das Bild der Depression dominieren, spricht man auch von einer „maskierten" oder „larvierten Depression", man meint damit, dass sich die Melancholie gleichsam mit körperlichen Symptomen verkleidet. Recht charakteristische Zeichen sind die so genannten Biorhythmusstörungen, d.h. das gesamte Beschwerdespektrum, insbesondere die Antriebslosigkeit, ist am Morgen am stärksten ausgeprägt und bessert sich im Lauf des Tages. Während bei normaler Traurigkeit und reaktiven Depressionen meist Einschlafstörungen vorliegen, ist für endogene Melancholien der zerhackte Schlaf charakteristisch. Der Depressive erwacht in der Regel gegen 2.00 bis 4.00 Uhr in der Früh, liegt stundenlang wach und quält sich durch Grübeleien.

Treffend hat man die beim Depressiven vorliegenden Symptome auch als „Losigkeitssyndrom" zusammengefasst, d.h. die Hauptsymptome enden mit der Silbe „-losigkeit": Antriebs-, Schwung-, Interesse-, Initiative-, Freud-, Schlaflosigkeit usw.

Die negative Tönung sämtlichen Erlebens, das Gefühl des ständigen Niedergedrücktseins durch eine bleierne Last, die zermürbende Grübelsucht und die völlig fehlenden Zukunftsperspektiven führen oft zu einem so verzweifelten Zustand, dass der Wunsch nach Ruhe, nach Schlaf und Tod überwältigend wird. Aktiv und passiv sich aufdrängende Suizidfantasien kennzeichnen die präsuizidale Einengung, welche insbesondere bei beginnender und ausklingender Phase zu hohem Selbsttötungsrisiko führt. Der Wunsch nach einem besseren Jenseits wird auf das geliebte Kind ausgedehnt. Der depressive Patient ist überzeugt, dass dieses gleich empfindet, sich seine Zukunft hoffnungslos darstellt und im Tod die einzige Lösung liegt.

Wie haben sich nun Leben und Erleben der Kerstin L. vor der tragischen Tat abgespielt, wie reifte in ihr der entsetzliche Entschluss zur Tötung des Kindes?

Prägend für ihre Kindheit waren das Fehlen des Vaters, ihr Außenseitertum als lediges Kind in einer kleindörflichen Gemeinschaft, die häufige Abwesenheit der Mutter und die Fürsorglichkeit und Geborgenheit von Seiten der Großeltern. Sie erinnere sich, wie sie diese Zeit einerseits als „frei von Sorgen, Alkohol und Vergewaltigung" genossen, andererseits aber die Ablehnung von Seiten der Dorfbewohner gespürt habe. Die Suche nach Sicherheit und Geborgenheit ziehe sich wie ein roter Faden durch ihr Leben, diese habe sie bei ihren Stiefvätern und den späteren Freunden und Partnern gesucht. Bei ihrem Mann habe sie diese Geborgenheit nicht in genügendem Umfang erfahren, vielleicht habe sie dies allzu sehr vermisst. Sein Optimismus und seine Oberflächlichkeit in manchen Dingen hätten bei ihr ein permanentes Gefühl der Unsicherheit bewirkt.

Im Erwachsenenalter habe sie immer an Selbstwertzweifeln und Minderwertigkeitskomplexen gelitten: „Ich bin zu schwach, um mich in dieser Welt durchsetzen zu können." Sie sei ein Mensch, der niemandem etwas zu Leide tun könne, der versuche, sein Bestes zu geben und es den anderen Leuten recht zu machen. Sie habe ein sehr großes Interesse für parapsychologische Dinge, für das „Geheimnisvolle" im menschlichen Dasein. Sie sei zwar aus der Kirche ausgetreten, fühle sich aber „Gott näher als die, die in der Kirche drinnen sitzen". Sie sei von ihrer Grundstimmung her ernst, sehr schwernehmerisch, leicht zu verunsichern und auch leicht überlastbar.

Die Partnerschaft mit ihrem Mann habe nach außen seit zehn Jahren sicher als ideal gegolten. In der Kindererziehung sei sie ihrer eigenen Einschätzung nach überfordert gewesen: „Sie habe gute Erziehung mit Lieblosigkeit verwechselt, ein Wunderkind gezüchtet, ihm aber das Wichtigste im Leben, nämlich Zuwendung und Liebe, zu wenig gegeben. Die Tat könne sie sich heute nur damit erklären, dass bei ihr damals zu viel zusammengekommen sei: Selbstvorwürfe wegen des Versagens als Mutter und Hausfrau, Angstzustände, psychisches „Durcheinander", Depressionen und Überforderungsgefühle. „Ich hatte den ganzen Tag das Gefühl, es nicht mehr zu schaffen, die Arbeit und das Kind nicht zu bewältigen. Ich wollte nur schnell ins Bett, um von allem nichts zu wissen (...) Ich wollte in der Früh nicht mehr aufstehen, um mich den Anforderungen des Tages entziehen zu können." Sie habe damals, und dies mache sie sich heute zum Vorwurf, gar nicht gewusst, dass es sich bei ihrem Zustand um Depressionen handle, heute sei ihr dies klar. Sie habe immer geglaubt: Solange man noch esse, sei man nicht depressiv.

Kurz zuvor sei sie in ein „ungeheures Hoch" (!) gekommen, ein Gefühl, das sie vorher noch nie gekannt habe: Sie fühlte sich voll Schwung und Optimismus, hatte viele Pläne, habe auch viel umgesetzt, habe weniger Schlaf gebraucht, sei schon um 6.00 Uhr aufgestanden und habe sich an die Arbeit gemacht. Sie habe für jeden alles tun wollen, habe eine Energie gehabt, als ob sie „Drogen genommen hätte und bei den Heilsamaritern sei". Sie sei während dieser Phase von ihrer Umgebung wiederholt gefragt worden, ob sie ein Aufputschmittel nehme. Dann sei dieser Zustand allmählich vergangen und langsam einer Depression gewichen. Sie erinnere sich noch, wie sie sich auf ihren Geburtstag gefreut habe. Am Festtag sei sie jedoch nicht sonderlich euphorisch gewesen, im Gegenteil, sie habe die Glückwünsche negativ erlebt und sei grüblerisch geworden, als mehrere Personen „vom runden Geburtstag" sprachen. Sie habe dies gedeutet, als würde man sie auf das bevorstehende Alter hinweisen.

Sie habe mehr und mehr erkannt, dass sie in der Erziehung versagt habe, sie sei melancholisch geworden, habe die Freude an allem verloren, habe an nichts mehr Interesse gehabt, habe sich mehr und mehr ins Bett zurückgezogen, habe aber nicht ein- und durchschlafen können, habe sich am Morgen zerschlagen gefühlt und Angst vor dem Tag gehabt, sei deswegen oft gar nicht aus dem Bett heraus. Es habe sie ungeheure Kraft gekostet, einkaufen zu gehen oder die Hausarbeit zu machen. Sie habe sich in einer aussichtslosen, völlig verzweifelten Situation gesehen. Bis dahin habe sie nie an Selbstmord gedacht. Dann sei ihr eingefallen, dass im Tresor seit Jahren eine Pistole, ein Erbstück, liege.

Der Gedanke an die Waffe habe sie nicht mehr losgelassen und sich ihr zwangartig aufgedrängt. Es habe sie ständig zum Tresor hingezogen, sie habe immer konkreter geplant, wie sie sich damit das Leben nehmen könnte. Sie sei allerdings im Umgang mit Waffen nicht vertraut gewesen. Sie habe die Pistole schon in verzweifeltem Zustand in der Hand gehabt, habe sie laden wollen, sich aber nicht ausgekannt. Da sei ihr der Gedanke gekommen, ihren Mann, der sie sicher verstehen würde, um Hilfe zu bitten und habe ihn gefragt, ob er das Kind, sie und sich selbst töten könne, um „an einen Ort zu kommen, der besser ist, wo es keinen Kampf mehr gibt". Sie habe sich erwartet, dass „er uns gemeinsam in den Himmel bringt, wenn wir auf der Erde keine Chance mehr haben". Der Mann habe ihr zugeredet und gesagt, dies sei keine Lösung, man dürfe nicht davonlaufen usw. Er habe die Pistole versteckt. Von da an habe sie sich überlegt, mit welch anderer Methode sie sich und das Kind töten könnte. Sie sei schon mit einem Draht vor einer Starkstromdose gestanden. Ihre Überlegung, aus dem Fenster zu springen, habe sie aus Angst vor Behinderung und Siechtum verworfen. Geeignete Medikamente seien nicht zur Verfügung gestanden, so habe sie sich und den Jungen erstechen wollen.

Kerstin L. bietet alle Symptome einer manisch-depressiven Krankheit. Sie geriet zuerst in ein psychisches Hoch, also einen Zustand der Manie, ehe sie von einer bedrückenden Melancholie überwältigt wurde. Diese tönte ihr gesamtes Empfinden und Denken negativ, sie sah ihre Situation als hoffnungslos und hatte als einzig trostvollen Gedanken nur mehr jenen an den Tod. Der Gedanke, ihren Sohn mit in ein besseres Jenseits nehmen zu müssen, nahm überhand, sie projizierte ihr eigenes trostloses Empfinden mehr und mehr auf ihren Sohn. Depressives Erleben und Sorge um ihr Liebstes verdichteten sich zu wahnhafter Gewissheit. Das Gericht ging von Zurechnungsunfähigkeit aus und wies Kerstin L. zur Behandlung in ein psychiatrisches Krankenhaus ein.

Erlösung im Tod

Dass aber solche Fälle nicht nur bei Frauen bzw. Müttern, sondern auch bei Männern vorkommen, entnehmen wir einem Beispiel des schon wiederholt zitierten bedeutenden Gerichtspsychiaters Richard von Krafft-Ebing, der in seinem Psychiatrielehrbuch ein Kapitel folgendermaßen überschrieb: „Mord der eigenen Kinder – aus Liebe." Darin beschreibt er eindrucksvoll den Fall des Maurers G.

Am 13. Juni, morgens um 8.00 Uhr, ging der verheiratete Maurer G. von der Arbeit heim, trank unterwegs für zwei Kreuzer Cognac wegen Leibschmerzen und erschien allen Begegnenden in seinem Benehmen geordnet, verständig, ruhig. Zu Hause schickte er seine zwei ältesten Kinder mit einem Auftrage fort zum Großvater und führte nun von seinen jüngsten drei Kindern eines nach dem anderen auf die Obertenne des Hauses, wo er sie mit einem Garnklöppel erschlug. Er legte die drei Leichen nebeneinander auf den Boden und kehrte dann, über heftigen Leibschmerz klagend und weinend, in die Küche zurück. Gegen seinen Vater und andere Personen, die um diese Zeit ins Haus kamen, machte er unverständliche Anspielungen auf seine schreckliche Tat, zu den heimkehrenden Kindern sagte er: „Wie wird es uns ergehen?“ Er ging nun aufs Gericht und bat, nach abgelegtem Geständnis, dass man ihn umbringen möge. Da er sah, dass man ihm nicht sofort willfahre, wurde er sehr aufgeregt, schrie, er müsse sterben, und versuchte sich mit einem Rasiermesser zu entleiben. Er war noch einige Zeit sehr aufgeregt, sprach nicht ganz zusammenhängend, kam aber bald zu sich und wurde in seinen Äußerungen ganz verständig. Er beweinte den Tod seiner Kinder, begriff nicht, wie er seinen geliebten Kindern das Leid antun konnte, es sei ihm alles wie ein Traum, aber es sei nicht zu rechtfertigen. Für manche Umstände nach der Tat war seine Erinnerung eine nur summarische. Im Gefängnis Freisein von psychischen Störungen, aufrichtige Reue, zeitweise Wiederkehr der Kolikschmerzen.

In der Familie des G. lässt sich keine erbliche Anlage zu Irresein nachweisen. Normale körperliche Entwicklung, verwahrloste Erziehung, früh Hang zum Stehlen. Seit seiner Verheiratung vor zehn Jahren trieb er mit den Verwandten seiner Frau auch Schmuggel. Wegen Verdachtes auf Diebstahl wurde er vor Jahren, ohne davon zu wissen, unter polizeiliche Aufsicht gestellt. Gute Ehe, gutes Einkommen, braver Familienvater, der Weib und Kinder wahrhaft liebte. Etwa zehn Monate vor seiner Tat verlor er seinen Dienst, weil ein Verdacht des Diebstahls auf ihm lastete. Zugleich erfuhr er, dass er seit Jahren unter polizeilicher Aufsicht stand. Tiefe Gemütsbewegung darüber, die sich steigerte, als er sich erfolglos zur Wiederanstellung verwandte und wegen Wachebeleidigung eine Arreststrafe verbüßen musste.

Nach der Entlassung aus dem Gefängnis war sein Lebensmut gebrochen. Er suchte zwar nach Arbeit, aber nichts gelang ihm mehr, sein Benehmen war von da an tief geändert. Er war düster, einsilbig, leutescheu, klagte über Schlaflosigkeit, Lebensüberdruss, äußerte oft, er hätte sich schon umgebracht, wenn ihn nicht Frau und Kinder dauerten. Er glaubte sich entehrt, gebrandmarkt durch Verdacht und Polizeiaufsicht, die auf ihm lasteten, glaubte sich mittellos, war bekümmert über seine misslichen Vermögensverhältnisse, obwohl seine Aktiva die Passiva um mehrere hundert Gulden überstiegen. Dazu kamen häufige und immer mehr sich steigernde Kolikschmerzen, die ihn zum Aufsuchen des Bettes nötigten, wobei er über Zittern, Gliederschwäche, Schlaflosigkeit, Gefühle von Stechen und Drehen im Kopf klagte. Er weinte viel, magerte ab, litt an Verstopfung. Er äußerte Lebensüberdruss und scheint auch bald nach der Dienstentlassung einen Selbstmordversuch gemacht zu haben. Dazu gesellte sich die Sorge um die Familie. Wenn er sich umbringe, dachte er, werde die Frau, welche zudem schwanger war, die Kinder nicht ernähren können, diese würden Bettler, verachtet und unter Polizeiaufsicht gestellt wie er, ein elendes verachtetes Leben führen. Hieran knüpfte sich der Gedanke, die jüngsten Kinder um ihrer und der Frau willen vor seinem Selbstmord umzubringen. Nach seiner Angabe sei dieser Gedanke nie recht klar und bestimmt ins Bewusstsein getreten, er habe denselben jeweils, als seiner väterlichen Liebe unmöglich, zurückgedrängt. Selbst am Tage der blutigen Tat habe er morgens, als er zur Arbeit ging, nicht diesen Gedanken gehabt und hätte ein solches Verbrechen nie für möglich gehalten.

Körperlich fanden sich keine bemerkenswerten Störungen. Seine Reue war eine aufrichtige, die ermordeten Kinder sah er oft nachts im Traum. Das Gutachten erkannte die Geistesstörung an, nicht aber die völlige Aufhebung der Zurechnungsfähigkeit, da außer anderen Gründen die vorhergegangene Lebensweise die Krankheit zum Teil herbeigeführt habe, G. gegen seine Mordgedanken und körperlichen Beschwerden nicht Hilfe und Schutz gesucht habe (!). Der Gerichtshof erkannte die Zurechnungsfähigkeit als aufgehoben, worauf G. in die Irrenanstalt kam. Dort war er im Allgemeinen frei von Geistesstörungen, zeigte jedoch bei zeitweisen Kolikanfällen mit Diarrhöe jeweils Verstimmung. Nach vier Jahren trat eine vorübergehende hochgradige Melancholie mit taedium vitae, Angstgefühlen, beängstigenden Visionen der gemordeten Kinder auf; er drängte fort, wolle sie sehen, auf dem Kirchhof ausgraben, müsse die anderen auch umbringen. Diese Erkrankung war eine vorübergehende. Als G. weitere sechs Jahre in gutem psychischem Zustand verblieben war, gewährte man seinen Wunsch, ihn nach Amerika auswandern zu lassen.

Auch im Tod vereint

Tötungen aus Mitleid und Sorge mit anschließendem Suizid oder Suizidversuch sind manchmal auch bei alten, vereinsamten Eheleuten zu sehen. Wenn nach jahrelanger stabiler Partnerschaft mit zunehmender gegenseitiger Abhängigkeit durch die unheilbare Erkrankung von Mann oder Frau das Bündnis und die Existenz bedroht werden, tritt eine Krisensituation ein, der sich beide Eheleute nicht mehr gewachsen sehen. Von Verzweiflung und dem Gefühl der Aussichtslosigkeit überwältigt, ergreift meist der Mann die tödliche Initiative. Die Motive für diese Art des erweiterten Suizids liegen im Mitleid mit dem leidenden Partner, in der Unerträglichkeit, sein Dahinsiechen mit ansehen zu müssen oder, im Falle der Erkrankung des Täters, diesen nicht allein zurücklassen zu müssen. Obwohl diese erweiterten Suizidhandlungen wie klar bedachte Bilanzierungen anmuten, liegt ihnen häufig eine krankhafte Melancholie oder ein Erkrankungswahn zu Grunde.

Der 80-jährige Pensionist Erwin G. war nach der Krebsoperation seiner 75-jährigen Frau verzweifelt und depressiv geworden. Er fand an nichts mehr Interesse, grübelte Tag und Nacht über die bösartige Erkrankung seiner Gattin, deren Schicksal und die gemeinsame Zukunft nach, sah keine Perspektiven mehr und hoffte nur noch auf den raschen Tod und die große Ruhe. Als dann die Gattin immer öfter äußerte, sie wolle endlich sterben, fühlte er sich nahezu verpflichtet, ihr diesen letzten Wunsch zu erfüllen. Der Gedanke, auch im Tod vereint zu sein, wurde zum Trost. Während seine Gattin im Ehebett schlief, ging er in die Garage, holte eine Spitzhacke und schlug damit seiner schlafenden Frau mit großer Wucht auf den Kopf. Diese wachte auf, flüchtete taumelnd ins angrenzende Wohnzimmer, wo sie auf einem Sofa zusammenbrach. Ihr Gatte folgte ihr und schlug mit dem Werkzeug auf sie ein, bis sie verstarb. Er rief dann seine Schwägerin zu Hilfe und lockte sie mit dem Hinweis, dass seiner Frau schlecht geworden sei, in die Wohnung. Diese näherte sich dem Sofa, sah dort ihre mit einer Kleiderschürze zugedeckte Schwester und wollte sich zu ihr niederbeugen. In diesem Moment sah sie ihren Schwager hinter sich, der mit der Spitzhacke wiederholt auf sie einschlug. Sie erlitt durch zwei Hiebe nur leichte Kopfverletzungen, versuchte unter Anwendung aller Kräfte dem Aggressor das Mordwerkzeug wegzunehmen, was ihr nach längerem Kampf auch gelang. Sie flüchtete ins Freie und rief um Hilfe. Währenddessen ging Erwin G. in sein Schlafzimmer und versperrte die Tür von innen. Als diese schließlich aufgebrochen wurde, fand man den Mann blutüberströmt am Boden liegend. Bei schwindendem Bewusstsein sagte er röchelnd, man solle ihn um Gottes Willen mit den anderen sterben lassen ...

Wenn die Rache überwiegt

Psychologisch ganz anders bedingt sind Kindestötungen mit anschließendem Suizid, wenn sich diese im Zusammenhang mit einer Scheidungssituation oder Streitigkeiten über Unterhaltsleistungen bzw. Besuchsregelungen ereignen. Hier ist der Täter zwar meist auch in einer depressiven, verzweifelten Situation, die allerdings als Reaktion auf das Trennungsereignis und nicht als krankhafte psychotische Störung zu interpretieren ist. Es geht nicht nur um das Wohl des Kindes, sondern auch um Motive wie Rache oder Rechthabenwollen, letztlich also um narzisstische Bedürfnisse. Die Trennung wird als unerträgliche Kränkung empfunden, gegen die sich der Verlassene mit allen Mitteln wehrt. Wie bei Rainer O., welcher in seiner Partnerschaft jahrelang dominiert hatte und dann erleben musste, wie sich seine Frau allmählich autonomisierte, sich von ihm immer mehr abwandte und sich dann scheiden lassen wollte. Rainer O. versuchte, die Beziehung mit allen Mitteln zu retten, er bettelte und flehte, er schimpfte und erpresste. Seine Frau sah sich dadurch in ihrem Entschluss zur Trennung bestätigt und zog mit dem gemeinsamen Sohn, dem 4-jährigen Manuel, aus. Sein Vater durfte ihn jede Woche für einen Nachmittag zu Besuch abholen. Einen solchen Ausgang wollte Rainer O. nutzen, um sich und das Kind zu töten. Er erwürgte den Knaben bei einem Ausflug von hinten, beerdigte ihn im Wald und wollte sich dann erhängen, wurde aber beim Versuch aufgegriffen und in die psychiatrische Klinik eingeliefert. Im Gespräch berichtete er über seine tiefe Verzweiflung. Die Lebensgefährtin habe ihn so weit gebracht, dass er zum Leben eine negative Einstellung bekommen habe. Ihre Beziehung sei anfangs recht gut gewesen, dann habe es Krisen gegeben, die vor allem mit ihrem Desinteresse an seiner Person zu tun hatten. Sie habe sich nicht mehr für ihn interessiert, habe alle Zärtlichkeiten und Intimitäten abgelehnt. Es sei immer häufiger zu Auseinandersetzungen gekommen, ein paar Mal habe er die Nerven verloren und ihr eine Ohrfeige versetzt. Seine Frau sei immer häufiger ausgegangen, habe dann wohl einen anderen Mann kennen gelernt, zumindest habe er auf ihrem Handy SMS-Nachrichten von einem Unbekannten entdeckt. Dies habe er kaum verkraftet. Er hänge an seiner Frau und habe insbesondere zu seinem Sohn eine sehr gute Beziehung gehabt. Das tiefe innere Verhältnis zu diesem sei vielleicht dadurch zu erklären, dass er bei der Geburt dabei gewesen sei. Der Gedanke, dass Manuel nicht mehr bei ihm sei, sei für ihn kaum auszuhalten gewesen. Er habe Tag und Nacht darüber nachdenken müssen, habe sich für kein Hobby mehr interessiert und habe nachts kaum Schlaf gefunden. Die Arbeit habe ihn aber von seinen Gedanken immer abgelenkt, seine beruflichen Leistungen seien stets gut gewesen.

Als er Manuel zum Besuch abholen durfte, sei er mit ihm spazieren gegangen. Plötzlich sei ihm der Gedanke gekommen, sie könnten gemeinsam sterben, dann hätte das ganze Elend ein Ende und sie wären für immer zusammen. Der Gedanke an den gemeinsamen Tod sei erst unmittelbar vor der Tat aufgetreten, vorher habe er vielleicht manchmal an Selbsttötung, nicht aber an das Mitnehmen des Jungen gedacht. Es sei dann alles „sehr dicht" geworden, er habe sich Gedanken gemacht, wie es weitergehen solle, und habe dann wohl ein „Blackout" gehabt. Dieses bestehe aber nicht darin, dass ihm die Erinnerung fehle, sondern dass er vor sich praktisch nur mehr einen „schwarzen Tunnel" gesehen und sich in diesen „hineingesogen gefühlt" habe. Es sei um ihn alles „tief schwarz" gewesen, er sei „wie in einen Tunnel gefallen". In diesem Moment müsse er den Jungen getötet haben. Es sei ihm dann allmählich der Gedanke an viele liebe Menschen gekommen, es sei „wieder Licht" geworden und er sei, obwohl er sich schon eine Schlinge um den Hals gelegt habe und auf dem Baum gestanden sei, nicht losgesprungen.

Analyse

Der wesentliche Tathintergrund liegt im Fall des Rainer O. darin, dass seine Lebensgemeinschaft seit einiger Zeit in eine Krise geraten war. Äußerliche Zeichen waren zunächst Meinungsverschiedenheiten über die Aufteilung der gemeinsamen Lebenskosten. Zunehmende Abgrenzung und Autonomisierung der Partnerin verunsicherten den zuvor so dominanten Partner allmählich, was sich vorerst an der Frage des Intimlebens bzw. der nicht mehr gegebenen ständigen Verfügbarkeit der Lebensgefährtin entzündete. Rainer O. sah sich durch das, was sich seine Partnerin „herausgenommen" hatte, zurückgewiesen, gedemütigt, er reagierte mit Gekränktheit und innerer Verunsicherung. Die narzisstische Reaktion wurde durch den Verlust der Rolle des Dominierenden vertieft. Er war plötzlich nicht mehr der stärkere, bestimmende Partner, sondern musste erleben, wie seine bis dahin sich unterordnende Lebensgefährtin plötzlich eigene Ansprüche stellte und sich seinem Einfluss mehr und mehr entzog. Er versuchte sie durch Appelle, Versprechungen und wiederholte Versuche eines „Neuanfangs" zurückzugewinnen, hatte damit aber ebenso wenig Erfolg wie mit seinen Drohungen und Erpressungsversuchen.

Die innere Befindlichkeit des zurückgewiesenen, gekränkten, verlassenen und gegenüber einem Nebenbuhler benachteiligten Partners fand ihren Ausdruck nicht direkt als eine auf seine Lebensgefährtin gerichtete Aggression, sondern in einer suizidalen Einengung, in welche er den gemeinsamen Sohn mit einbezog. Dabei spielten aber in der Erweiterung des suizidalen Feldes nicht nur altruistische, sondern ganz eindeutig auch egoistische Gründe eine Rolle, d.h. die mögliche Mitnahme des Sohnes in den Tod entsprang nicht nur – wie dies bei melancholischen Müttern in klassischer Weise gesehen wird – dem Wunsch, das Kind vor der als hoffnungslos erlebten Zukunft zu bewahren, sondern auch dem Bestreben, die Beziehung endgültig zu beenden und auch der Frau nicht das zu überlassen, was er selbst sehr geliebt hat, nämlich das gemeinsame Kind. Auf das Kind werden in suizidalen Verdichtungen im Rahmen partnerschaftlicher Krisensituationen alle möglichen Vorstellungen projiziert, sodass dem Mitnahmesuizid auch die Bedeutung eines endgültigen Schlussstriches, eines letzten „Sieges", eines endgültigen Besitzanspruchs, einer schweren Aggression gegen den nicht direkt attackierten Partner, aber auch der Wunsch nach endgültiger Verschmelzung und tiefer Regression zukommt. Das Handeln des Rainer O. enthält somit depressive, suizidale, narzisstisch-ichbezogene und selbstverständlich selbst- und (projizierte) fremdaggressive Elemente.

Sein ganzes Handeln entsprach jedenfalls einer Reaktion, welche die in den Psychotests zum Vorschein kommende psychische Unreife, sein hohes Anklammerungsbedürfnis, die innere Verletzlichkeit und tiefe Gekränktheit widerspiegelte.

Bei Rainer O. stellte sich in der Phase des Verlassenwerdens ein subjektives Erleben ein, welches durch Hilflosigkeit, Verzweiflung, Gefühl der Ausweglosigkeit und Isolierung beherrscht wird. Obwohl er bei der Tat selbst der Agierende war, ist dieser Zustand über ihn gewissermaßen „hereingebrochen", was erklärt, weshalb er sich das Ganze auch im Nachhinein nach eigenen Worten „eigentlich gar nicht zutrauen würde".

Das sich in der partnerschaftlichen Konstellation einstellende Gefälle, durch welches er sich immer stärker in der Position des Unterlegenen und Abhängigen sah, führte ihn in einen Zustand der spannungsreichen Instabilität, in dem er den Suizidplan bzw. jenen des erweiterten Suizids gefasst haben dürfte. Sein innerer Zustand war ausgesprochen ambivalent, d.h. Verzweiflung wurde abgelöst von Hoffnung, um erneut wieder tiefer Enttäuschung zu weichen. Durch einen relativ geringfügigen Anlass entschloss er sich dann zum „Alles oder Nichts". Er handelte aus einer inneren Isolierung heraus, fühlte sich durch die immer aktiver, durchsetzungsfähiger, souveräner und unerreichbarer erscheinende Lebensgefährtin in die Defensive gedrängt und sah sich in einer Position der Unterlegenheit. Die mit einfließenden eifersüchtigen Regungen wurden durch das Verhalten der Partnerin verstärkt. Rainer O. geriet während dieser Eifersuchtsentwicklung in eine psychische Verfassung, die man als „suizidale Tatbereitschaft" bezeichnen kann.

Die psychische Situation entwickelte sich bei Rainer O. in den Tagen und Stunden vor der Tat jedenfalls in der Weise, wie dies bei sich konflikthaft zuspitzenden Partnerbeziehungen regelmäßig gesehen wird. Das Verhalten seiner Lebensgefährtin wurde von ihm als fortgesetzter Verstoß gegen die konstituierenden Momente der partnerschaftlichen Beziehung erlebt, also in Form von emotionaler Vernachlässigung, mangelnder sexueller Verfügbarkeit und Bereitschaft für andere Partnerschaften. Die ganze Atmosphäre wurde „feindselig", Rainer O. sah sich mehr und mehr in eine Isolierung gedrängt, wodurch sich sein Unterlegenheitsgefühl weiter zuspitzte. Dies führte zu einer zunehmenden Verunsicherung, Labilisierung und Unterminierung der Persönlichkeitsstabilität, sodass die Tat bei genauer Analyse nicht wie „ein Blitz aus heiterem Himmel" zu interpretieren ist. Sie hat im Prinzip eine recht charakteristische und heute leider immer häufiger zu Beziehungsdramen führende Vorgeschichte. Der Zermürbungsprozess, die zunehmende Verzweiflung, die narzisstischen Kränkungen und das Gefühl der Isoliertheit haben das Feld für die Tathandlung vorbereitet, welche dann nach einem neuerlichen Anlass in ambivalente Grundhaltung umgesetzt wurde. Tatfördernde und -zurückhaltende Überlegungen hielten sich lange Zeit das Gleichgewicht. Die Unentschlossenheit im Tatvorfeld rettete Rainer O. wahrscheinlich das Leben, konnte aber nicht verhindern, dass ein unschuldiges Kind sterben musste ...

Kapitel 17

Wie gefährlich sind Menschen mit psychischen Störungen?

Viele Fehlmeinungen

Bilder des aggressiven psychisch Kranken, des gewalttätigen Psychotikers und des schizophrenen Mörders sind hartnäckig und offensichtlich kaum korrigierbar. Einzelfälle von spektakulären Straftaten psychisch Kranker erregen in der Öffentlichkeit größtes Interesse und bestätigen die vorgefasste Meinung vom unberechenbaren und gefährlichen Geisteskranken und irren Verbrecher. Umgekehrt wird bei jeder schweren Straftat ungeprüft die Meinung vertreten, dass der Täter psychisch krank sei, man denke nur an die Schlagzeilen nach dem Anschlag auf das World Trade Centre am 11. September 2001: Von „wahnsinnigen“ Massenmördern, „geisteskranken“ Terroristen oder „religiösem Fanatismus“ war da ständig die Rede.

Die Fehlmeinungen über die Gefährlichkeit psychisch Kranker in der Bevölkerung sind auch durch wissenschaftliche Untersuchungen belegt: Nach den Aufsehen erregenden Attentaten auf die deutschen Politiker Oskar Lafontaine und Wolfgang Schäuble durch psychotische Täter im Jahr 1990 wurde in einer repräsentativen Befragung erhoben, dass 50% der deutschen Bevölkerung psychiatrische Patienten für gefährlich, mehr als die Hälfte für unberechenbar und 40% für aggressiv hielten. Eine in den USA kürzlich durchgeführte, groß angelegte Telefonbefragung zur Einschätzung der Gefährlichkeit von Menschen mit psychischen Störungen erbrachte folgende Ergebnisse: 36% glaubten, dass Menschen mit psychiatrischen Erkrankungen häufiger Gewaltverbrechen begehen, 45% hielten es für selbstverständlich, vor psychisch Kranken Angst zu haben, 52% schätzten ehemalige Psychiatriepatienten für gefährlich ein.

Woher kommt diese negative Meinung? Zunächst entspricht es wohl einem kollektiven Abwehrmechanismus, besonders schwer wiegende Verbrechen oder uneinfühlbare Aggressionshandlungen einem „kranken Hirn“ und einer „gestörten Psyche“ zuzuschreiben. Der Gedanke, dass ein Mensch auch mit klarem Verstand grausame Verbrechen ersinnen und durchführen kann, ist den meisten wohl schwer erträglich. Ganz entscheidend wurde das Bild des gewalttätigen Geisteskranken in der so genannten kasuistischen Periode der Psychiatrie am Ende des 19. und zu Beginn des 20. Jahrhunderts geprägt. Damals wurden ausführlichste Einzelfallbeschreibungen, die sich eher wie eine Kriminalgeschichte denn eine wissenschaftliche Arbeit lesen, veröffentlicht. In eindrucksvollen Schilderungen wurden die Verbrechen beschrieben und in dramatischen Ausgestaltungen die Persönlichkeit des Täters dargestellt. Ein auch heute noch spannend zu lesendes Beispiel dafür ist die aus dem *Boston medical and surgical Journal* vom 16. Februar 1882 zu entnehmende Falldarstellung über den Attentäter Guiteau, der den amerikanischen Präsidenten Garfield ermordet hatte:

> „Der Fall Guiteau. Guiteau, der Mörder des Präsidenten der amerikanischen Union, ist 1841 geboren. Sein Grossvater war ein hoch angesehener Arzt und religiöser Mann. Sein Vater war ein excentrischer Mensch, Anhänger der Lehre von der freien Liebe und religiöser Fanatiker, versuchte Geisteskrankheiten durch Händeauflegen zu heilen und hielt sich dazu von Gott beauftragt. Er starb an einer Abzehrungskrankheit mit Delirium. Ein Onkel väterlicherseits starb irrsinnig, ein anderer war ein Trunkenbold und starb schwachsinnig, zwei Tanten waren psychopathisch und hatten geisteskranke Kinder. G.'s Mutter hatte zur Zeit seiner Geburt eine Gehirnaffektion, ihre beiden später geborenen Kinder starben in den ersten Jahren. G.'s Schwester leidet an petit mal und litt an Puerperalmanie. G.'s religiöse Ansichten wie die seines Vaters und Bruders waren verschroben, mystisch. G.'s Stiefschwester leidet an Kropf und Exophthalmus. G. lernte spät sprechen, wurde in der Erziehung vernachlässigt. Er zeigte früh Ehrgeiz, Vorliebe für Lectüre. Bald nach dem 10. Jahre wurde er ein Grübler in religiösen Dingen, schrieb religiös erbauliche Briefe, war aber dabei sehr sinnlich, onanierte, ergab sich später dem Umgang mit Frauen und trat schon mit 19 Jahren, theils um dem Vater gefällig zu sein, theils um besser seinen Lüsten frönen zu können, in die Oneida-Gesellschaft der freien Liebe ein.
>
> Er war in der Folge sonderbar, reizbar, eigenwillig, sass Stunden lang da ohne etwas zu sprechen und war zu anderen Zeiten bester Laune. Da er bei seinem Ehrgeiz fand, dass er in Oneida keine rechte Rolle spiele und auch bei den Weibern nicht beliebt war, ging er fort. Er lebte nun 5 Jahre ohne Beschäftigung, verrannte sich immer mehr in communistische Ideen, erklärte sich eines Tages für inspiriert und

versuchte ein grosses Tageblatt, die ‚Theocratic Press', zu gründen, das die Stelle aller Kirchen einnehmen und allen Staaten der Union täglich den wichtigen religiösen Unterricht bringen sollte. Er lebte damals mit bescheidenen Mitteln in einer Dachkammer als Vegetarianer.

In einem Brief an den Vater (1865) meinte er, er könne mit der Bibel als Lehrbuch und dem hl. Geist als Lehrer seine Studien, ohne aus menschlichen Quellen schöpfen zu müssen, fortsetzen und das ausführen, was er als eine Inspiration von Gott fühle. Er glaubte durch sein Blatt die Oberherrlichkeit Christi zu erweitern, indem er zu dessen Verfügung ein mächtiges Journal stelle. Dadurch würden die Kanzeln unnöthig und den Menschen, die nur etwa alle 7 Tage zur Kirche gehen, täglich ein theokratisches Blatt zum Frühstückstisch geliefert und so Gott in das praktische Leben eingeführt. Er verkennt nicht die Schwierigkeit des Unternehmens, aber er fühlt sich inspiriert von Gott und dadurch stark, da er im Dienst von Jesus Christi und Cie., der fähigsten Firma (!) der Welt, steht.

(...)

Trotz aller Inspiration machte G. selbstverständlich Fiasco. Er suchte nun wieder in die Oneidagemeinde der freien Liebe aufgenommen zu werden, erklärte den Communismus und speciell die freie Liebe für die einzig richtige Lehre, bestimmt die anderen Religionen zu ersetzen und fühlte, dass er zum Haupt dieser Gemeinde berufen sei. Nach Jahresfrist verliess er heimlich Oneida, versuchte auf dem Processwege eine Jahresrente von 7.500 Frcs. von dieser Gemeinde für vermeintlich ihr geleistete ausgezeichnete Dienste zu erlangen, sah die Erfolglosigkeit jedoch ein und ging 1866 nach New York, dann nach Chicago, studierte erfolglos Jus, machte erfolglose Versuche Praxis auszuüben und besuchte eifrig religiöse Meetings. 1869 heirathete er eine ehrbare Dame, verliess sie nach 4 Jahren einer Prostituierten wegen. Er litt in der Folge an venerischen Uebeln. Nach einer erfolglosen Reise nach San Francisco errichtete er erfolglos ein Geschäftsbureau in New York, betheiligte sich 1872 an der Wahlcampagne in der Hoffnung, einen Gesandtschaftsposten im Ausland zu erhalten (!), wollte dann einen Process gegen den New York Herald anstrengen und wegen Verleumdung 100.000 Dollar Schadenersatz begehren. Später beging er einige incorrecte Handlungen und wurde 2mal eingesperrt. 1875 fängt er ohne Kenntnisse, Geld oder Fähigkeiten in Chicago ein grosses Zeitungsunternehmen unsinnig und erfolglos an, macht einem Fremden den Antrag, ihm die Präsidentenstelle der V. St. zu verschaffen, wenn er ihm 200.000 Doll. borge und bietet einem Anderen den Gouverneursposten von Illinois um 50.000 Doll. an.

Er ging nun zur Schwester (Juli 1875), machte (bei grosser Hitze) ein ganz motivloses Attentat auf sie mit einer Hacke. Ein gerufener Arzt erklärte ihn für irre. Er verschwand plötzlich mit seiner Bibel, in der er eifrig zu lesen pflegte.

1876 versuchte er wieder erfolglos in Chicago ein Geschäftsbureau zu etabliren und besuchte eifrig religiöse Meetings in der Idee, dass er zur Rolle eines grossen Evangelisten bestimmt sei, studirte eifrig religiöse Schriften und debütirte im Jahre 1877 als Prediger. Er hatte mit plagiatorischer Benützung eines Buches des Leiters der Oneidagemeinde einige schwache Aufsätze über den Apostel Paulus und über die zweite Ankunft Christi geschrieben. Darauf reiste er nun von Stadt zu Stadt, prellte die Eisenbahnen um das Fahrgeld, die Hotels um die Zeche, hielt Ermahnungen an das Publikum, zu Christus zu kommen, seine Mittheilungen über dessen Wiederkehr zu vernehmen und verkaufte Traktätchen. Ueberall verlacht, verachtet, verjagt, verglich er sich gleichwohl mit seinen Vorbildern Christus und Paulus und fand nichts in seinen Zechprellereien und Betrügereien, mit denen er seinen Unterhalt zu fristen suchte. 1879 veröffentlichte er in Boston eine Sammlung seiner Schriften unter dem Titel ‚Wahrheit ein Begleiter der Bibel, auf dass viele Seelen den Heiland finden mögen'. Als Proben dieses Machwerkes mögen die folgenden genügen: ‚die Theater senden viele zur Hölle. Haltet Ihr es für schädlich ins Theater zu gehen? Gewiss. Was würdet Ihr von dem theuren Heiland denken, wenn dieser sich ins Theater drängen würde, um den Fuss eines Frauenzimmers zu sehen? (...) Die Tendenz des Dramas ist abwärts, nicht aufwärts. So Mancher wurde durch den Theaterbesuch zu Grunde gerichtet. Hätte ich die Macht, ich würde die Theater schliessen ...'

G. hält nun noch einige Vorlesungen, zu welchen er sich mit den Titeln ‚honorable lawyer and theologian, kleiner Riese des Westens' ankündigt und bei denen er sich durch sein Benehmen lächerlich macht, verdient sich etwas Geld, begeht allerlei Incorrectheiten dabei, die er damit entschuldigt, dass Jesus Christus gewiss keine Rechnungen zu bezahlen hatte, erklärt sich gelegentlich für den Diener Gottes, gibt aber endlich die Theologie auf, ‚weil sie kein Geld einbringt' und versucht in Politik zu machen. Da er zu Gunsten Garfield's einen sehr schwachen Artikel geschrieben hatte, bildete er sich nun ein, das Hauptverdienst an dessen Erwählung zu haben und schrieb dem Präsidenten ein Billet: ‚Wir haben sie hinausgefegt, wie ich es erwartet habe. Gott sei gedankt! Ergebenst Charles Guiteau.' Bald darauf bildete er sich ein, dass er Anwartschaft auf einen Gesandtschaftsposten im Ausland habe und schreibt in diesem Sinne am 11. November 1880 an den Staatssekretär.

Im October und Januar 1881 schreibt er an Garfield und verlangt wegen seiner geleisteten Dienste eine Anstellung im Ausland, da er und eine reiche Dame, die er zu heirathen gedenke, die V. St. würdig vertreten würden.

Am 8. März begehrt er den Pariser Consulatsposten, da er Paris Wien vorziehe. Am 11. März erbittet er die Unterstützung des Senators Blaine, wiederholt sein Verlangen, bis dieser ihn derb abfertigt. Nun denuncirt G. den Blaine beim Präsidenten, dass er nach der Präsidentenschaft strebe, ein intriguanter, böser Mensch sei und räth ihm, den Blaine zu entlassen, fährt fort dem Präsidenten vertrauliche Briefe zu schreiben, Rathschläge, wie er regieren soll, zu geben und ums Pariser Consulat zu betteln.

Da man seine Briefe ignorirte und ihn als lästig aus dem Regierungsgebäude fortwies, fing er an dem Präsidenten zu grollen.

Etwa 6 Wochen vor dem Mord, als er eines Nachts ermüdet auf dem Bett lag, will er zuerst den Gedanken bekommen haben, Garfield zu ermorden. Er kämpfte dagegen an und rang nach Gewissheit, ob dieser Gedanke Eingebung des Teufels oder göttliche Inspiration sei. Vom 1. Juni an will er zur Ueberzeugung gelangt sein, dass es sich um das Letztere handelte.

Am 8. Juni, nachdem er von einem Bekannten unter einem Vorwand sich 15 Dollar ausgeborgt hatte, kaufte er eine sicher wirkende Pistole und verfolgte nun den Präsidenten. Am 18. erfuhr er, dass dieser nach Longbranch fahren werde und beschloss ihn auf dem Bahnhof zu töten, verzichtete aber aus Mitleid für die Frau des Präsidenten, die ihn begleitete, auf die Ausführung und beschloss, wenn er allein sei, ihn aufs Korn zu nehmen. Er kundschaftete nun aus, wie er etwa den Präsidenten in der Kirche erschiessen könnte, oder im Parke u.s.w., unterliess aber während 3 Wochen die Ausführung aus Opportunitätsgründen bis zum 2. Juli.

An diesem Tage frühstückt er (natürlich ohne zu zahlen) in einem Hotel, übt sich dann mit seiner Waffe ein, geht auf den Bahnhof eine Stunde vor der erwarteten Ankunft des Präsidenten, geht dort in den Abort, um nachzusehen, ob seine Waffe in Ordnung, lässt sich die Schuhe wichsen, bestellt einen Wagen, um thunlichst der Rache des Publikums auf dem Perron zu entgehen, schiesst dann, als Garfield über den Perron geht, zwei Schüsse von hinten auf ihn ab und geht gelassen seiner Wege. Verhaftet, wehrt er sich nur kurz und bittet, man möge einen Brief, den er bereit hatte, an General Sherman absenden. In diesem Brief stand die Bitte um Beschützung durch die Armee. Man fand bei ihm noch eine Proclamation an das amerikanische Volk, in welcher er sich darauf beruft, zum Besten des Landes gehandelt zu haben, um es von einem Bürgerkriege dadurch zu bewahren, dass Arthur Präsident werde. Unmittelbar nach dem Attentate sagte er: ‚dass ich das Pariser Consulat nicht erhielt, steht in keiner Beziehung zum Morde. Ich schoss auf ihn aus politischer Nothwendigkeit, unter göttlichem Zwange und nur dadurch, dass ich meine Kräfte aufs Aeusserste zusammennahm, konnte ich überhaupt auf ihn schiessen. Wenn er davon kommt, werde ich nicht mehr auf ihn schiessen, und nun überlasse ich den Ausgang dem Allmächtigen ...‘ (...)

In der Proclamation heisst es:

‚In seinem Wahnsinn hat der Präsident die alte republikanische Partei zu Grunde gerichtet und dafür erleidet er den Tod. Das ist nicht Mord, sondern politische Nothwendigkeit.

Durch des Präsidenten schlechte Amtsführung drohte ein neuer trostloser Krieg. Je mehr ich die politische Situation betrachtete, um so nothwendiger erschien seine Beseitigung. Nach zweiwöchentlichem Beten gelangte ich zur Ueberzeugung, dass mich Gott zu seinem Werkzeug berufen hatte. Vom 1. Juni an habe ich nicht mehr den geringsten Zweifel bezüglich der Gottesgefälligkeit und Nützlichkeit der That gehabt.‘

(...)

Garfield's Wirthschaft führte zum Krieg. Der letzte hat die Union 1 Million Menschen und 1 Billion Dollar gekostet. Gott der Herr brauchte mich, um die Wiederkehr eines solchen Unglücks zu verhüten und gab mir die Eingebung, seinen Willen auszuführen. Vermuthlich, weil ich den Verstand und die Stärke dazu besass, brauchte mich

Gott zu seinem Werkzeug, wohl auch deshalb erhielt ich die Eingebung, weil Gott mein theologisches Werk ‚die Wahrheit' in Umlauf bringen wollte. Durch dieses Buch predigt der Herr das Evangelium und bereitet die Welt auf ihr Gericht vor, das für einige Leute, und mit Grund, nicht fern ist.' (...)

Aerztlich erschien an Guiteau auffallend eine Asymmetrie des Schädels, eine ungewöhnliche Wölbung des Gaumens und das Vorstehen der Schneidezähne. Auffällig war die geistige Beschränktheit, speciell die Schwäche der Urtheilskraft, der Logik und Reflexion, der Mangel des Zusammenhangs in der Gedankenfolge, die leidenschaftliche Erregtheit, wenn man ihm widersprach. Er liess nicht gelten, dass er geisteskrank sei oder es gewesen sei. Nach seiner Ansicht hatten die Vertheidiger sich darauf zu beschränken, nachzuweisen, dass die politische Situation den Mord rechtfertigte und dass nicht er, sondern die Aerzte den Präsidenten gemordet hätten. Er that, wie wenn er ein Heros, Märtyrer oder Evangelist wäre, der den Präsidenten geschaffen, zum Wohl des Landes wieder beseitigt, und durch ein theologisches Buch die Religion gerettet hätte. Der Gesamteindruck, den G. auf Folsom machte, war der eines Psychopathischen.

Folsom schliesst: 1. G. schoss auf den Präsidenten unter dem Einfluss von deliranten Vorstellungen im Zusammenhang mit früheren Erscheinungen von Geistesstörung. 2. Sein Attentat war mit das Resultat von schlechter Erziehung, unmoralischem Charakter, unangemessenem Eigendünkel, getäuschten Erwartungen, politischer Exaltation, religiöser Verwirrung, Armuth, Sucht reich und berühmt zu werden. Auf Strafe rechnete er nicht, sonst hätte er bei seinem feigen Charakter das Attentat nicht begangen. Er wusste formell, dass er ein Verbrechen begehe, aber dieser Gedanke fand Deckung durch das Bewusstsein, ein Held, ein Wohlthäter seines Volkes zu werden. G. ist eine eigenthümliche Mischung von Verbrechen und Irrsinn auf erblich degenerativer Grundlage. Er gehört in ein Verbrecherasyl.

Bei der Verhandlung beobachtete ihn Folsom 11 Tage. Er zankte den Vertheidiger, der nicht auf sein absurdes Vertheidigungssystem einging, zeigte lächerlichen Hochmuth und log oft nur, um sich als eine bedeutende Persönlichkeit hinzustellen. Er war bald leidenschaftlich und aufs Höchste erregt, bald indifferent. Er zeigte grossen Eigenwillen und Energie, aber Planlosigkeit und Schwachköpfigkeit, Ideenreichthum, rasche Auffassung, gutes Gedächtnis, aber Mangel geordneter Ideenfolge, Rohheit bis zur Zotenreisserei und die durch nichts zu erschütternde Ueberzeugung, dass man ihn unschuldig finden werde. Es gewährte ihm sichtlich die grösste Befriedigung, Held eines Gerichtsdramas zu sein und wenn es ihm gelang, eine Stelle aus seinen Betrachtungen über den Apostel Paulus anzubringen, strahlte er vor Befriedigung und dachte an nichts weiter. Er suchte sich aufzuspielen, den Gentleman zu repräsentieren, was ihm aber bei der Rohheit seiner Ausdrucksweise schlecht gelang. Er schädigte seine eigene Sache, indem er seine besten Zeugen Lügner, seinen Bruder einen Wortbrüchigen, seinen Anwalt einen Esel nannte. Auch im Kreuzverhör, in welchem er sich bewunderungswürdig schlagfertig zeigte, fiel er nicht aus seiner Rolle, ein Zeichen, dass sie echt war. Er discutirte die verschiedenen Ansichten, welche über seinen Geisteszustand laut geworden waren, leugnete alles Gravirende aus seinem früheren Leben, erstieg sich gelegentlich zu Rathschlägen für die Regierung, das Mormonenthum auszurotten, oder für den Präsidenten, den oder jenen Beamten zu entlassen. (...) Dem Richter, der das Todesurtheil verkündet hatte, rief er zu: ‚Möge Gott Gnade mit Ihrer Seele haben! Ich bin Gottes-Mann. Die That, die ich verübte, war von ihm befohlen. Nur Gutes ist aus ihr entstanden. Gott der Allmächtige wird Alle verfluchen, vom Richter bis zum niedersten Geschworenen. Ich steige auf zum Ruhme, Ihr aber geht zur Hölle und für diesen miserablen Schurken (Staatsanwalt) bereitet der Teufel ewige Qualen. Meine Zeit ist möglicherweise noch nicht gekommen. Ich kann noch Präsident werden. Aber wenn ich gehängt werde, wird die Nation sich in Blut baden.‘

Ins Gefängniss zurückgekehrt, rechnete er auf einen neuen Spruch und mit der Möglichkeit noch Präsident der V. St. zu werden.

(...)

Am 24. Juni erfuhr G., dass es für ihn keine Gnade gebe. Er tröstete sich damit ein gottesgefälliges Werk gethan zu haben. Er wollte in einem von ihm ausgedachten phantastischen Costüm zur Hinrichtung gehen, unterliess es aber, als man ihm klar machte, dass er dabei riskire für irrsinnig gehalten zu werden. Seine letzten Stunden brachte er damit zu, zu sorgen, dass er ein gutes Mittagessen servirt bekam, seine Toilette bis auf die gewichsten Stiefel hübsch in Ordnung war und dass er pünktlich den Gang in die Ewigkeit antreten konnte. Auf dem Schafott las er Bibelverse, ein selbstverfasstes Gebet und ein Gedicht ‚simplicity' in welchem er seine Freude ‚im Herrn einzugehen durch die Hände seiner Feinde, Hallelujah' in läppischen Versen besang und die Bemerkung daran knüpfte: ‚diese Verse in Musik gesetzt, müssten sich besonders gut ausnehmen.' Er gab selbst das Signal dem Henker, sagte noch: ‚Gloria, fertig, vorwärts'" und hing dann am Strick.

Psychisch Kranke angstfrei betrachtet

Cesare Lombroso, der berühmte italienische Kriminalpsychologe, hat mit seiner „Lehre vom geborenen Verbrecher" ebenso zum Bild des psychisch kranken Straftäters beigetragen wie der deutsch-österreichische Psychiater Richard von Krafft-Ebing mit seinen Arbeiten über „Psychische Entartungen" und „Sexualmörder". Die Wissenschaft widmet sich besonders der Frage, ob unerklärliche Morde nicht Vorboten oder Frühsymptom einer später auftretenden Geisteskrankheit seien. So überrascht es nicht, dass auch Luigi Luccheni, welcher 1898 die österreichische Kaiserin Elisabeth in Genf getötet hatte, lange Zeit für schizophren gehalten wurde. Schriftsteller, Regisseure und andere Kulturschaffende nahmen sich des Themas an, nicht zuletzt trug Alfred Hitchcock, welcher die tiefenpsychologische Motiviertheit von schweren Straftaten filmisch umzusetzen versuchte, zu diesem problematischen Image bei.

Schon 1912 kam der bekannte Psychiater und Psychologe Gustav Aschaffenburg nach Studien an verschiedenen psychiatrischen Anstalten zum Ergebnis, dass „... auf je 50.000 Einwohner eines Landes durchschnittlich höchstens ein Kranker als wirklich gefährlich betrachtet werden kann". Die erste große Untersuchung im deutschsprachigen Raum, die dem heutigen wissenschaftlichen Niveau entspricht, ist das häufig zitierte, 1973 veröffentlichte Standardwerk *Gewalttaten Geistesgestörter* der psychiatrischen Forscher Wolfgang Böker und Heinz Häfner aus Mannheim. Diese vielfach missverstandene und bis heute oft falsch interpretierte Studie, welche für die Gesamtheit der psychisch Kranken kein wesentlich erhöhtes Gewalttätigkeitsrisiko sah, jedoch einzelne Untergruppen als überdurchschnittlich gefährlich betrachtete, hatte damals große psychiatriepolitische Bedeutung. Sie war eine der Voraussetzungen für die Öffnung der Psychiatrie, für die Verkleinerung der großen geschlossenen Anstalten und die Etablierung der Sozialpsychiatrie bzw. der gemeindenahen Versorgung psychisch Kranker.

Besonders in Deutschland wurden zahlreiche Untersuchungen zu Art und Häufigkeit gewalttätiger Handlungen von psychisch Kranken während der Hospitalisierungszeit durchgeführt. Die Diskussion entfachte sich vor allem an den Fragen der Qualitätssicherung und der möglicherweise zunehmenden Gewalttätigkeit an psychiatrischen Krankenhäusern infolge der Desinstitutionalisierung, die im stationären Bereich zu einer Konzentration von immer schwierigeren Klinikpatienten führt. So ist davon auszugehen, dass fast ein Drittel aller Patienten während ihres Aufenthaltes in psychiatrischen Kliniken irgendwann einmal selbst- oder fremdaggressive Handlungen setzen. Neben Patienten mit Persönlichkeitsstörungen, Intelligenzschwäche und Demenz kommt es auch bei Psychosekranken häufiger zu Körperverletzungen als bei anderen Diagnosegruppen. Es ist allerdings zu bedenken, dass die Umstände, welche während der stationären Phase zu Gewalthandlungen führen können, sich ganz wesentlich von der Situation der Allgemeinbevölkerung unterscheiden. Im Krankenhaus werden besonders schwere Fälle mit akuten Geistesstörungen behandelt. Diese leiden oft unter befehlenden Stimmen, unter Verfolgungsgefühlen, unter extremer Angst und Realitätsverkennung und werden aus ihrem krankhaften Erleben heraus aggressiv. Der psychisch Kranke wird oft gegen seinen Willen festgehalten, er wird gegen seinen Willen fixiert, was seine Abwehrbereitschaft fördert. Er muss in der Klinik auf engstem Raum mit anderen kranken Menschen zusammenleben, was aggressive Durchbrüche begünstigt. Konflikte mit Patienten, Personal oder Angehörigen sowie Nebenwirkungen von Medikamenten tun ein Übriges.

Interessant ist die Frage, wie stark Gefängnisinsassen von psychischen Störungen betroffen sind. Dazu wurden in den letzten Jahren zahlreiche Untersuchungen durchgeführt. Ein amerikanischer Forscher fand in einer großen Untersuchung an Schwerverbrechern in Missouri/USA, dass Soziopathie, Alkoholismus und Drogenabhängigkeit die am häufigsten mit ernsthaften Verbrechen assoziierten Störungen sind, dies im Gegensatz zu Schizophrenie, manisch-depressiver Erkrankung, Angst- und Zwangsneurose und Phobie. Britische Forscher ermittelten, dass unter den Gefängnisinsassen einer englischen Region nahezu ein Drittel der Häftlinge als psychiatrische Fälle im weiteren Sinn bezeichnet werden müssten; Geisteskrankheiten diagnostizierten sie bei zwei Prozent der Verurteilten.

Alle Untersuchungen zum Risiko eines Mordes oder Totschlages bei psychisch Erkrankten im Vergleich zur Allgemeinbevölkerung zeigen zwei klare Trends: Beinhaltet das Untersuchungsgebiet Großstädte, Ballungsräume und andere kriminologische Problemzonen, ist der Anteil an psychisch kranken Tätern relativ gering, da hier die Tötungsdelinquenz durch Bandenkriminalität, Raubüberfälle, mafiöse Strukturen usw. dominiert wird. In den soziodemografisch und kriminologisch ganz anders gestalteten ländlichen Regionen, in denen zudem der Aufklärungsgrad wesentlich besser ist, ist der Prozentsatz an psychotischen Tätern hoch. Letzteres manifestiert sich insbesondere in den skandinavischen Untersuchungen, welche nicht nur den Vorteil haben, auf eine sehr hohe, nahezu hundertprozentige Aufklärungsrate für Fälle von Mord und Totschlag verweisen zu können, sondern auch die Vorteile zentraler Straftaten- und Erkrankungsregister sowie meist auch zentraler forensisch-psychiatrischer Untersuchungen haben.

Aus allen Untersuchungen geht hervor, dass das Fremdtötungsrisiko bei geisteskranken Männern zirka 7-mal höher, bei Alkoholikern 11-mal höher und bei Personen mit einer antisozialen Persönlichkeitsstörung 12-mal höher als in der Allgemeinbevölkerung liegt.

Besonders interessant ist ein Untersuchungsansatz, bei dem sämtliche Neugeborene eines bestimmten Jahrgangs bis zu einem bestimmten Lebensalter bezüglich Delinquenz und psychischer Erkrankungen nachuntersucht wurden. Daraus geht hervor, dass bei psychisch schwer Kranken das Risiko für eine Gewalttat etwa um das 2,5-fache erhöht ist, allerdings nur dann, wenn die Patienten nicht behandelt wurden und die Geisteskrankheit von Alkohol- oder Drogenmissbrauch begleitet ist. Gesamthaft muss man aber sagen, dass zwischen nicht behandelter psychiatrischer Erkrankung und Gewalttätigkeit ein Zusammenhang besteht, vergleichbar jenem zwischen jungem Alter, niedrigem Bildungsstand und männlichem Geschlecht mit einer erhöhten Wahrscheinlichkeit aggressiven Verhaltens. Dies ist immer zu bedenken, wenn leichtfertig über den gefährlichen Irren gesprochen wird.

Gute psychiatrische Behandlung kann das Gefährlichkeitsrisiko bei den wenigen Gruppen, bei denen tatsächlich ein solches besteht, entscheidend verringern. Mit modernen Behandlungsmethoden, seien sie psychopharmakologischer oder sozialer Art, gelingt es, auch bei schwereren psychischen Krankheiten selbst- und fremdgefährdende Verhaltensweisen auf ein Niveau zu drücken, das jenem der Normalbevölkerung entspricht. Die Öffnung der Psychiatrie hat zu keiner erhöhten Gefährdung der Bevölkerung geführt. Es wäre durch nichts zu rechtfertigen, würde man die großen

Fortschritte, die in der Rehabilitation von psychisch kranken Menschen erzielt wurden, wegen wissenschaftlich nicht haltbarer Ängste aufgeben.

Aus allen Untersuchungen zeigt sich aber auch, dass wahnhafte Störungen als besonderer Risikofaktor zu betrachten sind. Man kann sagen, dass Menschen mit Wahn neben denen mit schweren Persönlichkeitsstörungen und akuten Alkohol- oder Drogenproblemen für das angesprochene erhöhte Aggressionsrisiko der Gesamtgruppe psychisch Kranker verantwortlich sind, während z.B. Depressionen, neurotische Störungen und auch viele Behinderungen die Verbrechensgefahr unter jenes der Normalbevölkerung senken. Das wahnhafte Denken, welches eine aus krankhafter Ursache entstehende falsche Überzeugung mit absoluter Unkorrigierbarkeit ist, kann aber verschiedene Personen betreffen, von denen sich der Erkrankte benachteiligt, gequält und verfolgt fühlt. Dieser setzt sich dann gegen die scheinbar übermächtigen Feinde zur Wehr und geht manchmal aggressiv gegen diese vor. In anderen Fällen glaubt der Wahnkranke, durch eine Aggressionshandlung ein gutes Werk zu tun oder einem höheren Auftrag zu folgen.

Ein 48-jähriger Mann, welcher seit zwanzig Jahren an einer Wahnerkrankung litt, sich aber nie in psychiatrische Behandlung begeben hatte, tötete aus vorerst unbekannten Motiven seine im selben Haushalt lebende, psychisch ebenfalls kranke Schwester. Aus dem Polizeibericht geht Folgendes hervor: P. L. dürfte unter Wahnvorstellungen leiden, indem er das Eindringen von Dämonen und Vampiren in seine Wohnung vermutete und der festen Meinung war, dass seine Schwester von einem Teufel in Besitz genommen worden sei. Er kam im Zuge dieser Wahnvorstellungen zu dem Entschluss, den Dämon seiner Schwester zu vernichten und sie deshalb zu töten. Er würgte sie von hinten, schlug mit einem Hammer – seiner Meinung nach einem „Dämonenwerkzeug" – auf ihren Kopf ein, fügte ihr im Brust- und Genitalbereich zahlreiche Wunden zu, stach die ihn angeblich bedrohenden Augen aus, schnitt den Kopf ab und versuchte den Schädel zu öffnen, um – wie er sagte – den Dämon auszulassen. Schon zuvor hatte er bei einem Sägewerk angerufen und gefragt, ob man dort einer Besessenen den Kopf absägen könne, da das Gehirn hart wie Stein und von Geistern bewohnt sei.

Solche Störungen sind sehr selten, werden aber in den Medien spektakulär aufgearbeitet, was die alten Ängste vor psychisch kranken Menschen reaktiviert. Vergleiche mit „Hannibal Lektor" tun ein Übriges. Tatsächlich könnte ein Großteil dieser Taten vermieden werden, würden die fast regelhaften Andeutungen und Ankündigungen wahnhaft eingeengter Menschen ernst genommen und rechtzeitig eine psychiatrische Behandlung eingeleitet.

Eine Reihe von Störungen, denen früher große kriminogene Bedeutung zugemessen wurde, haben heute durch Früherfassung, genaue Diagnostik und gute Therapiemöglichkeiten ihren Schrecken verloren. Erwähnt sei das Schlafwandeln, welches als Nervenkrankheit mit neurotischen und epileptischen Anteilen verstanden wurde. Der Zustand gleiche dem des Träumenden, wobei der Unterschied darin bestehe, dass der Übergang der Traumbilder und Traumvorstellungen in motorische Akte nicht gehindert werde. In typischen Anfällen von Schlafwandeln seien auch schon Kriminaltaten begangen worden. Ein Beispiel, welches uns in eine vergangene, hoffentlich nicht wiederkehrende Zeit der Kriminalpsychologie zurückversetzt, wird von Krafft-Ebing in seinem Lehrbuch *Gerichtliche Psychopathie* angeführt:

> „... Ein Mönch von düsterem Wesen und als Schlafwandler bekannt, begab sich eines Abends in das Zimmer seines Priors, der zufällig noch nicht im Bett lag, sondern am Arbeitstische sass. Der Mönch hatte ein Messer in der Hand, die Augen offen und ging geraden Wegs auf das Bett des Priors los, ohne diesen und das brennende Licht im Zimmer zu bemerken. Er tastete nach dessen Körper im Bett, stach dreimal das Messer in dasselbe und kehrte mit befriedigter Miene in seine Zelle zurück, deren Thüre er zumachte. Am anderen Morgen erzählte er dem entsetzten Prior, dass er geträumt habe, dieser habe seine Mutter getödtet und deren blutiger Schatten sei ihm erschienen, um ihn zur Rache aufzufordern. Er habe sich aufgerafft und den Prior erdolcht. Bald darauf sei er, in Schweiss gebadet, in seinem Bett erwacht und habe Gott gedankt, dass es nur ein schrecklicher Traum gewesen sei. Der Mönch war entsetzt, als ihm der Prior erzählte, was vorgefallen war."

Kapitel 18

Franz Fuchs – das gekränkte Genie

Eine Bombenserie hält Österreich in Atem

Österreich wurde ab Dezember 1993 von einer bis Ende Dezember 1995 dauernden Bombenserie erschüttert, die als größtes Verbrechen in die Geschichte der Republik eingehen sollte. Insgesamt wurden durch fünf Briefbombenserien und drei Rohrbomben 35 Menschen zum Teil schwer verletzt und vier getötet. Hinter diesen spektakulären Straftaten stand, wie sich später herausstellen sollte, ein Einzeltäter, der südsteirische Techniker Franz Fuchs. Das Beispiel dieses Mannes demonstriert, wie ein hoch begabter Mensch, dessen Talent nie richtig gefördert wurde und sich wegen belastender Lebenserfahrungen in eine negative Richtung entwickelte, auch als Verbrecher genial werden kann. Seine Begabungen und Fähigkeiten waren so groß, dass zum Teil noch bis heute von einer Verbrecherorganisation als Urheber der Bombentaten ausgegangen wird und es ähnlich wie beim Fall Unabomber kaum vorstellbar scheint, dass ein einziger Mensch ein derartiges verbrecherisches Werk schaffen kann. Wie die Analyse der Psyche und der Persönlichkeit des Franz Fuchs aber zeigen wird, kann aus psychiatrischer Sicht der Beweis erbracht werden, dass dieser sehr wohl als Einzeltäter gehandelt hat. Es liegt auf der Hand, dass die Analyse eines so großen Verbrechens nicht nur Einblick in den kriminalistischen Hintergrund gibt, sondern auch sehr viel über die Kriminalpsychologie aussagt. Die Fallschilderung des Bombenhirns gibt uns Gelegenheit, grundsätzlich Persönlichkeit und Persönlichkeitsstörung zu erörtern und auch den psychologischen Hintergrund von wahnhaften Störungen zu erfassen, die in der Kriminologie eine bedeutende Rolle spielen.

Die erste Serie der genannten Briefbombenattentate umfasste zehn Poststücke, welche im Dezember 1993 versandt wurden. Von den zehn Briefen konnten sechs entschärft werden. Bei der Explosion von vier Briefsendungen wurden fünf Personen zum Teil erheblich verletzt. Die Aufgabe der Briefe erfolgte an vier verschiedenen Orten in Niederösterreich, die Absender waren fiktiv. In allen Briefen waren Beiblätter mit folgendem Text beigefügt: „Wir wehren uns!" „Graf Ernst Rüdiger von Starhemberg."

Sämtliche Personen, Vereine bzw. Institutionen, an welche die Briefe adressiert waren, bemühten sich verstärkt um Ausländerintegration, Minderheitenangelegenheiten bzw. um Anwerbung ausländischer Arbeitskräfte. Soweit die Anschlagsopfer nicht bereits aufgrund ihrer politischen Funktionen und öffentlichen Ämter bekannt waren, ist ihnen gemeinsam, dass sie u. a. durch Fernsehbeiträge im ORF der Öffentlichkeit zum Begriff wurden, und zwar mit Sendungen, deren Thematik die Bereiche der Flüchtlingsfragen und Minderheitenprobleme betraf. Mutmaßliche Selbstbezichtigungsschreiben der damals unbekannten Täterschaft wurden im Dezember 1993 an den früheren Wiener Bürgermeister und an den Generaldirektor für die öffentliche Sicherheit gesandt. Auch verschiedene andere Persönlichkeiten des öffentlichen Lebens, Rechtsanwälte und ein Nachrichtenmagazin erhielten Bekennerschreiben. Durch die Briefbomben wurden ein Flüchtlingspfarrer, eine ORF-Moderatorin, die eine Ausländersendung leitete, und der Wiener Bürgermeister zum Teil schwer verletzt.

Im Oktober 1994 wurden erneut insgesamt vier funktionsfähige Briefbomben verschickt. Keine davon detonierte. Alle Briefe trugen den Poststempel eines Postamts in Tirol. Die Absender waren fiktiv. Jeder Briefbombe war ein Bekennerschreiben beigelegt, welches erstmals als Briefkopf das so genannte charakteristische „BBA-Logo“ bzw. die Nennung „Salzburger Eidgenossenschaft“ oder „Bajuwarische Befreiungsarmee“ enthielt. Die BBA übernahm in den Selbstbezichtigungsschreiben, in denen technische Details zu den Bomben preisgegeben wurden, die Verantwortung für die zweite Briefbombenserie.

Am 8.6.1995 wurde ein an die Moderatorin im „Pro 7“-Büro in Unterföhring bei München gerichtetes Schreiben von einer Sekretärin geöffnet. Der Brief detonierte, durch die Explosionssplitter wurde sie im Gesicht verletzt. Im Brief befand sich folgendes Bekennerschreiben: „Wir wehren uns!“; BBA, „Regent Andreas Hofer von Tirol, Graf Ernst Rüdiger von Starhemberg, Reinhold Elstner.“ Ebenfalls schwer verletzt wurden durch weitere Briefbomben die Geschäftsführerin eines auf die Vermittlung von Ausländerinnen spezialisierten Partnerbüros in Linz und der Geschäftsführer des Vizebürgermeisters der Stadt Lübeck/Deutschland, an welchen ein Brief identen Inhalts gerichtet war.

Am 16.10.1995 explodierten in Niederösterreich zwei Briefbomben. Bei den Geschädigten handelte es sich um einen Arzt syrischer Abstammung und eine österreichische Menschenrechtsaktivistin. Beide Personen wurden an den Händen schwer verletzt. Eine weitere an einen Frauenarzt ostasiatischer Abstammung gerichtete Briefbombe konnte entschärft werden. Sämtlichen Briefbomben dieser Serie waren Beilageblätter mit gleich lautendem Text: „Wir wehren uns!“; BBA, „Markgraf Gerold“ beigefügt.

Am 11.12.1995 um 8.05 Uhr detonierten in Graz in einem an einer Gebäudeaußenseite angebrachten öffentlichen Postkasten zwei Briefbomben. Der Postkasten wurde dabei so beschädigt, dass sämtliche Briefe auf den Boden fielen. Adressaten waren eine sich in Flüchtlingsfragen engagierende bekannte Persönlichkeit und das UNHCR-Büro in Wien. Dabei handelt es sich um eine Teilorganisation der UNO mit Hauptsitz in Genf, welche mit der Flüchtlingsproblematik weltweit beschäftigt ist. Die in Wien ansässige Stelle ist hauptsächlich für Fragen des Flüchtlingswesens in Österreich zuständig. Der dritte Brief war an das Postfach eines Partnerbüros gerichtet, über welches Österreicher die Gelegenheit haben sollten, mit Ungarinnen in Kontakt zu treten.

Am 9.12.1996 explodierte in Wien die letzte Briefbombe. Diese an die Stiefmutter des ehemaligen österreichischen Innenministers adressierte Briefsendung wurde als verdächtig erkannt; sie explodierte während der Erstbegutachtung durch ein sachkundiges Organ und verursachte nur Sachschaden.

Noch viel folgenschwerer als die Briefbomben waren drei Sprengfallen, die ebenfalls der BBA zugeordnet wurden:

Am 24.8.1994 gegen 00.35 Uhr beobachtete ein Zeuge, wie eine unbekannte männliche Person hinter einem Elektroverteilerkasten vor der zweisprachigen (deutsch-slowenischen) Volksschule „Dr. Karl Renner Schule“ in Klagenfurt einen verdächtigen Gegenstand deponierte. Die Person entfernte sich anschließend mit einem Pkw vom Tatort. Bei der Überprüfung durch die Ermittlungsbehörden wurde festgestellt, dass es sich bei dem verdächtigen Gegenstand um eine Rohrbombe/Sprengfalle handelte. Der Sprengsatz wurde zum nahe gelegenen Flughafen gebracht, wo in der dortigen Röntgenstraße eine Durchleuchtung durchgeführt werden sollte. Beim Entschärfungsvorgang konnten zunächst fünf Kilogramm Sprengstoff (Selbstlaborat) vom eigentlichen Zünder entfernt werden. Beim anschließenden Röntgen des Zündmechanismus explodierte gegen 3.00 Uhr der Zünder mit dem restlich anhaftenden Selbstlaborat. Durch die Explosion wurden drei Beamte zum Teil schwer verletzt. Dem die Bombe entschärfenden Beamten wurden beide Hände weggerissen, zudem erlitt er schwere Verletzungen der Augen sowie im Bereich des Oberkörpers.

Am Sonntag, dem 5.2.1995, gegen 7.30 Uhr wurden durch einen Bewohner der Roma-Siedlung Am Anger am südlichen Ortsrand von Oberwart unweit der Oberwarter Umfahrungsstraße und der Unterführung die zum Teil verstümmelten Leichen von vier Roma-Angehörigen aufgefunden. Der Lokalaugenschein und die weiteren Untersuchungen förderten zu Tage, dass die vier Roma-Angehörigen einem Sprengstoffanschlag zum Opfer gefallen waren. Die Rekonstruktion ergab, dass die vier Männer am Vorabend gegen 22.30 Uhr von der Roma-Siedlung in Richtung späterer Tatort aufgebrochen waren. Der Grund konnte nicht genau nachvollzogen werden. Laut einigen Zeugenaussagen von Bewohnern der Siedlung begaben sich die vier auf einen Kontrollgang, weil in letzter Zeit des Öfteren fremde Personen in der Umgebung beobachtet worden waren. Gegen 23.45 Uhr wurde von zahlreichen Bewohnern der Siedlung und auch vom Personal des angrenzenden Landeskrankenhauses ein lauter Knall wahrgenommen. Eine Verständigung der Exekutive erfolgte nicht, da man den Knall auf einen Silvesterböller oder Ähnliches zurückführte. Niemand schöpfte Verdacht hinsichtlich des Ausbleibens der vier über Nacht. Ihre Leichen lagen sternförmig um die detonierte Rohrbombe auf der Zufahrtsstraße.

Die Rohrbombe dürfte so gebaut gewesen sein, dass sie selbst bei näherer Betrachtung einem Bodenständer (Verkehrszeichen) zum Verwechseln ähnlich schaute. Aus dem Bodenständer ragte ein Eisenrohr, auf welchem eine schwarz lackierte Blechtafel mit der Aufschrift in gelben Buchstaben befestigt war: „ROMA ZURÜCK NACH INDIEN!" Im mitgelieferten Bekennerschreiben wurden ausführliche technische Details der Sprengfalle geschildert.

Am 6.2.1995 gegen 11.00 Uhr wurde ein Angehöriger der örtlichen Müllabfuhr in Stinatz/Burgenland beim Hochheben einer Spraydose durch die Detonation des Gegenstandes so schwer verletzt, dass mehrere Finger amputiert werden mussten. Das Opfer war gerade mit dem Entleeren und Einsammeln der Altpapiercontainer beschäftigt, als es die Spraydose bemerkte und ebenfalls entsorgen wollte. Die ersten Untersuchungen der Überreste der Sprengfalle durch Sprengstoffsachverständige sowie Folgeuntersuchungen bestätigten einen Zusammenhang mit der Sprengfalle von Oberwart. Die Kriminaltechniker gingen davon aus, dass die Detonation der Sprengfalle in Brusthöhe eine tödliche Wirkung gehabt hätte. Auch zu diesem Anschlag existierten wie zur Sprengfalle Oberwart Selbstbezichtigungen der BBA.

Die Bombenattentate wurden, nachdem die umfangreichsten Ermittlungen der Republik keinen Erfolg gebracht hatten, durch einen scheinbaren Zufall aufgeklärt: Ein Einwohner des südsteirischen Ortes Gralla bei Graz erstattete Anzeige, weil sich seine Gattin und deren Freundin in ihrem Pkw von einem Auto verfolgt fühlten. Aufgrund dieser Anzeige fuhren zwei Beamte mit einem Streifenwagen nach Gralla und stellten den verdächtigen Pkw-Lenker. Als sie ihn aufforderten, sich auszuweisen, brachte der Fahrzeuglenker mit den Worten: „Da habt's!" eine Bombe zur Detonation, durch die beide Beamte leicht verletzt wurden. Nach der Tatausführung flüchtete der Täter. Er wurde von den Gendarmeriebeamten verfolgt, wobei sie mit der Dienstpistole mehrere Warnschüsse in die Luft abgaben. Sie konnten den bald zusammengebrochenen Mann festnehmen, mussten aber beim Versuch, ihm die Handschellen anzulegen, feststellen, dass seine Unterarme abgetrennt waren. Wie sich dann herausstellte, handelte es sich bei dieser Person um einen gewissen Franz Fuchs aus Gralla. Dieser wurde in ein Krankenhaus eingeliefert, wo er unmittelbar darauf notoperiert wurde. Am Morgen danach gab er gegenüber der Krankenschwester der Intensivstation unmittelbar an, es sei für ihn immer klar gewesen, dass er sich in die Luft sprengen würde, wenn es zur Verhaftung kommen sollte. Er sei der Meinung gewesen, es sei nunmehr soweit gewesen, aber so viel er wisse, sei „der eine" eh nur leicht verletzt gewesen. Etwa zehn Minuten später habe er die Krankenschwester zu sich gerufen und erklärt, sie solle alles vergessen, was er gesagt habe. Sie unterliege ohnehin der Schweigepflicht.

Die Ermittlungen ergaben, dass der Festgenommene mit der Briefbomben- und Sprengfallenserie etwas zu tun haben musste. Anfangs war aber unklar, ob Franz Fuchs Mitglied einer Terrorgruppe war oder ob die gefürchtete Bajuwarische Befreiungsarmee tatsächlich nur aus seiner Person bestand. Neben dem erdrückenden Beweismaterial belastete sich Franz Fuchs durch Teilbekenntnisse und gezielte Preisgabe von Insiderwissen selbst. Er ließ aber bis zu seinem Tod offen, ob zur BBA noch andere Aktivisten gehört hätten. Das herauszufinden sei Aufgabe der Ermittler.

Das unauffällige Leben des FF

Wer war nun dieser Franz Fuchs, wie stellt sich seine Lebensgeschichte dar, was konnte in den umfassenden psychiatrischen Untersuchungen über seine Persönlichkeit in Erfahrung gebracht werden?

In der Herkunftsfamilie des Franz Fuchs finden sich keine Hinweise auf erbliche Belastungen mit Geisteskrankheiten oder psychischen Behinderungen. Weder in der väterlichen noch in der mütterlichen Linie sind Fälle von Psychosen, schweren Persönlichkeitsstörungen, Suchterkrankungen, Suiziden oder psychischen Behinderungen bekannt. In der mütterlichen Verwandtschaft habe es mehrere intellektuell herausragende Persönlichkeiten gegeben, von denen Franz Fuchs – so die Interpretation seiner Angehörigen – seine außerordentliche Intelligenz ererbt habe, die sich schon früh bemerkbar machte. Er entwickelte sich normal, fiel aber als Kind durch hohe Intelligenz einerseits und Introversion und Neigung zum Einzelgängertum andererseits auf.

Die finanziellen Verhältnisse der Familie Fuchs waren angespannt, die gesamten familiären Milieuumstände einfach und ärmlich, ließen aber die Vorteile relativer Eigenständigkeit und freien Lebens unter ländlichen Bedingungen zu. In der Familienkonstellation fallen die beherrschende Rolle der als bestimmend, durchsetzungsfähig und nicht so sensibel erlebten, allerdings raue Herzlichkeit und Fürsorglichkeit vermittelnden, aber wenig Widerspruch duldenden Mutter und jene des eher untergeordneten, weichen und emotional weniger belastbaren Vaters auf. Daneben beeindruckte die Großmutter mütterlicherseits, welche im Haushalt der Familie Fuchs lebte, durch ihre matriarchalische Rolle, ihren Pragmatismus und ihre Lebenstüchtigkeit die Person des heranwachsenden Kindes sehr. Franz Fuchs imponierte diese Frau, die alles gekonnt und sich nur auf sich selbst verlassen habe. Sie sei Geburtshelferin und Leichenwäscherin gewesen, habe den Hof gekehrt, sei für viele Dorfbewohner Ratgeberin und Helferin gewesen und habe mit einfachen Mitteln ihr Leben bewältigt.

Die Familie, die trotz der ärmlichen Verhältnisse Herzlichkeit und Zusammengehörigkeitsgefühl entwickelte, war an politischen Fragen interessiert und parteipolitisch auf die sozialdemokratische Partei fixiert. Politische Themen und Denkweisen spielten in der Familie Fuchs aber trotz eines gewissen Eifers keine alles beherrschende Rolle, insbesondere kam es bei keinem der Mitglieder zu fanatischem Engagement. Es war aber ein fataler Fehler in der Briefbombenfahndung, die Suche auf rechtspolitische Kreise bzw. das deutschnationale Lager zu konzentrieren, da dadurch andere und in diesem Fall entscheidende Möglichkeiten, die hinter Verbrechen stehen können, außer Acht gelassen wurden.

Franz Fuchs besuchte ab 1956 die örtliche Volksschule, wo er so gute schulische Leistungen erbrachte, dass sich seine Lehrer für den Wechsel aufs Gymnasium einsetzten und diesen trotz anderer Pläne der Eltern auch durchsetzten. Dort kompensierte er die außenseiterische Rolle, die sich aus seiner sozialen Herkunft, seinem wenig kommunikationsfreudigen Wesen und eines leichten Sprachfehlers ergab, durch weit überdurchschnittliche Lernleistungen. Sein besonderes Interesse galt den Fächern Mathematik, Naturgeschichte, Physik, Chemie und Musik. Nach der Matura trat er als Einjährig-Freiwilliger den Bundesheerdienst an, hatte während der Präsenzdienstzeit keine disziplinären oder psychischen Probleme, schaffte die Prüfung zur Aufnahme in die Militärakademie, rüstete jedoch nach einem Jahr mit dem Dienstgrad des Zugsführers ab, um seinem eigentlichen Wunsch nachzukommen, ein Studium der Atomphysik zu beginnen. Er inskribierte im Herbst 1969 an der Universität Graz Theoretische Physik, brach das Studium aber nach einem Jahr aus nicht ganz klaren Gründen ab. Während er selbst betont, dass er das Studium von Anfang an nicht sehr ernst genommen und aufgrund mehrerer Frauenbekanntschaften während der beiden ersten Semester vernachlässigt habe, stellen die Eltern den finanziellen Aspekt in den Vordergrund. Vom Elternhaus sei keine finanzielle Unterstützung möglich gewesen, ein Ansuchen auf Erhöhung des Stipendiums sei abgelehnt worden, weshalb er sich entschlossen habe, zumindest vorerst dem Geldverdienst nachzugehen. Hier zeigt sich aber bereits zum ersten Mal eine typische Verhaltensweise des späteren Bombenlegers: Bei geringen Widerständen, Frustrationen bzw. Kränkungen zieht er sich völlig zurück. Er setzt nicht nach, gibt scheinbar auf, entwickelt aber innerlich eine ungeheure Wut.

Nachdem Franz Fuchs kurzfristig, um sich das nötige Startkapital zu verdienen, bei der Firma Alpine Donawitz als Hilfsarbeiter gearbeitet hatte, fand er 1970 eine Stelle bei VW Wolfsburg, war dort als Fließbandarbeiter tätig, ehe er wieder kurzfristig in die Heimat zurückkehrte, um die Möglichkeit der Fortsetzung des Studiums zu sondieren. Als er diesen Plan dann endgültig aufgab, fand er eine Anstellung bei der Firma Daimler-Benz in Stuttgart, wo er von Januar 1971 an fünf Jahre hindurch am Fließband tätig war. In dieser Zeit lebte er in der Firmenwohnung mit mehrheitlich ausländischen Mitarbeitern zusammen, für die er durch sein mitmenschliches Engagement und seine Hilfsbereitschaft quasi die Funktion eines Sozialhelfers bzw. Interessenvertreters ausübte. Als sein Bemühen, eine Stelle im Büro zu bekommen, trotz verschiedener Versuche scheiterte, geriet er in eine schwere Lebenskrise, welche nicht nur zur Aufgabe seines Arbeitsverhältnisses in Deutschland und zur Rückkehr in die Heimat führte, sondern bei ihm eine suizidale Entwicklung auslöste. Wegen konkreter Suizidpläne wurde er in eine Psychiatrie eingeliefert und dort durch gut zwei Monate wegen Depressionen mit Suizidtendenzen behandelt. Wiederum bleiben die Gründe unklar, die zu dieser Entwicklung geführt haben. Während Fuchs die Kränkung durch den nicht möglich gewordenen beruflichen Aufstieg betont, scheint den Eltern das Motiv einer partnerschaftlichen Enttäuschung – er sei von einer befreundeten Ausländerin, welcher er einen größeren Geldbetrag geliehen habe, verlassen worden – viel maßgebender gewesen zu sein.

Nach dreimonatiger Arbeitslosigkeit kam eine beruflich stabile und für Franz Fuchs wohl auch befriedigende Phase. Er erhielt eine Stelle in einem hydrologischen Büro, wo er bis zum Tod des Firmengründers und -besitzers im Jahr 1984 arbeitete, gleichzeitig hatte er die Möglichkeit zur freiberuflichen Tätigkeit. Von 1984 bis 1987 arbeitete er in einem Ziviltechniker-Büro, wo er insbesondere in der Anfangsphase wegen seiner großen Kenntnisse und seiner überaus kompetenten, exakten und verlässlichen Arbeit geschätzt wurde. Da diese Tätigkeit Franz Fuchs wegen seiner Übergenauigkeit und Zwanghaftigkeit nicht mehr genügend produktiv erschien und er wegen seines misstrauisch-zurückgezogenen Wesens für die Mitarbeiter schwierig war, wurde das Arbeitsverhältnis gelöst. Wiederum reagierte Fuchs auf die für ihn typische Art: Er widersetzte sich der Kündigung nicht, nahm ein neues Stellenangebot nicht an, sondern zog sich zurück. Er war in der Folge freiberuflich über verschiedene Werkverträge tätig, welche 1993 ausliefen. Danach weigerte sich der partnerschaftlich nicht gebundene, kinderlose Mann, um Arbeitslosenunterstützung oder Sozialhilfe anzusuchen, isolierte sich sozial zunehmend und zog sich mehr und mehr auf seinen Interessenbereich zurück.

Die familiären Bindungen zu seiner Herkunftsfamilie waren, obwohl er im selben Haus wie seine Eltern wohnte, nicht sehr eng und beschränkten sich im Wesentlichen auf die äußere Versorgungssituation. Schon von Kindheitstagen an hatte sich Fuchs beim Lösen von Schularbeiten zurückgezogen und allmählich durchgesetzt, dass er beim Arbeiten von niemandem gestört werden durfte. Im Lauf der Jahre entwickelte sich daraus ein von allen Kontaktpersonen akzeptiertes, ungeschriebenes Gesetz, nämlich, dass Franz Fuchs beim Arbeiten und allmählich auch in seinem gesamten Lebensbereich allein und ungestört sein müsse. So durfte seine Wohnung von niemandem betreten werden, er schloss diese – selbst wenn er nur in den Wohnbereich der Eltern wechselte – stets ab und wurde zum Essen über Klopfzeichen gerufen. Nicht einmal seine geliebte Nichte, welche während der Wochentage im Hause Fuchs beaufsichtigt und gepflegt wurde, durfte diese quasi tabuisierte Zone überschreiten.

Franz Fuchs hatte nie intensivere Frauenbeziehungen. Bekannt geworden sind nur zwei Verhältnisse: Ein eher schwärmerisches Verliebtsein in eine Nachbarstochter, der er Nachhilfeunterricht gab, sowie eine Beziehung zu einer psychiatrischen Patientin, welche er während seines Aufenthaltes auf der Psychiatrie kennen gelernt hatte. Mit beiden Partnerinnen kam es laut deren Aussagen zu keinen sexuellen Kontakten. In den letzten Jahren lebte Franz Fuchs ohne partnerschaftliche Beziehungen und wohl auch ohne Freundschaften. Eine innige emotionale Übertragung entwickelte er zu seiner zweijährigen Nichte und Patentochter.

Zusammenfassend kann also gesagt werden, dass zu Beginn der BBA-Aktivitäten im Jahr 1993 in einer kleinen steirischen Gemeinde unter einfachsten Bedingungen ein ungemein intelligenter, technisch überaus versierter, sich historisch interessierender, in seinem Denken und Handeln zwanghaft genauer, zunehmend zurückgezogener, durch verschiedene Lebensereignisse gekränkter und verbitterter Mann lebte, dessen einmaliges denkerisches, planendes und handlungsbereites Potenzial durch keine beruflichen Aufgaben und Ziele sublimiert und dessen soziale Strebungen in keine Partnerschaft oder selbstständig gegründete Familie eingebunden, sondern nahezu ausschließlich auf seinen eigenen Bereich und seine eigene Gedankenwelt fixiert waren. Dieser hatte vor allem eines, was uns allen fehlt: Zeit, Zeit, Zeit …

Das Bombenhirn von innen

Um nun aber zu verstehen, wie aus dieser anhand der lebensgeschichtlichen Entwicklung, sozialanamnestischer Faktoren und der Milieuumstände beschriebenen Situation des Franz Fuchs jene einzigartige Konstellation entstand, die ab 1993 zu den BBA-Aktivitäten führte, muss seine innere Entwicklung betrachtet und erhellt werden. Nur durch die Analyse psychodynamischer Faktoren und der inneren Lebensgeschichte werden die Persönlichkeitsstörungen, welche Tatmotivation und -genese maßgebend geprägt haben, verstehbar.

Was kränkt, macht krank

Bei Franz Fuchs führten folgende intrapsychische Belastungen und soziale Umstände zu Unterlegenheits- bzw. Minderwertigkeitsgefühlen, zu deren Kompensation er dann einen neurotischen Lebensstil mit Streben nach Macht und Überlegenheit entwickelte:

Schon bei seinem Wechsel ins Gymnasium fühlte er sich wegen seiner Herkunft aus einfachen Verhältnissen bzw. einem ärmlichen Milieu den großteils aus besseren bürgerlichen Kreisen stammenden Mitschülern unterlegen. Sein Sprachhandikap – er habe sehr langsam, mit leichtem Anschlag und in einem ländlichen Dialekt gesprochen – könnte als Organminderwertigkeit bezeichnet werden, welche er mit überforciertem Bemühen um sozial akzeptierte, gute schulische Leistungen zu kompensieren versuchte, was ihm auch gelang. Bereits damals kristallisierte sich bei ihm ein ausgeprägter Qualitätsehrgeiz heraus, ein sich später als besonders dominant erweisender Charakterzug. Das Streben nach schulischer Überlegenheit diente somit der innerpsychischen Bewältigung chronischer Unterlegenheits- und Minderwertigkeitsgefühle.

Einen Höhepunkt fand dieser Kompensationsversuch in einem fachlichen Streitgespräch mit dem Mathematiklehrer bei der Matura, aus welchem Fuchs zum Erstaunen der Kommissionsmitglieder als Sieger hervorgegangen sei. Schon in der Gymnasialzeit zeigte sich aber, dass das Leistungsniveau durch Probleme in der zwischenmenschlichen Kommunikation mit den Lehrpersonen litt, dass für Fuchs also immer auch die persönliche Akzeptanz sehr wichtig war und er auf subjektiv als zu gering empfundene Anerkennung oder scheinbar mangelnde Akzeptanz mit Leistungsirritation und gekränktem Rückzug reagierte.

Ein weiteres tief kränkendes Erlebnis war die Notwendigkeit, das begonnene Studium aufzugeben und damit von seinem Berufstraum des Atomphysikers Abschied zu nehmen. Er musste mit der Frustration fertig werden, eine seinen Fähigkeiten adäquate, von ihm ersehnte Ausbildung aus äußeren Gründen abbrechen und das Ziel aufgeben zu müssen, eine hervorragende berufliche Qualifikation zu erreichen. Darunter litt er als Person, die ihren ganzen Selbstwert aus intellektueller Leistungsfähigkeit und überlegenem Wissen bezieht, schwer. Viel mehr noch als die bittere Erkenntnis, den begonnenen sozialen Aufstieg abbrechen zu müssen, der über die Ausbildungsschiene geführt hätte, traf ihn das Schicksal, dass er die angestrebte befriedigende Identität als hoch gebildeter, überlegener intellektueller Denker und Experte äußerlich nicht erreichen konnte.

Franz Fuchs führte den Abbruch des Studiums auf mangelnde Freude, auf eine gewisse Enttäuschung durch die Konfrontation mit der Realität des Studiums und auf unzumutbare finanzielle Belastungen für seine Eltern nach Ablehnung der Erhöhung seines Stipendiums zurück. Es stellt sich aber die Frage, inwieweit hier seine zwischenmenschlichen Hemmungen ein weiteres Nachsetzen verunmöglicht haben. Für einen Menschen, der aus Angst vor Zurückweisung (narzisstische Kränkbarkeit!) kaum in der Lage ist, in direkter Begegnung Forderungen zu stellen und tatsächliche oder fantasierte Wünsche anderer zurückzuweisen, war wohl die neurotische Hemmung beim Erheben finanzieller Ansprüche maßgebender als die von ihm nun in den Vordergrund gestellten Umstände des Studienabbruchs, nach denen der eigene Motivationsverlust maßgebend gewesen sei.

Eine weitere Quelle schwerer Unterlegenheitsgefühle war seine sexuelle bzw. partnerschaftliche Problematik. Für die tiefe Verängstigung und Neurotisierung in diesem Bereich ist nicht nur entscheidend, ob er Sexualprobleme im weiteren Sinn hatte, es ist genauso wichtig, dass ihm sein von über-ich-starren Vorstellungen geprägter Wunsch nach einer monogamen Beziehung, nach ehelicher Treue und Gründung einer Familie versagt blieb. Franz Fuchs wünschte sich sehnlich eine stabile partnerschaftliche Beziehung und resignierte dann wohl. Sein ständiges Bestreben nach Partnerschaft zeigte sich in seiner tatsächlichen, zum Teil wohl fantasierten emotionalen Beziehung zu einem wesentlich jüngeren Nachbarskind, auch wenn er die Bedeutung dieses Verhältnisses später herunterspielte. Wie wichtig ihm diese Beziehung gewesen ist bzw. wie schwer ihn die zur Beendigung der Freundschaft mit dem Mädchen führenden Irritationen mit deren Familie getroffen haben, zeigt sich im Aufwand, mit dem er eine Ehrenverleumdungsklage betrieb, und in der Folge im nahezu querulatorischen Ausufern einer Dienstrechtsbeschwerde, die er gegen den zuständigen Richter einbrachte.

Seine sexuellen Minderwertigkeitsgefühle und Ängste lassen sich nicht nur aus immer wieder eingestreuten Bemerkungen („ich bin für Frauen wohl zu wenig attraktiv") ableiten, sondern auch aus der Art der Partnerwahl, zumindest wie sie sich durch Zeugenaussagen belegen lässt. Zum einen handelte es sich dabei um ein bei ihm innerlich tief berührende Gefühle auslösendes 14-jähriges Mädchen aus der Nachbarschaft, also eine Person, die bei ihm keinerlei Versagensängste auslöste, zum anderen um eine psychisch kranke (wahrscheinlich schizophrene) Frau, also eine Person, die ihm durch Krankheit und sekundären sozialen Niedergang weit unterlegen war. Man könnte auch sagen, dass die zwei durch Zeugenaussagen belegbaren Beziehungen, wie tief auch immer sie gewesen oder von ihm empfunden sein mochten, sich auf Personen bezogen haben, von denen keine Forderungen ausgingen, wie sie in der Beziehung mit einer etwa gleichaltrigen, gleich intelligenten und gleich gesunden Frau wirksam gewesen wären. Einer wirklich reifen und gleichwertigen gegengeschlechtlichen Partnerschaft hat sich Franz Fuchs nie gestellt, wahrscheinlich konnte er dies auch gar nicht. Es ist aber unstrittig, dass Sexual- und Aggressionstrieb dieselben psychodynamischen Wurzeln haben und unbefriedigte Sexualität zu einem hohen Aggressionspotenzial führen kann.

Ein bezeichnendes Licht auf seine Probleme in der mitmenschlichen Kommunikation ganz allgemein und in seiner Beziehung zu Frauen wirft seine Reaktion auf die Ankündigung, dass ihm in der Justizanstalt die Schwestern des mobilen Hilfsdienstes, die ihn bis dahin versorgt hatten, abgezogen würden. Er nahm dies ohne äußeren Widerspruch zur Kenntnis, verfiel jedoch in eine schwere Depression mit Verzweiflung und Affektinkontinenz. Die Hemmungen, unter denen er in der aktiven Annäherung an eine Frau litt, stellten sich in diesem Kontext, in welchem ihm die Schwestern gleichsam vorgegeben wurden, naturgemäß nicht ein. Ohne sich der Gefahr der Zurückweisung aussetzen zu müssen, wurden seine Bedürfnisse nach Nähe einer weiblichen Person und auch seine regressiven Strebungen gestillt. Umso schwerer traf ihn der Verlust.

Nach der Aufgabe des Studiums arbeitete Franz Fuchs in weit unter seinen Fähigkeiten liegenden Stellungen. In jener Zeit, in welcher er als Fließband- bzw. Akkordarbeiter bei der Firma Daimler-Benz tätig war, hoffte er, eines Tages eine Stelle im Büro, etwa als technischer Zeichner, zu bekommen. Seine tatsächlichen Fähigkeiten und seine intellektuelle Kapazität, aus welchen er seinen Selbstwert schöpft, waren in keiner Weise mehr gefordert und befriedigt, sodass er nicht nur die Frage nach Erfüllung in der erreichten beruflichen Stellung negativ beantworten musste, sondern auch der einzig mögliche Kompensationsweg zur Rettung seines Selbstwertgefühls instabil geworden war. Sichere Anstellung und gute Bezahlung konnten bei ihm die in der persönlichen Entwicklungsmöglichkeit erlebten Defizite nicht mehr wettmachen. Als besonders kränkend erlebte er im Streben nach einer Bürostelle, dass ihm nicht nur Einheimische, sondern auch Ausländer vorgezogen wurden – zum Beispiel Türken, die als Dolmetscher benötigt wurden.

Während der Jahre in Deutschland lebte er als Ausländer unter Ausländern. Durch seine Intelligenz, seine hohe Fähigkeit zum Verfassen korrekter Schreiben, aber auch seine Hilfsbereitschaft und seinen Gerechtigkeitssinn nahm er in der sozialen Rangordnung unter den Ausländern den vordersten Platz ein und wurde so etwas wie deren Sozialarbeiter, Anwalt und Sprecher. Damals muss sich in ihm aber in tief prägender Einsicht die Meinung bzw. Erkenntnis gebildet haben, dass Ausländer nur bestimmte Ansprüche und Rechte hätten, dass deren gesellschaftliche Funktion und Bedeutung nach bestimmten Regeln festgeschrieben sei und es einen nahezu kastenartigen Aufbau der Bevölkerung gebe, an dem nicht zu rütteln sei. Psychoanalytisch interpretiert könnte man auch sagen, dass er das neuerliche Kränkungserlebnis durch Zurückweisung, Versagtbleiben eines Wunsches und mangelnde Anerkennung seiner tatsächlichen Leistungsfähigkeit durch überkompensatives Festhalten an starren und nicht beeinflussbaren Rollenzuweisungen zu lindern versuchte, die von oben – seien es nun Chefs, Direktoren, Politiker, Kirche oder gar das höhere Naturrecht – vorgegeben sind und vom Individuum nicht beeinflusst werden können und dürfen. Mit der aus seinem Anankasmus, d.h. seiner Zwangsneurose, erklärbaren Gründlichkeit und Radikalität hat er diese Idee ausgebaut und verfestigt, sodass sie später entscheidend für sein Leben und wohl auch für sein Kriminalverhalten wurde.

Wie unerträglich für ihn die Situation war, nachdem sein Wunsch nach beruflicher Beförderung zurückgewiesen worden war, zeigt sich in der Tatsache seines fluchtartigen Aufgebens der Stelle in Deutschland und im Auftreten einer schweren suizidalen Krise. Nach seiner (regressiven) Rückkehr in die Heimat entwickelte er jedenfalls ein schweres präsuizidales Syndrom, weswegen er in die geschlossene Abteilung des psychiatrischen Krankenhauses Feldhof eingewiesen wurde. Wiederum divergieren die Darstellungsweisen über die Motivation der Suizidalität erheblich: Franz Fuchs betonte die berufliche Kränkung, gegenüber seinen Eltern hatte er offensichtlich eine andere Version, nämlich partnerschaftliche Probleme, in den Vordergrund gestellt. Es waren auf jeden Fall in auffallender Weise wiederum die zwei für ihn wichtigsten und am meisten traumatisierten Bereiche: Beruf und Partnerschaft.

Einweisung, Anhaltung und Aufenthalt im psychiatrischen Krankenhaus stellen die nächste bedeutsame Kränkung im Leben des Franz Fuchs dar. Schon die Einweisungsumstände waren unglücklich, da sein Vater eigentlich nur ärztliche Hilfe holen wollte, beim zuständigen Arzt jedoch ungewollt eine Zwangseinweisung bewirkt hat. Diese wurde von Fuchs als sehr demütigend empfunden, zumal naturgemäß über seinen freien Willen und seine Freiheit entschieden wurde und die konkrete Durchführung gerade im ländlichen Milieu sehr stigmatisierend war. Als nicht wirklich psychisch Kranker verletzte ihn, obwohl er dies zu verdrängen versuchte, der Aufenthalt auf einer geschlossenen Station. Der drohende Entzug des Führerscheins untergrub sein Selbstwertgefühl zusätzlich. Nach der Entlassung wurde er in der dörflichen Gemeinschaft als „Feldhofer" verlacht, im später aufkommenden Nachbarschaftsstreit wegen seiner Freundschaft mit dem 14-jährigen Mädchen spielte das Argument, dass er ja auf der Psychiatrie gewesen sei, eine nicht unbedeutende Rolle. Seinem Vater, den er für die Zwangseinweisung verantwortlich machte, hat er dessen Einschreiten wohl nie verziehen. Franz Fuchs machte dem Vater lange Zeit Vorwürfe und hatte zu ihm dann lange Zeit ein distanziertes, zum Teil rivalisierendes und in Konflikte mündendes Verhältnis.

Entschärft wurde diese Situation damals durch die gelungene berufliche Integration. Jetzt war er nicht mehr Ausländer und fand durch seine außerordentlichen Fähigkeiten zumindest in der Anfangsphase allgemeine Achtung; bald galt er als Stellvertreter des Chefs. Er konnte die Position des väterlichen Fachmannes leben, der durch kein Problem in Verlegenheit zu bringen war, immer noch eine Lösung wusste und bei keiner Schwierigkeit äußerliche Irritation zeigte. Die Jahre der beruflichen Integration waren von äußerer und innerer Stabilität gekennzeichnet. Franz Fuchs war beruflich äußerst einsatzbereit, leistungsfähig und wohl auch erfüllt, ging neben seiner normalen Anstellung am Feierabend und Wochenende intensiv einer freiberuflichen Tätigkeit nach und verdiente sehr gut. Psychodynamisch betrachtet waren seine Kräfte in sozial akzeptierter Weise gebunden, die beruflichen Forderungen nahmen sein Potenzial völlig in Anspruch und stärkten sein vormals schwer gekränktes Selbstwertgefühl.

Als er dann wegen seiner zu Unproduktivität führenden Übergenauigkeit und anankastischen Art, wohl auch seiner etwas schizoiden Umgangsform auf nicht ganz offene Weise entlassen wurde, brach sein stabilisiertes System zusammen, gleichzeitig wurden die seinerzeitigen Ängste aus der Stuttgarter Zeit reaktiviert. Diesmal reagierte er aber nicht mehr mit Suizidalität, sondern mit der seine Persönlichkeit zunehmend prägenden Aggressionsverhaltung. Bezeichnenderweise wehrte er sich nicht gegen die Kündigung, machte seinem Ärger nach außen keine Luft, nahm aber auch das Angebot der Vermittlung an eine andere Stelle nicht an. Dieses letzte Kränkungserlebnis muss ihn sehr getroffen haben, da es, nachdem er den Wunsch nach ehelicher Partnerschaft und Familiengründung schon Jahre zuvor endgültig aufgeben musste, seinen einzig noch verbleibenden Abwehrmechanismus – Kompensation durch herausragende berufliche Leistung – untergrub. Er zog sich in der weiteren Folge verbittert zurück, bemühte sich um keine Stelle mehr und vermied soziale Kontakte mehr und mehr. Er wurde geradezu soziophob. Bis 1993 war er mit abnehmender Intensität im Rahmen seiner Werkverträge – wiederum in keine personale Zusammenarbeit und in kein Team eingebunden – tätig, danach lebte er von seinen Ersparnissen. Wie sehr sein Selbstwertgefühl angeschlagen war und wie extrem er sich vor möglichen neuen Kränkungen fürchtete, zeigt die Tatsache, dass er weder um Arbeitslosenunterstützung noch um Sozialhilfe ansuchte.

Franz Fuchs erbrachte die Kompensationsleistungen gegenüber den eigenen Minderwertigkeitsgefühlen somit jahrelang in sozial verantwortlichem Verhalten bzw. guter beruflicher Leistung. Durch die neurotische Entwicklung und die äußeren Umstände – Verlust des Arbeitsplatzes, berufliche Desintegration, soziale Isolierung – kam es zu einer Verschiebung des Kompensationsvorganges zur Überwindung der persönlichen Minderwertigkeitsgefühle in einen äußeren Bereich, nämlich jenen des Vergleichs und der Konkurrenz mit Regierenden, Strafverfolgungsbehörden und Meinungsbildnern, bei gleichzeitigem Verlust an Gemeinschaftsgefühl. Diese Bedeutungsverschiebung führte zur Mobilisierung persönlicher Ressourcen, welche bei ihm in übermächtig-zerstörerischer Form vorhanden waren.

All diese negativ prägenden Erfahrungen und letztlich nicht mehr kompensierten Kränkungserlebnisse führten zu einer Verfestigung der vorbestehenden misstrauisch-schwierigen Persönlichkeitsstörung. Die häufigen Zurückweisungen förderten paranoid-querulatorische Tendenzen, die mangelnde Anerkennung und der Verlust der beruflichen Identität erklären die narzisstischen Reaktionsmuster. Die aus Über-Ich-Starre und mangelnder Durchsetzungsfähigkeit in sozialen Begegnungen resultierende Entäußerungshemmung und der unbefriedigende sexuell-partnerschaftliche Bereich förderten das hohe, sich dann vornehmlich in Zynismus und Entwertung zeigende Aggressionspotenzial, welches durch die vorbestehende anankastische, d.h. zwangsneurotische, Struktur gefördert wird.

Eine fanatische Idee nimmt Gestalt an

Somit kann man davon ausgehen, dass Franz Fuchs im Jahr 1993 das Bild eines sozial isoliert lebenden, beruflich unerfüllten, hoch intelligenten Menschen mit einer kombinierten Persönlichkeitsstörung gezeigt hat, welcher über ein hohes Potenzial an nicht mehr kompensierbarer und sublimierbarer zerstörerischer Energie verfügte und in welchem sich – gefördert durch das Vorhandensein eines entsprechenden politischen Themas und durch die Reaktivierung alter Kränkungserlebnisse – eine überwertige und letztlich fanatische Idee herangebildet hat. Den Inhalt dieser Idee und die Motive der Bombenlegungen hat Fuchs in einem anonym verfassten Brief, zu dem er sich später bekannte, beschrieben. Der Brief war an den Rundfunk gerichtet und bezog sich auf eine Sprechstunde mit einem für die Flüchtlingslagerverwaltung zuständigen Beamten. Darin heißt es:

> „... Ich schlage vor, Sie stellen zwei, drei Maschinengewehre auf und geben den Leuten eine Frist von 3 Stunden, um in Richtung Heimat zu verschwinden. Genauso haben diese traditionellen Feinde Österreichs es vor 50 Jahren mit den Deutschen in ihrem Land gemacht!
>
> Ich stimme Ihnen zu, dass auch Flüchtlinge Menschen sind. Diese sollen aber gefälligst nach Kroatien, Bulgarien, Albanien oder in die Türkei flüchten, wo es Leute gibt, welche gleich aussehen, die gleiche Religion haben oder die gleiche Sprache sprechen. Als nächstbeste Länder würden sich Polen, Tschechien, Slowakei, Ukraine, Russland, Slowenien und ähnliche anbieten.
>
> Nachdem es bei uns so gut wie keine deutschen Namen mehr in der Politik gibt, holen sich die Politiker mit Begeisterung auch noch die Bevölkerung ihrer Herkunftsländer nach Österreich. Ich bin gespannt, wann an uns Deutsche die Aufforderung ergeht, das von uns gerodete Land zugunsten der neuen slawischen Völkerwanderung zu verlassen!
>
> Dass sich Deutsche wie Sie mit Begeisterung in den Dienst der Sache stellen anstatt sich zu wehren, kann ich nur darauf zurückführen, dass die meisten den Braten noch nicht gerochen haben. Vor 200 Jahren gab es etwa 90% Deutsche (deutsche Namen) in Deutsch-Österreich; es gehörte aber auch noch die Untersteiermark und Südtirol zu uns. Jetzt gibt es gerade noch 60% Deutsche im zusammengeschrumpften Österreich und es werden immer weniger.
>
> Gute Nacht Österreich!“

Fuchs hat später auch immer wieder gesagt, dieses Schreiben beinhalte die wahre Botschaft der BBA und enthalte die gesamten Motive der Bombenattentate.

Die komplizierte Persönlichkeit des Topterroristen

Von den Hauptsymptomen einer Persönlichkeitsstörung lässt sich bei Franz Fuchs die deutliche Unausgeglichenheit in den Einstellungen und im Verhalten sowie in den Beziehungen zu anderen ohne weiteres nachweisen. Genannt seien insbesondere seine Einstellungen zu manchen Politikern, zur Frage der Ausländer und jener der Rechte des Staatsbürgers. Er war schon als Kind einzelgängerisch, hatte später nie enge freundschaftliche oder partnerschaftliche Beziehungen, zog sich in den letzten Jahren mehr und mehr zurück und wurde zuletzt geradezu „soziophob". Somit kann man auch von einem andauernden und überdauernden sowie tief greifenden und im sozialen Verhalten sich störend auswirkenden auffälligen Verhaltensmuster sprechen, das in der Kindheit begonnen und sich auch im Erwachsenenalter manifestiert hat. Die Störung bewirkte bei Franz Fuchs nicht nur deutliche Einschränkungen der sozialen Leistungsfähigkeit, sondern verunmöglichte ihm letztlich die Ausübung eines Berufes. Zu subjektivem Leiden kam es allerdings erst durch die wahnhafte Entwicklung, die auch zur Verhaftung geführt hat.

Bei allen Vereinfachungen ist es nicht möglich, den ungemein komplexen, vielfältig abweichenden Charakter des Bombenhirns einer einzigen Kategorie zuzuordnen. Vielmehr weist Franz Fuchs eine kombinierte Persönlichkeitsstörung auf, welche neben vielen anderen Anteilen insbesondere schizoide, paranoide, fanatische, zwanghafte und narzisstische Züge enthält.

Ein Sonderling

Von den für die schizoide Persönlichkeitsstörung typischen Merkmalen lagen bei Franz Fuchs nahezu alle in klarer Ausprägung vor. Schon von Jugendtagen an pflegte er wenig soziale Beziehungen, verhielt sich einzelgängerisch und zunehmend isoliert und lebte vor allem in den letzten Jahren mehr und mehr zurückgezogen. In der Kindheit und Adoleszenz pflegte er kaum Freundschaften, auch später hatte er keine engen Freunde oder Vertrauten. Besonders typisch für ihn war, dass er sich – wiederum einzelgängerisch – mit Computern und technischen Aufgaben beschäftigte, bei denen er keine Partner brauchte, und sich weiters im historischen Bereich in ein Spezialgebiet vertiefte, in dem er als Experte nahezu zwangsläufig allein bleiben musste.

Ebenso charakteristisch war die Affektivität des Franz Fuchs: Sie wirkt emotional kühl, distanziert und nach außen hin großteils flach. Er hatte nur geringe Fähigkeiten, positive oder negative Gefühle anderen gegenüber zu zeigen. Dabei war er im direkten Kontakt überaus höflich und offensichtlich bemüht, bei seinem Gegenüber kein Gefühl der Brüskierung oder Kränkung aufkommen zu lassen. Während der gesamten Vernehmungen und Explorationen zeigte er nur während einer vorübergehenden Phase deutliche emotionale Reaktivität, im Allgemeinen schien er durch Fragen und Argumente kaum irritierbar, alles schien von ihm bereits durchdacht, sodass Gefühle wie Ärger oder Überraschung kaum aufkamen. Lediglich beim Abzug der Schwestern des mobilen Hilfsdienstes zeigte er – ganz dem Merkmal entsprechend, dass schizoide Menschen nur in sehr seltenen Situationen aus sich herausgehen können – Gefühlsregungen in Form von emotionaler Kränkung, Trauer und Verlassenheitsangst. Im Übrigen aber hatte er offensichtlich Schwierigkeiten, Ärger, Wut oder auch Freude auszudrücken, was den Eindruck erweckte, als besitze er keine reiche Gefühlsausstattung. Gegenüber Lob oder Kritik wirkte er zumindest äußerlich gleichgültig. Keinesfalls zeigte er – wie dies bei der hysterischen Persönlichkeitsstörung der Fall wäre – Dramatisierungen bezüglich der eigenen Person, übermäßiges Streben nach Aufmerksamkeit oder übertriebene Emotionalität. Er äußerte keinen Stolz auf seinen unzweifelhaft herausragenden technischen Verstand, sein außerordentliches historisches Wissen, seine Zähigkeit und Leistungsfähigkeit und blieb durch anerkennende Bemerkungen, etwa dass er ein Experte ersten Ranges sei, äußerlich unberührt. Reaktionen wie Frustration oder Enttäuschung ob seines nicht verwirklichten Berufstraumes und seines beruflichen Scheiterns waren ihm nicht abzugewinnen.

Franz Fuchs war, ebenfalls gut zur schizoiden Persönlichkeitsstörung passend, nicht verheiratet und hatte – soweit dies zu explorieren war – wenig sexuelle Erfahrungen mit einer anderen Person. Auch das Merkmal, dass Menschen mit schizoiden Persönlichkeitsstörungen kurze psychotische Episoden entwickeln können bzw. schizoide Persönlichkeitsstörungen prämorbide Vorläufer einer wahnhaften Störung sind, hat sich bei Franz Fuchs geradezu lehrbuchmäßig erfüllt. Unübersehbar standen hinter seiner Neigung zur sozialen Selbstisolation, welche als Form der Abwehr gegen zwischenmenschlich nahe und intime Beziehung zu interpretieren ist, eine erhöhte Empfindsamkeit sowie die spezifische Schwierigkeit, Ärger und Feindseligkeit auszudrücken, obwohl solche Gefühlsqualitäten in überhohem Maß vorhanden waren und auch subjektiv erlebt wurden. Diese „Sperre im Ärgerausdruck" führte bei ihm ihrerseits zur beobachtbaren Vagheit und Unbestimmtheit im zwischenmenschlichen Agieren. Psychoanalytisch wird diese Form der Abwehr im Übrigen auf mögliche Störungen der sehr frühen (symbiotischen) Mutter-Kind-Interaktion zurückgeführt, durch die dem Kind sehr nahe Erfahrungen von Intimität, Zuneigung und Liebe nicht oder nicht vollständig ermöglicht wurden. Es bleibt aber Spekulation, ob die Beziehung zu der emotional doch hart und distanziert wirkenden Mutter und die Trennung von der sehr wichtigen Großmutter ihn derart beeinflusst haben.

Ein Mann des Misstrauens

Das Hauptmerkmal der paranoiden Persönlichkeitsstörung, nämlich das in bestimmten Situationen auftretende durchgängige Misstrauen und die Neigung, neutrale Handlungen anderer als feindselig zu interpretieren, war bei Franz Fuchs nicht nur in den Monaten vor seiner Verhaftung, in denen es zu einer wahnhaften Entwicklung kam, sondern auch schon zuvor festzustellen und lag bis zu seinem Tode unveränderbar vor. Sein außergewöhnliches Misstrauen zeigte sich nicht nur in den Auseinandersetzungen mit der Nachbarin und dem Gericht, sondern in der anhaltend bestehenden Reserviertheit und Rigidität. Seine Neigung, negative Stereotypien über andere – insbesondere gegenüber Menschen aus anderen Bevölkerungsgruppen – zu entwickeln, ist als Merkmal der paranoiden Persönlichkeitsstörung beschrieben, ebenso die Tatsache, dass das Festhalten an paranoiden Wertesystemen häufig im Fanatismus endet. Franz Fuchs litt an hoher Empfindsamkeit gegenüber Kritik oder Kränkung, wobei dies nach außen hin wegen fehlender affektiver Reaktionen schwer wahrgenommen wurde. Erinnert sei z.B. an die bereits erörterten Kränkungserlebnisse im Zusammenhang mit der nicht gewährten Erhöhung des Stipendiums in der Studienzeit, die Auseinandersetzungen mit der Nachbarschaft oder die Tatsache, dass er trotz Arbeitslosigkeit nie um Arbeitslosenunterstützung angesucht hat. Hinter dieser Haltung verbergen sich starke Irritierbarkeit und Angst vor möglicher Kritik.

Die Überwertigkeit seiner Ideen bezüglich Verdrängung der Deutschösterreicher durch Auslandsstämmige, die scheinbare Rücksichtslosigkeit in der Durchsetzung der Ideen und die Vernachlässigung berechtigter Anliegen anderer gehören ebenso zu dieser Störung wie das überstarke interpersonelle Misstrauen, die oft situationsunangemessene Neigung zum Beharren auf eigenen Ansichten oder Rechten, die soziale Isolierung und die permanenten Probleme, befriedigende zwischenmenschliche Beziehungen aufzubauen und aufrechtzuerhalten. In dieser Isolierung lag eine ganz wichtige Wurzel seiner permanenten gedanklichen Beschäftigung mit seinen Interessengebieten und Ideen, die sich in expansiver Weise ausbauten und letztlich zum alles entscheidenden Grund seines Seins wurden.

Auch zu den für paranoide Persönlichkeitsstörungen diskutierten Erklärungsansätzen ließen sich bei Franz Fuchs bemerkenswerte Entsprechungen finden. Einer seiner wichtigsten Abwehrmechanismen war die Projektion, das heißt, aufgrund der bestehenden Abwehrneurose projizierte er eigene (insbesondere aggressive) Impulse in andere hinein, z.B. in die Briefbombenopfer, wodurch er eine wesentliche Form der Konfliktabwehr und des Selbstschutzes gegenüber psychotischer Erlebnisverarbeitung fand. Erst in den letzten Monaten vor der Verhaftung versagten diese Mechanismen durch Zunahme der Stressoren und die allmählich aufkochende psychotische Eigendynamik. Die bereits diskutierte Vulnerabilität (Verletzlichkeit) bringt die paranoide Persönlichkeitsstörung des Franz Fuchs dem Verständnis ebenfalls näher. Danach liegt als wesentlicher Faktor für paranoide Persönlichkeitsabweichungen eine Störung des zwischenmenschlichen Beziehungsverhaltens vor, die sich bei ihm im Fehlen freundschaftlicher Kontakte, im Rückzug aus der dörflichen Gemeinschaft und dem Familienleben und in den Frauen- und Vorgesetztenbeziehungen äußerte. Seine paranoide Verhaltensweise ist als individuelle Eigenart, ja sogar als Kompetenz verstehbar, auf psychosoziale Anforderungen, belastende Lebensereignisse und zwischenmenschliche Konflikte sich selbst schützend zu reagieren. Sie war Teil seines Bemühens, gegenüber diesen Belastungen und Krisen zu bestehen und die eigene Vulnerabilität zu schützen. Während der Haftzeit zeigte sich dies in seiner Weigerung, die Angehörigen zu empfangen, in seinem misstrauischen Kontakt gegenüber dem Rechtsvertreter oder in dem seine extreme Empfindsamkeit beweisenden Entschluss, nicht um bestimmte Haftvergünstigungen (täglicher Himbeersaft) anzusuchen.

Leben und Sterben für eine Idee
Bei Franz Fuchs waren auch die Kriterien der fanatischen Persönlichkeitsstörung erfüllt, weil er in den letzten Jahren mehr und mehr von überwertigen, ideenhaften Gedankenkomplexen beherrscht wurde und sein ganzes Handeln, ja seine Lebensführung danach ausrichtete. Innerhalb der von Kurt Schneider beschriebenen Unterteilung dieser Charakterkategorie in aktiv-expansive, persönliche und matte Fanatiker gehört er zu den „Ideenfanatikern", welche für ihre Ideen kämpfen. Der Gedanke, dass es in Österreich zu einer Verschiebung der Volksgruppe komme und ein Deutschösterreicher das Recht, ja geradezu die Pflicht habe, sich gegen die „Umvolkung" (diesen Ausdruck bezeichnet Franz Fuchs als besonders treffend) zur Wehr zu setzen, wurde für ihn zum Programm. Im Gegensatz zu den meisten Ideenfanatikern war Franz Fuchs allerdings nach außen keine hoch aktive, kämpferische und beeinflussbare Persönlichkeit, die ihre Aggressionsimpulse auf Gruppen oder Massen übertragen konnte. Sein absoluter Einsatz für die überwertige Idee, die unbedingte Überzeugung von der Richtigkeit und Gerechtigkeit der eigenen Ideologie, sein unbeirrbares und für jede Kritik unzugängliches, beinahe messianisches Sendungsbewusstsein gehören aber zum Wesen des Kampffanatikers. Dieses Bild wurde durch die Schilderungen, wonach er sich vor und bei Einsätzen „wie ein Krieger vor der Schlacht" gefühlt, unter höchstem Stress, unter Übelkeit und Durchfall gelitten und stets mit Todesangst gekämpft habe, komplettiert. Er vertrat seine fixe Idee kämpferisch, wenn auch anonymisiert, nach außen. Der ansonsten höfliche, rücksichtsvolle Mann wurde in den Gesprächen über ausländische Volksgruppen in Österreich und die dazugehörige Politik hart, abwertend, aggressiv und zynisch.

Franz Fuchs hatte schon in Zeiten, in denen er noch außenorientierter war, Zeichen des echten Rechtsfanatismus (Recht im Sinne von „ius") gezeigt, später konnte sich das nach außen hin Querulative aus nahe liegenden Umständen (weil er sich zur Verwendung strafbarer Mittel und Wege entschlossen hat) nicht entwickeln, es fehlte dazu aber auch die hyperthyme, d.h. von einer gehobenen Stimmung gekennzeichnete Persönlichkeitsstruktur, die sprudelnde Produktivität und Unermüdlichkeit, wie sie für viele Querulanten typisch ist. Stattdessen fand er dann seinen vorherrschenden Lebensinhalt im unerkannten, zurückgezogenen, aber um so verbisseneren Agieren gegen das seiner Meinung nach stattfindende Überhandnehmen von Ausländern in führenden Positionen. Fanatische Züge zeigten sich, wenn er etwaige Entschuldungsmomente ablehnte („... das

Gejammer und Gequake brauche ich nicht"), und auch in der Art, in welcher er seinen Abgang plante („... wer sich auf so etwas einlässt, der hat die Konsequenzen zu tragen, aber ordentliche – einen starken Abgang").

Sein alles beherrschender Fanatismus kann aber auch als gelungener Überbau bzw. Schutzwall für skrupelhafte Anwandlungen und für die tief verwurzelte innere Unsicherheit betrachtet werden. Hingegen war Geltungsdrang bei ihm kein so entscheidender Motor seines Kampffanatismus, obwohl er für seine fanatische Idee fast alles geopfert hat. Deren Überwertigkeit zeigte sich in der Bereitschaft, das Leben aufzugeben, und im äußeren Gleichmut, mit welchem er den Verlust seiner Hände und auch die Inhaftierung betrachtete. Gleichzeitig war er überzeugt, dass seine Idee weiterleben würde, wenn er die Hintergründe der Bombenkriminalität nicht völlig lüftete. Die Weigerung, Art und Umfang seiner Einbindung in die BBA-Aktivitäten restlos aufzuklären, hing nicht nur an der (narzisstischen) Macht, die er als einziger Alleswissender hatte, sondern am zwanghaft-fanatischen Bestreben, die Idee weiter fortzutragen. So sagte er: „Solange die Politiker nicht wissen, ob es eine BBA gibt, haben sie Angst und können nicht einfach tun, was sie wollen."

Die absolute Perfektion

Die Hauptmerkmale der zwanghaften Persönlichkeitsstörung, nämlich Ordnungsliebe, Streben nach Perfektion und Ausdauer, haben sich bei Franz Fuchs immer wieder gezeigt. Erinnert sei besonders an die Beschreibung seiner beruflichen Leistungen, wo er wegen seiner übertriebenen Sorgfalt und unpragmatischen Genauigkeit im betrieblichen Kontext nicht mehr zurechtgekommen sei und seine Zwanghaftigkeit wirtschaftliche Unproduktivität und Arbeitsverzögerungen bewirkt habe, ferner an sein ungemeines Streben nach Perfektion im historischen Wissen und in der Lösung technischer Probleme, an seine (spaltende) Einteilung von Kontaktpersonen und Experten je nach Perfektion ihrer beruflichen Leistung und auch an seine extreme Genauigkeit bei der Beantwortung der Fragen im Rahmen der Vernehmung und der psychiatrischen Exploration. Es fiel immer wieder auf, dass er hier nicht zu abkürzenden oder zusammenfassenden Darstellungen bereit war, sondern in jenen Bereichen, in denen er auskunftswillig war, anankastische Genauigkeit und außerordentliche Detailtreue bewies. So wählte er beispielsweise bei der testpsychologischen Untersuchung eine sonst nie zu beobachtende, zeitaufwändige, extrem exakte Darstellungsweise, sodass nicht nur der sonst übliche Zeitrahmen um Stunden gesprengt wurde, sondern auch die Anzahl der Antworten in einmaliger Höhe lag. Rechtschreib- oder Tippfehler irritierten ihn in hohem Maße. Franz Fuchs hat – charakteristisch für die zwanghafte Persönlichkeitsstörung – in seinem Beruf nur wenig mit anderen Menschen zusammengearbeitet und kaum Aufgaben delegiert. Alles, was er bisher getan hat, hat er bis ins kleinste Detail geplant. Dabei erwies er sich in vielen Situationen als eigensinnig und rigide. Gemäß seiner zwanghaften Persönlichkeitsstörung hat er sich in den letzten Jahren gänzlich der Arbeit bzw. der BBA-Idee gewidmet, hat sonstige Freizeitbeschäftigungen und die meisten sozialen Kontakte aufgegeben und extrem sparsam – ebenfalls ein typisches Merkmal – gelebt.

In der Art, wie die Briefbomben bzw. die übrigen Bomben gebaut wurden, zeigt sich ein unglaubliches Streben nach Perfektion, etwa in der Verwendung von Sprengstoffen, mit denen sonst kaum jemand umgehen kann (ein im Übrigen seinen Qualitätsehrgeiz beweisendes, narzisstisches Merkmal), in der immer größeren Komplexität der Schaltpläne bis hin zur zwanghaft-genauen Anordnung der Batterien nach den Linien des Oberflächenbildes.

Untersuchungen bestätigten auch bei Franz Fuchs das häufig zu beobachtende gleichzeitige Auftreten der zwanghaften mit der paranoiden und narzisstischen Persönlichkeitsstörung. Die anankastische Persönlichkeitsstörung, die einer Vereinseitung des allgemeinen Konfliktes „Anpassung versus Auflehnung“ in Richtung „Anpassung“ entspricht, ermöglichte bei Franz Fuchs die zwanghafte Aufrechterhaltung einer scheinbar autonomen Handlungsfreiheit, welche in Wirklichkeit aber unter dem Regime moralischer und logischer Regeln verengt wurde. Das extreme Bemühen um Genauigkeit und Sorgfalt und die Über-Ich-Starre dienten wohl der Überwindung der bereits beschriebenen grundlegenden interaktionellen Unsicherheit und kommunikativen Hilflosigkeit.

Ebenfalls typisch für die zwanghafte Persönlichkeitsstörung ist die Starrheit in allen Fragen von Moral, Ethik oder Wertvorstellungen. Bei Fuchs war geradezu ein moralischer Rigorismus festzustellen, der trotz der alles überragenden fanatischen Idee und der feststellbaren spaltenden Tendenzen gut erkennbar war. So hatte er genaue und unverrückbare Vorstellungen, was die Kirche und deren Repräsentanten, der Staat und die Politiker, die Justiz und die Beamten zu tun hatten, zu welchen Leistungen die Justizwachebeamten verpflichtet waren, welche Aufgaben die Ermittler zu erbringen hatten usw. Damit ist auch, ohne dass auf die Verbindungen der anankastischen Persönlichkeitsstörungen zu anal-sadistischen Tendenzen eingegangen werden soll, einiges zur psychoanalytischen Struktur seines Über-Ichs gesagt. Diese von Sigmund Freud als höchste Instanz der Persönlichkeit bezeichnete unbewusste Vertretung aller moralischen Richtlinien und Beschränkungen, welche die Forderungen von Kultur, Moral, Gebot, Gesetz usw. übernimmt, war bei Franz Fuchs ausgeprägt und dominant: Er hatte genaue Vorstellungen von Recht und Ordnung und betrachtete seine eigenen Straftaten – denen er durchaus ambivalent begegnete – mit dem Verweis auf das dem staatlichen und religiösen Recht übergeordnete „Naturrecht".

Er hatte hohe Ideale von (Ein-)Ehe und Familie, schätzte in weiten Bereichen das Strafgesetzbuch oder die Strafprozessordnung außerordentlich. Er arbeitete in der Ermittlung dort sehr gründlich und motiviert mit, wo er eine Notwendigkeit sah, während er es in anderen Bereichen als Pflicht der Experten und Beamten betrachtete, „ihre Aufgabe ordentlich zu erfüllen". So erklärte er sich z.B. deswegen zur psychiatrischen Untersuchung bereit, weil diese ja durch Untersuchung der Person gemacht werden „müsse" bzw. nur durch persönliches Gespräch möglich sei.

Zu dieser Über-Ich-Dominanz passte auch die schon angeführte Ambivalenz, mit der er seinen eigenen BBA-Aktivitäten begegnete. Er betonte wiederholt und ausführlich, dass diese mehr gewesen seien als „nur Notwehr" oder „nur Fahrlässigkeit" und dass er „ja schon einiges getan habe, wofür eine Strafe gerechtfertigt" sei. Auch schien sich diese Über-Ich-Stärke in der Art, wie er mit dem Verlust seiner Hände umging, gegen die fanatische Idee zumindest teilweise durchzusetzen: Dies sei eben ein Risiko, der Preis, den man für das Mitwirken bei der BBA bezahlen müsse, mit einem derartigen Unglück müsse man rechnen und damit fertig werden. In dieser Art der Interpretation, die den Gleichmut gegenüber seiner sehr schweren Behinderung erklärt, schlägt sich somit ein in vielem intaktes Gewissen nieder.

Schließlich muss im Zusammenhang mit der genannten Über-Ich-Struktur auf die Figur bzw. das Phantom der Bajuwarischen Befreiungsarmee (BBA) eingegangen werden. Die Vorstellung, dass viele Menschen in der Frage der Bevölkerungsgruppen so dachten wie er und – wenn sie die Möglichkeit hätten – auch so handelten, erleichterte sein Gewissen und wurde (wohl eher in Art einer Wunschvorstellung) in einer fiktiven Gruppe symbolisiert. Unabhängig davon, ob die BBA zur Verschleierung des gesamten Kriminalfalls und der Rolle von Franz Fuchs eingesetzt wurde oder der Aufrechterhaltung einer fanatischen Idee diente, hatte die Schaffung einer derartigen Modellvorstellung, die auch vom Unabomber Theodor John Kaczynski verwendet worden war, bei Franz Fuchs entschiedene über-ich-entlastende Funktionen: Als Mitglied einer Gruppe, als einer, der so dachte und handelte wie viele andere, stammten die Ideen ja nicht nur von ihm, er handelte als Vertreter von vielen anderen Bürgern. Er übernahm Befehle von einer breiten Meinung und agierte, da er aus äußeren Umständen die Möglichkeiten dazu hatte, im Auftrag vieler Wehrloser. Er unterstützte eine seiner Meinung nach gerechte Sache, die Anliegen vieler war, er setzte sich dabei besonders für Schwache und gegen Ungerechtigkeit ein, er übernahm mit einem Wort – ebenfalls eine das Gewissen entlastende Vorstellung – die Rolle des Robin Hood.

Der grandiose Unbekannte

Wenn auch aufgrund des bescheidenen, nach außen zurückhaltenden und introvertierten Auftretens des Franz Fuchs nicht ohne weiteres ersichtlich, zeigten sich bei ihm bei genauer Analyse auch eindeutige Zeichen einer narzisstischen Persönlichkeitsstörung. Narzissmus bezeichnet in seiner negativen Variante eine Störung der Beziehungsfähigkeit, die durch Selbstbezogenheit, eine hohe Empfindlichkeit gegenüber der Einschätzung durch andere und durch einen Mangel an Einfühlungsvermögen bestimmt ist. Die Störung in der Beziehungsfähigkeit zeigte sich bei Fuchs in den fehlenden Freundschaften, den nur kurz dauernden Frauenbeziehungen, den Problemen im beruflichen Umfeld und im zunehmenden sozialen Rückzug. Selbstbezogenheit kam im Durchsetzen des eigenen Standpunkts mit allen Mitteln und im unbeirrbaren Festhalten an seinen Ideen zum Ausdruck. Die hohe Empfindlichkeit gegenüber der Einschätzung durch andere bewirkte eine nahezu krankhafte Angst, nicht ernst genommen oder zurückgewiesen zu werden, wie dies bei seiner Reaktion auf die negative Beantwortung seines Antrages auf Erhöhung des Studienstipendiums, bei seiner Weigerung, um Arbeitslosenunterstützung anzusuchen, oder bei seiner Haltung, keine Anträge auf Vergünstigungen in der Justizanstalt zu stellen, manifest wurde. Der Mangel an Einfühlungsvermögen, der zum Teil in starkem Kontrast zu seiner sehr feinen psychischen Empfindsamkeit stand, zeigte sich in seiner Haltung gegenüber manchen Briefbombenopfern. Trotzdem wird man noch nicht von einer gemütslosen, sondern in einer in manchen Bereichen – und zwar dort, wo es um die Verwirklichung der fanatischen Idee ging – gemütsarmen Persönlichkeit sprechen müssen.

Der bei Franz Fuchs in der Briefbombenangelegenheit zum Ausdruck gekommene, extrem ausgeprägte Eigenbezug half ihm, seine dahinter liegende zwischenmenschliche Unsicherheit zu tarnen. Seine emotionalen Beziehungen waren – und darauf beruhte die genannte zwischenmenschliche Unsicherheit – durch chronisches Misstrauen, eine Angst vor Abhängigkeit und auch durch Mangel an echter Empathie (= Einfühlungsvermögen) gekennzeichnet. Weniger der Erziehungsstil der Eltern als vielmehr die besondere Rolle, die Franz Fuchs aufgrund seiner herausragenden Intelligenz zukam (nämlich, dass er also schon damals „besser als andere" war), wirkte Narzissmus-fördernd.

In den Explorationen zeigten sich zahlreiche narzisstische Elemente. Dazu gehörten das ständige Streben nach absoluter Perfektion, das Gefühl seines Überlegenheit auslösenden korrigierenden Verhaltens bei der Erklärung von historischen Zusammenhängen (dabei kam aber auch viel echte Begeisterung zum Ausdruck) oder von technischen Fragen des Bombenbaus, seine nahezu verachtende Haltung gegenüber Personen, die seiner Einschätzung nach nicht diese Perfektion aufbringen, aber auch seine Taktik, mit der er den ermittelnden bzw. befragenden Personen immer wieder ein Stück der Lösung zukommen ließ, jedoch Wesentliches verschwieg. So blieb er im Besitz eines Wissens, das andere nicht hatten, was sein Überlegenheitsgefühl noch weiter förderte. Narzisstisches Denken zeigte sich in seiner oberlehrerhaften Art, mit welcher er die Baupläne der Bomben erklärte, in seiner Meinung, dass er sich als einziger Deutschsprachiger getraut habe, sich zu wehren, oder in den Bekennerbriefen, zu denen er einmal sagte: „Diese haben wir zum Angeben geschrieben, um zu zeigen, dass wir schlauer sind."

Dass die narzisstischen Anteile an der Persönlichkeit des Bombenhirns zumindest für den Laien nicht ohne weiteres auszumachen sind, hat wohl auch mit der im Volk geläufigen Definition des Narzissmus als Überwiegen einer übermäßigen Selbstwerteinschätzung zu tun. Die eigentlichen Hauptmerkmale dieser Störung, die durchwegs im zwischenmenschlichen Bereich liegen, waren aber bei Franz Fuchs ganz klar festzustellen: soziales Unbehagen, Angst vor Kritik, Schüchternheit und Probleme in der Empathie. Insbesondere in den Schreiben der BBA, die Franz Fuchs zuzuordnen sind, lassen sich hochmütiges Argumentieren, lehrerhafte Zurechtweisungen, zynische Entwertungen anderer und narzisstischer Hass des ansonsten umgänglich, gutmütig und bescheiden wirkenden Mannes in erschreckender Klarheit ausmachen. Als Beispiele seien die Verhöhnungen der Bombenexperten und des Gerichtshofes genannt:

„... Die Geschäftsführung des Unternehmens braucht keine Angst vor Anschlägen zu haben. Wir wären vielmehr froh, wenn die zwei oder drei Industriechemiker, die sich in Österreich mit der Herstellung von Sprengstoffen befassen, dem diesbezüglich völlig planlosen und hilflosen Ing. B. von der Kriminaltechnischen Zentralstelle im Innenministerium an die Hand gehen könnten!

B. scheint eine überdurchschnittliche technische Allgemeinbildung zu haben; aber bei der Identifikation von Sprengstoffen hat er sich bisher eine Fehlerrate von 76,9% erlaubt.

Wir erinnern daran, dass vor nicht allzu langer Zeit mehrere Iren aus mehrjähriger Haft freigelassen werden mussten, die durch ein falsches Sprengstoff-Gutachten in Verdacht geraten waren, einen Sprengstoffanschlag begangen zu haben: Der Gutachter hatte das Gleitmittel von Spielkarten als Sprengstoffspur gedeutet.

Damals schrieb die IRA fleißig Bekennerbriefe, um die zu Unrecht Verurteilten aus dem Gefängnis herauszubekommen. Die IRA hatte damit keinen Erfolg. Auf uns will ebenfalls keiner hören ..."

„... Wir wollen die Wahrheit zurechtrücken, damit die zu Unrecht beschuldigten Löschnak-Geiseln B. und R. die Spur einer Chance haben, wenn sie in einem der nächsten großen politischen Gesinnungs- und Schauprozesse mit nachfolgenden apokalyptischen Visionen konfrontiert sind:

mit einer Geschworenenbank aus „roten" und „grünen" Wiener Tschuschenweibern;
- mit dem bewährt folgsamen und tschuschenhörigen Volksgerichtshofankläger F.;
- mit einer dreistelligen Anzahl eingeschüchterter Zeugen, die immer brav aussagen müssen, was der Ankläger hören will, ansonsten droht ihnen Sprechverbot oder Verhaftung mit den Worten ‚Danke!' und ‚Abführen!';
- mit einem medien- und ministeramtsgeilen, medusenköpfigen, in seiner Grauslichkeit schon fast an B. heranreichenden, degenerier-

ten Adelspotpourri in der Funktion eines Schwurgerichtshofvorsitzenden. Allein schon die Physiognomie dieser K., die einem gefüllten Nachttopf zum Verwechseln ähnelt, macht sie zur unbestrittenen Speerspitze unserer panslawistischen Tschuschenhäuptlinge. Dass diese Dame im Gerichtssaal ohne Schleier sitzen darf, ist bereits seelische Grausamkeit gegenüber den Beschuldigten. Wir zählen gerade zusammen, wie viele Jahre an mittelbarer Freiheitsberaubung ihrer strafprozessordnungswidrigen Stimmungsmache bisher zuzuschreiben sind. Mit einem Wort: Sie ist in Charakter und Aussehen ein multiethnischer Bastard. Sollte diese missgestaltete Furie abgelöst werden, besteht ausnahmsweise die berechtigte Hoffnung, dass etwas Besseres nachkommt. Mit dieser Triade ist die Dame noch immer nicht ausreichend charakterisiert (mangels Übung des Autors)."

Franz Fuchs als anonymer Briefschreiber

In der psychodynamischen Entwicklung und Persönlichkeit des Franz Fuchs lassen sich aber auch Elemente finden, wie sie bei Anonymschreibern zu beobachten sind. Daraus lassen sich Rückfolgerungen auf seine Meinung, seine Haltung, seine Persönlichkeit und seine Psychodynamik ziehen.

In den Schreiben manifestiert sich ein besonderer Ärger, der Verfasser versucht, seiner inneren Erregung im Versenden der anonymen Schreiben Luft machen zu können, indem er sich aber nicht von einem überwältigenden Affekt hinreißen lässt, sondern seine aggressiven Impulse viel gezielter und dosierter, damit aber auch bewusster einsetzt. Wie es für einen entäußerungsgehemmten Menschen wie Franz Fuchs typisch ist, lässt er sich nicht zu einer unmittelbaren triebhaften Abreaktion verleiten, sondern er verarbeitet seine innere Aufgewühltheit im willentlichen Schreiben des anonymen Briefs. Aus Angst vor offener Konfrontation wird der Ausweg der anonymen Sendung gesucht, woraus sich zeigt, dass die Anonymographie – wie dies Scheler ausdrückt – „die Sache eines in irgendeinem Punkt Schwachen" ist.

Im Fall des Franz Fuchs lag diese Schwäche in seiner Entäußerungshemmung und in seiner Unfähigkeit zur offenen Aggressionsabfuhr. Die Anonymographie war somit ein ideales Mittel, seine innere Feindseligkeit zu transportieren. Da es ihm an direkter Durchsetzungskraft in der unmittelbaren mitmenschlichen Begegnung fehlte und diese beträchtlichen Hemmungen unterlag, wagte er es nicht, zu seiner eigenen Aggressivität offen zu stehen. In der persönlichen Begegnung war er überaus höflich, beinahe zuvorkommend, wirkte schüchtern und einfühlsam. Es was ihm in der Kommunikation von Angesicht zu Angesicht nahezu unmöglich, gegenüber seinem Gesprächspartner etwas Negatives zu sagen oder diesem einen Wunsch abzuschlagen. Wenn Franz Fuchs erläuterte, dass das Versenden von Briefbomben aus drei Gründen („1. man kann der Botschaft Nachdruck in der gerade richtigen Dosierung verleihen; 2. der falsche Name ‚Bombe' verbreitet Schrecken; 3. insbesondere Journalisten fürchten sich vor Briefbomben und schreiben deshalb viel darüber") zur Verbreitung einer Botschaft ideal sei, muss diesen wohl noch ein vierter hinzugefügt werden: Er musste sich nicht persönlich jemandem stellen und niemandem von Angesicht zu Angesicht seine innere Aggression kundtun.

Durch die ersten anonymen Schreiben kam es bei ihm keinesfalls zu einer Befriedigung der Feindseligkeit, vielmehr wurden seine Energien damals für längere Zeit durch sozial adäquate Aktivitäten, nämlich berufliche Herausforderungen, gebunden. Später, als er ohne Beruf und soziale Verpflichtungen mit seinen Problemen und auch seinen Aggressionen allein war, wurde das Schreiben (oder die Beteiligung daran) exzessiver. Seine weiterwirkende Aggressivität ließ sich, wie das Serienhafte seiner Taten zeigt, durch einzelne Aktionen nicht genügend ableiten. Aus der ständig vorhandenen Aggression entstand nicht nur der Antrieb zu serienmäßigem Briefschreiben, sondern daraus entwickelte sich die stärkste Form der Aggressivität, das Ressentiment (gegen Ausländer). Da die ursprünglichen Aggressionen im Ressentiment nicht völlig bewusst wurden, kam es bei Franz Fuchs zur Ausdehnung seiner Aggressionen gegen andere, auf in das eigentliche Anliegen nur noch entfernt involvierte Personen. Die ressentimentelle Einstellung erstreckte sich also – wie es bei Serienschreibern bekannt ist – auch bei Franz Fuchs vom ursprünglich gemeinten Objekt auf alle möglichen mit ihm zusammenhängenden Personen. In den immer umfangreicher werdenden Schreiben und den komplexeren Bombengebilden zeigte sich im Übrigen der bei Anonymographen beschriebene Machtrausch.

Hinter dem Verfassen von anonymen Sendungen stecken immer komplexe Haltungen des Ärgers, der Eifersucht und des Ressentiments, aber auch die spannungsvollen Wechselwirkungen von Aggressivität und

Aggressionshemmung. Diese wurden in den vorhergehenden Kapiteln ja schon mehrfach beschrieben. Ein Hauptmotiv seines Handelns kam bereits in einem nicht anonymen Beschwerdeschreiben an das Gericht anlässlich des Nachbarschaftsstreites im Jahr 1984 zum Ausdruck, in welchem Franz Fuchs ausführte, „dass ich wohl zu klein eingeschätzt werde, als dass ich mich überhaupt zur Wehr setzen würde". Ähnliches klingt auch in der folgenden Passage durch: „Bei all dem schaute ich, der ich in den ersten drei Jahrzehnten meines Lebens aus selbstschädlichem Idealismus das meiste geschluckt und nur selten Gegenwehr geleistet hatte, lange genug wie ein getretener Dackel aus der Wäsche." In den Vernehmungsprotokollen und Explorationsergebnissen finden sich zahlreiche Hinweise auf seine Minderwertigkeitsgefühle und seinen Zynismus, welcher als Aggressionsform des Intellektuellen zu verstehen ist. Daraus werden wohl nicht nur die Triebfedern des kriminellen Handelns des Franz Fuchs, sondern die Hauptzüge seiner Charakterstörung ersichtlich: aus Minderwertigkeitsgefühlen entspringende, sehr intensive Aggressionsneigung bei gleichzeitig sehr starrer Aggressionshemmung.

Die Entdeckung – eine panische Selbstbestrafung

Die Briefbombenserie wäre wohl nie aufgeklärt worden, hätte sich Franz Fuchs nicht gleichsam selbst bestraft. Er wurde Opfer seines Einzelgängertums, seiner in der Isolation geborenen Fantasien und wohl auch seines im Prinzip strengen Gewissens. Es vervollständigt das Bild dieses ungewöhnlichen Verbrechens, dass das fehlerlos arbeitende, nicht die geringste Spur hinterlassende, für seine Umwelt keinerlei Auffälligkeiten bietende Genie sich selbst zur Strecke gebracht hat. Wie ist dies zu erklären?

Gehen aus den geschilderten sozialen und lebensgeschichtlichen Umständen, den erläuterten Persönlichkeitsstörungen und den beschriebenen neurotischen Entwicklungen irgendwelche Momente hervor, die sein Verhalten psychologisch verständlich und damit mit normalpsychologischen Maßstäben erfassbar machen? Oder ist es als Ausdruck krankhaften Fühlens, Denkens und Handelns zu verstehen, wenn ein bis dahin mit höchster Vorsicht anonym und im Verborgenen agierender, trotz aufwändiger Ermittlungsmaßnahmen nicht zu identifizierender Täter sich plötzlich so auffallend und provokativ verhält, dass er zwangsläufig mit seiner Festnahme rechnen muss?

Zur Beantwortung dieser Fragen sind zunächst die Möglichkeiten panischen Reagierens in noch normalem Zustand zu überprüfen. Verwiesen sei auf seine kombinierte Persönlichkeitsstörung, die gewisse Risikomomente für ein schwer nachvollziehbares, nicht immer den Gesetzen des Vernünftigen und Logischen folgendes Verhalten enthält. Des Weiteren ist der anwachsende innerpsychische Druck zu bedenken, dem sich gerade ein sozial isolierter, kaum Gedanken- und Problemaustausch pflegender, entäußerungsgehemmter Mensch gegenübersieht. Die stete Angst, entdeckt zu werden, das permanente Gefühl, bei einem Einsatz ums Leben zu kommen, das ungemeine psychische Energie erfordernde Arbeiten mit höchster Präzision und Geschicklichkeit, die ständige Überwachheit und Übervorsichtigkeit, der kontrollierte Umgang mit Allmacht und Größenfantasien (die sich durch das mediale Echo verstärken) und das jahrelange Leben mit dem „Gefühl des Spions in einer fremden Stadt" – um einen treffenden Ausdruck zu verwenden – würden über kurz oder lang die Kräfte jedes Menschen überfordern und zu einer psychischen Dekompensation führen. Es stellt sich aber die Frage, ob diese im Fall des Franz Fuchs noch normalpsychologisch verständlich oder am 1.10.1997 bereits psychotisch determiniert war.

Von Interesse sind hier in erster Linie die eigenen Schilderungen und Interpretationen des Franz Fuchs über seine Wahrnehmungen und Ergebnisse: Er führte dazu aus, dass er grundsätzlich ein misstrauischer Mensch sei und stets manche Verdächtigungen habe, die er nicht beweisen könne. Im letzten Jahr vor der Festnahme hätten sich aber Dinge zugetragen, die eindeutig auf seine Person abgestellt gewesen seien und bei denen es sich nicht um Zufälle handeln könne („so viel Zufälle kann es gar nicht geben"). Er habe im Oktober 1996 plötzlich festgestellt, dass er beobachtet und observiert werde. Zwar sei schon zuvor in der Briefbombenangelegenheit intensiv ermittelt worden, vorerst habe man es aber nicht auf ihn abgesehen. Er sei sich aber sicher, „dass die mich seit Oktober 1996 im Visier hatten".

Ganz klar sei sein Verdacht am 25.10.1996 bestätigt worden, als er auf Schloss Eggenberg eine Jagdausstellung besucht habe und vor dem Gebäude zwei Beamte gestanden seien, um ihn zu beobachten. Im Winter 1996/97 sei er in Graz einem Mann mit Aktentasche und Hut behilflich gewesen, der in der Straßganger Straße in der Mitte der Einbahn gestanden sei und den mit dem Auto heranfahrenden Franz Fuchs gebeten habe, ihn an die nächste Straßenbahnhaltestelle zu bringen, was er auch gemacht habe. Kurze Zeit später habe es ein neues Täterprofil gegeben, in dem es geheißen habe, „dass der Täter ein freundlicher Mann sei, der einem als Nachbar sogar die Blumen gießen würde". Dies sei ein unwiderlegbarer Beweis für die in Gang gekommene Observanz.

Im März 1997 sei er von einem Polizeiwagen beobachtet worden, als er seinen PC in einem Geschäft aufrüsten ließ. Bald darauf habe man Bombenalarm geschlagen, als Franz Fuchs bei der Fa. Saturn in Graz ein PC-Buch gekauft habe. Eine Woche später sei er, als er neuerlich bei der Fa. Saturn einkaufte, vom Chef der Hausdetektei observiert worden. Im Sommer 1997 sei er, als er mit seinem Auto in der Oststeiermark unterwegs war, durch 20 km von einem „Agentenauto" verfolgt worden. Als er wiederholt die Strecke Muregg–Radkersburg–Feldbach–Gralla abgefahren sei, habe man in den Medien unmittelbar darauf und ohne sonstigen Anlass vor Briefbomben gewarnt. Beim Besuch der Landesausstellung in Leoben sei er von einer Frau observiert worden. Beim gemeinsam mit seiner Schwägerin und seiner Nichte gemachten Spaziergang auf Schloss Deutschlandsberg sei die Überwachung seiner Person durch ein Tarnzelt, Wachhunde und verschiedene Personen durchgeführt worden. In den letzten Monaten vor der Verhaftung sei in Gralla Streife gefahren worden. Auch habe man in der Nähe des Wohnhauses ein Auto abgestellt, in dem Geräte zum Ablesen seines PC installiert gewesen seien (er habe deswegen für die Beamten beleidigende Äußerungen auf dem Bildschirm geschrieben). Zuletzt hätten sich in der Nähe seines Wohnhauses zahlreiche Agenten eingemietet, die ihn am 1.10.1997 – dem Beginn der Rasterfahndung – intensivst überwacht hätten. Es sei ganz eindeutig, dass alle diese Maßnahmen nur dazu gedient hätten, ihn zu observieren. Durch genaue Überwachung und Beobachtung seiner Person habe man an die Hintermänner herankommen wollen. Aus diesem Grund habe man mit der Festnahme zugewartet. Er habe sich in der Form gewehrt, dass er versuchte, die Agenten zu enttarnen und ihre Methoden aufzudecken. Dadurch wäre ihr Agieren unwirksam geworden, weshalb sie sich zurückziehen hätten müssen. Seine Chance habe er darin gesehen, dass die Observanten im Lauf der Zeit zur Erkenntnis kämen: „Da ist nichts dran." Er habe aber in den letzten Monaten immer eine Bombe bei sich getragen, um sich, wenn er von den Ermittlern gestellt werde, in die Luft zu sprengen. Soweit die Angaben des Franz Fuchs zu diesem Themenbereich.

Neben den phänomenologisch charakteristischen Schilderungen des Franz Fuchs ergaben sich aus diversen Zeugenaussagen Hinweise für sein paranoides Erleben und sein durch den Verfolgungswahn gesteuertes Verhalten. Seine Eltern führten aus, dass er in den Monaten vor der Verhaftung davon gesprochen habe, dass er überwacht werde, ihm beim Wegfahren mit dem Pkw sofort ein anderes Auto folge und dass er ängstlicher, nervöser (besonders beim Vorbeifahren von Autos) und noch zurückgezogener geworden sei. Ein Nachbar gab an, dass ihn Franz Fuchs unvermittelt als „Agent" bezeichnet habe. Der deutlichste Beweis, dass es sich bei den von Franz Fuchs vorgebrachten Beobachtungen und Interpretationen nicht um Schutzbehauptungen, sondern ihn ganz wesentlich beeinflussende krankhafte Phänomene gehandelt hat, ergab sich aus seinem ungewöhnlichen und unerklärlichen Verhalten vom 1.10.1997. Das bis dahin mit höchster Vorsicht agierende, die Kunst des kriminellen Handelns im Verborgenen mit absoluter Präzision ausführende, überaus misstrauische Verbrechergenie verhielt sich anhaltend so, dass er zwangsläufig gestellt werden musste.

Damit ist ersichtlich, dass bei Franz Fuchs durch die beschriebenen Schilderungen die Kriterien eines Wahns, nämlich „Unmöglichkeit des Inhaltes, subjektive Gewissheit und Unkorrigierbarkeit", klar nachweisbar sind. Franz Fuchs hatte zuletzt in typischer Weise aus alltäglichen Vorkommnissen einen „krankhaften Ichbezug" hergestellt, gewöhnliche Ereignisse führten bei ihm zu einem „abnormen Bedeutungsbewusstsein", seine Urteilsbildung war verfälscht und führte zu „Beziehungssetzungen ohne Anlass". Er unterlag letztlich einem „pathologischen Irrtum", den er nie mehr korrigieren konnte. Das Kriterium der subjektiven, absoluten Gewissheit war bei ihm ebenso erfüllt wie jenes der Unkorrigierbarkeit, wobei nicht nur der Inhalt seiner Vorstellungen als das eigentlich Krankhafte zu verstehen ist (immerhin wäre es möglich gewesen, dass er observiert wurde bzw. musste er ja realistischerweise mit Verfolgung rechnen), sondern dessen Stellenwert innerhalb des Erlebens und die ausschließliche Ichbezogenheit. Weniger die Vorstellungs- und Wahrnehmungsgegenstände als ihre Bedeutung machte das Wahnhafte aus, welches gerade darin zum Ausdruck kam, dass das Verhalten des bis dahin extrem vorsichtig agierenden Franz Fuchs in höchstem Maße unvorsichtig wurde. Es sei betont, dass die Inhalte des Wahnerlebens nicht unbedingt von denen des normalen Erlebens unterscheidbar sein müssen, denn das, was der Wahnkranke sich vorstellt und was er wahrnimmt, kann größtenteils auch im Erleben des Gesunden vorkommen. Im Gegensatz zum Gesunden bzw. zu seinem Normalzustand konnte Franz Fuchs in seinen Vorstellungen und Interpretationen aber nicht umschalten, er konnte das Bezugssystem nicht wechseln, er war nicht mehr fähig zur Rückkehr in die Normalität. In typischer Weise verteidigte er mit unanfechtbarer Sicherheit seine (wahnhafte) Überzeugung.

Das Erlebnis, welches bei der bei Franz Fuchs gegebenen Persönlichkeitsstruktur wie der Schlüssel zum Schloss passte, waren die Folgen des Sprengstoffanschlags von Oberwart. Es zeigte sich bei den Einvernahmen und Explorationen, dass er trotz seines grundsätzlichen Bekenntnisses zu seinen Ideen und seinen Taten ein schlechtes Gewissen wegen der Toten hatte. Dieses manifestierte sich in den bei manchen Untersuchungen zu beobachtenden, sicherlich nicht gekünstelten Weinanfällen und in seiner Abwehr von irgendwelchen Entschuldungsmomenten. Nach eigenen Worten lehnte er es ab, in irgendwelchen kindlichen Konflikten oder Belastungsfaktoren in der Jugend „Entschuldigungen“ für sein strafrechtlich relevantes Tun zu sehen. Der beschriebene Gewissenskonflikt war bei dem differenzierten und sehr intelligenten (Eigenschaften, die bei wahnhaften Menschen sehr häufig sind) Mann zum Schlüsselerlebnis schlechthin geworden. Infolge der charaktereigenen Affektretention und der weitgehenden Isolierung konnte der traumatisierende Konflikt von Franz Fuchs nicht verdrängt oder abreagiert werden, sondern entwickelte sich aufgrund einer so genannten „Leitungsstörung“ zu einer überwertigen Idee, einem das Erleben beherrschenden und quälenden Bewusstseinsinhalt, der nach monatelanger Anhäufung durch die immer enger werdenden (realen) Fahndungsmaßnahmen und die überkochende innere Dynamik unerträglich wurde, was schließlich am 1.10.1997 – dem Tag der Einführung der Rasterfahndung in Österreich – zur psychotischen Dekompensation führte. Man kann somit sagen, dass die Konfliktsituation, in der sich Franz Fuchs befand, und auch seine spezifische Erlebensweise dem psychologischen Verständnis zwar zugänglich sind, die Interpretation und das Verfangensein jedoch eindeutig krankhaft waren: Das, was er „gewähnt“ hat, nämlich von Agenten, Polizisten und Ermittlungsbeamten observiert und verfolgt zu werden, lässt sich in verständlicher Weise ableiten. Zur Inversion, also zum Umschlagen des (noch verstehbaren) Erlebens in den (unverstehbaren) Wahn, kam es, nachdem sich das Schlüsselerlebnis durch die Affektverhaltung, die Isolierung, die mangelnde Kommunikation und den Außendruck zur Übermächtigkeit entwickelt hatte und schlussendlich nicht in eine Neurose, sondern einen (psychotischen) Wahn umgeschlagen war. Das wahnhafte Erleben beherrschte das Verhalten des Bombenlegers von da an völlig, er war im wahnhaften Empfinden und Denken verhaftet und verriet sich deswegen – was in krassem Widerspruch zu seinem zwanghaft vorsichtigen Agieren in den Jahren zuvor steht – selbst. Seiner wahnhaften Angst und seiner zwanghaften Wesensart folgend, hatte er in konsequenter Weise alle Spuren mit höchster Gründlichkeit verwischt und offensichtlich zahlreiches Material weggeräumt.

Der Briefbomber im Vergleich mit dem Unabomber

Persönlichkeit und Schicksal des Franz Fuchs sowie seine Entwicklung zum Verbrecher sind ebenso einzigartig wie die von ihm durchgeführten Straftaten. Bei keinem anderen Verbrecher kann man so viel über die Auswirkungen von lebensbestimmenden Kränkungserlebnissen, über die Störung der Persönlichkeit, über die an eine griechische Tragödie erinnernde Entwicklung eines Selbstbestrafungswahns und über das Ende von allem Bösen lernen wie beim berühmten Bombenhirn. Vergleichbar ist eigentlich nur der Fall des Unabombers Theodor John Kaczynski, welcher geradezu verblüffende Parallelen aufweist. Ähnlichkeiten in der Art des Verbrechens und in den Bekennerbriefen haben sogar so weit geführt, dass die Ermittler eine Zeit lang davon ausgegangen sind, dass der in der Südsteiermark isoliert lebende Franz Fuchs und der in der Einsamkeit Montanas als Eremit hausende Ted Kaczynski miteinander Verbindung gehabt haben mussten. Die Geschichte des Unabombers sei deswegen kurz erzählt.

Kaczynski wurde 1942 in einem Vorort von Chicago geboren und fiel als Heranwachsender durch außerordentliche Intelligenz auf. Schon mit 16 Jahren erhielt er ein Stipendium, das ihm ein Studium der Mathematik und Physik an der Elite-Universität Harvard ermöglichte. Er galt als extremer Einzelgänger, hatte keine Freunde und keine Frauenkontakte, beschäftigte sich nur mit seinen Fachbüchern und gönnte sich nichts. Nachdem er bereits mit 20 Jahren sein Examen in Harvard abgelegt hatte, wechselte er für das Doktorstudium an die Universität Michigan, wo er 1967 promovierte. Anschließend war er an der Hochschule von Berkeley als Wissenschafter tätig, veröffentlichte hervorragende Artikel in Fachzeitschriften und galt als Mathematikgenie. Er war immer korrekt gekleidet, blieb stets zurückhaltend und einzelgängerisch, interessierte sich ausschließlich für sein Fach.

Im Juni 1969 beschloss er zum Erstaunen aller Bekannten, die Universität für immer zu verlassen und auszusteigen. Einmal sagte er, er habe der Mathematik abgeschworen, damit seine Forschungen nie zum Bau von Atomwaffen verwendet werden könnten, dann meinte er, er wolle hinkünftig als Sozialarbeiter tätig sein. Er fuhr auf der Suche nach einem geeigneten Lebensraum mit seinem jüngeren Bruder David, der einzigen Person, die er näher an sich heranließ, durch die USA und Kanada. Immer wieder äußerte er seine Verachtung gegenüber dem technischen Fortschritt und der Computerindustrie. 1971 kaufte er mit einem Kredit, für den David die Bürgschaft übernommen hatte, ein Landstück in den Wäldern der Rocky Mountains, wo er fortan fernab jeder Zivilisation lebte. Seine selbst gezimmerte, 2,5 x 3 Meter Grundfläche umfassende Holzhütte war nur mit einem schmalen Bett, einem Tisch und zwei Stühlen bestückt. Er baute Gemüse an und jagte Hasen. Im nahe gelegenen Tausendseelenort Lincoln galt er als „der Eremit mit dem Fahrrad", welcher viel Zeit in der örtlichen Bücherei verbrachte. Dort bestellte er seltene Werke und vertiefte sich stundenlang in das Studium spanischer oder deutscher Bücher und der regionalen Zeitung. Er liebte Shakespeare und Joseph Conrad, welcher 1907 in seinem Roman *Der Geheimagent* einen abseits der Zivilisation vereinsamt lebenden Terroristen beschrieben hatte.

In Lincoln fiel niemandem auf, dass der seltsame Fremdling oft wochen- und monatelang abwesend war. In dieser Zeit hielt sich Kaczynski in Hotels in Chicago, Sacramento und Salt Lake City auf und verschickte von dort aus von 1978 bis 1995 Briefbomben, die er stets mit den Buchstaben „FC" (= Freedom Club) signierte. Seine 16 Bombenanschläge forderten insgesamt drei Todesopfer und 22 Verletzte. Der erste Anschlag am 26.10.1978 war gegen die Northwestern University in Evanston gerichtet, an welcher er vor Jahren ein wissenschaftliches Manuskript mit Warnungen vor den Gefahren des technischen Fortschritts veröffentlichen wollte, welches aber abgelehnt wurde. Die folgenden Attentate hatten stets mit Personen und Institutionen zu tun, welche mit neuen gesellschaftlichen Entwicklungen und Technologien zu tun hatten. Da sich die Bombenanschläge gegen Universitäten und Airlines richteten, erhielt der Unbekannte den Namen „Unabomber". Die Bomben waren mit einfachen Mitteln, aus alten Schrottteilen und selbst fabrizierten Chemikalien hergestellt, verwertbare Spuren wurden nie gefunden. Der Unabomber erreichte mit dem Versprechen, nie wieder Bomben zu verschicken, die Veröffentlichung eines 75 Seiten langen, 35.000 Worte umfassenden Manifests in den angesehenen Zeitungen *New York Times* und *Washington Post.* In der im Stile einer Seminararbeit geschriebenen, völlig fehlerfreien Publikation bezeichnete er die Industriegesellschaft als schädlich und auflösungswürdig, Fabriken müssten zerstört und technische Bücher verbrannt werden, der industrielle Fortschritt entmündige die Menschen und beraube jeden seiner Freiheit. Die Veröffentlichung brachte 20.000 Hinweise aus der Bevölkerung ein, darunter auch einen entscheidenden von David Kaczynski. Dieser hatte aufgrund der Wortwahl den Verdacht geschöpft, dass sein Bruder Theodor der Urheber sein könnte und hatte, von Gewissensbissen geplagt, Anzeige erstattet.

Bei der Festnahme am 3. April 1996 fanden die Agenten einen verwahrlosten Waldmenschen mit wirrem Haar und zerlöcherter Kleidung vor. In der mit Unrat überhäuften Hütte wurden u.a. Manuskripte mit Anleitungen zum Bombenbau, Drähte, Sprengstoff und eine fertige Bombe gefunden. Kaczynski wurde gegen seinen Willen einer psychiatrischen Begutachtung unterzogen, welche eine kombinierte Persönlichkeitsstörung, aber auch eine episodische Schizophrenie vom paranoiden Typ diagnostizierte. Die Diagnose einer Geisteskrankheit rettete Kaczynski vor dem Todesurteil, er wurde zu lebenslanger Haft verurteilt.

Auch beim Fall Kaczynski stellt sich die Frage, inwieweit derart geniale, nicht gewinnorientierte Verbrechen nur von Personen ersonnen und durchgeführt werden können, welche nahe am Rande des Wahnsinns leben oder von diesem bereits beherrscht werden. Die wahnhafte Idee ist nicht nur Grund des Verbrechens, sondern führt auch zu dessen Limitierung und Aufklärung. Die Risiken, die sich aus dem Agieren in einer Gruppe ergeben würden, werden durch den innerpsychischen Druck und den Stress, dem ein Einzeltäter ausgesetzt ist, gleichsam aufgewogen. Die stets vorhandene Angst vor Entdeckung und Verhaftung, das Überlegenheitsgefühl und die Isolation begünstigen das Auftreten von immer kühneren Fantasien, die sich allmählich zur wahnhaften Gewissheit verdichten und in einer dann eigendynamischen Wahnerkrankung münden.

Von Thomas Müller, dem bekannten österreichischen Kriminalpsychologen, wurden in einem Vergleich zwischen dem Unabomber und dem Bombenhirn folgende Parallelen herausgearbeitet:

1. Beide schrieben, bevor sie darangingen Bomben zu basteln, Briefe bzw. Elaborate an Personen, welche sich ebenfalls mit ihrer Thematik befassten.
2. Beide waren kaum in der Lage, mit anderen Menschen zu agieren.

3. Beide waren kaum in der Lage, Kontakte zu Frauen herzustellen.
4. Beide gaben agierende Gruppen vor.
5. Beide dürfen als extreme Einsiedler angesehen werden.
6. Beide zeigten sowohl in ihrer Ausbildung und ihrem Leben als auch bei der Umsetzung der Schreiben und Bomben ein zwanghaftes Verhalten zum Perfektionismus.
7. Beide begannen, nachdem die ersten Bomben gebaut wurden, mit der Ausformulierung von Entlastungsschreiben.
8. Beide kreierten erst nach einer gewissen Zeit eine agierende Gruppe (BBA – Bajuwarische Befreiungsarmee und FC – Freedom Club).
9. Beide verwendeten ein unverwechselbares Merkmal, um zu beweisen, dass sie die Hauptakteure waren. Die BBA den Punkt im Briefkopf, Kaczynski verwendete in allen Schreiben eine willkürlich gewählte Sozialversicherungsnummer, auf die er sich immer bezog.
10. Beide steigerten im Laufe ihrer Aktivität die Länge der Entlastungs- bzw. Bekennerschreiben.
11. Beide bauten immer komplexere Bomben, je länger die Serie andauerte.
12. Beide verhöhnten die Fahnder in ihren Schreiben (FBI und Innenministerium).
13. Beide rückten die Absätze um zwei Leertasten ein.
14. Beide unterstrichen wichtige Passagen in den Schreiben, indem sie Sternchen von links nach rechts verwendeten.
15. Kaczynski unterlief bei über 70 Seiten ein einziger Interpunktionsfehler, Fuchs ein Auslassungsfehler in einem 9-seitigen Schreiben.
16. Beide beschäftigten sich intensiv mit Mathematik und dem Codieren von Schreiben.
17. Beide hatten saubere Zeichnungen ihrer Bomben zu Hause, einschließlich der Funktion.
18. Beide verwendeten alte Bauteile bzw. normale Gebrauchsgegenstände.
19. Beide verwendeten hochkomplexe Codes, um Schriftstücke zu verschlüsseln. Im Zusammenhang mit den UNABOMB-Anschlägen konnten bei der Hausdurchsuchung in der Hütte von Kaczynski schwierigste Zahlencodes aufgefunden werden.
20. Beide platzierten mehrere Bomben persönlich, die meisten wurden aber mit der Post verschickt.
21. Beide wählten ihre Opfer über Medienberichterstattungen aus.

Der Vergleich feststellbarer Persönlichkeitsmerkmale zwischen Franz Fuchs und Ted Kaczynski ergab über zehn Übereinstimmungen. Dazu kommt, dass beide an einer paranoiden Psychose erkrankt waren. Bei Fuchs war dies eine wahnhafte Entwicklung, bei Kaczynski wurde eine paranoide Schizophrenie diagnostiziert.

Franz Fuchs hielt bis zu seinem Tod an seinen fanatischen Gedanken fest und war bis zuletzt überzeugt, in den letzten Wochen seiner Freiheit entdeckt und überwacht worden zu sein. Der Teilnahme an der Verhandlung entzog er sich durch das anhaltende Brüllen ausländerfeindlicher Parolen. Die Verurteilung zu lebenslanger Haft und die Einweisung in eine Anstalt für psychisch abnorme Rechtsbrecher nahm er regungslos zur Kenntnis. Sein Leben, so hatte er bereits früher gemeint, werde sich hinkünftig so abspielen „wie das einer Kuh". Sie werde auf die Weide geführt und gefüttert und bis zum Tod auf engem Raum versorgt. Dies mache ihm nichts aus, er habe ja über so viel nachzudenken. Über sein Schicksal, auch über den Verlust seiner Unterarme hat er sich nie beklagt. Die Versorgung mit Prothesen lehnte Fuchs entrüstet ab.

Das Ende des Bombenhirns und damit der Bajuwarischen Befreiungsarmee war logisch. Obwohl niemand aus seiner unmittelbaren Umgebung an die in psychiatrischen Gutachten präzise formulierte hochgradige Suizidgefahr glaubte, schied Franz Fuchs so aus dem Leben, wie er sich dies schon ein Vierteljahrhundert zuvor, nach Beendigung seines Arbeitsverhältnisses in Deutschland, gewünscht und im Abschiedsbrief kundgetan hatte:

> „... Vor 3 ? Wochen fasste ich den endgültigen Beschluss zum Selbstmord. Wozu sollte ich jahrzehntelang Ärger und Enttäuschung und Rückschläge und Mühen auf mich nehmen, wenn ich letzten Endes doch nur altere und verfalle!
>
> Meine Bedeutung und Existenz für die Menschheit ist null, erschöpfen sich auch meine gesellschaftlichen relevanten Tätigkeiten im Arbeiten und Fressen bzw. Geldausgeben für persönliche Bedürfnisse (Punkte, wie übrigens bei den meisten Leuten, aber das ist deren Problem!) ...
>
> ... Mein Tod:
>
> Ursache: Kopfschuss mit einem abgesägten Flobertgewehr, weitere Maßnahmen werden für einen sicheren Tod sorgen (vermutlich des 10.8.). Ort und Zeitpunkt werden so gewählt sein, dass man mich nach Möglichkeit niemals findet und Angehörige nicht in falschen Verdacht geraten könnten.

Mein letzter Wunsch:

Ich wünsche nicht, dass falsche Vermutungen über meine Motive oder gar über meinen Geisteszustand angestellt werden. Wer über mich spricht, den soll der Blitz auf offener Straße erschlagen. Es würde für mich einen großen Triumph bedeuten, meine Leiche fern von menschlichem Zugriff gebracht zu haben. Sollte meine Leiche aber dennoch gefunden werden, möchte ich bei Nacht und Nebel und ohne Pfarrer begraben werden." ...

Die BBA-Attentate wären ohne das Auftreten eines psychiatrischen Phänomens, eines als Selbstbestrafung zu interpretierenden Wahns, nie aufgeklärt worden. In der Südsteiermark wäre ein Mann namens Franz Fuchs verschwunden, er hätte nichts hinterlassen, nie mehr wären Spuren von ihm aufgetaucht, sein Fall wäre unaufgeklärt geblieben, niemanden außer den Angehörigen hätte dies interessiert. Niemand hätte im Entferntesten daran gedacht, dass dies mit dem größten Kriminalfall Österreichs zu tun hatte.

Am 28.2.2000 nahm sich Franz Fuchs das Leben. Ohne Hände bzw. Prothesen schaffte es der geniale Verbrecher, sich in der bestüberwachten Zelle Österreichs mit Hilfe eines Stromkabels und eines Leitungsrohres an dem an der Decke befindlichen Wasserkasten zu erhängen. Für die Vorbereitung und Durchführung der Suizidhandlung standen ihm gerade zwanzig Minuten Zeit zur Verfügung. Franz Fuchs hat es geschafft, fast alle zu überraschen, in einer Zeit, in der niemand damit rechnete, und auf eine Art, die niemand für möglich gehalten hätte. Die Schlagzeilen zu seinem Tod lauteten, wie ich meine, sehr treffend: „Sein letztes Meisterwerk."

Kapitel 19

Und die Opfer?

Wer kümmert sich bei großen Kriminalfällen eigentlich um die Opfer, wer denkt an sie, wer schreibt über ihr Leid, wer interessiert sich für ihr Schicksal? Sind Psyche und Motivation eines narzisstischen Serienkillers, Fühlen und Denken eines Sexualmörders, Überlegungen und Motive einer Giftmörderin oder der scharfe Verstand eines genialen Verbrechers nicht viel interessanter als das Schicksal der Opfer? Wird das Leid derer, deren Leben durch das Agieren eines Verbrechers ein grundlegend anderes geworden ist, nicht gerne verdrängt? Es ist bezeichnend, dass das erste Gesetz zur Entschädigung von Verbrechensopfern erst im Jahr 1963, und zwar in Neuseeland, beschlossen wurde. In Österreich folgte 1972 ein Bundesgesetz über die Gewährung von Hilfeleistungen an Opfer von Verbrechen, in Deutschland trat erst 1976 das Gesetz über die Entschädigung für Opfer von Gewalttaten in Kraft. Viel später wurden Bestimmungen zur Verbesserung der Stellung der Opfer im Strafverfahren wirksam. Wie ist es zu verstehen, wenn wir feststellen müssen, dass die Lehre vom Opferverhalten, die Viktimologie, eine der jüngsten kriminologischen Disziplinen ist und dass die psychischen Folgen auf Seiten der Opfer erst in den letzten Jahren durch die wissenschaftliche Befassung mit der Lehre von den posttraumatischen Belastungsstörungen ins Bewusstsein gerückt sind? Ist es schließlich ein Zufall, dass in einem Buch über die Seele des Verbrechers erst gegen Schluss auf die Opfer, ihre Rolle und ihr Leid eingegangen wird?

Das Opferverhalten ist, um es mit wissenschaftlicher Nüchternheit auszudrücken, eine der wesentlichen Bedingungen der Kriminalitätsentstehung. Verbrechen entwickeln sich als „Dreiklang" von Tat, Täter und Opfer. Zahlreiche Delikte, insbesondere im Beziehungsbereich, sind opferabhängig, denken wir nur an eine jahrelang tyrannisierte Ehefrau, die ihren Mann im Streit umbringt, an drogenabhängige Dealer, die zugleich Opfer und Täter sind, oder an den eingangs beschriebenen Overkill, bei welchem der Täter durch das Verhalten des Opfers in tödliche Panik gerät.

Wenn man über Person, Verhalten und Rolle der Opfer spricht, gerät man leicht in Verdacht, diesen Haupt- oder Mitschuld am Verbrechen zuspielen zu wollen. Bei Vergewaltigungen und sexuellem Kindesmissbrauch wird dieser Vorwurf nahezu regelhaft erhoben. Verbrechen können aber niemals verstanden werden, wenn nicht der so wichtige Stellenwert des Opfers beachtet wird, dem immer die ganze Sympathie und Hilfe der Gesellschaft gelten soll.

Wer wird zum Opfer?

Wer sind nun die Opfer, gibt es bestimmte Opfertypologien und welche Rolle spielen Opfer bei den verschiedenen Einzeldelikten?

Opfer, welche z.B. bei Wirtschafts- und Betriebskriminalität kaum erfasst werden können, sind nach rechtlichem Verständnis „diejenigen natürlichen oder juristischen Personen, die in einem von der Rechtsordnung geschützten Rechtsgut verletzt werden". Eine pragmatischere Definition beschreibt Opfer als „eine Person oder Organisation, die durch eine Straftat gefährdet, geschädigt oder zerstört wird". Auf die Frage, ob es eine Opferdisposition gebe, kommt der bekannte Kriminologe Nagel zum Schluss: „Es scheint offenkundig zu sein, dass, wie die schwächsten Tiere am leichtesten von ihresgleichen angegriffen werden, auch schwache Individuen am leichtesten zu Opfern von Angriffen werden. So sind Kinder und ältere Menschen wegen ihres Alters körperlich schwach, oder es gibt Leute, die wegen ihres Geschlechtes schwächer sind oder es zumindest scheinen. Wieder andere sind wegen ihrer begrenzten intellektuellen Fähigkeit anfälliger, Opfer zu werden." Interessant und nicht ohne weiteres erklärbar ist aber die Tatsache, dass z.B. Straßenverkehrsopfer nicht immer Zufallsopfer sind. In einer bekannten Untersuchung wurde erhoben, dass etwa 70% der Straßenunfälle nur zirka 20% der Verkehrsteilnehmer betreffen, sodass es Menschen zu geben scheint, die in besonderem Maße unfallgefährdet sind und viel leichter als andere in die Situation des unschuldigen Opfers geraten.

In den vergangenen Jahrzehnten wurde versucht, verschiedene Opfergruppen zu typologisieren.

Eine bekannte Einteilung ist die so genannte „schuldorientierte Typologie", welche eine Abstufung zwischen den Polen „vollständig unschuldige" und „ganz überwiegend oder allein schuldige" Opfer vornimmt. Zu den völlig unschuldigen Opfern gehören die (austauschbaren) Zufallsopfer im Straßenverkehr, bei Terroranschlägen, Flugzeugentführungen oder in weiten Teilen der Einbruchskriminalität. Freiwillige Opfer, z.B. drogenkonsumierende

Dealer oder Teilnehmer an Kettenbriefaktionen, gelten als in etwa genauso schuldig wie die Täter. Ganz überwiegend oder allein schuldige Opfer wären angreifende Personen, die durch Notwehr verletzt oder getötet werden, oder auch Alkoholisierte, die Widerstand gegen die Staatsgewalt entwickeln und bei der ordnungsgemäßen Festnahme Verletzungen erleiden.

Oft ist tatsächlich der Täter das eigentliche Opfer. Eine 58-jährige Frau, die in ihrem Leben viel mitgemacht hatte, über Jahre auf dem Bauernhof ihres Mannes die Hauptarbeit leistete und zudem ein behindertes Kind und die sieche Schwiegermutter pflegte, musste feststellen, dass ihr Mann ein außereheliches Verhältnis begonnen hatte. Die Frau, die in ihrem Leben noch nie Urlaub gemacht und noch keinen Tag wegen Krankheit im Bett verbracht hatte, war von dem schon seit Jahren Alkohol missbrauchenden Gatten geschlagen und schikaniert worden. An Geld standen ihr nur jene Mittel zur Verfügung, die sie mit der Nebenerwerbslandwirtschaft erwirtschaften konnte. Die Frau versuchte trotzdem, die Ehe zu retten, wurde von ihrem Mann aber wüst beschimpft und geschlagen, wenn sie auf seine außereheliche Beziehung zu sprechen kam. Sie wurde schwer depressiv, musste trotzdem ihre vielfältigen Aufgaben bewältigen, war am Tage erschöpft und fand in der Nacht keinen Schlaf, litt unter Appetitlosigkeit und Herzbeschwerden, habe dann viele Tage „wie in Trance" gelebt und nur noch „wie ein benommener Roboter" gehandelt. Verzweifelt wartete sie eines Nachts auf die Rückkehr ihres Mannes. Als dieser in den frühen Morgenstunden heimkam, zu randalieren begann und sie schlug, ergriff sie ein Küchenmesser und rammte es ihm in die Brust ...

Eine andere Typenbildung berücksichtigt die äußeren Merkmale des Verbrechens, die Tatmotive und die Person des Opfers. Danach hängt die Gefahr, Opfer eines Verbrechens zu werden, besonders von der räumlich-zeitlichen Situation ab, man denke z.B. an die vielen Todesopfer, die der Karneval in Rio fordert, oder an die unzähligen Raubüberfälle, die sich in manchen großstädtischen Problemzonen ereignen. Man kann das Opfer aufgrund seiner familiären Stellung beschreiben, denken wir an Inzest, Kindesmissbrauch und -misshandlung, an Eltern- und Partnertötung oder an den beschriebenen Mord aus Liebe oder Selbstliebe. Verschiedene Berufe, z.B. jener des Bankbeamten, des Taxifahrers oder der Prostituierten, laufen mehr als andere Gefahr, Opfer zu werden.

In die Opferrolle kann man aufgrund von Gewinnsucht kommen, etwa wenn man den Versprechungen eines Betrügers auf rasches Geld oder finanzielle Mittel glaubt, in „todsichere“ Anlagen investiert. Manche werden wegen ihrer rassischen, völkischen und religiösen Minderheitensituation zum Opfer, erinnert sei an das unsägliche Leid, das Juden, Zigeuner oder Farbige im Laufe der Geschichte mitmachen mussten. Manche werden wegen ihrer besonderen biologischen Konstitution oder wegen reduzierter Widerstandsfähigkeit zum Opfer, so zum Beispiel wehrlose Menschen wie Pflegebedürftige, Betrunkene, Kinder, Greise oder Behinderte, welche finanziell oder sexuell ausgenutzt werden. Viele macht das eigene aggressive Verhalten zum Opfer, so der Familientyrann, welcher Frau und Kinder schlägt und eines Tages mit Widerstand durch die heranwachsenden Kinder, welche Mutter und Geschwister beschützen oder befreien wollen, konfrontiert wird. Ein klassisches Beispiel ist die so genannte „Via-Mala-Situation“, benannt nach dem bekannten Roman, in welchem ein Alkoholiker mit gemütsarmen, aggressiv-sadistischen Zügen seine ganze Familie terrorisiert und deswegen von den hilflosen, verzweifelten Angehörigen in einer Art von Notwehr umgebracht wird.

Aber auch kleine, unschuldige Kinder können infolge ihres natürlichen Verhaltens oder von Besonderheiten in bestimmten Entwicklungsphasen zum Opfer werden. Eine 30-jährige Alleinerzieherin, welche unverhofft Mutter geworden und dann vom Kindesvater verlassen worden war, schüttelte ihr schreiendes Kind so heftig, dass dieses Zerr- und Schleuderverletzungen im Bereich des Gehirns und des oberen Rückenmarks erlitten hat und für sein Leben behindert bleiben wird. Die Mutter war in ihrer Rolle in mehrfacher Hinsicht überfordert. Schon früher hatte sie unter Versagensgefühlen und depressiven Erschöpfungen gelitten, besonders in den Tagen vor der Menstruation. Sie war in einem Betrieb als Fließbandarbeiterin beschäftigt, diese Tätigkeit überforderte sie in jeder Hinsicht, sodass sie ständig unter Kopfschmerzen, Magenbeschwerden und Herzjagen litt. In die Partnerschaft hatte sie große Hoffnungen gesetzt. Sie stellte sich eine harmonische Familie vor, in welcher sich der Mann an der Kindespflege und -erziehung beteiligt. Als sie dann verlassen wurde, litt sie nicht nur unter der schweren Enttäuschung, sondern auch unter enormem Stress. Sie musste noch während der Karenzzeit die Arbeit wieder aufnehmen, war ständig auf der Suche nach einem geeigneten Tagesplatz für das Kind, kam übermüdet von der Arbeit nach Hause und sah sich mit dem Kind allein in der Wohnung. Sie habe dessen Schreien allmählich nicht mehr ausgehalten, sei zusammengezuckt, habe sofort wieder ihre körperlichen Beschwerden gespürt, habe in der Nacht nicht mehr schlafen können, habe in ihrer Hilflosigkeit getobt und geweint und das Kind immer häufiger angeschrien. Sie habe gegen das Kind, das ihr Ein und Alles gewesen sei, gleichzeitig schwere Aggressionen gespürt. Als es sich in einer Nacht nicht beruhigen wollte und immer wieder zu schreien begann, habe sie es aus der Wiege herausgenommen, habe es zuerst getröstet und ihm vorgesungen, habe dann das Kind gepackt und geschrien: „Sei endlich ruhig ... Sei still!" Dabei habe sie das acht Monate alte Baby zwei- oder dreimal geschüttelt. Sie könne nicht glauben, dass das Kind, dem sie nie etwas zu Leide tun wollte, dabei so schwere Verletzungen erlitten habe.

Vergewaltigungen sind das für die Verknüpfung der Täter-Opfer-Beziehung klassische Delikt. Die Frage, inwieweit das Opfer ein gewisses Entgegenkommen gezeigt oder die Ablehnung nicht eindeutig kundgetan habe, wird bei Gericht oft diskutiert. Falsche Mutmaßungen halten viele Opfer davon ab, Anzeige zu erstatten. Sie fürchten nicht nur die sehr belastenden Aussagen und die Reaktivierung des Traumas, sondern auch die Reaktion der Ermittler, des Gerichts und der Öffentlichkeit, durch die sie sich selbst nicht mehr als Opfer, sondern plötzlich als Mitschuldige sehen. Zur Frage, ob sich eine Frau in einer Notzuchtsituation zur Wehr setzen soll oder nicht, schreibt der bekannte Kriminologe Schneider: „Befindet sie sich in einer Notzuchtsituation, so sollte sie wenigstens durch ein unmissverständliches ‚Nein' Klarheit schaffen. Empirisch-viktimologische Untersuchungen haben ergeben, dass potenzielle Opfer in etwa einem Drittel der Fälle durch Widerstandleisten in einer Notzuchtsituation ihre Vergewaltigung verhindern konnten ... Bei einer Befragung von Notzuchttätern stellte sich heraus, dass sich immerhin 30% allein durch einen klaren, unmissverständlichen Widerspruch des Opfers hätten abschrecken lassen. Es wird allerdings auch empfohlen, dass das Opfer in der Notzuchtsituation teilweise nachgeben soll, um Zeit zu gewinnen und dem Täter sicher und unverletzt zu entkommen. Das Opfer soll den Täter wie ein menschliches Wesen und nicht wie einen ‚tollen Hund' behandeln. Es soll ihn durch lange Gespräche ablenken, und es soll sich unattraktiv, unweiblich und vulgär benehmen, um den Täter abzuschrecken. Ob solche Methoden der Selbstverteidigung erfolgreich sind, vermag die Viktimologie derzeit noch nicht mit einigermaßen großer Sicherheit zu sagen. Das Opfer darf jedenfalls – wenn möglich – keine Furcht zeigen."

Die psychischen Wunden bei den Opfern

Opfer von Gewaltverbrechen leiden oft an anhaltenden psychischen Störungen, manchmal überwinden sie das Trauma ihr Leben lang nicht. Es kommt zu neurotischen Entwicklungen, zu psychosomatischen Störungen, zu depressiven Zuständen und Angsterkrankungen, sehr häufig zu Störungen im Sexualleben und zu einem allgemeinen Verlust der Lebensqualität. Wissenschaftlich werden zwei Störungen unterschieden, nämlich die sich bei den Opfern nach Gewalttaten gleich einstellende akute Belastungsreaktion und die heute so viel diskutierte, verzögert auftretende posttraumatische Belastungsstörung.

Die *akute Belastungsreaktion* ist eine vorübergehende Störung von beträchtlichem Schweregrad, die sich bei einem psychisch nicht manifest gestörten Menschen als Reaktion auf eine außergewöhnliche körperliche oder seelische Belastung entwickelt und im Allgemeinen innerhalb von Stunden oder Tagen abklingt. Das auslösende Ereignis kann ein überwältigendes traumatisches Erlebnis mit einer ernsthaften Bedrohung für die Sicherheit oder körperliche Unversehrtheit des Patienten oder einer geliebten Person sein (z.B. Naturkatastrophe, Unfall, Krieg, Verbrechen, Vergewaltigung) oder eine ungewöhnlich plötzliche und bedrohliche Veränderung der sozialen Stellung oder des Beziehungsnetzes des Betroffenen wie etwa Verluste durch mehrere Todesfälle, einen Brand oder Ähnliches. Das Risiko, diese Störung zu entwickeln, ist bei gleichzeitiger körperlicher Erschöpfung, oder wenn organische Beeinträchtigungen, z.B. bei älteren Menschen, vorliegen, erhöht. Die individuelle Verletzbarkeit und die zur Verfügung stehenden Bewältigungsmechanismen spielen beim Auftreten und beim Schweregrad der akuten Belastungsreaktion eine Rolle. Dies wird daran deutlich, dass nicht alle Personen, die Opfer eines Verbrechens werden, auch eine Störung entwickeln.

Die Symptome der akuten Reaktion auf eine verbrecherische Attacke sind bei jedem Opfer etwas anders. Typischerweise beginnen sie mit einer Art von „Betäubung“, einer gewissen Bewusstseinseinengung und eingeschränkten Aufmerksamkeit, einer Unfähigkeit, Reize zu verarbeiten, und Desorientiertheit. Diesem Zustand kann ein weiteres Sichzurückziehen aus der aktuellen Situation folgen oder aber ein Unruhezustand und Überaktivität wie Fluchtreaktion. Meist treten vegetative Zeichen panischer Angst wie Herzrasen, Schwitzen und Erröten auf. Die Symptome erscheinen im Allgemeinen innerhalb von Minuten nach dem belastenden Ereignis und gehen innerhalb von zwei oder drei Tagen, oft innerhalb von Stunden zurück. Manchmal wird diese ganze Zeit verdrängt, die Erinnerung an das Erleben ist offenbar so schrecklich, dass der gnädige Mantel des Vergessens darüber ausgebreitet wird.

Die *posttraumatische Belastungsstörung* entsteht als eine verzögerte oder protrahierte Reaktion auf ein belastendes Ereignis, eine Situation außergewöhnlicher Bedrohung oder katastrophenartigen Ausmaßes und auf schwere Gewalttätigkeiten. Hierzu gehören eine durch Naturereignisse oder von Menschen verursachte Katastrophe, eine Kampfhandlung, ein schwerer Unfall oder Zeuge des gewaltsamen Todes anderer oder selbst Opfer von Folterung, Terrorismus, Vergewaltigung oder anderen Verbrechen zu sein. Vorbestehende Persönlichkeitsfaktoren wie Zwanghaftigkeit oder neurotische Erkrankungen in der Vorgeschichte können die Schwelle für die Entwicklung dieses Syndroms senken oder seinen Verlauf verstärken.

Kennzeichnende Merkmale der posttraumatischen Belastungsstörung sind das wiederholte Erleben des Traumas in sich aufdrängenden Erinnerungen, so genannten Nachhall-Erinnerungen oder Flashbacks, und in Träumen, vor dem Hintergrund eines andauernden Gefühls von Betäubtsein und emotionaler Stumpfheit, Gleichgültigkeit gegenüber anderen Menschen, Teilnahmslosigkeit der Umgebung gegenüber, Freudlosigkeit sowie Vermeidung von Aktivitäten und Situationen, die Erinnerungen an das Verbrechen wachrufen könnten. Üblicherweise findet sich Furcht vor und Vermeidung von Stichworten, die den Leidenden an das ursprüngliche Trauma erinnern könnten. Selten kommt es zu dramatischen akuten Ausbrüchen von Angst, Panik oder Aggression, ausgelöst durch ein plötzliches Erinnern und intensives Wiedererleben des Vorgefallenen oder der ursprünglichen Reaktion darauf.

Gewöhnlich tritt bei Opfern von Gewalttätigkeit ein Zustand vegetativer Übererregtheit und Überwachheit, einer übermäßigen Schreckhaftigkeit und Schlaflosigkeit auf. Angst und Depression sind häufig mit den genannten Symptomen und Merkmalen assoziiert und Suizidgedanken nicht selten. Die betroffene Person versucht häufig, mit Alkohol oder Drogen Entspannung, Angstfreiheit und Beruhigung zu finden. Sie setzt berauschende Mittel gleichsam als psychopharmakologische Substanzen ein, entwickelt einen Missbrauch und wird in vielen Fällen abhängig. Der Versuch, sich aus den schrecklichen Folgen des Verbrechens zu befreien, führt auf diesem Wege zu einer süchtigen Fehlhaltung und damit zu einer neuen Form der Unfreiheit.

Neben diesen beiden bekannten, heute bei Schadenersatzprozessen, Schmerzensgeldforderungen und Pensionierungsverfahren sehr bedeutenden Störungen bei Verbrechensopfern gibt es viele andere Probleme, die schwer zu begründen sind und nicht durch Schmerzensgeld usw. abgedeckt werden können. Manchmal lösen verbrecherische Handlungen bei den Opfern Störungen aus, die sich später als Aggressionsneigung oder sexuelle Perversion manifestieren und nun ihrerseits das ehemalige Opfer in die Rolle des Täters drängen.

In einem Aufsehen erregenden Fall wurde ein 58-jähriger Sportlehrer angeklagt, weil er über Jahre hinweg Mädchen im Alter von acht bis zwölf Jahren zu verschiedensten Unzuchtshandlungen genötigt hatte. Als Trainer wurde er von allen geschätzt und von vielen geliebt, wodurch ihm eine stete Nähe zu Mädchen möglich war. Er hatte sie intensiv geküsst, abgetastet, vor ihnen sein Geschlechtsteil entblößt, sein erregtes Glied an ihren Körper gepresst und sie mit obszönen Ausdrücken belegt. Wiederholt hatte er bei ihnen, wie es in der Anklageschrift hieß, „beischlafähnliche Handlungen“ durchgeführt.

Die Untersuchung des ledigen, kinderlosen Mannes erbrachte vorerst kein auffallendes Bild. Seine Lebensgeschichte war eher farblos. In seiner Persönlichkeitsstruktur zeigte sich der normal intelligente Mann als introvertiert, einzelgängerisch, emotional flach, wenig empathisch, missgestimmt, eher zwanghaft, aber auch als triebstark und ängstlich. Er litt unter Minderwertigkeitsgefühlen und versteckten Selbstwertzweifeln, kämpfte mit Kontaktproblemen und Versagensängsten und zeigte in den Tests immer wieder so genannte „Sexualschocks“. In der psychologischen Analyse ließen sich zwei wichtige Wurzeln der Pädophilie ermitteln, in das nach außen hin farblose und innerlich angstvolle Dasein hätte Sexualität nach seinem Empfinden Abwechslung gebracht. Die neurotische Angst vor anderen Menschen, insgesamt auch vor etwa gleichwertigen Frauen, hat dies verunmöglicht. Er litt nicht unter einer Kernpädophilie, von der man nur dann sprechen könnte, wenn eine vorwiegende oder ausschließliche sexuelle Fixierung auf Kinder vorliegt und wenn der beabsichtigte Partner ein vorpubertäres Kind ist (eine solche Deviation findet sich übrigens nur bei etwa der Hälfte der sexuellen Handlungen mit Kindern). Vielmehr handelte es sich bei ihm um eine pädophile Ersatzhandlung für an sich bevorzugte Erwachsenensexualität, welche ihm aufgrund seiner Versagensängste und seiner neurotischen Hemmungen nicht in genügendem Umfang möglich war.

Es wurde aber auch noch eine dritte Wurzel für sein pädophiles Verhalten gefunden. Die Befragung ergab, dass er vom 10. bis zum 12. Lebensjahr Bettnässer gewesen sei, nachdem die Reinlichkeitserziehung zuvor schon sehr früh zum Erfolg geführt hatte. Hintergrund dieser Störung war nicht der frühe Tod seiner leiblichen Mutter. Vielmehr gab der pädophile Täter nach langem Zögern an, dass er ab dem 10. Lebensjahr von seiner Stiefmutter sexuell missbraucht worden sei. Diese habe eine eigenartige Verhaltensweise gehabt. Sie habe immer an seinem Genitale schnüffeln wollen. Er habe sich dagegen nicht wehren und auch den leiblichen Vater nicht einweihen können, habe zu jeder Tages- und Nachtstunde verfügbar sein müssen. Sie habe ihn gierig an sich gepresst und wieder weggestoßen und dabei behauptet, er sei unrein, er stinke abscheulich, er sei nichts wert. Er habe sich nie getraut, sexuelle Kontakte aufzunehmen, da er befürchtet habe, wegen seiner „Ausdünstung" abgewiesen zu werden. Die Hilflosigkeit des ausgelieferten Kindes, die in eine falsche Richtung geleitete Sexualität, die durch den Missbrauch ausgelösten Minderwertigkeitsgefühle und Versagensängste haben ihn später als Täter in die Welt des Kindes zurückgeführt. Damit schließt sich kein Kreis, vielmehr hat der sexuelle Kindesmissbrauch das Opfer zum Täter gemacht und die Spirale des Bösen eröffnet ...

Epilog

Ich habe Ihnen Geschichten erzählt, Geschichten über Verbrechen und die dahinter stehenden Personen, über die Sprache des Verbrechens und die Psyche des Mörders, über die Entwicklung zum Verbrecher und das Schicksal, Verbrecher zu sein. Verbrechen haben immer ihre eigene Geschichte, nur als Geschichte kann man sie verstehbar machen.

Ich hätte noch viel zu erzählen, von Verbrechen, die mit kaltem Gemüt verübt wurden, und solchen aus überkochender Leidenschaft, von Verbrechen aus Dummheit und von gekränkten Genies. Von der kriminellen Energie, resultierend aus Schwäche und Krankheit – und aus bösem Willen. Ich möchte noch erzählen von zutiefst menschenverachtenden Verbrechen und solchen, die die Würde des Menschen wiederherstellen, von verherrlichten, von verdrängten, von tabuisierten und nie bekannt gewordenen Verbrechen – und vom verbrecherischen Gesamtkunstwerk des 11. September 2001. Vom Sinn der Aggression und dem fehlenden Sinn des Bösen, von Verbrechern, die in den Augen der Gesellschaft nicht nur unter einer minderwertigen Gesundheit, sondern auch einer minderwertigen Krankheit leiden. Von Menschen, die durch Urteil zu Verbrechern erklärt wurden, ohne je etwas Unrechtes getan zu haben, und von Verbrechen, die Ruhm und Reichtum bringen. Ich denke an nicht identifizierte und nicht deklarierte Verbrecher, die Menschen in den Tod getrieben haben, ohne dafür je zur Verantwortung gezogen worden zu sein, und an solche, die in die Wunden der Verletzten noch Salz streuen.

Es gäbe noch so viele Geschichten von genau geplanten und bis ins Letzte durchdachten Verbrechen und von zufälligen, bei denen der Täter noch kurz zuvor nie geahnt hätte, dass er jemals Verbrecher sein würde, von Gentleman-Verbrechern und Kriminellen, die sich unter der Fassade einer hoch angesehenen Persönlichkeit verbergen. Ich hätte noch viel zu erzählen von weggesperrten Verbrechern und nicht wegtherapierbaren verbrecherischen Impulsen, vom Verbrecher in uns und vom Rausch des Verbrechens – und von den vielen Opfern. Für manche Verbrechen sind Worte zu wenig, wer wird schon für die Verfolgung Unschuldiger, für Massenvernichtung und Völkermord die rechten Erklärungen finden?

Beim Versuch, die Seele des Verbrechers zu beschreiben, einem ohnehin aussichtslosen Unterfangen, habe ich nichts zur Natur- und Kulturgeschichte von Psyche, Geist und Bewusstsein, nichts zum Wesen der Seele gesagt. Unter der Seele eines Menschen verstehen wir, so sagt Christoph Rehman-Sutter, jenes Unbekannte und Unbenennbare, das den betreffenden Menschen oder das betreffende Tier über seine Materialität hinaus charakterisiert. Die Seele begründet die Lebendigkeit des Individuums, sie ist jenes Primum movens, das den Körper zum Leben bringt, ja diesen zu einem ganz konkreten Individuum und einer abgrenzbaren Personalität macht, mit je eigenen Wahrnehmungen, Hoffnungen, Gedanken und Begierden. Diese können den Menschen auch zum Verbrecher machen.

Wir werden das Verbrechen niemals ganz begreifen und die Seele des Verbrechers nie umfassend beschreiben können, auch wenn ich noch so viele Geschichten erzähle. Vielleicht gibt es seelische Dimensionen des Menschen, so sagt John Steinbeck, die wir niemals betreten können. Vielleicht entnehmen wir den Geschichten, dass ein Verbrechen nie etwas Zufälliges ist, sondern immer ein vielwurzeliges Ereignis darstellt, dass es den Verbrecher schlechthin nicht gibt und dass viele Verbrecher auch Opfer sind. Vielleicht können wir erahnen, dass auch in jedem von uns kriminelle Energien schlummern. Niemand hat die notwendige Demut und wohl auch das Staunen des Kriminalpsychologen besser zum Ausdruck gebracht als der große österreichische Gerichtspsychiater Franz von Liszt, als er sagte: „Die Erscheinungen des Lebens spotten der begrifflichen Fesseln, die ihnen anzulegen unser Denken sich vermisst."

Glossar

Affekt heftige Gefühlswallung (z. B. Zorn, Wut, Hass, Freude), Gefühlsreaktion auf äußere Reize, die so stark werden kann, dass die rationale Persönlichkeit sich dagegen nicht durchzusetzen vermag

Affektivität Gesamtheit der Gefühle, Gefühlsansprechbarkeit

Affektrückhaltung Zurückhaltung von Gefühlsäußerungen. Diese führt zu einem Affektstau, zu einer Ansammlung von Affekten, die subjektiv als Unruhegefühle, als „innerliches Kochen" erlebt werden und sich in einer Affekthandlung entladen können

amnestisch sich an einen bestimmten Zeitraum nicht erinnernd

Amnesie unvollständige, zeitlich begrenzte Gedächtnislücke, „Black-out", Erinnerungslosigkeit

Anamnese Krankheitsvorgeschichte

Anankasmus Zwangsvorgang, bei dem Gedanken, Vorstellungen oder Handlungen nicht unterdrückt werden können, obwohl sie gleichzeitig als unsinnig oder zumindest unnötig erkannt werden

cerebrale Dysfunktion mangelhafte Funktion des Gehirnorgans. Hirnfunktionsstörung, meist als Folge einer äußeren Schädigung

Dekompensation Versagenszustand

dekompensieren versagen

delinquent straffällig werden

Delinquenz Straffälligkeit

Depression psychische Störung mit trauriger Verstimmung, Antriebsarmut und negativ getöntem Erleben

depressiv traurig, verstimmt, an einer schwermütigen Verstimmung leidend

dissozial (Syn. deviant) Als dissozial wird ein gegen gesellschaftliche Normen und Werte verstoßendes und gegen gesellschaftliche Institutionen gerichtetes Verhalten bezeichnet

Dissozialität Verhalten, das durch Missachtung der sozialen Regeln des Zusammenlebens geprägt ist

Dysphorie reizbare Stimmungslage, „Grant"

dysphorisch gereizt, schnell reizbar, „grantig"

emotional gefühlsbetont, gemütsbewegt

Emotionalität Gemütsbewegung, Gefühl

Empathie Weg zum unmittelbaren Verständnis fremdseelischer Vorgänge; Hineinfühlen, inneres Mitmachen, Resonanz *empathisch* einfühlsam, verständnisvoll

Exploration psychiatrische Form der Untersuchung: Fragen nach der Lebensgeschichte, den früheren Krankheiten, dem aktuellen Zustand usw.

Extraversion Neigung, seine Interessen mehr Geschehnissen der äußeren Welt zuzuwenden

extravertiert außenorientiert, der Außenwelt zugewandt

Forensische Psychologie Gerichtspsychologie. Grenzgebiet zwischen Psychologie und Recht, das sich mit Fragen der Glaubwürdigkeit, der Reifebeurteilung, der Kfz-Tauglichkeit, der Berufseignung usw. beschäftigt

Habitus äußere Beschaffenheit, Besonderheiten der äußeren Erscheinung

Halluzination Sinneswahrnehmung, die ohne Reizung des Sinnesorgans von außen zustande kommt. Die Wahrnehmung hat kein reales Wahrnehmungsobjekt, wird aber als wirklich erlebt

Homizid Menschentötung, Fremdtötung (Mord und Totschlag betreffend)

homizidal in Zusammenhang mit Tötungsdelikten stehend

hyperkinetisches Syndrom psychische und motorische Unruhe von dranghaftem Charakter, übermäßiger Bewegungsdrang bei Kindern

hyperthym übermäßig aktiv

Hysterie veränderte Selbstdarstellung; der Betroffene stellt sich unbewusst anders dar, als er tatsächlich ist. Früher für psychosomatische und konversionsneurotische Störungen verwendet. Als Ursache dachte man in der griechischen Medizin an eine im Körper umherschweifende Gebärmutter (Hystera)

hysterisch erhöhte Tendenz zur Dramatisierung, Beeinflussung und Ich-Bezogenheit

Impuls Antrieb, Anstoß, unmittelbar aufkommender Drangzustand

impulsiv einer plötzlichen Regung entspringend, unmittelbar dranghaft

Introversion Neigung, seine Interessen mehr der Innenwelt, der psychischen Welt und dem geistigen Leben, zuzuwenden.

introvertiert Erlebnistyp, der mehr zum Denken als zum Handeln neigt, der vorwiegend von innen heraus wahrnimmt und lebt

Kompensation Versuch, angeborene (wirkliche oder vermeintliche) Mängel durch besondere Leistungen auf einem anderen Gebiet wettzumachen

kompensieren Ausgleichen von (wirklichen oder vermeintlichen) Mängeln durch besondere Leistungen auf einem anderen Gebiet

Manie krankhaft heitere Verstimmungszustände
manifest deutlich, eindeutig erkennbar, eigentlich „handgreiflich gemacht"
maniform psychischer Zustand, der einer Manie ähnlich ist, gekennzeichnet durch stärkere Erregung und Rededrang
Manipulation bewusste, aber verdeckte Beeinflussung eines Menschen, einer Gruppe oder der Gesellschaft
manipulativ beeinflussend, Manipulationen verwendend
manisch-depressiv Bezeichnung für ein Krankheitsbild, welches durch gehobene (manische) und seelisch gedrückte Zustände geprägt ist
monoman Einengung des Denkens auf einen Inhalt, übertriebenes Anhängen an eine Sache
Monomanie alte Bezeichnung für Störungen der Impulskontrolle, wie Kleptomanie oder Pyromanie
Motilität Bewegungsvermögen
Narzissmus Selbstliebe. Benannt nach der mythologischen Gestalt des Narziss, der sich in sein Spiegelbild verliebte
narzisstisch sich selbst bewundernd
Neurose Sammelbezeichnung einer Gruppe von Erkrankungen des Nervensystems ohne nachweisbare organische Ursache
Neurotizismus geringe emotionale Stabilität, die empfänglich dafür macht, bei Belastungen neurotische Symptome zu entwickeln
oral-regressiv Rückfall des Verhaltens auf eine kindliche Entwicklungsstufe, in der das Erleben über dem Mund im Mittelpunkt steht (erstes Lebensjahr)
paranoid wahnhaft
Paranoia aus inneren Ursachen erfolgende, schleichende Entwicklung eines Systems von Wahnvorstellungen. Typische Ausprägung der Paranoia ist der Verfolgungswahn
pathisch leidend-gefühlvoll
Phobie Form der Neurose mit unangemessener Furcht vor bestimmten Situationen oder Objekten
prämorbid in der Zeit vor der Krankheit stattfindend
Projektion psychoanalytisch: unbewusstes Hinausverlegen von eigenen Gefühlen, Wünschen und Vorstellungen in die Außenwelt
projizieren unbewusstes Verlegen von eigenen Vorstellungen, Wünschen und Gefühlen in andere Personen. Einer anderen Person werden somit Eigenschaften verliehen, welche der Betreffende an sich selbst verkennt

protrahieren hinausziehen

Psychasthenie Form einer Neurose, die durch Schüchternheit, Selbstwertzweifel, Willensschwäche, Versagensängste und Skrupelhaftigkeit gekennzeichnet ist

psychomotorisch sich auf Bewegungen beziehend, deren Ursache vorwiegend auf psychischen Vorgängen beruht

Psychopharmaka medikamentöse Substanzen, die das zentrale Nervensystem angreifen

Psychose Geisteskrankheit, Seelenkrankheit

psychosomatisch Bezeichnung für körperliche Störungen psychischen Ursprungs

Psychosomatik Lehre von den Körperstörungen, die als Folge psychischer Konflikte aufgefasst werden

psychotisch an einer Geisteskrankheit leidend, sich auf eine Geisteskrankheit beziehen

psychotrop auf seelische Funktionen wirkend, seelische Wirkungen hervorrufend

reflektieren widerspiegeln. Durch Veränderung der Aufmerksamkeit, durch Überdenken und bewusste Betrachtung der eigenen psychischen Vorgänge wird größere Klarheit erreicht

Reflexion psychotherapeutische Technik, durch welche Äußerungen des Patienten von Therapeuten in andere Worte gefasst und dadurch ihre emotionale Bedeutung hervorgehoben werden

Regression Zurückschreiten von einer höheren bzw. späteren auf eine niedrigere bzw. frühere, meist kindliche Entwicklungsstufe

regressiv von einer höheren (späteren) Entwicklungsstufe auf eine niedrigere (frühere) zurückschreitend

Sadismus Quälsucht. Sexuelle Perversion, bei der geschlechtliche Befriedigung durch Demütigung und Misshandlung einer anderen Person gefunden wird

schizoid Persönlichkeitsstörung, die einer schizophrenen Erkrankung ähnlich oder verwandt ist

schizophob Angst, an Schizophrenie erkrankt zu sein

schizophren an Schizophrenie leidend

Schizophrenie Geisteskrankheit mit unbekannter Ursache, bei der Denken, Fühlen und Wollen sowie das subjektive Gefühl der eigenen Persönlichkeit in einen gesunden und einen kranken Teil gespalten sind

Soziopathie Persönlichkeitsstörung mit abnormem Verhalten gegenüber der sozialen Umgebung bzw. im sozialen Bereich

Stupor Erstarren, krankhafter Zustand mit Fehlen jeder körperlicher oder psychischer Aktivität

stuporös an einem Erstarrungs- bzw. Betäubungszustand leidend

sublimieren Umwandeln von sexueller Triebenergie in sozial hoch bewertete oder zumindest tragbare Formen der Aktivität, z. B. von Aggression in sportliche Höchstleistungen

Sublimierung Abwehrmechanismus nach Freud, durch welchen sexuelle Triebenergie in sozial anerkannte Formen der Aktivität umgewandelt wird

Suizid Selbsttötung, Selbstmord

suizidal selbstmordgefährdet

Trauma seelisch belastendes Erlebnis, welches nicht verarbeitet werden kann und daher aus dem Bewusstsein verdrängt wird

traumatisieren seelisch verletzen, belasten

vegetativ die Funktionen des willentlich nicht beeinflussbaren Nervensystems betreffend

Weiterführende Literatur

Böker W. / Häfner H., Gewalttaten Geistesgestörter. Eine psychiatrisch-epidemiologische Untersuchung in der Bundesrepublik Deutschland. Springer: Berlin-Heidelberg-New York 1973

Giese H., Psychopathologie der Sexualität. Enke: Stuttgart 1962

Gödtel R., Sexualität und Gewalt. Hoffmann und Campe: Hamburg 1997

Haller R., Das psychiatrische Gutachten. Grundriss der Psychiatrie für Juristen, Sozialarbeiter, Soziologen, Justizbeamte, Psychotherapeuten, gutachterlich tätige Ärzte und Psychologen. Schriftenreihe Recht der Medizin, Band 2. Manz Verlag: Wien 1996

Haller R. / Lingg A., Selbstmord – Verzweifeln am Leben? Hannibal Verlag: München 1987

Hinterhuber H., Die Seele. Natur- und Kulturgeschichte von Psyche, Geist und Bewusstsein. Springer: Wien-New York 2001

Holmes R. / Holmes T., Profiling violent crimes. Sage & Thousand Oaks: London-New Delhi 1996

Marneros A., Sexualmörder. Eine erklärende Erzählung. Edition Das Narrenschiff. Psychiatrie Verlag: Bonn 2000

Marquis de Sade, Gesammelte Werke. Stephenson: Flensburg 1979

Müller Th., IMAGO 300. Forschungsansätze – Definition – Ergebnisse. In: Bundeskriminalamt (Hrsg.), Methoden der Fallanalyse. Ein internationales Symposium (BKA-Forschungsreihe, Band 38.1). BKA: Wiesbaden 1998

Musolff C. / Hoffmann J., Täterprofile bei Gewaltverbrechen. Mythos, Theorie und Praxis des Profilings. Springer: Berlin-Heidelberg-New York-Tokio 2002

Nedopil N., Forensische Psychiatrie. Klinik, Begutachtung und Behandlung zwischen Psychiatrie und Recht. 2., aktualisierte und erweiterte Auflage. Georg Thieme Verlag: Stuttgart-New York 2000

Pollak K., Das neue Lexikon der Sexualkunde. Ullstein: Frankfurt/Main 1993

Rasch W., Tötung des Intimpartners. Edition Das Narrenschiff. Psychiatrie Verlag: Bonn 1995

Rasch W., Forensische Psychiatrie. 2., überarbeitete und erweiterte Auflage. Kohlhammer: Stuttgart 1999

Ressler R. / Burgess A. / Douglas J. / Heafner H., Sexual homicide: patterns and motives. Lexington: New York 1995

Sass H., Affektdelikte. Springer: Berlin-Heidelberg-New York 1993

Schorsch E., Perversion, Liebe, Gewalt. Enke: Stuttgart 1993

Venzlaff U. / Foerster K., Psychiatrische Begutachtung. 2. Auflage. Gustav Fischer: Stuttgart 1994

Von Krafft-Ebing R., Psychopathia sexualis. Matthes & Seitz: München 1993